독자의 1초를
아껴주는 정성을
만나보세요!

세상이 아무리 바쁘게 돌아가더라도 책까지 아무렇게나 빨리 만들 수는 없습니다.
인스턴트 식품 같은 책보다 오래 익힌 술이나 장맛이 밴 책을 만들고 싶습니다.
땀 흘리며 일하는 당신을 위해 한 권 한 권 마음을 다해 만들겠습니다.
마지막 페이지에서 만날 새로운 당신을 위해 더 나은 길을 준비하겠습니다.

스태프 엔지니어

STAFF ENGINEER

초판 발행 · 2022년 9월 12일

지은이 · 윌 라슨

옮긴이 · 장현희

발행인 · 이종원

발행처 · (주)도서출판 길벗

출판사 등록일 · 1990년 12월 24일

주소 · 서울시 마포구 월드컵로 10길 56(서교동)

대표 전화 · 02)332-0931 | **팩스** · 02)323-0586

홈페이지 · www.gilbut.co.kr | **이메일** · gilbut@gilbut.co.kr

기획 및 책임편집 · 정지은(je7304@gilbut.co.kr) | **디자인** · 장기춘 | **제작** · 이준호, 손일순, 이진혁

마케팅 · 임태호, 전선하, 차명환, 박민영, 지운집, 박성용 | **영업관리** · 김명자 | **독자지원** · 윤정아, 최희창

교정교열 · 이미연 | **전산편집** · 여동일 | **출력·인쇄** · 북솔루션 | **제본** · 북솔루션

▶ 잘못 만든 책은 구입한 서점에서 바꿔 드립니다.

▶ 이 책은 저작권법에 따라 보호받는 저작물이므로 무단전재와 무단복제를 금합니다.
  이 책의 전부 또는 일부를 이용하려면 반드시 사전에 저작권자와 (주)도서출판 길벗의 서면 동의를 받아야 합니다.

ISBN 979-11-407-0125-4 93000   (길벗 도서번호 080291)

정가 25,000원

독자의 1초를 아껴주는 정성 길벗출판사

길벗 | IT단행본, IT교육서, 교양&실용서, 경제경영서

길벗스쿨 | 어린이학습, 어린이어학

페이스북 · www.facebook.com/gbitbook

스태프 엔지니어

월 라슨 지음

장현희 옮김

길벗

윌 라슨Will Larson의 첫 번째 책인 『An Elegant Puzzle』(Stripe Press, 2019)은 내게 또 다른 불안을 가져다 주었다. 이 책을 폄하하는 것은 아니다. 훌륭한 인사이트를 제공하며 꼭 읽기를 권하는 책이다. 다만, 이 책은 관리자를 위한 것으로, 회사에서 관리자 독서 모임의 일원으로 이 책을 읽을 기회를 얻었으나 사실 나는 관리자가 아니고 프린시플(principal) 엔지니어다. 그래서 내가 이 독서 모임에 속해야 하는지 확신할 순 없었다.

'기술 리더십' 커리어를 선택한 엔지니어에게 기술 리더십을 개발하는 것은 처음에는 엉뚱한 방에 들어앉은 것 같은 기분을 들게 할 때가 종종 있다. 업계가 계속 성장하고 전에 없던 큰 문제를 다루게 되면서 더 많은 기업이 기술적 전략을 주도하고, 팀과 조직의 경계를 넘어 프로젝트를 리드하며 좋은 엔지니어의 롤 모델을 제시해 주변 환경을 개선할 수 있는 '경험 있는' 엔지니어가 필요하다는 점을 자각하고 있다. 하지만 어떤 분야든 정통하다는 것은 배울 수 있는 리소스와 커뮤니티를 찾는 것을 의미하며 기술 리더십 분야에서는 리소스와 커뮤니티를 찾는 것이 쉽지 않기 때문에 어느 정도의 창의성이 필요하다.

아, 물론 우리는 기술에 대한 수많은 책, 밋업(meetup), 콘퍼런스 등을 찾을 수 있지만 시니어(senior) 수준(또는 그보다 일찍)에서는 기술 역량만으로는 부족하다. 시니어 수준에서 성공이란 비즈니스 요구 사항을 해석하기, 명확한 방향성으로 소통하기, 다가올 위기 해소하기, 트레이드오프에 팀이 동의하도록 설득하기, 그저 좋은 영향력 미치기 등을 의미하는 경우가 대부분일 것이다. 엔지니어링에 대한 책 중에 이런 주제를 다루는 책은 많지 않다. 대신 엔지니어는 자율적으로 일할 수 있는 기법과 더불어 기술적 의사결정, 아키텍처 등에 적용할 수 있는 주제를 다루는 비즈니스 또는 관리자용 책을 읽는다. 현재로서는 관리자 독서 모임이 최선의 학습 커뮤니티다(그리고 솔직히 말해 독서 모임에 초대되어 영광이다. 관리자들이 계속 우리를 초대해 줬으면 한다).

시니어 엔지니어를 위한 리소스가 부족하다는 것은 더 큰 문제의 일부일 뿐이다. 심지어 시니어 엔지니어의 역량이 무엇인지 길을 잃기도 쉽다. '시니어 소프트웨어 엔지니어'보다 위 수준으로 승진한 엔지니어는 제대로 정의되지 않은 새로운 역할을 홀로 탐색하고 자신이 올바르게 일하고 있는지 이해하기 위해 '영향력(impact)'이라는 신비한 개념에 맞서 고군분투하며 스프린트가 아닌 분기나 연말에 한 번씩 기회를 얻는 피드백 절차(feedback loop)를 조정하기 위해 분투한다.

이것은 의도적으로 방치하는 것이 아니다. 그저 관리자가 가장 실력이 좋은 엔지니어를 어떻게 지원해야 할지 잘 모를 뿐이다. 관리자로서 여러분이 엔지니어에게 조언하는 것이 아니라 되려 조언을 얻어야 하는 입장이라면 여러분의 보고서가 제대로 된 것인지 어떻게 확신할 수 있을까? 조직의 나머지에게 롤 모델이 되는 엔지니어에게서 기대할 수 있는 스킬과 행동은 어떤 것일까? 그리고 필연적인 질문으로, 그런 엔지니어는 얼마나 많은 코드를 작성해야 할까?

여러 기업이 공유하는 보편적인 경력 개발 방법이 없거나 그 직함이 전혀 일관적이지 않다는 점을 지적해도 도움되지는 않는다. 그것이 바로 윌이 staffeng.com을 시작하고 여러 역할을 '스태프플러스(staff-plus)'라는 단어에 캡슐화했을 때 큰 안도감을 느꼈던 이유 중 하나다. 자, 우리는 여전히 매우 다양한 직함을 가지고 있지만, 적어도 지금 우리가 이야기하고 있는 종류의 역할을 설명할 단어를 갖게 됐다. 나는 예전에 우리가 시니어 수준보다 높은 시니어 엔지니어를 서술하기 위해 언어학적 문제점에 봉착했던 상황에서 이미 '스태프플러스'라는 용어가 사용되고 있다고 들었다.

staffeng.com은 기술 업계에 즉각적인 영향을 미쳤다. 이전까지 나는 새로운 웹 사이트가 그렇게 빨리 어떤 주제에 대한 완벽한 리소스가 되는 것을 본 적이 없다. 윌은 스태프 엔지니어의 역할을 정의하고 서술했으며, 스태프 엔지니어가 되기 위한 명확한 조언을 제시하고, 효율성을 갖추기 위해 필요한 요건 몇 가지를 풀어냈다. 윌은 이 요건을 조직 수준의 지압 치료(org-level chiropractics)라고 부른다. 윌은 익숙하면서도 애매한 주제를 이야기하고 그 주변에 명확한 경계를 그어 우리가 전체를 보지 못하고 제한적으로 보고 있던 것을 설명하는 데 능숙하다. 그의 조언과 함께 우리에게 필요했던 커뮤니티가 기능하기 시작했다. 여러 면접(스태프 엔지니어, 프린시플 엔지니어, 시니어 프린시플, 아키텍트, 기술 리드, 기술 고문 등 직함에 일관성이 없다는 점은 이미 언급했다)만 봐도 스태프 역할과 그 이후로 가는 길이 다양하다는 것을 알 수 있다.

이 책이야말로 지금의 스태프 엔지니어링에 대해 설명하는 책이며 윌이 이 책을 출간한 것을 기쁘게 생각한다. 『An Elegant Puzzle』처럼 여러분이 이제 읽으려는 이 책도 실제 경험을 바탕으로 리더십에 대해 명확하고 실용적이며 실질적인 조언을 제공한다. 하지만 이 책의 대상 독자는 스태프플러스 엔지니어다. 아니, 대상 독자 중 하나다. 무엇을 해야 할지 모르고 헤매는 스태프 엔지니어든, 어떤 길로 경력을 계속 개발할지 선택하려는 시니어 엔지니어든, 아니면 실력 있는 엔지니어를 성공으로 이끌고 싶은 관리자든 이 책에서 영감을 얻을 것이다.

소프트웨어 엔지니어의 가치가 매년 높아지고 있으며 당분간 멈출 기미는 보이지 않는다. 윌은 '스태프 엔지니어는 자신이 몸담고 있는 회사의 기술에 대해 이야기한다'고 했다. 우리가 이 롤 모델 엔지니어에게 기대하는 스킬과 행동은 우리가 작성하는 코드, 우리가 배포하는 알고리즘, 우리가 내리는 결정, 우리가 받아들일지 고민하는 패턴에 직접 영향을 미칠 것이다.

나는 기술 분야 리더가 마침내 이런 종류의 가이드를 얻을 수 있게 됐다는 것이 매우 기쁘다. 이 책이 관리자 독서 모임에서 조금은 어색함을 느꼈을 우리 모두가 읽을 수 있는 수많은 책과 리소스의 시작이길 바란다.

탄야 레일리_스퀘어스페이스 프린시플 엔지니어

많은 사람이 필자가 쓴 첫 책인 『An Elegant Puzzle』에 대해 물었을 때, 이 책의 절반을 집필하는 데 10년이 걸렸고 나머지 절반은 6개월이 걸렸다고 말했다. 책을 집필하는 과정에 때로는 어려움이 있었으며 최종본에서 바꾸고 싶은 부분이 너무 많았지만, 결과적으로 책을 출간한 것이 개인적으로 영광이었다. 저자로서 미래의 저자가 될 수 있는 여러분에게 책을 쓰지 말라고 경고해야겠지만, 나는 나 자신에게도 그런 경고 따윈 하지 않을 것이다. 나는 다른 책도 집필하고 싶다.

문제는 어떤 책을 집필할 것인가다. 한편으로는 엔지니어링 관리에 대해 할 말이 더 있을 수는 있지만 그렇다고 할 말이 아주 많이 남은 것도 아니다. 필자는 개발자보다는 관리자로 더 많은 시간을 보냈으며 효율적인 개발에 대해 글을 쓸 수 있는 사람이 훨씬 더 많다. 언젠가는 인프라스트럭처 엔지니어링에 대한 글을 쓰고 싶지만 향후 몇 년간 인프라스트럭처에는 시간을 많이 쓰지 못할 예정이다.

결국 남은 질문은 두 가지였다. 내게 가장 도전적인 분야는 무엇인가? 책으로 기술 업계를 올바른 방향으로 유도할 수 있는 주제는 무엇인가? 이 두 조건을 모두 만족하는 한 가지 이슈는 스태프 엔지니어의 역할이었다. 대부분의 분야에서는 시니어가 될수록 자신의 역할을 더욱 잘 알게 되지만, 필자의 경험으로는 많은 엔지니어가 스태프 역할을 처음 맡으면 갈팡질팡한다. 엔지니어가 십년 혹은 그 이상의 시간을 스태프 엔지니어가 되기 위해 노력해 왔다가 결국 그 일에 실망하거나 자신이 성공할 준비가 되지 않았다고 여기는 것을 바라보는 일은 끔찍한 일이다.

개인적으로 스태프플러스 역할을 찾고 운영하는 주제를 깊이 있게 연구했고, 많은 사람이 이 역할을 맡게 되기까지 매우 다양한 경험을 한다는 것을 알게 되었다. 필자와 함께 일했던 정말 재능 있는 엔지니어들도 시니어 엔지니어를 뛰어넘기 위해 많이 노력했다. 시도할 때마다 자신의 역량을 더욱 발전시켜야 하는 조직적인 장벽에 맞닥뜨리곤 했다.

이 책을 집필하기 시작하면서 가장 먼저 했던 일은 장과 주제의 개요를 정하는 것이었다. 그 개요를 바라보니 이 책은 혼자 집필할 수 없다는 것을 금세 깨닫게 되었다. 그래서 스태프 엔지니어에 도달한 사람들을 인터뷰했다. 승진 이후에 자신의 역할을 어떻게 수행해 왔는지 인상적인 이야기를 들을 수 있었다. 이들의 경험에 관리자로서 스태프플러스 엔지니어를 지원하고 진급시키고 채용했던 필자의 경험을 보태면서 이 책을 완성했다.

스태프 엔지니어라는 책이 기술 리더십에 대한 여러분의 비전을 재확인하고, 그 비전을 향해 어떻게 나아갈 것인지 판단하는 데 도움이 되길 바란다.

윌 라슨

감사의 글

특히 어려움이 많았던 2020년에 이 책을 집필하면서 많은 이의 도움을 받았다. 어느 누구부터 감사 인사를 시작해야 할지 모를 정도로 많은 사람들이 도와줬지만, 가장 먼저 미쉘Michelle, 카사Kasa, 키비Keavy, 버트Bert, 케이티Katie, 리투Ritu, 릭Rick, 넬슨Nelson, 디아나Diana, 댄Dan, 조이Joy, 다미안Daminan, 드미트리Dmitry, 스티븐Stephen에게 감사 인사를 전하고 싶다. 비록 이 책에는 싣지는 못했지만 staffeng.com에 경험을 공유해준 분들께도 똑같이 감사하다. staffeng.com에 공유한 경험은 모두가 독특하며 읽어볼 가치가 있다.

탄야 레일리Tanya Reilly는 끝내 주는 서문을 써줬고 나중에 탄야가 이 책을 대신할 자신만의 스태프 엔지니어링 책을 출간하기를 기대해 마지 않는다. 선원들이 불확실성을 안고 바다를 항해하는 데 사용하던 오래된 항해 지도를 주제로 한 루시아나 구에라Luciana Guerra의 표지 일러스트는 오늘날 스태프 엔지니어도 그와 같은 불확실성이라는 장애물을 가지고 있음을 잘 표현해주고 있다. 디스코드Discord의 테크라이터(TechWriters)에서 만난 그레글라스Greglas 덕분에 이 책은 적절한 서체를 사용할 수 있었다. 디스코드 테크라이터 커뮤니티는 이 책에 헌신적인 제안과 지원을 아끼지 않았다. 그중에서도 저저리Gergely, 숀Shawn, 우마Uma에게 특히 감사하다. 로렐Laurel은 이 책을 한 줄 한 줄 편집해줬다. 여러분이 이 책의 처음 두 장을 읽으면서 어처구니없는 오타에 진절머리가 나 책을 벽난로에 던져버리지 않는다면 모두 로렐의 노력 덕분이다.

시드Sid, 게리Gary, 팻Pat, 저저리, 피트Pete, 토미Tommy를 비롯해 수많은 사람이 각 절을 리뷰해줬다. 그리고 서평을 작성해준 모든 사람과 풀 리퀘스트를 보내준 지원자 20여 명에게도 큰 고마움을 전한다.

스태프 엔지니어라는 직책이나 용어는 아직 한국에서는 생소할 수 있지만, 지난 10년간 해외에서 소프트웨어 엔지니어로 근무했던 저에게는 무척이나 익숙합니다.

그동안 대부분 조직에서는 8~10년 경력을 쌓으면 시니어 엔지니어 직책을 얻었습니다. 시니어 엔지니어가 되면 단순히 개발 업무만 하는 것이 아니라 소규모 프로젝트를 이끌기도 하고, 팀 내 주니어 엔지니어의 성장도 도와주는 등 더 많은 역할을 맡게 됩니다. 하지만 그 영향력은 본인이 속한 팀에 한정되는 경우가 많았습니다. 그도 그럴 것이 다른 팀도 시니어 엔지니어가 있기 때문에 굳이 다른 팀 시니어 엔지니어의 힘을 빌릴 필요는 없으니까요. 게다가 시니어 엔지니어는 어떻게 보면 엔지니어로 승진할 수 있는 가장 높은 직책이기도 했습니다. 그보다 높은 위치로 승진하려면 결국은 팀장이라는 직책을 맡을 수밖에 없고, 그렇게 되면 개발 업무보다는 인적 자원 관리와 팀 업무 조율 등의 업무를 더 많이 합니다. 대부분 처음 팀장 직책을 맡게 된 엔지니어가 어려워하는 부분이 이 부분입니다. 지금까지 잘 해오던 개발 업무에서 멀어지고 난생 처음 해보는 업무들이 늘어나기 때문이지요.

조직의 입장에서도 이런 식의 승진 절차는 한편으로는 손해이기도 합니다. 대부분 시니어 엔지니어로 좋은 성과를 내던 사람이 팀장 승진의 대상이 됩니다. 이 사람이 팀장이 되면 조직은 유능한 시니어 엔지니어 한 명을 잃고 초보 팀장 한 명을 얻게 되는 셈이기 때문이지요. 저는 호주의 기업에 재직하던 당시 리드 엔지니어 역할을 맡았던 적이 있습니다. 시니어 엔지니어로 성과를 인정받아 팀을 리드하는 역할을 맡게 되었는데 당시의 제 모습을 돌아보면 초보 팀장(호주로 이주하기 전 한국에서 팀장 역할을 오래 했지만 문화와 언어가 다른 나라에서의 팀장 역할은 처음이었어요)의 특성을 고스란히 보여줬습니다. 아직 버리지 못한 개발 업무에 대한 미련, 개발 업무에서 멀어지면서 스스로 기술 역량이 뒤처지는 것 같다는 불안감, 익숙하지 않은 팀원 관리 업무 등 여러 요인으로 업무 시간은 늘어난 반면 성과를 내기는 어려운 상황이 계속

되었어요. 이는 비단 저만의 문제가 아니었고 결국 회사가 엔지니어의 커리어에 대해 고민하는 계기가 되었습니다.

당시 여러 기업들이 이런 문제를 해결하기 위해 다양한 시도를 해왔고 엔지니어의 승진과 커리어 개발 진로가 어느 정도 보편화된 시기였습니다. 제가 근무하던 회사도 다른 기업들의 방법을 참고해서 엔지니어링 트랙을 구현하게 되었고, 저는 회사 최초의 스태프 엔지니어가 되었습니다. 그 이후의 제 삶은 팀장 역할을 하던 시기와 비교해 사뭇 달라졌습니다. 제가 강점을 가졌던 엔지니어링 역량으로 계속해서 좋은 성과를 낼 수 있었던 점도 좋았지만 무엇보다도 저의 영향력이 팀의 경계를 넘어서기 시작해 좋았습니다. 조직 전체의 엔지니어와 교류하며 문제를 해결하고 함께 성장할 수 있게 되었거든요.

이 책은 스태프 엔지니어로 성장하길 원하는 여러분에게 도움이 될 수많은 조언으로 채워져 있습니다. 이미 여러 조직에서 스태프 엔지니어 역할을 수행하고 있는 이들과의 인터뷰를 바탕으로 다양한 스태프 엔지니어의 역할을 잘 설명하고, 스태프 엔지니어를 준비하는 과정부터 그 역할을 잘 수행하기 위해 갖춰야 할 역량까지 폭넓게 다루고 있습니다. 이 책을 읽는 동안 제가 스태프 엔지니어에 도전했던 과정이나 그 역할을 맡은 후 고군분투했던 시기가 많이 겹쳐 보였습니다. 그 당시에 이 책을 만날 수 있었더라면 정말이지 큰 도움이 되었을 것입니다.

이제는 한국의 기업들도 시대의 흐름에 발맞추어 엔지니어의 커리어에 대해 많이 고민하며 여러 형태로 엔지니어의 승진 트랙을 갖추고 있습니다. 제가 몸담고 있는 포커스미디어코리아도 이러한 노력으로 9단계로 세분화한 엔지니어링 트랙을 갖추고 있거든요. 엔지니어링 트랙을 갖춘다는 것은 단순히 승진 단계를 정의하는 것이 아닙니다. 각 수준의 엔지니어에게 어울리는 업무의 범위를 정의하고 더 구체적이고 합리적으로 엔지니어의 성과를 측정해서 더 짜임새 있는 승진과 연봉 체계를 갖추는 것입니다. 기업이 이런 노력을 하고 있는 만큼 우리 엔지니어들도 그에 맞추어 현재 본인의 역량과 역할을 정확히 인지하고 더 높은 수준의 엔지니어가 되기 위해 어떤 노력을 기울여야 할지 파악해야 합니다. 그리고 그 과정에서 이 책이 여러분에게 많은 도움이 되기를 바랍니다.

이 책의 번역은 제가 처음 예상했던 것보다 훨씬 오래 걸렸습니다. 이 책의 저자와 인터뷰에 응했던 스태프 엔지니어들의 의도를 더 명확하게 전달하고 국내의 정서나 문화와 어울리지 않는 표현이나 상황에서 오는 괴리감을 최소화하기 위해 노력하다 보니 출간이 많이 늦어졌습니다. 그런데도 끝까지 믿고 기다려주고 출판해주신 길벗출판사와 IT전문서팀 정지은 대리님께 고마움을 전합니다. 거의 1년이라는 시간 동안 퇴근 후에도 번역에 매달려 있는 남편이자 아빠를 이해하고 응원해준 아내 지영과 예린, 은혁에게도 사랑과 고마움을 전합니다. 끝으로 시니어 엔지니어를 넘어 스태프 엔지니어로 성장하고자 노력하는 이 땅의 모든 엔지니어에게 응원의 박수를 보냅니다.

2022년 8월
장현희

주니어 엔지니어의 역할과 목표는 그나마 상대적으로 명확하다. 작은 문제부터 시작해 점차 범위를 넓혀가며 일하고, 팀에서 기술 리드나 다른 팀원이 정의한 일을 한다. 시간이 지나면 본인 업무의 우선순위를 정하게 되고, 맡은 일에 대해선 점차 의견을 제안하기 시작한다.

시니어 엔지니어가 되면 영향력이 커진다. 팀에 속한 다른 엔지니어에게 영향을 주며 더 모호하고 큰 범위의 일을 수행해 나간다. 어려운 문제를 풀기 위해 시니어는 우리 팀뿐만 아니라 다른 팀에게도 테크니컬 디자인을 제안한다. 시니어의 코드는 기존의 틀을 잘 이해하고 따르지만, 경우에 따라서는 기술이 제공하는 한계에 도전한다. 항상 막중한 책임감을 느끼는 시니어는 종종 가장 많은 일을 하며, 때로는 가장 지루하고 시시한 일을 도맡아 하기도 하고, 가장 어려운 테크니컬 문제를 풀어내기도 한다.

앞의 두 단계에 비해 스태프 엔지니어는 어떤 일을 하는 사람들인지 정말 모호하다. 그들은 바쁘게 하루를 보내고 난 뒤 내가 도대체 무슨 일을 하며 하루를 보냈는지 스스로에게 묻는다. '안 되겠다, 정신차려야지!' 생각하며 분기, 한 달, 일주일, 하루를 계획하고 그걸 충실히 해낸다. 그리고 내가 지금 무엇을 하고 있는 건지 다시 묻는다. 스태프 엔지니어이기 때문에 그들은 프로덕트에 대한 의견을 제시하거나 프로젝트의 큰 방향도 잡을 수 있는 반면, 그 무엇도 자기 마음대로 되지 않는다. 남들은 어떻게 하나 보고 배우려고 하지만 스태프 엔지니어의 전형적인 모습이란 것도 팀마다, 회사마다 다르다. 남들을 보고 배운다 해도 내 성격이 그들과 다르니 무작정 따라하기도 어렵다.

그래서 이 책이 가지는 의미가 뜻깊다. 저자는 스태프 엔지니어의 역할을 분류하고 그들이 하루를 어떻게 보내는지부터 얘기한다. 그리고 스태프 엔지니어들이 어떤 일을 해야 하는지, 그들이 작성할 전략은 어떤 원천으로부터 나와야 하는지, 의사 결정과 네트워킹은 어떻게 하는지, 자기의 포지션을 어떻게 잡는지 같은 문제에 대해 얘기한다. 보통은 행동으로 보여지는 일들이고, 어떻게 해야하는지 메타 방법은 좀처럼 설명되지 않기에 이런 글이 무척 흥미롭다. 마지막으로 책은 내가 원하는 곳으로 이직하는 방법, 스태프 엔지니어를 뽑는 면접, 그리고 여러 스태프 엔지니어들의 인터뷰로 마무리된다.

이 책을 읽으며 이런 건 나도 경험으로 깨달았던 점인데 말로는 표현하지 못했구나 라던가, 다른 스태프 엔지니어들은 이런 걸 고민하는구나 하는 점들을 재미있게 봤다. 그들의 미래 커리어에 관련 있어 보이는 점들이 눈에 띄면 주니어 엔지니어에게도 내용을 소개해 주기도 했다. 남들이 어떤 고민을 하나 읽고 났더니 내게 알 수 없는 에너지와 영감이 떠오르기도 했다.

현재 스태프 엔지니어뿐 아니라 스태프 엔지니어로 가는 길을 미리 살펴보고 싶은 주니어에게도 추천할 만한 책이다.

서민구_구글 코리아 시니어 스태프 엔지니어

개발자의 경력과 자기 계발에 관심이 커지고 있다. 조직이 만든 커리어 패스를 수동적으로 따르던 과거와 달리 적극적으로 본인의 성장과 미래의 역할을 고민하는 게 요즘 세대이며 이는 매우 긍정적인 변화다.

하지만 예나 지금이나, 크든 작든 조직에서는 그 역할에 맞는 역량이 필요하다는 것에는 변함없다. 소프트웨어 개발사의 엔지니어도 단순히 프로그래밍 스킬과 개발 역량으로만 모든 것을 재단하지 않는다. 연륜과 전문성을 바탕으로 종합적이고 균형감 있는 인재를 원한다.

이 책은 시니어 엔지니어 이후, 매니저 커리어가 아닌 스태프 엔지니어의 커리어를 희망하는 분에게 훌륭한 지침을 제공하는, 아마도 유일하고 독특하며 흥미로운 책일 것이다. 성장을 위한 전략, 마음가짐, 기술 요소, 품질, 처세, 자기 영향력 키우기, 의사 결정, 네트워킹, 스폰서 만들기, 의사 소통, 프레젠테이션, 승진 및 이직 노하우 등 현실에 발을 딛고 다양한 주제에 대해 아낌없는 조언을 망라한다. 또한, 쉬운 일 주워 먹지 마라, 자기 과시를 하지 마라, 과거의 경험에 너무 의존하지 마라, 기회는 공평하지 않다 등 마치 곁에 있는 멘토 같은 조언도 서슴지 않는다. 그래서 오히려 친근하다.

학술적 이론이 아닌, 저자를 포함한 여러 엔지니어의 경험이라는 무형 문화재를 소중히 기록한 보물 같다. 생소한 용어와 상황을 우리말로 잘 옮겨준 역자에게도 독자의 한 사람으로 매우 감사하다. 자신의 커리어를 고민하는 많은 개발자에게 큰 도움이 될 것을 믿어 의심치 않는다.

정성권_LGU+ CTO 부문, 서비스플랫폼빌드그룹장

한 명의 IC에서, 기술 리더인 스태프 엔지니어가 되는 일은 큰 관점의 변화를 요구한다. 더 넓은 시야로 더 여러 사람에게 영향력을 미쳐야 하기 때문이다. 하지만 많은 신임 기술 리더들이 새로운 변화에 적응하지 못하고 시행착오를 겪는다. 부랴부랴 기술 리더십과 관련한 자료를 찾지만, 매니저가 아닌 스태프 엔지니어의 세계를 밀도 높게 정리한 책은 찾기 쉽지 않다.

스태프 엔지니어라는 세상이 궁금한, 또는 자신에게 주어진 기술 리더의 역할을 잘 해내고 싶은 사람에게 이 책을 추천한다. 새로운 스테이지를 맛보는 것만으로도 좀 더 빠르게 적응할 힘이 생길 수 있다.

김훈민_NAVER Smart Studio FE 개발

이 책은 어느 정도 두각을 나타내는 시니어 엔지니어를 억지로 관리자 트랙으로 몰아가는 것을 그만두고, 시니어급 이상 엔지니어에게 적절한 동기 부여와 커리어 패스를 제공하기 위해 고민하는 모든 회사에서 반드시 읽어야 할 책이 아닌가 싶다.

시니어에서 다음 단계로 성장하고 싶은 엔지니어에게는 더할 나위 없이 훌륭한 지침서가 될 것이며, 지금 당장 여러분이 어떤 프로젝트에 참여하여 어떤 방식으로 성과를 내야 할지 알려주는 고마운 조언자가 될 것이다. 또한, 이미 스태프플러스 직급에 도달한 엔지니어에게는 자신을 돌아보는 계기가 될 것이며, 또 다시 다음 단계로 나아갈 수 있게 참고할 수 있는 실질적인 조언으로 가득 찬 책이 될 것이다.

주니어급 엔지니어에게는 본인을 이끌고 있는 선배 엔지니어의 입장을 깊이 이해할 수 있는 계기가 될 것이며, 뛰어난 여러 선배들의 인터뷰 내용을 참고하여 본인의 미래 모습을 미리 그려볼 기회가 되면 좋겠다. 특히, 어떤 소프트 스킬을 길러야 하는지 훌륭한 팁을 얻을 수 있을 것이다. 각주에 담긴 링크들도 놓치지 말고 읽어보기 바란

다. 현재 글로벌 현장에서 활동하고 있는 수많은 멘토를 팔로우할 수 있는 흔치 않은 기회를 얻게 될 것이다.

뛰어난 소프트웨어 엔지니어에게 커리어 패스와 비전이 필요한 이때, 이 책을 한글로 읽을 수 있다는 것은 큰 행운이다. 특히, 국내에서는 다소 익숙하지 않은 스태프플러스 직책의 엔지니어들과 10년간 해외에서 함께 일해온 역자의 경험이 다소 읽기 까다로운 원서를 제대로 이해하고 국내 독자 입장을 잘 헤아려서 전달하는 데 큰 도움이 되었다. 즐겁게 감상하기 바란다.

조인석_엘라스틱 프린시플 서포트 엔지니어 및 솔루션 테크 리드

스태프 엔지니어가 된다는 것은 승진인 동시에 직업을 바꾸는 것이다. 재능이 뛰어난 수많은 엔지니어가 승진만을 생각하고 도전하지만, 직업을 바꾸는 것이라는 점을 미치 깨닫지 못한다. 이 책은 스태프 엔지니어라는 역힐을 바라보는 다양한 시각을 잘 설명한다. 경력과는 무관하게 소프트웨어 엔지니어라면 이 책으로 더 나은 엔지니어로 성장할 수 있으며 특히 스태프 엔지니어가 되길 원한다면 반드시 읽어보길 권한다.

에이미 엉거_깃허브 스태프 엔지니어

스태프 엔지니어의 정의는 아직도 너무 다양하고 모호해서 좋은 리소스를 찾기가 쉽지 않다. 이 책은 몇 가지 스태프 엔지니어의 역할을 소개하고 실제 사례를 조명함으로써 독자가 본인의 상황과 의지에 맞춰 이해할 수 있게 돕고 있다. 이 책은 IC로서 경력을 쌓고 싶은 엔지니어나 이미 시니어 엔지니어 역할을 맡고 있는 사람이라면 모두가 읽어야 할 훌륭한 리소스다.

니키 라잇손_파이낸셜 타임스 (전) 프린시플 엔지니어이자 스카이스캐너 프린시플 엔지니어

윌 라슨은 단순히 스태프 엔지니어 역할의 모호성을 제거한 것뿐만 아니라 장기적 기술 전략을 수립하는 이유와 방법, 스폰서십이 가진 힘, 영향력을 행사하는 것에 대한 책임 등을 설명한다. 윌은 다양한 연구를 포괄적으로 참조하고 실제 시나리오를 고려해 전략적인 조언도 제시한다. 이 책을 읽으면서 엔지니어링 리더로서의 성공에 한

걸음 더 다가간 것 같은 느낌도 들었지만 단언컨대 내가 읽었던 책 중 절반 이상이 여성의 목소리로 채워진 첫 번째 엔지니어링 리더십 책이다.

패드미니 피아팔리_우버 (전) 엔지니어링 관리자

윌 라슨이 집필한 『An Elegant Puzzle』은 처음 엔지니어링 관리자가 되었을 때 읽었다면 좋았을 것이라는 생각에 늘 권장 도서 목록에 두는 책이다. 『스태프 엔지니어』도 내가 지금 함께 일하는 엔지니어의 지속적인 성장을 위해 필요한 책이며, 이 역시 권장 도서 목록의 한 켠을 차지한다. 다양한 스태프 엔지니어의 역할부터 각 유형에 대한 분석은 물론 스태프 엔지니어가 중점을 두는 업무 분야까지 망라한 이 책은 엔지니어와 엔지니어링 리더 들이 반드시 읽어야 할 책이다.

케빈 스튜어트_하베스트 엔지니어링 VP

이 책은 시니어나 스태프 엔지니어는 물론 그들을 지원하는 관리자들이 참고할 만한 리소스가 없는 현 시점에서 완전히 새로운 영역을 탐구하고 있다. 나는 스태프 엔지니어는 물론 스태프 엔지니어로 성장해가는 여러 엔지니어와 함께 일하면서 이 책의 여러 부분을 인용하곤 했다. 앞으로도 이 책이 나는 물론 다른 엔지니어링 리더들이 자주 참고할 가이드이자 『An Elegant Puzzle』의 완벽한 짝이 되기를 기대한다.

우마 신건데_렌더 엔지니어링 VP

많은 기업이 관리자 트랙과 더불어 시니어 플러스 트랙을 운영하고 있지만, 처음 스태프/프린시플 역할을 맡으면 마치 유리로 된 천장을 걷는 기분이 들 것이다. 어떻게 그 직책을 얻을 수 있을까? 그 직책을 얻었다면 어떤 역할을 수행해야 할까? 이 책은 스태프 엔지니어에 대한 기본 개념을 이해하고 다른 사람은 어떻게 그 직책을 얻었고 어떤 역할을 수행하고 있는지 알 수 있는 보기 드문 리소스다.

게르겔리 오로즈_『The Tech Resume Inside Out』, 『The Software Engineer's Guidebook』 저자

이 책은 스태프 플러스 직책에 대해 내가 가지고 있던 여러 궁금증을 해소해줄 뿐만 아니라 내가 알고 있던 것을 다시 한 번 점검할 수 있는 기회를 줬다. 나는 엔지니어가 아니라 데이터 과학자지만 스태프 엔지니어가 되는 데 필요한 기술과 리더십 스킬

부터 이들이 실질적으로 조직에서 어떻게 일하고 있는지까지 다루는 포괄적인 가이드 덕분에 내 경력을 더 개발하는 것에 대해 고민하게 되었다. 어떤 기술 분야든 IC로 더 성장하길 원한다면 이 책이 중요한 리소스가 되어 줄 것이다.

에밀리 로빈슨_『데이터 과학자 되는 법』 저자

목차

---

chapter 1 | *개요* 028

---

chapter 2 | *스태프 엔지니어로 활동하기* 055

Chapter 1

개요

대부분의 기술 기업에서 5년에서 8년 정도 경력을 쌓으면 소프트웨어 엔지니어를 위한 커리어 레벨[1]에서 시니어 소프트웨어 엔지니어(senior software engineer)가 될 것이다. 시니어 엔지니어가 되면 여러분은 회사에서 커리어 패스상 더 이상 승진할 곳이 없다. 이제 엔지니어로서 더는 승진을 기대할 수 없으며 만약 승진이 된다면 예외적인 상황일 것이다. 또한, 많은 엔지니어가 이 시점에서 엔지니어링 관리자로 전향할 수 있는 첫 번째 기회를 얻기도 한다.

우리는 지난 몇 년간 카미유 푸르니에Camille Fournier의 『개발 7년차, 매니저 1일차』(한빛미디어, 2020), 줄리 주오Julie Zhuo의 『팀장의 탄생』(더퀘스트, 2020), 라라 호건Lara Hogan의 『Resilient Management』(A Book Apart, 2019), 그리고 필자가 집필한 『An Elegant Puzzle』(Stripe Press, 2019)처럼 관리자의 커리어 패스를 위한 책이 범람하는 것을 목격했다. 엔지니어링 관리 경력은 쉽지 않지만, 이 길을 가기 위한 지도는 충분히 갖춰진 것이다.

하지만 엔지니어링 관리자가 되지 않고 커리어를 개발하고 싶다면 어떻게 해야 할까? 이 질문에 답하기 위해 많은 기업이 소프트웨어 엔지니어링 커리어 패스를 듀얼트랙(dual-track)으로 제공하고 있다. 첫 번째는 엔지니어링 관리(engineering management) 트랙이며 두 번째는 기술 리더십(technical leadership) 트랙이다. 기술 리더십 트랙은 스태프 엔지니어(staff engineer)나 프린시플 엔지니어(principal engineer) 같은 직함으로 잘 알려져 있다. 이 두 번째 트랙이 있다는 것은 회사가 어느 정도 엔지니어의 커리어 패스에 대해 고민하고 있다는 뜻이겠지만, 실질적으로 접근 가능하고 영향력 있는 트랙

---

[1] https://lethain.com/mailbag-beyond-career-level

을 만들기 위해서는 해야 할 일은 훨씬 많이 남아 있다.

이 책은 직함의 변화를 가장 보편적인 단계로 표준화했다. 시니어에서 스태프가 된 후 프린시플을 거쳐 디스팅귀시드(distinguished)[2]가 되는 것이다. 이 책에서 스태프플러스(staff-plus)는 스태프, 프린시플, 디스팅귀시드 직함을 모두 아우르는 용어로 사용한다. 많은 기업이 이 직함 중 일부만 채택하고 팀이 성장하면서 서서히 더 많은 직함을 추가하고 있지만, 그렇지 않고 기술 리더 직함을 하나만 채택하고 있는 기업은 항상 스태프라는 직함을 사용한다.[3] 일부 기업에서 조금 다른 진로를 정의하기도 하지만 소수에 불과하다.

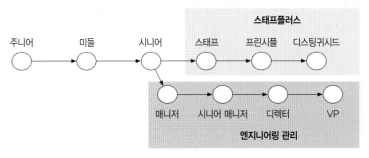

보편적인 듀얼트랙 엔지니어링 커리어 패스

기술 리더십 커리어 패스는 스태프플러스 역할에 대한 간단한 질문에도 대답하기 어려울 정도로 모호하다. 여러분이 시니어 엔지니어이고 스태프 엔지니어로 승진하고 싶다면 어떤 기술을 개발할 것인가? 기술 역량만으로

2 　역주 　자바 언어의 창시자이며 아마존 웹 서비스에 재직 중인 제임스 고슬링(James Gosling)이 대표적인 디스팅귀시드 엔지니어다.

3 　역주 　이는 회사마다 다를 수 있다. 특히 국내에서 프린시플/디스팅귀시드 엔지니어라는 직함은 아직 생소하며 대부분 엔지니어링 팀장이 되면서 스태프 엔지니어의 역할을 시작한다.

도 충분할까? 다른 사람들은 어떻게 스태프 엔지니어로 승진했을까? 여러분의 매니저는 여러분이 승진할 때 어떤 도움을 줄 수 있을까? 승진한다면 정말 스태프 엔지니어의 역할을 즐겁게 할 수 있을까 아니면 잘 맞지 않는 진로를 가기 위해 수년간 고생할까? 이 책은 이런 모든 질문에 대한 답을 찾는 데 도움을 줄 것이다.

이 역할에 대한 모호함이 큰 만큼, 필자의 경험에만 의존해 이 책을 쓸 수는 없었다. 친절하게도 업계의 스태프플러스 엔지니어 14명이 그 자리에 오르고 업무를 수행하면서 겪은 경험담을 공유해줬다. 이들의 경험담 덕분에 필자가 경험한 것보다 훨씬 더 풍부한 표현과 범위, 시각을 갖출 수 있었다.

여러분이 이미 스태프플러스 역할을 맡고 있다면 이 책이 관리자 트랙에서 벗어난 리더로서의 여행에 활기를 불어넣기를 바란다. 만일 스태프플러스 역할을 목표로 삼고 있다면 이 책이 여러분에게 더 실용적인 도움을 주기를 바란다.

이 책은 처음부터 끝까지 순서대로 읽어도 되지만, 원한다면 필요한 부분부터 읽어도 좋다. 이 책을 읽는 데 옳고 그른 방법은 없다.

이 책은 다음과 같은 목차로 구성했다.

- **개요**: 스태프 엔지니어의 역할에 대한 조사, 각 기업의 차이점, 직함이 문제인 이유를 설명한다.
- **스태프 엔지니어의 역할**: 직함과는 별개로 스태프 엔지니어로서 일해나가는 방법을 설명한다.
- **직함을 얻기 위한 이직**: 언제, 어떻게 이직하면 스태프플러스 직함을 얻는 데 도움이 되는지 설명한다.
- **경험담**: 스태프플러스 엔지니어의 자리에 오르기까지의 과정과 현재 수행하는 업무에 대한 여러 스태프플러스 엔지니어의 경험담을 소개한다.
- **리소스**: 템플릿과 이후의 읽을거리를 소개한다.

모든 기업이 나름의 방법으로 스태프플러스 역할을 정의하고 있으므로 이 책의 일부는 여러분의 경험과 정확히 일치하지 않을 수 있다. 그런 경우라면 여러분의 느낌을 따르고 나머지는 잊어버리기 바란다!

1

스태프 엔지니어의 유형

대부분 커리어 패스[4]는 기업에서 활동하는 스태프 엔지니어에 대해 일관된 기대 사항을 정의하고 있다. 어떤 역할에 기대하는 사항이 명확하다면 모두에게 좋겠지만, 커리어 패스는 사람보다는 그 직군에 속한 사람의 수에 더 잘 적용되는 도구다. 이 사실은 특히 스태프플러스 엔지니어에게서 더 잘 드러난다. 스태프플러스 엔지니어라는 커리어 패스는 하나의 이름 아래 서로 다른 여러 역할을 숨겨두고 있기 때문이다.

여러 기업의 스태프플러스 엔지니어와 그 역할에 대해 이야기해보니 스태프플러스 엔지니어라는 직함은 크게 4가지 유형으로 분류되는 것을 알 수 있었다. 대부분의 기업은 하나 또는 두 가지 패턴을 강조하며, 그중 한 패턴은 엔지니어가 수백 명 또는 수천 명인 기업에서나 찾아볼 수 있었다. 몇몇 기업은 어떤 형태의 기술 리더십 패턴도 갖추지 않으며 경험을 쌓은 엔지니어를 그저 엔지니어링 관리 트랙으로 밀어넣고 있기도 했다. 문학 분야에서는 '영웅'이나 '사기꾼'과 같이 반복적으로 드러나는 특성 패턴을 아

---

4 https://lethain.com/perf-management-system

크타입(archetype)이라 하는데, 이 용어를 이용하여 가장 보편적인 스태프플러스 엔지니어의 유형을 표현할 수 있다.

지금까지 필자가 마주쳤던 4가지 보편적인 스태프플러스의 유형과 그 역할은 다음과 같다.

- **기술 리드**(tech lead): 특정 팀의 방법과 실행을 가이드한다. 단일 매니저와 밀접하게 협업하지만, 필요할 경우 둘 또는 세 명의 매니저와 협업하기도 한다. 일부 기업에서는 기술 리드와 유사한 기술 리드 매니저(tech lead manager)라는 역할도 있다. 이 역할은 엔지니어링 관리자 진로에 해당하며 사람 관리에 대한 책임도 겸한다.
- **아키텍트**(architect): 중요한 영역에서 엔지니어링의 방향과 품질, 접근법의 정의를 책임진다. 이 과정에서 기술 제한, 사용자 요구, 조직의 리더십에 대한 상세한 지식을 활용한다.
- **해결사**(solver): 여러 복잡한 문제를 파고들어 적절한 해결책을 찾아낸다. 일부는 오랫동안 특정 분야에만 집중하지만 조직 리더십의 지시에 따라 여러 분야를 넘나들기도 한다.
- **오른팔**(right hand): 임원의 주의를 넓히고 임원의 역할과 권한을 위임받아 특히 더 복잡한 조직을 운영한다. 대규모 조직에서는 리더의 리더십이 미치는 범위를 넓혀준다.

이 분류는 완벽함(complete)보다는 유용함(useful)을 우선으로 생각한 것이다. 하지만 지금까지는 필자가 만나본 모든 스태프플러스 엔지니어를 이 중 한 유형으로 분류할 수 있었다. 물론 그중 일부는 다른 엔지니어보다 더 쉽게 분류할 수 있었다.

기술 리드

기술 리드는 가장 보편적인 스태프 유형이며, 한 팀 또는 여러 팀의 업무 수행 방향과 실질적인 진행을 이끈다. 복잡한 업무의 범위를 정하고 팀이 업무를 완수하도록 조율하며 그 과정에서 방해물을 제거한다. 또한, 팀이 처한 상황을 파악하고 팀이 성공하기 위해 필요한 다른 팀과의 교차 기능 (cross-functional) 관계를 관리해야 한다. 팀의 제품 관리자(product manager)와 긴밀히 협조하며 로드맵을 조정해야 할 경우 가장 먼저 참석해야 하는 사람이다.

기술 리드의 주간 일정

	월요일	화요일	수요일	목요일	금요일
8 AM	이번 주 긴급 대기 업무				
9 AM					
10 AM	스탠드업 회의 / 일대일 미팅	아키텍처 리뷰 제안 준비	스탠드업 회의 / 면접	스프린트 계획 미팅	스탠드업 회의
11 AM	일대일 미팅 / 일대일 미팅			일대일 미팅	사고 회고 미팅
12 PM	일대일 미팅			일대일 미팅	
1 PM	점심 식사				
2 PM	집중 시간 / 코딩	면접	아키텍처 리뷰	집중 시간 / 코딩	면접
3 PM					
4 PM					스프린트 데모
5PM					
	아이 돌보기				

※ 기술 리드 유형의 예시: 디아나 포자르Diana Pojar, 댄 나Dan Na, 리투 빈센트Ritu Vincent

기술 리드 유형의 일정 예시

기술 리드라는 직함이 등장한 초기에는 팀에서 가장 복잡한 기술 프로젝트를 구현하는 역할이 컸다. 하지만 요즘에는 팀 전체에 프로젝트를 위임한다. 기술 리드가 코딩하는 시간이 줄어야 팀원이 성장하도록 유도하는 동시에 팀의 영향력이 커진다는 것을 알았기 때문이다. 기술 리드는 코딩에 할애하는 시간이 줄어들어도 여전히 팀의 기술적 비전을 정의하며 복잡한 이슈가 발생하면 팀 내 작업 조율에 참여한다.

기술 리드는 많은 이가 처음으로 스태프 엔지니어를 경험하는 역할이다.

그렇게 된 이유가 몇 가지 있다. 먼저, 기술 리드는 팀 개념이 강한 회사에서 먼저 생겨나는 경향이 있다. 이는 애자일 방법론을 채택하는 기업에서는 보편적이며 많은 기업이 어느 시점이 되면 애자일 방법론을 채택한다. 또한, 기술 리드의 일과가 시니어 엔지니어일 때와 유사한 점이 많아 업무를 쉽게 전환할 수 있다. 마지막이자 가장 중요한 것은 한 조직에 엔지니어 8명당 기술 리드 1명이 필요하므로 다른 유형에 비해 훨씬 보편화되어 있다는 점이다.

조금 헷갈리겠지만 어떤 기업은 기술 리드를 직함으로 사용하는 반면, 다른 기업은 이를 역할로 분류하기도 한다. 이 책에서 분류하는 기술 리드는 스태프 엔지니어가 일을 수행하는 방법 중 하나이지만, 스태프 엔지니어만큼 역량이 없어도 기술 리드로서 역할을 수행하는 경우도 많다. 사실 스태프 엔지니어가 아닌데도 앞서 설명한 스태프 엔지니어 역할을 모두 수행하는 경우도 있다. 스태프 엔지니어가 된다는 것은 단지 하나의 역할을 맡는다는 것에 국한되지 않는다. 여러분의 역할, 행동, 영향력은 물론 조직이 이 모든 것을 인지하는 것이 모두 포함된다.

아키텍트

아키텍트라는 직함은 많은 기업에서 점차 사라져가고 있다. 하지만 아키텍트라는 역할은 여전히 존재하며 스태프플러스 수준의 직원에게 잘 어울린다. 아키텍트는 기업의 API 디자인, 프런트엔드 스택, 스토리지 전략 또는 클라우드 인프라스트럭처 등 기업의 특정한 기술 도메인의 성공을 책임진다. 하지만 해당 아키텍트의 능력을 충분히 활용하려면 도메인 자체가 충분히 복잡하며 기업의 성공에 중추적 역할을 하는 도메인이어야 한다.

아키텍트의 주간 일정

	월요일	화요일	수요일	목요일	금요일
8 AM					기업 인수와 관련한 기술 논의
9 AM	조직 상황 공유 회의	아키텍처 리뷰 제안서 준비		팀 회의	
10 AM	일대일 미팅		면접		
11 AM	일대일 미팅			일대일 미팅	
	일대일 미팅			일대일 미팅	사고 회고 회의
12 PM	일대일 미팅			일대일 미팅	
1 PM	점심 식사				
2 PM	이번 주 아키텍처 리뷰에서 제안했던 사항 리뷰 후 피드백		아키텍처 리뷰	신규 스토리지 백엔드 통합 계획에 따른 파일럿 팀과 협업	면접
3 PM		면접	아키텍처 리뷰 회의록 공유		면접
4 PM		곧 있을 엔터프라이즈 론칭을 위한 긴급 확장성 이슈 공유 회의			
5 PM					
	아이 돌보기				

※ 아키텍트 유형의 예시: 조이 에버츠Joy Ebertz, 케이티 세일러-밀러Katie Sylor-Miller, 키비 맥민Keavy McMinn

아키텍트 유형의 일정 예시

아키텍트가 독립적으로 시스템을 설계하고 그 디자인을 구현하는 팀에 전달한다는 선입견은 잘못됐다. 물론 그런 경우도 있지만 적어도 필자가 인터뷰한 아키텍트에게 그런 선입견은 비방에 가깝다. 영향력이 큰 아키텍트는 비즈니스의 요구 사항, 사용자의 요구 사항, 기술 제약 등을 충분히 이해하는 데 에너지를 할애한다. 그 과정에서 통찰을 얻고 자신이 집중하는 분야에서 가장 효율적인 접근 방식을 제시하며 지속적으로 좋은 판단을 보임으로써 본인이 제시하는 접근 방식이 채택되도록 힘쓴다.

아키텍트 역할은 상대적으로 규모가 큰 기업, 이례적으로 복잡하거나 기반 코드의 결합도가 높은 기업, 시장에 제품을 제시간에 출시하기 위해 감수했던 기술 부채를 제거하느라 고생하고 있는 기업에서 발전하는 경향을 보인다. 어떤 기업은 아키텍트가 기반 코드에 계속 깊이 관여하도록 유도하는 반면, 어떤 기업은 아키텍트가 코드를 작성하는 일이 없어야 한다고 분명히 못 박기도 한다. 물론 두 모델 모두를 채택하는 기업도 있다.

해결사

해결사는 어려운 문제를 철저히 분석하고 이를 해결할 때까지 매달리는, 조직이 신뢰하는 인력이다. 그래서 경영진의 입장에서 중요하지만 명확한 해결책이 없거나 실행할 때 위험이 너무 높은 문제를 처리한다.

해결사의 주간 일정

	월요일	화요일	수요일	목요일	금요일
8 AM					
9 AM		곧 있을 엔터프라이즈 론칭을 위한 확장성 이슈 철저 분석	확장성 관련 작업	팀 회의	확장성 관련 작업
10 AM					
11 AM	일대일 미팅		면접	일대일 미팅	사고 회고 회의
12 PM	일대일 미팅			일대일 미팅	
		점심 식사			
1 PM	확장성에 대한 짧은 논의				면접
2 PM		면접			
3 PM	곧 있을 엔터프라이즈 론칭을 위한 확장성 이슈 철저 분석	곧 있을 엔터프라이즈 론칭을 위한 긴급 확장성 이슈 공유 회의	확장성 관련 작업	확장성 관련 작업	면접
4 PM					확장성 관련 작업
5 PM					
		아이 돌보기			

※ 해결사 유형의 예시: 버트 팬Bert Fan, 넬슨 엘하게Nelson Elhage

해결사 유형의 일정 예시

대부분 스태프 엔지니어는 조직 내에서 논쟁하느라 시간을 많이 보낸다. 하지만 해결사는 주로 조직이 우선순위가 높다고 판단한 문제를 해결해야 하기 때문에 조직의 구조를 바꾸는 작업에 참여하는 시간은 상대적으로 적다. 반면, 보통 문제가 어느 정도 해소된 것 같으면 해당 업무를 중단한다.

그래서 무상함을 느낄 수 있으며 '해결된' 문제의 유지보수를 다른 팀에 위임하는 과정에서 분쟁이 생기지 않도록 하는 원만함도 필요하다.

보통 해결사는 계획 수립과 오너십의 주체가 팀이 아닌 개인이라고 생각하는[5] 기업에서 찾아볼 수 있다. 이런 기업에서는 보통 기술 리드가 필요한 자리에 해결사가 자리하고 있다. 스프린트(sprint)[6]를 중심으로 관리하는 기업이라면 그 규모가 상대적으로 커지거나 기술 부채를 스스로 재정의할 정도로 오래된 기업이 아닌 이상 이 역할을 찾아보기 어렵다.

| 오른팔 |

오른팔은 가장 보기 드문 유형으로, 엔지니어 수가 수백 명에 이르는 조직에서 보이며 직접적인 관리자가 없는 조직의 시니어 리더처럼 활동한다. 릭 부니Rick Boone는 시니어 리더의 권한을 위임받아 활동하는 자신의 역할을 〈왕좌의 게임〉의 핸드 오브 더 킹[7]이나 〈웨스트 윙〉의 리오 맥게리[8]에 비유했다. 권한을 위임받는다는 것은 권한을 위임한 리더의 방법, 신념, 가치를 그대로 이어받는다는 것[9]을 의미한다.

---

5 https://lethain.com/weak-and-strong-team-concepts

6 _{역주} 스크럼(Scrum) 방법론에서 엔지니어링 조직이 단기 목표에 집중하며 업무를 수행하는 기간의 단위를 의미한다. 사전적으로는 짧은 거리를 전력으로 질주하는 행위를 의미하며 스크럼 방법론에서 스프린트 기간 동안 팀이 목표 완수를 위해 최선의 노력을 기울인다는 점을 강조하기 위해 채택한 단어다. 스프린트 기간은 조직마다 다르지만 보통 2~4주 정도다.

7 _{역주} 왕좌의 게임(Game of Thrones)은 2019년부터 방영한 인기 있는 미국 드라마로, 현재 시즌 8까지 나왔다. 핸드 오브 더 킹(Hand of the King)은 일곱 왕국 영주의 수석 고문이며 일곱 왕국에서 왕의 명령을 집행하는 사람이다. 자세한 내용은 https://awoiaf.westeros.org/index.php/Hand_of_the_King을 참고하기 바란다.

8 _{역주} 웨스트 윙(The West Wing)은 1999년부터 2006년까지 방영한 미국 드라마로, 백악관을 배경으로 한 정치 드라마다. 리오 맥게리(Leo McGarry)는 웨스트 윙에서 백악관 비서실장이다.

9 https://lethain.com/staying-aligned-with-authority

오른팔의 주간 일정

	월요일	화요일	수요일	목요일	금요일
8 AM	상황 공유 회의 준비				기업 인수와 관련한 기술 논의
9 AM	조직 상황 공유 회의	곧 있을 엔터프라이즈 론칭을 위한 확장성 이슈 철저 분석	신규 입사자 적응 정책 워킹 그룹 회의	팀 회의	
10 AM	일대일 미팅		면접		
11 AM	일대일 미팅			일대일 미팅	
	일대일 미팅			일대일 미팅	사고 회고 미팅
12 PM	일대일 미팅			일대일 미팅	
1 PM	점심 식사				
2 PM	확장성에 대한 짧은 논의	면접	아키텍처 리뷰	분기 계획	면접
3 PM					면접
4 PM		곧 있을 엔터프라이즈 론칭을 위한 긴급 확장성 이슈 공유 회의	엔지니어링 예산 리뷰		확장성 상황 공유
5PM	확장성 상황 공유		확장성 상황 공유		확장성 상황 업데이트 보내기
		아이 돌보기			

※ 오른팔 유형의 예시: 미쉘 부Michelle Bu. 릭 부니Rick Boone

오른팔 유형의 일정 예시

　이 역할을 수행하는 사람은 리더를 대신해 스태프 회의에 참석하며 리더가 처리해야 할 주요 현안을 처리해 그 리더의 영향력을 확대한다. 이 급의 리더가 해결해야 할 문제는 순수한 기술 문제는 절대 아니며 비즈니스, 기술, 사람, 문화, 절차 등이 모두 관련된 문제다. 오른팔은 종종 타오르는 불길에 뛰어들어 문제에 대한 접근 방식을 수정하고 가장 적절한 팀에 실행을 위임한 후 불길이 치솟는 또 다른 곳으로 뛰어간다. 이 역할의 장점은 본질적인 문제만 다룬다는 점이다. 반면, 안타까운 점은 현재 문제를 해결해도 항상 다음 문제가 기다리고 있다는 점이다.

어떤 역할이 내게 맞을까?

어떤 유형이 여러분에게 맞을지 생각한다면 여러분이 활력을 느끼는 일이 어떤 것인지 생각한 다음 여러분의 회사 내에서 어떤 역할을 선택할 수 있는지 고려하기 바란다.

모든 기업에는 기술 리드 역할을 할 엔지니어가 필요하므로 여러분이 첫 스태프 엔지니어의 역할로 가장 접근하기 쉬운 유형은 기술 리드일 것이다. 팀의 오너십보다 개인의 오너십을 강조하는 회사는 더 일찍 해결사가 필요한 경우도 있다. 반면, 강력한 스프린트나 애자일 방법론을 기초로 운영하는 기업이라면 설령 해결사에 대한 수요가 나타난다 하더라도 늦게 나타나는 편이다. 최근 성장 속도가 빠른 기술 회사를 보면 아키텍트와 오른팔 역할은 조직의 엔지니어 수가 각각 100명과 1,000명에 이를 때 등장하며 그 전에는 존재하지 않는다. 문화적 DNA가 다른 회사는 아키텍트나 오른팔 역할에 대한 수요가 일찍 나타나기도 하지만 아예 나타나지 않는 경우도 있다.

이 역할을 성공적으로 수행하려면 계속 참여해야 한다. 그래서 어떤 일이 여러분의 가슴을 뛰게 하는지 아는 것이 중요하다. 기술 리드와 아키텍트는 수년간 같은 사람과 같은 문제를 해결하는 경향이 있어 팀과 공동의 목표에 대한 소속감을 느낄 수 있다. 몇 달 정도는 회사의 최우선 과제를 수행하기도 하고, 어떤 때는 임원들이 팀의 존재를 아예 잊어버려 콧노래를 부르면서 편하게 지내기도 한다.

해결사와 오른팔은 문제가 발생한 여기저기로 뛰어다니며 매주 다른 사람들과 업무적으로 마주할 수 있다. 임원의 우선순위와 밀접하게 관련되어 임원에게 압박을 주는 문제를 해결할 때 비로소 좋은 평가를 받는다. 보통은 다른 사람과 함께 어느 한 팀에 소속되어 있더라도 그 팀의 담당 업무에는 거의 또는 아예 관여하지 않으며 커뮤니티에 대한 관념이 제한적인 경우도 많다.

어떤 유형이든, 자신의 역할을 좋아하고 보람도 크게 느끼는 사람도 있으나 그렇지 않은 사람도 있다. 여러분에게 잘 맞는 유형을 목표로 하는 것이 중요하지만, 앞으로 30년이나 40년 동안 커리어를 이어간다면[10] 모든 유형을 경험하게 될 수도 있음을 기억하자.

---

10   https://lethain.com/forty-year-career

2

스태프 엔지니어의 실제 업무는 무엇일까?

스태프플러스 엔지니어의 역할은 팀의 요구 사항과 해당 엔지니어의 강점에 따라 다릅니다. 제 경험상 스태프플러스 엔지니어의 책임은 시간이 지나면서 바뀝니다. 하지만 보통은 기술적 설계를 주도하고 팀을 성장시키면서 회사의 전략적 가치를 가진 프로젝트나 활동에 집중합니다.

— 디아나 포자르Diana Pojar

가족 행사 중에 친척에게 소프트웨어 엔지니어가 **도대체 무슨 일을 하냐는** 질문을 받아본 적이 있는 사람이라면 이 업무를 설명하기가 상당히 어렵다는 점을 알 것이다. 오랫동안 이 질문을 받게 되면 친척에게 먹힐 만한 답을 구할 수도 있겠지만, 동료가 슬쩍 기대면서 "이봐, 도대체 스태프 엔지니어가 하는 일은 뭐야?"라고 묻는다면 십중팔구 머릿속이 하얗게 될 것이다.

아마도 '스태프 엔지니어는 자신이 시니어 엔지니어로서 성공할 수 있는 일은 대부분 수행한다'는 대답이 가장 먼저 생각날 것이다. 즉, 관계를 맺고 소프트웨어를 작성하며 프로젝트를 조율한다. 하지만 이 답은 옳지 않다. 스태프 엔지니어가 앞서 언급한 업무를 하긴 한다. 하지만 예전에는 그런 업무가 주 업무였다면 이제는 보조 업무일 뿐이다. 유형에 따라 일정은 조금씩 다르겠지만 모든 유형에서 공통적으로 드러나는 업무는 기술적 방향의 설정과 수정, 스폰서십(sponsorship)과 멘토십(mentorship)의 제공, 조직적 의사결정에 엔지니어링 관점을 주입하는 일, 새로운 해결책 모색, 그리고 탄야 레일리Tanya Reilly[11]가 '접착제 역할 하기(Being Glue)'라고 부르는 일[12] 등을 수행한다.

기술적 방향의 설정과 수정

어떤 분야의 기술적 비전을 설정하고 사람들이 그 비전을 향해 나아가도록 할 때 가장 영향력이 있다고 느낍니다. 코드를 더 나은 방향으로 개선하길 원한다는 데 모두 동의할 거라 생각해요. 하지만 사람들은 자신이 원하는 것이 무엇인지 명확히 알지 못한 채 막연히 더 나은 것을 기대합니다. 그런 사람들이 정확히 무엇을 달성하기를 원하는지(설령 달성하지 못한다 해도 괜찮습니다) 결정하고 그 목적을 달성하기 위한 계획을 세우는 것을 돕고 싶습니다.

— 조이 에버츠Joy Ebertz

스태프 엔지니어는 자신이 몸담고 있는 회사의 기술에 대해 이야기한다. 기술은 스스로를 설명할 수 없으므로 기술을 대변할 수 있는 효율적인 누군가가 필요하다. 기술이 뛰어난 사람은 실용적이고 신중하며 결정 하나하나에 일희일비하기보다는 진행 과정을 장기적인 안목으로 바라보는 데 더 집중한다. 기술에 대한 파트타임 제품 관리자라고 생각하면 도움이 될 것이다.

일부 스태프플러스 엔지니어는 API 설계와 같은 특정 영역을 이끄는 등 명확한 필요에 의해 고용되기도 하지만 더 넓은 영역에 걸쳐 접근 방식을

---

11 구글의 시스템 관리자 겸 사이트 신뢰성 엔지니어다.

12 https://noidea.dog/glue

수정하고 맞추는 일을 하는 경우가 많다. 모든 스태프 엔지니어 역할에서 공통적으로 드러나는 점은 개인적으로 배우고 싶어 하는 기술과 접근법을 우선하는 것이 아니라 몸담고 있는 조직의 실제 수요를 이해하고 이를 해결할 수 있는 쪽으로 기술적 방향을 설정한다는 점이다. 시니어가 되기 전이라면 조직에서 여러분이 원하는 기술을 선택하도록 설득하려 했겠지만 시니어의 위치에 있다면 본인보다는 조직을 먼저 생각해야 한다.

멘토십과 스폰서십

> 제가 도와준 누군가가 마침내 작업을 완료하고 제품을 출시했다고 발표하거나, 중요한 주제에 내해 엔지니어링 팀이 모델의 틀이나 방향을 잡는 데 세가 도움이 됐다고 느낄 때 제 역할에 대한 열정이 생겨요. 본인의 기술을 구현하고 지원하기 위해 매일같이 힘든 일을 하는 것은 제가 아니라 그 팀이에요. 저는 그 팀이 얼마나 일을 진척시켰는지, 그리고 더 중요하게는 진척의 방향성과 업무가 회사의 목표에 얼마나 부합하는지 파악함으로써 제 영향이 어느 정도 미쳤는지 판단합니다.
>
> — 미쉘 부Michelle Bu

회사에서 생산성이 뛰어난 개인의 의사결정으로 회사의 미래가 바뀐다는 내용을 골자로 한 영웅적인 리더십은 매우 보편적이다. 이렇게 묘사되는 리더십 대부분은 좋은 이야깃거리를 만들기 위해 홍보 팀이 의도적으로 꾸며낸 이야기다. 스스로를 영웅시하는 것보다 주변 엔지니어를 성장시키는 것이 장기적으로 회사에 더 큰 도움을 줄 것이다. 주변 엔지니어를 성장시키는 최선의 방법은 멘토십과 스폰서십을 적극적으로 도입하는 것이다.

커리어 패스에 멘토십이 요구되는 경우 많은 사람이 본인도 멘토십 역량이 있다고 주장하는데, 이는 정말 유감스러운 일이다. 스태프플러스 역할에서는 멘토십이 가장 가치 있는 활동이기 때문이다. 상대의 상황을 이해하기 위해 지속적인 관계를 맺고 경험과 조언을 공유하는 것은 영향력이 큰 일이다. 가장 효율적인 스태프 엔지니어는 어느 정도 멘토십에 비중을 두면서 스폰서십에 훨씬 더 많은 비중을 둔다. 주변 사람을 성장시키고 지원하는 데 집중하자. 아직 읽어보지 않았다면 라라 호건이 스폰서십과 멘토십의 차이점에 대해 설명한 '스폰서십이란 무엇인가?(What does sponsorship look like?)'[13]를 읽어보기 바란다.

엔지니어링 관점의 제공

저는 개별 프로젝트와 팀보다 더 높은 수준에서 논의되는 엔지니어링 의사결정에 참여하고 있습니다. 우리는 기술 및 비기술 측면에서 문제를 논의하는 스태프 엔지니어링 회의를 정기적으로 진행하고 있어요.

– 댄 나Dan Na

효율적인 조직은 정기적인 의사결정을 능률적으로 수행한다. 잠재적인 기업 고객의 계약서를 리뷰하는 과정이 좋은 예다. 초기에는 제품 및 엔지니어링 팀이 지원하기에 부담스러운 내용이 계약에 포함될 것이다. 그런 일이 몇 번 일어나면 더 많은 이해 당사자가 리뷰에 참여하도록 절차가 개선될 것이며 나중에는 적절한 사람이 적재적소에 배치될 것이다.

정기적인 의사결정을 잘하고 있는 기업조차도 예상하지 못한 결정 사항이 나타나면 혼란에 빠지는 경우가 많다. 이런 일은 긴급하면서도 중요할뿐더러, 적절한 인력이 의사결정에 참여하도록 하는 것도 어렵다. 게다가 이

---

13 https://larahogan.me/blog/what-sponsorship-looks-like

런 상황에서 자칫 결과가 바뀔 수도 있을 법한 의미 있는 자료는 갖추지 않은 채 조직을 개편하는 일[14]이 비일비재하다. 마찬가지로 (신생 기업에서 일 년에 한 번 임원이나 스태프플러스 엔지니어를 채용하는 것처럼) 자주 채용하지 않는 역할의 면접 절차에서 면접자의 중요한 자질을 제대로 평가하지 못하는 경우도 많다. 어떤 기업에서는 심지어 로드맵 계획을 결정해야 하는 상황도 미리 예상하지 못해 우왕좌왕하는 경우도 있다.

스태프플러스 엔지니어는 이런 의사결정이 필요할 때 갑작스럽게 회의에 참여하게 되는 일이 잦다. 이런 상황에서 의사결정을 내릴 때 스태프플러스 엔지니어가 엔지니어링적 고려 사항과 관점을 제공해 결과가 바뀌는 경우도 있다. 중요한 의사결정 과정에서 이렇게 짧은 순간에 제시하는 의견은 그 영향력이 매우 크며 자칫 놓칠 수 있었던 엔지니어링적 고려 사항을 상기시킬 수 있다. 다만, 여러분은 본인이 아닌 엔지니어링 조직 전체를 대변하고 있다는 점만 기억하자.

새로운 해결책 모색

> 인큐베이터[15]에서 제 역할은 하루 종일 프로토타이핑하는 것이지만, 그전에 기술 리드 역할을 할 때는 다양한 일을 했었죠.
>
> — 리투 빈센트Ritu Vincent

언덕 오르기(Hill-climbing)는 간단한 최적화 알고리즘이다. 여러분이 산 중턱에서 정상까지 간다고 생각해보자. 주변을 한 바퀴 둘러본 후 근처에서 가

---

14 https://lethain.com/running-an-engineering-reorg

15 역주 IT 분야에서 미완성의 아이디어나 프로젝트를 개선하고 다듬는 조직을 의미한다.

장 높은 지점을 확인하고 그곳을 향해 걷는다. 일단 목표 지점에 도착하면 다시 주변을 한 바퀴 둘러본 후 현재 위치를 기준으로 근처에서 가장 높은 지점을 확인하고 또 그곳을 향해간다. 이 과정을 반복하면 그 산의 정상에 도달할 수 있다. 하지만 안개가 잔뜩 낀 날에 이 과정을 반복한다고 생각해 보자. 멀리 볼 수 없기에 근처에서 가장 높다고 생각한 곳으로 갔는데 사실은 시야에서 벗어난 곳에 훨씬 더 높은 지점이 있다는 것을 나중에 알게 될 수 있다.

언덕 오르기는 모든 문제를 해결할 수는 없지만 다른 방법을 채택한 많은 기업에도 충분히 효율적이다. 여기서 다른 방법을 채택한 기업이란, 기업 간 거래를 지원하는 데 고충을 겪고 있는 소비자 중심 기업이거나 이미 어느 정도 자리 잡은 기업인데도 더 작은 경쟁자의 릴리스 변화와 경쟁하는 기업일 수도 있다. 심지어 여러분이 현재 속한 기업이 주요 비즈니스의 성장률이 저하되고 있는데도 그 비즈니스의 가치가 아직까지는 너무 높아서 새로운 비즈니스[16]에 우선순위를 두기가 어려운 상황일 수도 있다.

장기적으로 회사는 새로운 것을 찾는 방법을 배우거나 아니면 사라진다. 이는 무시할 수 없는 변화다. 단순히 언덕 오르기 기술을 갖춘 팀이라고 해서 새로운 것을 찾는 작업[17]에 배정하는 것은 확실한 방법이 아니므로 많은 기업이 다른 방법을 채택한다. 기업은 다양한 기술을 갖춘 신뢰할 만한 직원을 찾아 리소스를 배정한 후 새로운 것을 발견할 수 있는 몇 달의 시간을 제공한다. 이런 역할을 맡는 엔지니어 중 하나가 바로 스태프 엔지니어다.

항상 비즈니스적인 문제에만 결부되는 것은 아니다. 이들이 해결책을 찾는 문제는 회사의 시스템이 제대로 만들어지지 않아 해결할 수 없는 모호하

---

16 https://en.wikipedia.org/wiki/The_Innovator%27s_Dilemma
17 https://lethain.com/how-to-invest-technical-infrastructure

고 중요한 문제일 수도 있다. 중요도에 따라 인프라스트럭처 비용을 줄이는 문제일 수도 있다. 3년이 아니라 6개월 만에 다중 지역 전략을 수립하는 것일 수도 있다. 주 데이터베이스에 남은 공간이 3개월 후면 바닥난다는 것을 갑자기 알아챘는데 그보다 더 큰 공간으로 업그레이드할 수 없는 상황이라 문제가 될 수도 있다(필자의 경험상 빠르게 성장하는 스타트업에서 이 문제는 놀랄 정도로 빈번하게 발생한다).

이는 기업이 하는 일 중 가장 보상이 크면서도 가장 위험도가 높은 일이다. 이 작업에 적합한 인물이라고 평가받으려면 조직으로부터 상당한 신뢰를 얻어야 한다. 게다가 설령 실패하더라도 여러분이 비난받는 것이 아니라 문제가 어려웠던 것으로 받아들일 정도로 충분히 존중받아야 한다.

접착제 역할 하기

탄야 레일리는 '접착제 역할 하기'라는 훌륭한 블로그 포스트를 작성한 적이 있다. 이 포스트에서 탄야는 성공적인 스태프 엔지니어의 또 다른 중요 역할을 지적했다. 즉, 눈에 띄지 않더라도 팀이 계속해서 발전하고 완료한 작업을 내보내는 데 필요한 작업을 하는 것이다. 아주 화려한 작업은 아니지만, 영향력이 큰 기업에서는 한 명 또는 그 이상의 스태프 엔지니어가 보이지 않는 곳에서 가장 중요한 작업을 신속히 처리하고 완료하기 위해 이런 작업을 하는 경우가 많다.

소프트웨어를 작성할 시간은 있을까?

스태프 엔지니어가 모이면 가장 먼저 묻는 질문은 '아직 소프트웨어를 작성할 시간이 있나?'라는 것이다. 이 질문에 의견을 밝히지 않고 스태프 엔지니어에 대한 논의를 마무리하는 것은 실례다. 이 질문의 답은 '스태프 엔지니어도 소프트웨어를 작성할 시간이 있지만 상황에 따라 다르다'는 것이다.

라스 카사 윌리엄스Ras Kasa Williams는 "나는 아직도 정기적으로 코드에 기여한다. 물론 팀의 다른 엔지니어만큼은 아니지만, 나의 기술적 전략(및 기타 거시적인 의사결정)이 팀의 다른 엔지니어에게 현장에서의 경험이 될 수 있도록 코드를 꾸준히 작성한다."라고 말했다.

케이티 세일러-밀러는 "나는 프런트엔드 아키텍트지만 데이터 분석을 많이 해왔기에 최근까지 SQL을 주로 작업했다. 성능을 개선할 수 있는 부분과 성능 및 비즈니스 지표를 개선하기 위해 수정해야 할 가장 중요한 이슈를 찾고자 성능 지표를 살펴봤다. 물론 경우에 따라 자바스크립트나 PHP 코드를 조금씩 작성하기도 하지만 대부분은 팀의 방해물을 제거하거나 성능과 관련한 작은 실험을 실행하는 등의 일을 한다."라고 말했다.

조이 에버츠는 "팀에 시니어 엔지니어가 늘어날수록 여러분이 코드를 작성할 일은 더 적어진다. 물론 팀원 관리자와는 달리 여전히 기술 쪽에 치중하지만 설령 프린시플 엔지니어라도 약간의 코드는 작성할 수 있다. 하지만 더 높은 위치로 올라갈수록 주변 사람들을 멘토링하고 성장을 돕는 일, 회사의 대외적 기술 브랜드를 구현하면서 팀을 구축하는 일, 개선하거나 수정해야 할 기술 트렌드를 읽는 일, 팀이나 회사의 기술적 비전을 제시하는 일, 기술 부채 프로젝트에 필요한 리소스를 충당하는 일 등에 더 치중하게 된다."라고 말했다.

대부분은 약간의 코드를 작성하고 일부는 아예 코드를 작성하지 않지만, 누구도 엔지니어링 경력을 처음 쌓기 시작할 때만큼 코드를 많이 작성하지는 않는다. 간혹 한 주 정도 오롯이 코딩만 할 때도 있지만 코딩이 일상이 되지는 않을 것이다. 그런 일이 너무 자주 일어나면 여러분이 중요한 일이 아니라 익숙한 일을 하고 있다는 신호다. 설령 여러분이 코드를 작성하지 않더라도 동료의 코드를 엄청나게 많이 읽고 적당한 코드 리뷰를 하게 될 것이다.

진행은 더디지만 보람은 크다

스태프플러스 업무에서 공통적으로 발견되는 한 가지는 기간이 길다는 점이다. 초기에는 소프트웨어 개발의 신속한 피드백 주기(코딩-테스트-출시-그리고 반복)에 집착하기 쉽지만, 이 일은 스태프플러스 역할로 피드백 주기가 수주, 수개월 또는 수년으로 늘어난다. 이처럼 길어지는 기간은 스태프플러스 역할을 처음 맡은 사람의 사기를 놀라울 정도로 떨어뜨린다. 스태프플러스 엔지니어가 어느 시점에 이르면 스스로 아무것도 이루지 못했다는 느낌을 받는 것은 지극히 정상이다. 모쪼록 계속 노력하기 바란다.

피드백 기간이 길어도 여러분의 업무를 통해 개인적인 성장과 영향력은 확보할 수 있다. 필자가 이야기를 나눠본 사람들은 하나같이 더 많은 시간을 코딩에 할애할 수 있기를 원했고 스스로 아무것도 성취하지 못한 무력감을 느꼈다고 했지만, 누구도 현재 역할을 맡게 된 것을 후회하지는 않았다.

3

직책이 중요한가?

시니어 엔지니어 커리어 레벨에 무사히 안착했다면 스태프 직책을 노려야 할지 궁금할 것이다. 스태프 엔지니어가 되는 길은 시간과 에너지를 상당히 투자해야 하며 운도 따라줘야 한다. 정말 여러분의 시간을 투자할 가치가 있을까?

물론 그럴 가치가 있을 것이다. 스태프플러스 직책에서 보통 세 가지 장점을 발견할 수 있다.

1. 비공식적으로 실력을 검증하는 절차를 우회할 수 있다.

2. 스태프 엔지니어링 회의에 들어갈 자격을 얻는다.

3. 현재의 직장 생활과 경력에 대한 보상이 증가한다.

그 외에 일부 스태프 엔지니어에게서 발견할 수 있는 네 번째 장점은 자신이 참여할 프로젝트를 선택할 수 있는 권한이 생긴다는 점이다. 하지만 몇몇은 이런 권한에 비례해 비즈니스에 대한 책임감이 증가한다는 측면에서 이 장점이 상쇄되는 경우도 있었다고 한다.

비공식적 실력 검증

넬슨 엘하게에게 스태프 엔지니어가 된 덕분에 할 수 있었던 일을 물었더니 다음과 같이 답했다.

'덕분에 할 수 있었던'이라는 질문이 상당히 인상적인데, 누가 어떤 역할을 맡게 될 것인지 공식적인 정책은 거의 없기 때문에 적절한 질문은 아닌 것 같네요. 대부분은 비공식적으로 실력을 검증해서 이뤄집니다.

많은 기술 기업이, 능력이 있는 직원이 자연스럽게 정상에 오를 수 있는 실력 위주의 기업이라고 스스로를 정의한다. 하지만 보편적으로 개인 역량을 평가할 수 있는 방법이 없는 만큼, 넬슨이 '비공식적 실력 검증(informal gauges of seniority)'이라고 표현한 방법에 의존하고 있다. 이런 검증은 아이디어를 객관적으로 평가할 수 있는 것으로 받아들여지고 있지만, 순전히 비공식적이라는 점에서 편견으로 작용할 수 있으며 자신감을 역량으로 착각하기도 한다.

스태프 직책의 장점 중 하나는 자신의 역량을 회복하는 주기가 자유롭다는 점이다. 필자가 인터뷰한 모든 스태프플러스 엔지니어가 비공식적 실력 검증을 언급하지는 않았지만, '스태프 엔지니어는 경험이 풍부한 기술자'라는 회사의 고정 관념에 반대하는 사람들이 이를 자주 언급했다.

키비 맥민은 다음과 같이 말했다.

직책을 얻으면 신뢰를 얻기 위해 너무 많은 에너지를 쏟을 필요가 없어요. 다른 사람이 직책을 보고 어느 정도 실력을 인정해주기 때문이죠. 처음부터 더 많이 존중받는다는 것은 정말 분명한 장점입니다.

스태프플러스 직책을 얻으면 예전처럼 스스로를 증명하기 위해 에너지를 소모할 필요없이 그 에너지를 여러분에 대한 평가의 잣대가 될 핵심 업무에 활용할 수 있다. 스스로를 증명하느라 너무 많은 에너지를 사용하지 않는다는 것을 느꼈다면 잘된 일이다. 어쩌면 현재 회사에 충분히 오래 재직하면서 여러분을 증명해왔기 때문에 더 이상 문제가 되지 않는 것일 테다. 여러분의 실력을 증명하느라 시간을 보내고 있다면 스태프 엔지니어라는 직책을 얻음으로써 그 시간을 확연히 줄일 수 있다.

스태프 엔지니어링 회의에 합류할 자격

스태프플러스 직책의 또 다른 장점은 '스태프 엔지니어링 회의에 합류할 자격'이다. 댄 나는 이 부분을 다음과 같이 설명했다.

> 저는 개별 프로젝트와 팀보다 더 높은 수준에서 논의되는 엔지니어링 의사결정에 참여하고 있습니다. 우리는 기술 및 비기술 측면에서 문제를 논의하는 스태프 엔지니어링 회의를 정기적으로 진행하고 있어요. 가령 엔지니어링 온보딩[18] 절차에서 느낀 아쉬움을 이런 회의에서 편하게 이야기할 수 있어요.

> 중요한 사항에 핵심 결정을 내리기까지 시간이 필요하며 이 결정은 다른 어떤 것보다 우선순위가 높다. 시니어보다 높은 역할을 맡고 있다면 여러분의 의견을 수렴하는 데 드는 비용이 상대적으로 낮을 때 의견을 제시하는 것이 좋다. 그렇지 않으면 관련된 롤아웃(rollout)[19]이나 구현이 이미 너무 많이 진행되어(의견의 가치와는 무관하게) 여러분의 피드백이 받아들여지지 않게 된다.

---

18 역주 새로운 사람이 조직에 들어왔을 때 빠르게 적응하도록 지원하는 과정이다.

19 역주 제품의 새로운 버전을 출시한 후 실제 사용자에게 적용해가는 과정을 말한다.

보상

소규모 기업은 잘 짜인 보상 체계가 없는 경우가 많으며, 인상 폭을 매니저와 직접 협의하기도 한다. 이런 기업에서는 스태프플러스 역할로 승진해도 그에 따른 보상이 인상되지 않는 경우도 있다. 하지만 대부분 기업은 직원이 100~200명을 넘으면 역할별 보상 범위(compensation bands)를 도입한다. 보상 범위가 정해지면 보통 역할에 따라 인상된 보상을 받는다.

보통 기업에서 급여를 가장 많이 받는 직책은 임원과 시니어 관리자다. 기업이 성장하면 보통 관리자와 엔지니어링 역할 간 보상이 연계되어 스태프플러스 역할을 맡게 되기도 한다. 이때(때로는 처음으로 스태프 역할을 맡는 경우가 아니라 시니어 스태프나 디스팅귀시드 역할을 맡게 되면) 보상이 상당히 인상될 수 있다.

여러분이 현재 속한 기업에서는 스태프 엔지니어의 보상이 시니어 엔지니어에 비해 크게 높지 않을 수 있으나 그 차이가 큰 기업도 있다.[20] 경력을 쌓아가면서 보상을 많이 주는 기업으로 눈을 돌려 스태프플러스 직책을 얻으면 상당한 보상을 받을 수도 있다.

관심 있는 업무에 대한 접근성

스태프플러스 역할을 맡게 되면 더 눈에 띄는 업무나 흥미로운 업무를 맡게 될 것이라고 많은 사람이 믿는다. 한편으로는 사실이지만, 이는 여러분이 다니는 회사에서 가장 보편적인 스태프 엔지니어의 유형이 무엇인가에 따라 다르다. 예를 들어, 해결사는 가장 흥미로운 작업을 맡게 되는 경우가

---

20 https://www.levels.fyi

많지만 기술 리드가 흥미로운 작업만 맡으려 한다면 그 팀은 위태로워질 것이다.

필자가 만난 사람들에게 들은 바에 따르면 흥미로운 업무를 맡게 되는 가장 일관되면서 효율적인 방법은 리투 빈센트처럼 그 일을 맡기 위해 채용되는 경우다. 드롭박스Dropbox는 제품 인큐베이터를 론칭하기 위해 리투를 고용했으며, 패스틀리Fastly[21]는 API 전략을 설계하기 위해 키미를 고용했다.

하지만 이 방법이 반드시 효력을 발휘하는 것은 아니다. 때로는 흥미로운 업무가 보여도 여전히 그 업무를 맡지 못하는 경우도 있다. 프로젝트를 수행하려면 개인적인 관심보다는 비즈니스의 요구 사항에 훨씬 더 신경 써야 하기 때문이다. 스태프 엔지니어보다 낮은 직급의 역할을 맡고 있다면 그런 프로젝트를 여러분의 백로그(backlog)[22]에 살짝 끼워 넣을 수도 있겠지만, 스태프 엔지니어라면 올바르게 행동하는 롤 모델로서의 역할도 수행해야 한다. 설령 프로젝트가 회사를 위한 최선이라 하더라도 여러분보다 더 많은 혜택을 볼 수 있는 다른 엔지니어에게 그 기회를 양보해야 하는 경우도 있다.

더 나은 업무가 아니라 다른 업무다

직책이 중요하긴 하지만 직책 때문에 스태프 엔지니어가 되려고 할 필요는 없다. 설령 스태프플러스 직책의 여러 특권이 마음에 들더라도 지금까지와는 상당히 다른 업무를 해야 한다는 점을 인지하는 것이 중요하다. 미셸 부는 스태프 직책을 원하는 사람을 위한 조언에서 이 부분을 지적했다.

---

21 역주 클라우드 컴퓨팅 서비스를 제공하는 회사다.

22 역주 제품이나 서비스에 앞으로 구현할 기능의 목록을 말한다.

스스로 열심히 일하려는 것이 아니라 단순히 스태프 직책을 얻는 것에만 신경 쓴다면 결국 원치 않은 일을 하게 되기 마련이에요. 스태프플러스 엔지니어가 되는 것, 특히 넓은 의미의 스태프플러스 엔지니어가 되는 것은 시니어 엔지니어가 되는 것과는 상당히 달라요. 시간을 가지고 그 일이 정말 본인이 원하는 일인지 생각하는 것이 중요합니다.

시니어 직책은 현실적이며 누군가에게는 생존에 필요한 경력에서 성공을 위한 전제 조건이 되는 경력으로 전환하는 계기가 되기도 한다. 하지만 스태프 역할을 맡게 된 대부분은 높아진 기대치 때문에 예전에는 즐기던 일을 못 하게 되는 경우도 많다. 여러분이 경력을 쌓아가다 보면 부작용 없는 선택도 있지만 스태프 엔지니어가 되는 일에는 부작용이 있을 수 있다.

마법이 아니라 현실이다

간혹 특정 직책을 얻는 것만이 중요한 성취나 기회라고 믿는 엔지니어를 만난다. 이런 부류는 '내가 스태프 직책에 있었다면 우리 팀의 기술 스택(tech stack)[23]을 직접 결정할 텐데.'라는 푸념을 늘어놓는다.

조직 내에서 위상이 올라가면 문제를 해결하기 위한 새로운 도구를 선택할 수도 있겠지만, 관리가 제대로 이뤄지는 조직 내에서 자신의 위상을 성공적으로 유지하려면 본인의 행실을 잘 관리해야 함은 물론 스스로 자제할 줄도 알아야 한다. 어떤 문제에 당면했는데 여러분의 현재 직책이 그 문제를 해결하는 데 유일한 걸림돌이라고 생각한다면 직책보다는 여러분의 접근 방식과 스킬을 개발하는 데 집중하는 것이 훨씬 더 큰 영향력을 발휘한다. 여러분의 역량이 원하는 직책을 수행할 정도가 되면 결국은 그 직책을

---

23 [역주] 해당 기업이 제품이나 서비스를 구현하는 데 중점적으로 사용하는 기술의 집합을 의미한다.

얻게 되겠지만 직책을 얻는 것이 여러분이 기대한 것만큼 큰 영향력을 발휘하지는 못할 것이다.

한 가지 예외는 여성과 소수 인종의 경우다. 그들은 스태프플러스 직책을 얻은 후 스스로를 증명하기 위한 시간과 노력을 훨씬 적게 소모하는 경우가 많았다. 직책을 얻는다고 해서 그들이 새로운 능력을 얻은 것은 아니지만 그들이 경력에서 늘 짊어지고 있던 무게를 어느 정도 제거해 주기도 했다.

Chapter 2

스태프 엔지니어로 활동하기

누군가에게 들었던 최고의 조언이자 다른 스태프 엔지니어에게도 전해주고 싶은 것은, 스태프 엔지니어가 되면 자신의 일을 스스로 조절할 수 있고 모두가 자신의 말에 귀를 기울이며 무슨 일이든 시킬 수 있게 될 거라는 생각이 틀렸다는 점이에요. 실제로는 정반대의 일이 벌어지죠.

— 케이티 세일러-밀러Katie Sylor-Miller

엔지니어링 관리자는 너무 많은 회의에 치인다거나 다른 동료와의 협업이 너무 많다는 이유로 많은 엔지니어가 스태프플러스로 경력을 이어가고 싶어 한다. 하지만 어이쿠, 그런 마음으로 스태프플러스 직책을 받아들인다면 깜짝 놀랄 것이다. 보통 스태프 엔지니어는 시니어 엔지니어에서 한 단계 높은 엔지니어 직책을 의미하기는 한다. 그러나 실제로는 완전히 다른 직책이며 그전까지 자주 하지 않았거나 전혀 하지 않았던 일을 하느라 시간을 보내는 일이 늘어날 것이다.

스태프플러스 직책의 학습 곡선(learning curve)은 상당히 가팔라서 대부분 처음에 실수를 저지른다. 스태프플러스 직책이 어려운 이유는 여러분이 수행하는 업무 대부분에서 피드백 주기가 엄청 길다는 점이다. REPL[1]을 즐기던 코딩 본능을 억누르고 멘토십, 관계 구축 및 전략 등을 필요에 따라 왔다 갔다 하면서 진행하는 과정에서 피드백이 지연되면 의기소침해질 것이다.[2]

이 장에서는 이런 학습 곡선을 극복해서 스태프 엔지니어로 활동하는 방법을 알아보겠다. 또한, 개인적으로는 성취감을 느끼고 조직적으로는 변화를 유도할 수 있는 부분을 찾는 내용을 다룬다.

---

1   https://ko.wikipedia.org/wiki/REPL
2   역주 REPL은 코드를 입력하고 곧바로 실행해볼 수 있는 환경으로, 이 책에서는 피드백 주기가 빠른 상황을 의미하며 그렇지 못한 스태프플러스 직책과 비교하기 위해 언급하고 있다.

주제

이 책을 집필하면서 진행한 인터뷰는 물론 스태프플러스 엔지니어를 이끌며 코칭한 필자의 경험으로 미루어볼 때 개인 발전에 초석이 될 몇 가지 주제가 계속 등장하는 것을 알 수 있었다. 여러분이 스태프 직책에 오른다고 해서 이 모든 주제를 수행하지는 않겠지만, 지금부터 소개할 주제는 여러분이 큰 영향력을 행사하게 되거나 실수로 경력에 해가 되는 결정을 내리게 될 가능성이 큰 부분이라고 할 수 있다.

1. 업무 시간에는 **중요한 일에 집중하자**. 특히 경력이 쌓이고 삶에서 의무와 책임이 늘어날수록 더욱 그래야 한다.

2. 여러분이 몸담고 있는 회사의 비즈니스 목표를 이루기 위해 조직의 아키텍처, 기술 선택, 조직 구조 등에 대한 접근 방식을 안내할 수 있도록 **엔지니어링 전략을 기록하자**.

3. 시간이 흐르면서 성장하고 방향이 바뀌는 회사의 아키텍처와 소프트웨어의 품질을 유지하기 위해 **기술적 품질을 선별하자**.

4. 시간이 흘러도 효율적인 리더로 남고 싶다면 **월권하지 말자**. 기술 리더 역할은 다른 리더(보통은 경영진)에게 권한을 위임받은 것이다. 따라서 월권하지 않고, 신뢰할 수 있으며 예측 가능한 사람으로 보여야 위임받은 권한을 지속할 수 있다.

5. **리드하려면 따라야 한다**. 어떻게 일해야 하는지 감각을 갖추는 것은 리더십을 유지하기 위한 강력한 도구이지만 여러분의 비전과 다른 동료 및 리더의 비전을 결합하는 방법도 필수 요소다.

6. 항상 옳은 말만 하는 것보다는 **절대 틀린 말을 하지 않는 방법을 배우자**. 또한, 이해와 소통에 전념해야 한다. 여러분의 사회적 비용을 갈등으로

점철된 관계를 복구하는 데 사용하지 말고, 우선순위와 관점이 다른 사람들과 협력하는 법을 배우자. 그렇게 하면 여러분의 관리자에게 여러분에 대해 불평하는 사람이 줄어드는 효과도 가져올 수 있다.

7. **다른 사람을 위한 공간을 만들자.** 여러분의 팀은 여러분이 기여한 것보다 더 강해질 것이다.

8. **동료 네트워크를 구축하자.** 이 네트워크에 속한 동료들은 어려운 결정을 함께 검토해준다. 다른 사람은 여러분이 가진 권한이 두려워서 솔직하게 피드백하지 못해도 이 동료들은 솔직하게 피드백해줄 것이다.

눈치 빠른 독자라면 1.2절에서 다룬 두 가지 핵심 주제가 앞서 살펴본 목록에서 빠져 있음을 알았을 것이다. 그 두 주제란 '멘토십과 스폰서십', '접착제 역할 하기'다. 이 두 주제는 스태프플러스 엔지니어로서 성공하기 위한 필수 요소다. 하지만 필자의 관점에서 볼 때 이 둘은 이미 소개했으니 이 내용을 다시 설명하기보다는 여러분이 관련 글을 스스로 읽어보는 편이 더 낫다. 멘토십과 스폰서십에 대해서는 라라 호건이 쓴 '스폰서십이란 무엇인가?'를, 접착제 역할 하기에 대해서는 탄야 레일리가 쓴 '접착제 역할 하기'를 읽어보기 바란다.

이 영역에 대해서 신중하게 훈련하면 새내기 스태프 엔지니어에서 신뢰할 수 있는 조직 리더로 천천히 발전할 것이다. 그렇다고 해도 이 두 가지가 스태프 엔지니어의 역할을 모두 커버하지는 않는다. 간혹 스태프 엔지니어가 엔지니어링 디렉터와 놀랄 만큼 유사하게 보일 수도 있고, 여러분의 이전 경력과 이상하리만큼 비슷하게 보이기도 한다.

스태프 엔지니어의 역할을 설명하기 어려운 데는 그 권한이 방대한 까닭도 있다. 만일 여러분이 관심 있는 주제를 이 책에서 설명하지 않는다면 추가 자료를 활용하기 바란다.

1

중요한 일에 집중하자

저는 '영향력 있는(impactful)'이라는 말보다는 '열정적인(energized)'이라는 말을 선호합니다. '영향력 있다'라는 표현은 너무 회사 위주인 것 같아요. 물론 그게 중요하긴 하지만 '열정적이다'라는 말이 조금 더 내면을 표현하는 말 같기 때문이에요. 제가 열정적으로 임할 수 있는 업무를 찾았기 때문에 스트라이프Stripe에서 오랫동안 영향력 있는 업무를 수행할 수 있었어요.

— 미쉘 부Michelle Bu

사람은 영원히 살 수 없으며 인생에 주어진 시간의 일부를 일하는 데 쏟는다. 여러분이 아무리 일을 우선한다 하더라도 인생에는 일 외에 가족 부양이나 자녀 양육, 운동, 멘토와 멘티가 되는 것, 취미 등 여러 활동이 필요하다. 이런 활동을 한다는 것은 삶이 풍요롭다는 뜻이겠지만 반대로 경력이 늘어갈수록 일할 수 있는 시간이 점차 줄어든다는 부작용도 있다.

커리어를 계속 이어가다 보면 여러분이 업무에 할애할 수 있는 시간이 줄어들어도 기여도에 대한 기대치는 계속 올라간다. 잠을 줄이거나 업무 외 활동을 줄일 수는 있다. 하지만 일을 위해 그렇게 희생해도 보상은커녕 아무도 여러분의 희생에 관심을 두지 않는다는 사실을 결국 알게 될 것이다.

일관성 있고 성공적인 커리어에서 가장 어려운 점은 스스로 페이스를 조절하는 것이다. 시니어 역할을 하게 될수록 더 많은 것을 더 적은 시간에 이뤄내야 한다. 커리어를 이어갈수록 이 두 조건 사이의 간격은 점점 더 좁아지지만 신중하게 접근하면 충분히 대처할 수 있다.

먼저 **쉬운 일 주워 먹기**(snacking), **자기 과시**(preening), **과거의 경험에 의존하기**(chasing ghosts)와 같은 몇 가지 보편적인 실수를 알아보자. 그런 후에는 정말 중요한 일을 하는 방법을 알아보자.

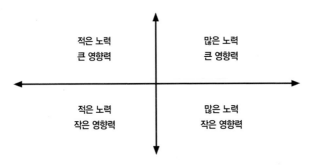

영향력의 크고 작음과 노력의 많고 적음으로 구분한 사분면

쉬운 일을 주워 먹지 말자

헌터 워크Hunter Walk는 업무의 우선순위를 정할 때 '쉬운 일 주워 먹기'[3]를 하지 말 것을 권한다. 잘 돌아가는 조직의 일원이라면 어느 시점에는 영향력이 크면서 쉽게 할 수 있는 일을 더 이상 찾을 수 없게 된다. 그러면 이제는 영향력이 크고 어려운 일과 영향력이 작고 쉬운 일을 해야 한다. 워크는 후자(쉬우면서 영향력이 작은 일)를 **쉬운 일 주워 먹기**라고 부른다.

---

3   https://hunterwalk.com/2016/06/18/the-best-startups-resists-snacks-im-not-talking-about-food

만약 바쁜 상황이라면 이런 쉬운 일은 심리적으로 보람을 느낄 수 있는 성취감을 준다. 하지만 그런 일을 한다고 해서 특별히 배울 것은 없으며 다른 사람이 그 일을 해도 결과는 같을 것이다(게다가 누군가에게는 그 일이 개발의 기회가 되기도 한다). 오히려 영향력이 큰 일을 하지 않은 것에 대한 거대한 기회 비용도 발생한다.

스스로 동기를 부여하기 위해 더 중요한 일을 하는 도중에 짬을 내서 쉬운 일을 하는 것은 괜찮다. 그러나 영향력이 큰 작업과 작은 작업에 시간을 어느 정도 사용하고 있는지 자신에게 정직해야 한다. 여러분이 시니어라면 대부분 자율적으로 일하겠지만, 스스로 업무를 신중하게 관리하지 않는다면 중요하지 않은 일을 하거나 중요한 일을 거의 하지 않게 되기 쉽다.

자기 과시하지 말자

'자기 과시'라는 것은 '쉬운 일 주워 먹기'와 마찬가지로 쉽고 영향력이 작은 일만 골라 하려는 의도를 의미한다. 하지만 '쉬운 일 주워 먹기'보다 더 구체적이다. **자기 과시**란 영향력은 작지만 쉽게 눈에 띄는 일을 하는 것을 말한다. 많은 기업이 눈에 잘 띄는 일과 영향력이 큰 일을 결합해서 자기 과시와 실제 영향력을 구분할 수 없게 만든다. 그래서 시니어 엔지니어가 별로 중요하지 않은 일에 시간을 대부분 할애해도 일을 잘 하는 사람으로 인정받는 경우가 빈번하다.

커리어 성장[4]을 단기적으로 본다면 현재 몸담고 있는 조직이 영향력을 평가할 때 가진 이러한 병폐를 잘 활용하는 것이 최선이다. 그렇다면 계속 자

---

4   https://yenkel.dev/posts/how-to-achieve-career-growth-opportunities-skills-sponsors

기 과시해도 좋다. 하지만 점점 증가하는 복잡도[5]를 감당하거나 여러 조직을 거치면서 현재 업무에서 성공을 거두기 위해 스스로를 계발할 생각이라면 가치 있는 업무와 자기 계발 사이에서 균형을 맞추는 것이 훨씬 더 중요해진다.

이는 이직할 때도 고려해야 할 중요한 요소다. 회사의 가치를 파악하고 그 가치가 여러분이 의도한 개인적 성장과 궤를 같이 하는지 확인하자. 회사의 리더 그룹이 눈에 잘 띄는 급한 일을 처리하거나 아부하는 데 자신의 에너지를 집중하는 사람들로 구성되었다면 그 회사에서의 성공 여부가 그들과 똑같이 행동하는지에 달려 있다고 해도 너무 놀라지 말기 바란다.

자기 과시를 잘 한다는 것은 능력을 의심받아도 무시할 줄 안다는 뜻이다. 게다가 자기 과시에 집중하다 보면 정말 해야 할 일은 제대로 하지 못한다. 회사에 그런 리더가 많다면 시니어 리더가 자신을 과시할 목적으로 여러분을 채용했거나 아니면 여러분도 그런 리더가 되어 가고 있다는 뜻이다. 설령 여러분이 그런 리더가 아니라면 회사의 성공에 도움되는 판단을 내리려고 무던히 노력하겠지만 결국은 실패하게 될 것이다. 게다가 자기 과시를 잘 하는 리더들은 어떻게든 승진하는 반면 그들의 모자란 능력에 대한 책임까지 여러분이 지게 될 것이다.

과거의 경험에 너무 의존하지 말자

기업은 합리적이어서 영향력이 작지만 노력을 많이 해야 하는 프로젝트에 시간을 많이 쓰지 않을 것이라고 대부분 생각한다. 안타깝지만 항상 그렇지는 않다. 새로 회사에 합류한 시니어 리더가 당장 마주한 과제를 잘못 이해

---

5   https://lethain.com/growing-with-your-company

하고 전략을 즉시 수정하려고 하는 일[6]은 놀랄 정도로 흔하다. 그전에 경험했던 상황의 잔상이 새로운 회사를 이해하는 것을 방해하여 자신에게 익숙한 것이 본질적인 것이라고 잘못 판단하게 된다.

시니어 리더라면 규모가 큰 업무에서 아무 의미 없는 작업을 하느라 시간을 허비하지 않도록 신중해야 한다. 특히 채용 과정에서 회사가 어떤 심각한 문제를 해결하기 위해 여러분을 채용하는 것이라고 수차례 들었다면 앞서 언급한 실수를 하지 않도록 주의해야 한다. 물론 여러분의 직감은 옳다. 실행에 옮기기 전에 시간을 충분히 들여 상황을 이해하면 좋은 결과로 이어질 것이다.

모두가 실패할 것이라고 의심하는데도 의도적으로 큰 변화를 밀어붙이는 새로운 시니어 리더에 대해 불만을 제기하는 사람을 최근에 만난 적이 있다. 이런 변화가 생기면 조직은 점점 더 새로운 리더에 의존하게 되며 변화가 제대로 진행되는지 여부도 관련 팀이 아닌 새로운 리더에 직접 귀속된다. 만일 여러분이 이런 리더십을 행사하고 있다면 제발 본인이 끔찍한 일을 저지르고 있음을 인지하고 시간을 충분히 투자해, 본인이 중요한 사람임을 드러내는 것보다 회사 전체의 안녕과 성공이 더 중요하다는 것을 이해하기 바란다.

실제로 문제가 되는 부분

지금까지 쉬운 일 주워 먹기, 자기 과시, 과거의 경험에 의존하기 등 하지 말아야 하는 일에 대해 알아봤으니 이제 다른 방향에서 생각해보자. 여러분이 해야 할 일이 정확히 뭘까? 가장 먼저 파악해야 할 중요한 일은 여러분

---

6 https://lethain.com/grand-migration

의 회사에 실제로 문제가 있는지 확인하는 것이다. 반복적인 탈락 토너먼트 (iterative elimination tournament)[7]를 무한히 반복하는 회사는 회사가 추구하는 미래가 현실이 될 때까지 그 미래를 추구하는 것과 살아남는 것 사이에서 균형을 잘 유지한다. 만일 여러분이 토너먼트 라운드에서 탈락할 위기에 처해 있다면 그 라운드에 집중해야 한다.

필자가 디그Digg에서 경험[8]했듯이 돈이 떨어지는 것은 분명히 이슈이지만 현존하는 모든 이슈가 경제적인 문제는 아니다. 트위터Twitter의 장애 고래[9] 안정성 문제[10]나 코로나19 바이러스 대유행으로 인한 변화의 수용 같은 문제가 있을 수도 있다.

회사에 뭔가 심각한 일이 발생한다면 그 문제를 해결하는 데 참여하자. 그 문제를 해결하지 못한다면 다른 문제는 더 이상 중요하지 않기 때문이다.

자리가 있으면서 관심도 받는 업무를 추진하자

실제로 있는 문제는 보통 여러분이 역량을 투입할 가장 효율적인 부분은 아니다. 하지만 벽이 무너지고 있는 상황에서 효율성이 무슨 상관이겠는가. 문제가 실제로 있다면 거기에 집중해야 하지만 그렇지 않다면 모두가 이미 집중하고 있는 분야에 역량을 투입하는 것은 좋은 생각이 아니다. 사람들은 리더십의 최우선순위 업무를 쫓아가는 경향이 있어 대부분 그 일에 참여하려고 하기 때문에 실질적으로 의미 있는 결과를 내기가 어려울 수 있다.

---

7 https://lethain.com/iterative-elimination-tournaments

8 https://lethain.com/digg-v4

9 역주 트위터에 장애가 발생했을 때 표시되는 화면에 고래 그림이 있었던 것에서 유래한 말이다.

10 https://www.theatlantic.com/technology/archive/2015/01/the-story-behind-twitters-fail-whale/384313

그 대신 여러분이 더 효율적으로 일할 수 있는 업무는, 회사 입장에서는 중요하지만 실제로 업무를 수행할 수 있는 자리가 충분히 남아 있는 업무다. 지금 중요하게 진행하는 일 중 앞으로 더 중요해질 일은 무엇인가, 미래에 훌륭하게 수행할 수 있는 업무는 무엇인가? 지금도 **잘** 진행되고는 있지만 협업하면 **더욱 잘** 진행될 분야는 어디인가?

때로는 **주목받을 만한** 일인데도 리더가 그 일에 가치를 두지 않아 조직이 특별히 신경 쓰지 않는 일을 찾을 때도 있다. 어떤 회사에서는 개발자가 사용할 도구를 개발하는 일이 그런 일이고, 다른 회사에서는 다양성(diversity)을 포용하기 위한 작업[11]이 그런 일이다. 대부분의 회사에서는 조직이나 팀 간 연결고리 역할을 하는 일이 그런 일로 치부된다.

아무도 그런 일에 신경 쓰지 않아 대부분 일할 자리가 충분히 남아 있으니 상황을 신속하게 개선하기 시작하면 여러분의 시간을 투자할 좋은 기회처럼 느껴지기도 한다. 하지만 어느 시점이 지나면 지원이 필요하다는 것을 깨닫게 될 것이다. 이때 회사가 그 일을 무시하거나 그 일에 가치를 두지 않는다면 필요한 지원을 받기가 어려워진다. 처음 이뤄냈던 것이 무관심과 엇갈림으로 점차 무색해지고 처음에 발휘했던 영향력은 시간의 흐름 속에 잊힐 것이다.

그렇다면 그런 일을 하지 말아야 할까? 아니, 그것은 필자가 의도한 결론이 아니다. 때로는 조직이 전혀 신경 쓰지 않지만 매우 중요한 분야에 회사가 관심을 갖도록 주도할 수도 있다. 물론 회사가 관심을 두지 않던 분야에 관심을 갖게 하는 것은 여러분이 할 수 있는 일 중에서도 가장 어려운 축에 속한다. 어쩌면 실패할 수도 있으니 가능한 한 시간을 적게 투입하되 그냥

---

11 역주 예를 들면, 신체 부자유자를 위한 기능을 구현하는 작업 등이 있다.

내버려 두지는 말자. 여러분은 시니어 리더로서 회사가 원하는 수준 이상 영향력을 갖출 윤리적 의무가 있지만 자신이 직면한 상황을 인지하고 그에 따른 노력을 기울이는 것도 중요하다.

성장의 조성

많은 이가 권장하지만 제대로 시간을 투자하지 않는(그래서 참여할 자리가 많은) 분야가 주변 팀을 성장시키는 일이다. 채용 절차(hiring funnel)[12]를 최적화한다는 명목으로 채용 과정에 참여하는 사람은 많다. 하지만 채용이 회사에 미치는 영향이 엔지니어링 속도(velocity)[13]만큼이나 중요한데도 온보딩(onboarding), 멘토링, 코칭(coaching) 같은 업무를 도외시하는 회사가 의외로 많다.

여러분이 일주일에 단 몇 시간이라도 할애해서 주변 팀이 성장하도록 도와준다면 그 노력은 여러분의 기술 스펙과 풀 리퀘스트(pull request)[14]가 잊힐 정도로 오랜 시간이 지나도 여러분이 남긴 좋은 유산으로 남게 될 것이다.

수정하기

조직이 실행하는 프로젝트 중 상당수는 작은 변경인데 오히려 성공에서 멀어지게 되거나, 빠르게 수정하는 것인데 오히려 새로운 기회를 잡지 못하게 되거나, 오히려 합의에서 한 걸음 더 멀어지게 되는 대화에서 기인한

---

12 https://lethain.com/hiring-funnel

13 역주 깃/깃허브에서 새로운 변경 사항을 병합하기 위해 보내는 요청이다.

14 역주 깃/깃허브에서 새로운 변경 사항을 병합하기 위해 보내는 요청이다.

다. 이런 작은 변경이나 빠른 수정, 또는 짧은 대화가 팀의 접근 방식을 수정한다.

여러분이 회사에서 구축한 조직상 권한과 관계, 그리고 경험에 기초해 주변을 살필 수 있는 능력을 활용하면 아주 작은 노력만으로도 프로젝트의 결과를 크게 바꿀 수 있다. 그리고 이것이 바로 여러분이 할 수 있는 가장 가치 있는 일이다. 이 일이 빠르고 쉬우며 여러분은 물론 여러분이 돕는 사람에게 큰 동기부여가 될 뿐만 아니라 제대로 되기만 한다면 그 영향력이 엄청나기 때문이다(하지만 잘못되면 크게 좌절하게 될 것이므로 어떤 방법을 택할 것인지가 중요하다!).

일 마무리하기

완수하기 어려운 프로젝트를 끝내는 데 도움을 주는 것도 팀의 접근 방식을 수정하는 방법 중 하나다. 아직 경력은 짧지만 재능이 출중한 엔지니어가 자신이 생각하기에 필요한 작업을 이미 시작했지만 조직의 허락을 얻어내지 못하거나 자신이 맡은 프로젝트의 범위를 완료할 수 있는 수준으로 조정하는 방법을 찾지 못해 어려움을 겪는 것을 간혹 보게 된다. 이런 팀원을 코치해서 프로젝트를 완료할 수 있는 수준으로 조정해주고 마찰이나 저항이 발생했을 때 이를 올바른 방향으로 조금만 틀 수 있는 권한을 위임해주면 6개월 고군분투할 일을 2주 단위 스프린트로 바꿀 수 있는 경우가 놀랄 정도로 많다.

우리는 프로젝트를 완료할 때 비로소 가치를 창출할 수 있다.[15] 프로젝트를 완료하는 순간은 위험 요소가 영향력으로 탈바꿈하는 마법 같은 순간이

---

15   https://www.amazon.com/dp/B078Y98RG8

다. 물론 작업을 완료하는 데 투입한 시간은 당연히 의미 있게 사용한 시간이다.

여러분만이 할 수 있는 일

마지막으로 중요한 일은 여러분이 유일하게 해낼 수 있는 일이다. 물론 다른 사람보다 더 빠르거나 나은 일은 있겠지만 더 중요한 것은 여러분이 참여하지 않으면 해낼 수 없는 일을 찾는 것이다.

그런 일은 여러분이 이례적으로 잘하는 것이어야 함은 물론 진정으로 관심 있어 하는 일이어야 한다. 회사의 모든 구성원이 **실제로 따르게 될** 회사의 기술 전략을 작성하는 일[16]이나 정말 유능한 사람이 회사에 합류하도록 설득하는 일, 기술 부채를 해소하는 방안을 채택하도록 CEO의 마음을 돌리는 일, 잘 문서화된 API를 설계하는 일[17] 등이 그런 일이다.

어떤 일이든 여러분이 참여하지 않으면 안 되는 일은 중요한 일을 맡게 될 가장 큰 기회이며 이런 일은 여러분의 경력이 계속됨에 따라 점점 더 좁아지고 심화될 것이다.

중요한 이유

20년간 경력을 쌓다가 새로운 자리를 찾기 위해 면접을 본다고 생각해보자. 면접관은 여러분이 기존 프로젝트나 회사에 어느 정도 실질적인 영향을 미쳤는지 이해하려고 할까? 아니, 단언컨대 그렇지 않다. 오히려 면접관은

---

16 https://lethain.com/magnitudes-of-exploration
17 https://increment.com/apis/api-design-for-eager-discering-developers

굉장히 주관적인 방법으로 여러분을 판단할 것이다. 여러분이 전 직장에서 얼마나 높은 위치에 있었는지, 어떤 직책을 달고 있었는지, 평판은 어떤지, 면접 절차에 어떤 태도로 임하는지 등을 보면서 말이다.

면접관의 주관이 아예 개입하지 않을 수는 없지만 여러분이 가치 있는 일을 한다면 충분히 전문성을 기를 수 있다. 물론 경력을 오래 쌓아야 가능한 일이다. 중요한 일을 하고 자기 계발이 가능한 프로젝트에 참여하며 진정한 경험을 가치 있게 생각하는 회사로 옮겨다녀야 한다.

2

엔지니어링 전략의 작성

> 좋은 전략은 지루한 면이 있으며 그것을 글로 옮기는 것 역시 지루한 작업이
> 므로 엔지니어링 전략을 작성하는 것은 어려운 일입니다. 또한, 사람들은 '전
> 략'이라는 단어를 들으면 '혁신'이라는 단어를 떠올립니다.
>
> – 카미유 푸르니에Camille Fournier[18]

엔지니어링 전략과 비전을 이해하고 있는 기업은 많지 않다. 이 불확실성 때문에 전략 및 비전을 문서화하는 것이 어렵다는 인식이 업계 전반에 걸쳐 퍼져 있다. 대화하다 보면 뭔가 신기한 것을 이야기하는 느낌이 들 때도 있지만 사실은 그저 지루한 문서일 뿐이다. 실제로 좋은 엔지니어링 전략은 지루하다. 그리고 나쁜 전략보다는 효율적인 전략을 문서화하는 것이 훨씬 쉽다.

엔지니어링 전략을 작성하려면 설계 문서 5개를 작성하고 거기서 유사점을 찾아내면 된다. 그것이 바로 엔지니어링 전략이다. 엔지니어링 비전을 작성할 때는 엔지니어링 전략을 5개 작성하고 그 전략을 따를 경우 향후 2년

---

18 https://twitter.com/skamille/status/1328763503973429250

내에 벌어질 일을 예측해본다. 그것이 바로 엔지니어링 비전이다.

번뜩이는 아이디어를 이 과정에 포함하고 싶다면 사전 작업을 할 때 그 아이디어를 넣어보자. 최선의 아이디어다 싶은 것들을 모두 거대한 문서 하나에 작성한 후 다시는 그 아이디어를 입 밖에 내지 말자. 아이디어가 머릿속에서 한 번 빠져나왔으니 이제 상쾌해진 머리로 나머지 작업을 할 수 있을 것이다.

매우 유용한 엔지니어링 전략과 비전은 조직이 반복적이며 상향식(bottom-up)으로 학습한 결과물이다. 따라서 조직이 학습한 모든 것은 전략과 비전의 수립에 영향을 주지만 너무 추상적일 필요는 없다. 여러분이 그 일을 직접 담당하지 않더라도 조직의 전략과 비전을 발전시키기 위해 **지금당장** 시작할 수 있는 실질적인 단계가 있다.

언제 그리고 왜 필요한가?

효과적인 전략과 비전을 수립하는 방법을 살펴보기에 앞서 '언제 그리고 왜 전략과 비전을 수립해야 하는가?'를 생각해보는 것이 좋다. 전략은 팀이 확신을 가지고 신속히 움직이는 데 힘을 실어줄 수 있는 주도적인 조정 도구다. 전략이 있으면 자칫 일주일 내내 논의해야 하는 결정 사항을 (권한을 가진 소수만이 아닌) 누구든 신속하게 내릴 수 있다. 또한, 미래에 발생할 수 있는 상황을 좁혀 더욱 실질적인 비전을 작성할 수 있는 도구가 되기도 한다. 여러분이 같은 결정을 서너 번 반복하고 있다면 그 시점이 바로 전략을 수립할 시점이다. 미래가 너무 불투명해서 어디에 투자해야 할지 결정할 수 없다면 그 시점이 바로 다른 비전을 수립할 시점이다. 이 둘 모두에 해당하지 않는다면 우선은 다른 작업을 하고 나중에 전략과 비전을 수립해도 된다.

설계 문서 5개 작성하기

설계 문서는 어떤 프로젝트에 대해 여러분이 결정한 사항과 트레이드오프 (tradeoff)를 기록한 문서다. 여러분의 회사에서는 이를 RFC나 기술 스펙 (tech spec)이라고 부를 수도 있다. 어떤 회사는 더 괴상한 이름을 붙이기도 한다. 예컨대 우버Uber는 RFC라는 이름을 사용하기 전에 DUCKS라는 이름을 사용하기도 했다.[19] 잘 작성된 설계 문서는 문제점과 실현 가능한 해결책에 대한 의견 등을 설명하며 최종 선택한 해결책에 대한 정보도 상세히 기록한다. 설계 문서의 형식은 다양하므로 '설계 문서, 마크다운, 깃(Design Docs, Markdown and Git)'[20], '구글의 설계 문서(Design Docs at Google)'[21], '원격 환경에서 기술적 의사결정과 조정하기(Technical Decision-Making and Alignment in a Remote Culture)'[22] 등의 블로그를 참고하기 바란다.

어떤 프로젝트에 설계 문서가 필요한지 아닌지는 개인적인 판단에 달려 있지만 이 판단에 도움이 될 몇 가지 유용한 규칙이 있다. 나중에 진행할 여러 프로젝트가 공통적으로 사용할 기능을 제공하는 프로젝트라면 설계 문서를 작성해야 한다. 또한, 사용자에게 의미 있는 영향을 주게 될 프로젝트나 엔지니어링 기간이 한 달 이상 걸릴 일이라면 설계 문서를 작성해야 한다.

설계 문서 5개가 효율적인 전략을 수립하는 데 중요한 이유는 잘못된 전략에서 놓치는 부분 즉, 실제에 근거한 구체적인 내용이 설계 문서에 기록되기 때문이다. 같은 팀의 두 엔지니어가 추상적인 전략을 서로 다른 방식

---

19 https://blog.pragmaticengineer.com/scaling-engineering-teams-via-writing-things-down-rfcs

20 https://caitiem.com/2020/03/29/design-docs-markdown-and-git

21 https://www.industrialempathy.com/posts/design-docs-at-google

22 https://multithreaded.stitchfix.com/blog/2020/12/07/remote-decision-making

으로 해석하는 경우는 종종 있지만 구체적인 해결법을 구현하고 있다면 그런 오해가 생길 여지가 훨씬 적어진다.

다음은 전략을 작성할 때 참고할 만한 몇 가지 권장 사항이다.

- 문제를 확실하게 제시하자. 문제를 명확하게 설명할수록 그 해결법도 더욱 명확해진다. 해결법이 명확하지 않다면 문제를 명확히 하는 데 더 시간을 들여야 한다. 만약 문제를 명확하게 설명하기 어렵다면 최소 5명에게 문제를 보여주고 놓친 부분이 있는지 물어보자. 다른 사람과 협업하는 것은 언제나 옳다.

- 간결한 템플릿을 사용하자. 많은 기업이 설계 문서 템플릿을 보유하고 있다는 것은 좋은 패턴이라 할 수 있다. 하지만 이런 템플릿은 대부분 너무 많은 사례를 고려해 만들어진 것이다. 이런 템플릿을 사용하면 애초에 설계 문서를 작성하는 것 자체를 꺼리게 된다. 반면, 최소한의 것만 갖춘 설계 문서 템플릿을 사용하면 작성자가 가장 필요한 부분을 선택할 수 있고 위험도가 높은 프로젝트에만 상세 내용을 철저히 기록할 수 있다.

- 작성은 혼자 하되 리뷰는 함께 하자. 어떤 주제에 대한 최고의 설계 문서를 작성하는 데 필요한 관련 정보를 혼자 다 알고 있는 경우는 극히 드물다. 문서를 작성하기 전에 관련자, 특히 완성된 문서를 사용하게 될 관련자에게 정보를 수집해야 한다. 하지만 문서를 작성하는 것 자체를 협업으로 해결하려는 생각은 하지 말자. 대부분은 편집자 역할보다는 저자 역할을 더 잘한다. 여러 명이 한 문서를 편집해서 글을 깔끔히 작성하는 것은 저자 한 명이 문서를 깔끔히 작성하는 것보다 훨씬 어렵다. 정보는 광범위하게 수집하되 작성은 혼자 하자. 다만, 다른 사람에게 리뷰받기 전까지 자신이 작성한 내용을 과신하지는 말자.

- 완벽주의를 버리자. 어떤 이유로든 지연되는 것보다는 어느 정도 적당한 수준의 문서를 작성해 다른 사람에게 보여주는 것이 조금이나마 낫다. 특히 다른 사람이 작성한 설계 문서에 피드백을 줄 때 이 점을 염두에 두는 것이 좋다. 다른 사람의 설계도 여러분이 했던 최고의 설계만큼이나 좋은 설계일 것이라고 기대하는 함정에 빠지기 쉽기 때문이다. 특히 시니어가 될수록 모든 설계가 여러분이 했던 최고의 설계와 같은 수준이 되길 바라는 것은 큰 문제다. 자신이 했던 최고의 설계를 기준으로 삼는 것보다는 적절한 수준의 설계를 하는 것에 집중하자.

훌륭한 설계 문서를 작성하려면 많이 연습해야 한다. 설계 문서를 작성하는 스킬을 개선하고 싶다면 구현이 끝난 후에 설계 문서를 다시 읽어보고 원래 계획과 다르게 구현된 부분이 어디인지, 왜 그렇게 됐는지 연구해보라. 아, 그리고 당연한 말이겠지만 설계 문서를 계속 작성하는 편이 좋다.

설계 문서 5개로 전략 수립하기

설계 문서 5개가 완성됐다면 문서를 모두 읽어보자. 여러 설계에서 보수적인 결정이 내려진 부분이 있는지, 특히 동의하기 어려운 보수적인 결정이 있는지 찾아보자. 최근에 필자가 경험한 것은 레디스(Redis)가 견고한 스토리지로서 적절한 선택인지 아니면 캐시(cache)로만 사용해야 하는지에 대한 논쟁이었다. 매번 설계 문서 리뷰를 새로 시작하는 것보다 레디스를 활용하는 방법과 관련한 최근의 결정 사항을 리뷰했다면 그때의 결정 사항을 참고해 이를 전략으로 기록해두는 것이 더 쉽지 않았을까?

훌륭한 전략은 트레이드오프에 대한 가이드는 물론 그렇게 가이드를 제시하게 된 근거까지 설명한다. 반면, 좋지 않은 전략은 설명 없이 정책만 늘어놓아서 그 정책을 수립하게 된 근거를 제대로 보여주지 못한다. 결정적인 근거가 없다면 그 전략은 상당히 빠르게 이해할 수 없는 전략이 되며(대체 왜 이런 결정을 내린 거지?라는 생각이 든다) 전략의 근거가 바뀌면 전략을 적용하기도 어려워진다. 직접 전략 문서를 작성하기 전에 '책임 있는 혁신을 위한 프레임워크(A Framework for Responsible Innovation)'[23]와 '슬랙이 대규모 기술적 변화를 만들어가는 방법(How Big Technical Changes Happen at Slack)'[24]과 같은 문서를 참고하길 권한다.

---

23 https://multithreaded.stitchfix.com/blog/2019/08/19/framework-for-responsible-innovation
24 https://slack.engineering/how-big-technical-changes-happen-at-slack

여러분이 『전략의 거장으로부터 배우는 좋은 전략 나쁜 전략』(센시오, 2019)을 읽어봤다면(이 책 덕분에 필자는 전략에 대해 생각하는 방법을 완전히 바꿀 수 있었다), 전략이란 '진단(diagnosis)'과 '지도 정책(guiding policies)'이며, '일관성 있는 조치(coherent action)'는 설계 문서에 남겨둬야 하는 것임을 알게 될 것이다.

전략 문서의 작성에 대해 조언하면 다음과 같다.

- **현재 가진 것부터 시작하자.** 전략을 수립하다 보면 전략이 본질적으로 가진 어마어마한 모호성에 막힐 때가 많다. 그래도 우선 전략을 작성하기 시작해야 한다. 지금 존재하지 않는 정보를 마냥 기다린다고 해서 해결되지는 않는다. 지금 존재하지 않는 문서는 어떤 이유가 있어 존재하지 않는 것이다. 그래서 이를 작성해봐야 나중에 결국 바뀌게 될 것이며 뭔가 잘못된 내용을 작성한다면 금세 바꿔야 할 것이다. 항상 현재 가진 것만으로 우선 시작하기 바란다.

- **구체적인 사항을 기술하자.** 일반화를 시작할 때까지 문서를 작성하고, 그 후에는 작성을 멈추자. 구체적인 내용을 기록할 수 없다면 더 많은 설계 문서를 작성할 때까지 기다리자. 구체적인 문장을 사용하면 정리가 되지만 일반적인 문장을 사용하면 정리에 혼선만 생길 뿐이다.

- **주장을 분명히 하자.** 좋은 전략은 그 주장이 명확하다. 그렇지 않으면 의사결정에 어떤 명확성도 제공할 수 없다. 하지만 주장을 분명히 한다는 것만으로는 충분하지 않다. 덧붙여 여러분의 작업물을 보여줘야 한다.

- **작업물을 보여주자.** 학창 시절, 수학 시간을 생각해보면 높은 점수를 얻기 위해서는 풀이 과정을 보여줘야 했다. 여기서도 마찬가지다. 여러분의 주장을 뒷받침하는 근거를 반드시 보여줘야 한다. 작업물을 보여주면 첫 번째 버전의 문서에 대해서도 확신을 가질 수 있다. 더욱 중요한 것은 그 근간이 되는 상황이 바뀔 때 다른 사람이 여러분의 작업물을 수정하고 개선할 수 있는 가능성을 열어준다는 것이다.

때로는 여러분이 작성할 수 있는 최선의 전략이 너무 명확해서 오히려 문서로 작성하는 게 따분하게 느껴질 수도 있다. '언제 설계 문서를 작성할 것인가?'는 문서화할 가치가 있는 전략이다. '어떤 경우에 어떤 데이터베이스를 사용해야 하는가?'도 문서화할 가치가 있는 전략이다. '모놀리식 서비스를 마이크로서비스로 마이그레이션하기 위한 단계는 어떻게 정의할 것인가?' 역시 마찬가지다. 전략이라는 아이디어를 가졌다는 것을 능력이 출중한 것으로 받아들인다면 전략 문서를 훨씬 더 많이, 자연스럽게 작성할 수 있다. 전략이 적용되지 않는다면 나중에 언제든 폐기할 수 있다.

전략 5개로 비전 수립하기

전략을 더 많이 수집할수록 여러 전략이 상호 작용하게 하는 방법을 추론하기가 점점 어려워진다. 전략 가운데 하나는 실행할 소프트웨어를 최소화[25]하고 클라우드 솔루션에 더 의존하는 것인 반면, 다른 하나는 가능한 데이터베이스의 복잡도를 없애는 것일 수도 있다. 복잡도를 덜어낼 데이터베이스를 특정했는데 클라우드 벤더가 그 방법을 제공하지 않는다면 두 전략을 어떻게 조합해야 할까?

이럴 때는 최근 작성한 전략 5개를 살펴보고 각 전략의 트레이드오프가 향후 2~3년 내에 어떤 일을 유발할 것인지 추측해본다. 모순되는 점을 수정하고 실타래를 잘 풀면 비로소 엔지니어링 비전을 작성할 수 있을 것이다. 최종 버전을 완성하면 탄야 레일리[26]가 '미래에 대한 확실한 믿음'[27]이라고 명명한 것을 확보하게 되는 것이다. 이 개념을 갖춘다면 기존의 전략이 서로 어떻게 관련되는지 쉽게 이해할 수 있고 시간이 흘러도 버텨낼 수 있는 새로운 전략을 작성하는 일이 간편해진다.

---

25 https://www.intercom.com/blog/run-less-software
26 https://twitter.com/whereistanya
27 https://leaddev.com/technical-direction-strategy/sending-gifts-future-you

제대로 된 비전을 수립하기 위해서는 다음의 몇 가지 요소에 집중해야 한다.

- **향후 2~3년을 위한 내용을 작성하자.** 기업과 조직, 기술은 너무 빨리 변해서 너무 먼 미래를 생각하기에는 부담이 크다. 또한, 향후 6개월 정도를 대비한 비전은 아무런 소용이 없다. 6개월 동안 실질적으로 작성할 수 있는 전략이 몇 개나 되겠는가? 향후 2~3년을 대비하는 데 집중하자. 회사가 잘 자리잡고 있다면 이 기간을 조금 더 늘려도 된다.
- **비즈니스와 사용자를 토대로 하자.** 효율적인 비전은 그 자체로 사용자와 비지니스를 지원하는 토대가 된다. 이렇게 긴밀한 연결은 비전과 경영진의 핵심 가치인 사용자 및 비즈니스가 일치하도록 유지하는 데 도움을 준다. 잘못된 비전은 기술적 정교함을 자기 정당화를 위한 도구로 취급한다. 특히 회사의 경영진에게는 절대 공유하지 않는다.
- **거만한 태도보다는 낙관적인 태도를 갖자.** 비전은 포부가 있어야 하지만 거만해서는 안 된다. 비전은 달성 가능해야 하지만 가능하다면 그것이 최선의 가능성이어야 한다. 중대한 차질 없이 모든 프로젝트를 제때 완료했을 때 달성할 수 있는 것만 기록하자. 리소스가 무제한일 때 가능할 수도 있다고 생각하는 것은 절대 기록하지 말자.
- **구체적이고 명확하게 작성하자.** 비전은 명확할수록 좋다. 포괄적인 문장은 동의를 얻기는 쉽지만 서로 충돌하는 전략을 조율하는 데는 도움되지 않는다. 여러분 마음에 드는 수준보다 더 상세하게 내용을 기록하자. 상세한 비전은 서술적이지 않고 실질적인 예시가 되며, 꼭 지켜야 하는 약속이 되기보다는 미래에 어떤 모습이 될지에 대한 맛보기가 된다.
- **한두 페이지로 정리하자.** 사실 사람들은 장문의 문서를 읽지 않는다. 만약 비전이 대여섯 장의 분량이라면 대부분 끝까지 읽지 않고 중도에 포기할 것이다(아니면 자세히 읽지 않고 대충 훑어보기만 할 것이다). 간결하게 작성하려고 노력해야 한다. 상세한 내용까지 완전히 이해하려는 사람을 위해서는 다른 문서로 링크만 제공하자.

비전을 다 작성했을 때 대부분이 취하는 첫 번째 단계는 엔지니어링 조직 전체에 널리 공유하는 것이다. 전략 하나를 위해 설계 문서 5개를 작성하고, 비전 하나를 위해 전략 문서 5개를 작성하는 등 비전을 수립하는 데 노력을 많이 했으므로 비전 작성을 끝냈을 때 느끼는 성취감은 매우 클 것이다. 하지만 사람들은 보통 여러분의 전략에 거의 반응이 없을 것이므로 너무 많이 기대하면 실망도 커진다. 사람들이 반응이 없는 이유는 몇 가지가 있다. 먼저, 상대적으로 작은 집단에서 전략을 작성하는 사람들이 공유 대상이기 때문이다. 둘째로, 훌륭한 비전은 너무 명확해서 기대가 된다기보다는 지루하게 느껴지는 경우가 많기 때문이다.

비전을 공유했을 때 기대하는 분위기가 얼마나 형성되는지로 그 가치를 판단하지 말자. 그 대신 2년 전 설계 문서와 지난주에 작성한 설계 문서를 읽어보면서 비전의 가치를 판단하자. 만일 주목할 만한 개선점이 있었다면 여러분의 비전은 훌륭한 것이다.

3

기술 품질의 관리

팀이 기회를 잡기 위한 적절한 계획을 세우기에는 경험이나 관련 지식이 부족한 상황에서, 좋은 의도가 있는 제안을 개선하거나 실질적으로 필요한 해결책을 마련하는 데 도움을 주면 영향력이 있다고 느낍니다. 이런 경우에는 계획을 잘 정리하면 가치를 확보하면서도 범위를 지속적으로 줄일 수 있어 그 결과를 더 빨리 보여줄 수 있어요.

— 드미트리 페트라슈코Dmitry Petrashko

엔지니어와 엔지니어링 관리자, 기술 임원 모두가 동의하는 것이 있다면 그 것은 바로 기술 품질에 대한 위기가 존재한다는 것이다. 그중 쉽게 진단하고 해결할 수 있는 것도 있다. '우리 엔지니어는 품질을 우선시하지 않아.' 라는 생각은 더 나은 엔지니어를 고용하거나 엔지니어를 재교육해 해결할 수 있다. 물론 필요하다면 앞 문장의 '엔지니어'를 '제품 관리자'나 '임원'으로 바꿔도 무방하다. 이런 생각은 빌런이 명백한, 매우 설득력 있는 문장이며 엔지니어링 임원은 쉽게 그 책임을 다른 곳으로 돌릴 수 있다. 하지만 대부분 그렇듯 더 힘없는 사람에게 책임을 돌리는 것은 도움이 되지 않을뿐더러 옳은 방법도 아니다.

낮은 기술 품질이 잘못된 의사결정에서 비롯됐다고 생각한다면 여러분은 잘못된 판단을 찾기 시작할 것이고 회사에서 누군가가 책임을 져야 한다고 생각할 것이다. 그런데 그게 전임 CTO의 잘못일까? 아니면 어색한 미소로 여러분을 바라보고 있는 스태프 엔지니어의 잘못일까? 아니면 모두의 잘못일까? 그들 중 누구의 잘못도 아니고 이상하게도 여러분의 잘못도 아니라면 과연 누구의 잘못일까?

대부분 낮은 기술 품질은 위기가 아니다. 얼마든지 발생할 수 있는, 지극히 정상적인 상태다. 보통 엔지니어는 품질에 대해서 합리적인 결정을 내리며, 성공적인 기업은 사업을 확장하거나 사업 방향을 돌리거나 기업을 대상으로 시장을 확대해 나가면서 천천히 품질 기준을 높여간다. 잘 운영되고 성공적으로 사업을 수행하는 기업이라면 이전에 내렸던 기술적 결정의 상당 부분이 현재의 품질 기준에 맞지 않을 것이다.

따라서 현재 기술 품질 수준과 목표 수준의 차이를 줄이는 것은 실패가 아니라 효율적인 엔지니어링 리더십의 기본이자 반복적으로 수행해야 할 과제다.

문제점

엔지니어링 리더로서 여러분의 목표는 핵심 비즈니스에 에너지를 집중하면서도 적절한 수준의 기술 품질을 유지하는 것이다. 여러분은 반드시 여러 기간(timeframe)[28]에 걸쳐 품질의 균형을 맞춰야 하는데 이 과정에서 각 기간의 요구 사항이 상충되기도 한다. 예를 들어, 다음 주까지 중요한 파트너십을 위한 기능을 출시하는 것과 다음 분기까지 10배 빠른 론칭을 지원하기 위한

---

28 **역주** 예를 들면, 마감 기한이 다른 여러 프로젝트를 말한다.

플랫폼을 구현하는 것은 매우 다른 작업이다.

여러분이 속한 회사의 기술 품질 수준이 시간이 지나면서 높아지는 것처럼 기술 품질을 관리하기 위한 방법도 그에 맞춰 개선될 것이다.

1. 즉각적인 문제를 유발하는 **바로 그 지점(hot spot)**을 수정한다.

2. 품질을 개선하는 것으로 알려진 **권장 사례**를 도입한다.

3. 소프트웨어의 변화에 따라 품질을 유지할 수 있는 **지렛점(leverage point)**에 우선순위를 둔다.

4. 조직에서 소프트웨어를 변경하는 방법에 대한 **기술적 요소**를 조정한다.

5. **기술 품질을 측정**해서 품질 향상에 대한 더욱 많은 투자를 종용한다.

6. 품질 개선을 위한 시스템과 도구를 구현할 **기술 품질 팀**을 꾸린다.

7. **품질 프로그램**을 실행해서 품질 수준을 측정 및 추적하고 낮은 품질 수준이 발견되면 이를 개선한다.

이 방법을 적용하려면 가장 비용이 저렴하면서도 직관적인 도구를 선택해야 한다. 기술 품질은 장기적인 게임이다. 이 게임에 승리 따위는 없으며 오로지 배우고 계속 게임에 참여할 기회를 얻는 것뿐이다.

계단 오르기

해결해야 할 일반화된 문제를 찾기 전까지 현재 마주한 과제에 집중하는 것은 즐거운 일이다. 하지만 그와 마찬가지로, 현재 상황을 신속하게 해결하고 다음 문제로 넘어가는 것이 중요하다.

팀과 조직을 위한 적절한 품질 개선을 생각한다면 가장 부담이 적은 솔루션부터 도입한 후 이 해결책이 성장의 압박을 못 이겨 더 이상 작동하지 않을 때만 더 규모가 큰 솔루션으로 이전하는 것이 가장 효과적이다. 만일 팀이 적절한 코드 린팅(linting)[29]에 적응하지 못한다면 포괄적인 품질 프로그램을 도입하려는 시도는 물거품이 된다. 규모가 큰 솔루션은 조직의 규모가 크면 더 효과적이지만 실행하기는 훨씬 더 어렵다.

그러므로 빠르게 적용할 수 있는 것부터 먼저 시작하자!

설령 도입한 방법이 제대로 동작하지 않더라도 어려운 솔루션을 도입했다가 실패하는 것보다는 쉬운 솔루션을 도입했다가 실패할 때 더 신속하게 실패로부터 배울 수 있다. 그러면 개선된 두 번째 솔루션을 더 빨리 적용할 수 있다. 시간이 지나면서 점점 더 포괄적인 솔루션에 가까워지겠지만 서두를 필요는 없다. 아무런 이유 없이 엔터프라이즈 규모의 솔루션을 도입하느라, 이제 막 시작하는 조직에서 쉽고 간단하게 필요한 솔루션을 도입하는 즐거움을 포기하지 말자.

이 과정을 순차적으로 증가하는 직선으로 표현하면 편하겠지만 실제 조직에서는 그런 형태로 나타나는 경우가 거의 없다. 품질 문제를 유발하는 지점 수정, 권장 사례 적용, 아키텍처 리뷰 실행, 아키텍처 리뷰 폐지 등의 과정을 거친 후 다시 문제 지점의 수정 단계로 돌아가는 경우가 대부분이다. 절차를 너무 빨리 적용하면 얻을 수 있는 가치보다 마찰이 더 심해지며 절차 자체가 비효율적으로 보인다. 어떤 절차가 제대로 동작하지 않는다면 우선 동작하게 만든 후 나중에 폐지하면 된다.

---

29 역주 코딩 규칙을 자동으로 적용 또는 확인하는 기법이다.

문제 지점

품질 문제를 다루면서 가장 먼저 나타나는 행동 경향은 절차상 실패를 찾아 냈을 때 절차적으로 해결하려고 하는 경우다. 예를 들어, 배포 단계에서 장 애가 나는 경우는 코드 작성자가 코드 테스트 절차를 올바르게 준수하지 않 았기 때문인데, 이때 모든 커밋(commit)에 대해 테스트를 수행하면 게으른 개발자에게 따끔한 교육이 될 거라고 생각하는 식이다.

미국에서는 사베인스 옥슬리법(Sarbanes-Oxley)[30]에 대해 이 법이 위험을 줄이기는커녕 뭔가 잘못됐을 때 비난할 사람만 명확하게 드러낸다는 오래 된 농담이 있다. 안타깝게도 지금까지 수많은 기업이 도입했던 절차를 보면 이 말이 농담이 아닌 사실로 드러난다. 물론 당면한 문제를 제대로 이해하 고 그 문제를 직접 해결하는 것이 절차 중심으로 판단해 책임을 지우는 것 보다 중요하다.

절차를 도입한다는 것은 사람이 일하는 방법을 바꾼다는 것이므로 이 점 을 가벼이 여겨서는 안 된다. 절차를 개선하기보다는 성능 엔지니어의 마음 가짐을 갖는 것부터 시작해야 한다. 당면한 문제를 측정하고 대부분의 문제 가 발생하는 부분을 찾아 그 부분에 정확히 집중해야 한다.

테스트가 제대로 이뤄지지 않은 상태에서 배포한 경우를 다시 생각해보 자. 배포한 엔지니어에게 테스트하는 습관을 바꾸라고 직접 피드백을 주 는 것이 좋을 수도 있다. 또는, 소프트웨어 설계상 오류가 발생하기 쉽다는 것을 인정하고 『A Philosophy of Software Design』(Yaknyam Press, 2021)[31]에서 설명한 '존재하지 않는 오류의 정의' 방법을 채택하는 것이 더

---

30 역주 상장 기업의 사기적 회계 및 재무 관리를 방지해 투자자를 보호하기 위한 미국의 법이다.

31 https://www.amazon.com/Philosophy-Software-Design-John-Ousterhout/dp/1732102201

나을 수도 있다.

개발 속도(development velocity)에 문제가 있다면 테스트 런타임의 최적화나 도커(Docker) 컴파일 단계를 램 디스크(RAM disk)[32]로 옮기는 방법 또는 『Software Design X-Rays』(Pragmatic Bookshelf, 2018)[33]에서 설명한 기법을 이용해 개선할 파일을 찾는 방법 등을 적용하면 된다.

시스템적 사고(systems thinking)[34]는 필자가 지금까지 마주한 것 중 가장 변혁적인 사고 기법이다. 하지만 때로는 폐기하는 편이 나을 법한 현재 시스템을 고쳐 써야 한다는 생각이 들기도 한다.

물론 팀에 더 나은 테스트를 작성하는 방법을 가르치기 위한 새로운 교육 프로그램을 도입할 수도 있지만 때에 따라서는 98%로 실패하는 테스트를 삭제하는 것도 방법이다. 문제 지점에 집중하면 이처럼 상당한 효율성을 얻을 수 있으므로 이는 기술적 품질을 개선하기 위해 가장 먼저 도입해야 할 기법이라고 할 수 있다.

하지만 어느 시점이 되면 조직에서 여러분이 문제 지점을 수정하는 속도보다 새로운 품질 문제가 발생하는 속도가 더 빠를 것이다. 이때가 바로 권장 사례를 도입할 시점이다.

권장 사례

필자는 한때 팀 계획(planning) 절차를 갖추지 않은 회사에서 일한 적이 있다. 시간이 지나면서 엔지니어링 본부장은 프로젝트 목표일을 맞출 수 없게

---

[32] https://en.wikipedia.org/wiki/RAM_drive

[33] https://www.amazon.com/Software-Design-X-Rays-Technical-Behavioral-ebook-dp-B07BVRLZ87/dp/B07BVRLZ87

[34] https://lethain.com/systems-thinking

되는 것을 점점 불안해하다가 스크럼[35] 방법론을 도입하라고 지시했다. 그래서 관리자는 스크럼 절차를 위키wiki에 작성했다. 그리고 앞으로는 스크럼을 도입해 업무를 진행할 것이라고 발표했다. 관리자들은 각자의 팀에 이제 스크럼 절차대로 일할 것이라고 전달했다. 임무 완료!

당연하겠지만 아무도 스크럼을 따르지 않았다. 모두가 예전처럼 일했을 뿐이다. 엔지니어링 본부장은 자신의 실수를 인정하지 않고 오히려 스크럼의 도입이 성공적이었다고 발표했다. 그리고 누구도 그 말에 토를 달지 않았다.

이 슬픈 전설은 얼마나 많은 기업이 권장 사례를 도입하고 있으며 왜 사람들이 권장 사례라면 손사래를 치는지 잘 보여준다. 이론적으로 품질 문제가 발생하는 지점을 수정하기 전에 권장 사례를 도입하면 이득을 볼 수 있다. 하지만 필자는 문제가 발생한 지점을 수정한 후 권장 사례를 도입하기를 권한다. 권장 사례를 도입하려면 조직과 경영진이 그만큼 성숙해야 하며 필요한 성숙도를 갖추려면 시간이 필요하다.

새로운 사례를 도입할 때 적절한 절차는 지시에 의해 만들어지는 것이 아니라 진화를 통해 만들어진다.[36] 다른 기업이 어떻게 유사한 사례를 도입했는지 연구하고, 여러분이 의도하는 접근 방법을 문서화한 후 몇몇 팀을 선택해 그 사례를 실습해보고, 필요한 부분을 다듬고, 문제 지점에 기초해 문서를 개선한 후에나 실질적인 도입이 가능하다. 이를 너무 급하게 진행하면 결국은 실패한다.

이와 마찬가지로 중요한 것은 동시에 도입하는 절차의 수를 제한하는 것이다. 여러 팀이 동시에 여러 절차를 도입하면 오히려 힘들어진다. 게다가

---

35 https://en.wikipedia.org/wiki/Scrum_(software_development)

36 https://lethain.com/good-process-is-evolved

새로 도입한 절차 중 한두 가지를 나중에 철회하거나 수정하려 하면 그만큼의 영향력을 행사하기가 더 어려워진다. 조금 확고하게 들릴 수도 있지만 필자는 주어진 시점에 권장 사례 하나에만 집중하도록 여러분 스스로를 통제해야 한다고 믿는다. 여러 곳에 리소스를 분산하기보다는 권장 사례 하나가 성공적으로 안착할 수 있도록 모든 에너지를 집중하자.

한 번에 권장 사례 하나에만 집중하면 어떤 사례를 우선 도입할 것인지를 충분히 생각할 수 있다. 다음에 도입할 절차를 선택하는 것은 어렵지 않은 일처럼 보이겠지만 어떤 권장 사례가 제대로 된 권장 사례인지 아니면 그저 잘 알려진 것일 뿐인지 분명하지 않은 경우가 많다. 제대로 된 권장 사례는 연구 결과에 기반하며 이 주제와 관련한 연구 결과를 가장 신뢰할 수 있는 것은 『Accelerate』(IT Revolution Press, 2018)[37]라는 책이다.

『Accelerate』에서 권장하는 모든 내용은 데이터에 기반하며 상당히 훌륭하다. 그중에서도 빨리 도입하면 가장 도움이 되는 몇 가지는 버전 제어(version control), 트렁크 기반(trunk-based) 개발, CI/CD, 프로덕션 관측용이성(observability)(개발자가 각자 작성한 시스템에 대한 긴급 대응을 수행하는 것도 포함), 작고 원자적인 단위로 변경을 적용하는 것 등이다. 그 외에도 공유하고 싶은 여러 사례가 있지만(더 나은 내부 문서[38]를 작성해본 경험이 없는 입장에서) 필자는 필자의 직감을 믿지 않는다.

문제 지점을 수정하는 방법에서 권장 사례를 도입하는 방법으로 전환하는 것은 수정해야 할 문제 지점이 곤란할 정도로 많아질 때 일어난다. 그 후 권장 사례에서 지렛점으로 전환하는 것은 도입 중인 권장 사례가 제대로 동작하기도 전에 새로운 권장 사례를 도입하고 싶을 때 일어난다. 도입하고

---

37 https://www.amazon.com/dp/B07B9F83WM

38 https://increment.com/documentation/why-investing-in-internal-docs-is-worth-it

싶은 권장 사례가 너무 많으면 동시에 진행하는 작업의 한계치[39]를 늘리기보다는 다음 도구를 생각해보는 것이 좋다.

지렛점

'문제 지점' 절에서 성능 엔지니어의 관점으로 수정해야 할 문제를 찾아내는 것을 설명했다. 사실 최적화는 이미 알려진 이슈에는 적절하지만 미래의 이슈를 해결하기 위한 의도와는 맞지 않는다. 최악의 실수는 검증되지 않은 문제에 성능 엔지니어링을 적용하는 것이다.

하지만 소프트웨어가 그동안 어떻게 변화해 왔는지 살펴보면, 전체적인 품질 문제를 방지하고 향후의 품질 개선 비용을 줄임으로써 조금만 투자하면 시간이 지나도 품질을 유지할 수 있는 부분이 있다.

필자는 이런 부분을 지렛점이라고 부른다. 그중에서도 효과가 큰 세 가지는 인터페이스(interface), 상태가 있는(stateful) 시스템, 데이터 모델이다.

인터페이스는 시스템 간 계약(contract)이다. 효율적인 인터페이스는 클라이언트와 실제 구현을 분리한다. 견고한 인터페이스는 기본적인 복잡도를 모두 외부로 노출하지만 부수적인 복잡도는 노출하지 않는다. 잘 설계한 인터페이스는 직관적이기 때문에 쉽게 사용할 수 있다.

상태는 어떤 시스템에서든 가장 바꾸기 어려운 부분이다. 그래서 **상태가 있는** 시스템은 또 다른 중요한 지렛점이다. 상태는 다른 시스템보다 더 빠르게 복잡해지며 나중에 개선할 때도 상대적으로 비용이 많이 들어가는 경향이 있다. 보안, 개인 정보, 규정 등과 같이 비즈니스적 준수 사항을 추가하다 보면 상태가 있는 시스템의 유지보수는 더욱 어려워진다.

---

39 https://lethain.com/limiting-wip

데이터 모델은 인터페이스와 상태의 교집합이며 상태가 있는 시스템의 능력을 애플리케이션이 적절하다고 생각하는 수준으로 떨어뜨린다. 좋은 데이터 모델은 강직해서 정말로 지원해야 할 것만 노출하며 유효하지 않은 상태를 표현하지 못하도록 구현되어 있다. 또한, 시간이 지나면서 이뤄지는 진화에도 잘 적응한다. 효과적인 데이터 모델도 마찬가지다.

여러분의 업무에서 이런 지렛점을 찾아내면 시간을 갖고 신중하게 접근해야 한다. 찾아낸 지렛점이 인터페이스라면 클라이언트의 절반 정도는 모조(mocked) 구현체와 통합하자. 상태가 있는 서비스라면 장애 모드를 수행하고 일관적인 동작을 확인한 후 프로덕션 환경의 시나리오와 유사한 성능 벤치마크를 실행해보자. 데이터 모델을 찾았다면 절반은 실제 시나리오에 적용해보자.

이 과정에서 알게 된 것들은 기술 명세 문서에 기록해 팀 전체와 공유하자. 그리고 동료에게 피드백을 수집하자. 설령 구현을 시작한 후에도 현실의 목소리에 귀를 기울이고 열린 마음가짐을 유지해야 한다.

지렛점을 살펴보면서 조직 전체의 동의를 얻을 필요는 없다. 일종의 동의가 필요한 기술 비전 문서의 작성이나 권장 사례의 도입과는 달리, 지렛점의 개선은 그렇지 않으므로 지렛점을 살펴보는 것부터 시작하기를 권한다. 하지만 지렛점으로 더 이상 얻을 수 있는 것이 없다면 이제는 더 광범위한 조직의 지지를 얻는 방향으로 갈 때가 된 것이다.

기술 요소

효율적인 조직은 조직이 공유하는 비전을 이루기 위해 최대한 많이 집중한다. 모든 기술적 결정 사항을 그리드에 벡터 형태로 나열할 때 더 많은 벡터가 같은 방향을 가리킬수록 시간이 지나면서 더 많은 것을 이룰 수 있다.

하지만 그와 달리 필자가 함께 일한 인상 깊은 엔지니어 대부분은 굉장한 규모의 벡터를 만들어냈지만 그 방향이 맞지 않았다. 결국 그런 엔지니어는 조직을 이끌겠다는 의도와는 달리 해만 끼치게 됐다.

기술적 방향을 유지하기 위한 확실한 방법은 아키텍트 직책을 가진 사람에게 관련된 모든 결정을 맡기는 것이다. 이 방법은 잘 먹히기는 하지만 규모가 커지면 문제가 된다. 실제 절차에서 실제 코드를 작성하는 실질적인 업무를 하다 보면 아키텍트의 의사결정 품질이 점점 떨어지기 때문이다. 그와 정반대로 모든 팀이 자율적으로 의사결정할 수도 있다. 하지만 모든 것을 자율에 맡기는 조직 또한 아키텍트에게 모든 결정을 맡기는 조직과 크게 다르지 않다.

기술 요소의 방향성을 유지하기 위한 기본 도구는 다음과 같다.

- **직접적인 피드백을 제공하자.** 보통 직원들의 방향성이 일치하지 않으면 가장 먼저 절차의 변경을 시도한다. 그러지 말고 방향성이 어긋나는 직원에게 개별적으로 피드백을 직접 주는 것부터 시도해보자. 직원이 여러분의 의도를 파악하지 못할수록 여러분도 그들을 놓치게 된다. 간단한 대화만으로도 몇 년이 소요되는 불필요한 절차를 도입할 필요가 없어진다.
- 기술 스펙부터 전략과 비전까지 **엔지니어링 전략을 재정의하자.**
- **접근 방법을 워크플로와 도구로 캡슐화하자.** 명확한 비전을 문서화하는 것은 유용한 일이지만 일부 직원은 여러분이 작성한 문서를 읽지 않을 것이다. 신중히 고른 도구는 교육과 문서보다 훨씬 나은 습관을 기르도록 유도하는 워크플로를 만들어낸다. 예를 들어, 웹 사이트를 방문해 해당 서비스의 기술 스펙을 링크해야만 새로운 서비스를 프로비저닝할 수 있도록 만든다. 또는, 서비스에 긴급 대응 계획이 정의되어 있지 않거나 누군가 긴급 대응 업무를 담당하고 있더라도 그 사람의 푸시 알림을 활성화하지 않았다면 프로덕션 환경으로 배포하지 못하도록 한다.
- **신규 입사자는 온보딩 기간에 교육하자.** 습관이 자리잡은 후에 이를 고치는 일은 매우 어려우므로 직원들이 새로운 절차에 적응하기 어렵다. 하지만 신규 입사자가 합류한 직후에 올바른 방향을 지정해 준다면 그 사람의 습관은 원하는 방향성을 유지하며 자리잡게 될 것이다.

- **콘웨이의 법칙(Conway's Law)을 활용하자.** 콘웨이의 법칙이란 조직이 구현하는 소프트웨어가 그 조직의 구조를 반영한다는 법칙이다. 조직의 구조가 형편없다면 강력하게 결합된(tightly coupled) 또는 복잡한 소프트웨어를 만들게 된다. 하지만 조직의 설계가 효율적이라면 그만큼의 품질을 보장하기도 한다.
- 아키텍처 리뷰, 투자 전략, 새로운 도구를 도입하는 구조적 절차를 이용해 **기술적 변화를 구조화하자.** 방향성이 어긋나는 이유는 대부분 관련 정보가 부족하기 때문이며, 이는 관련 정보를 기반으로 의사결정을 하기 위한 조직의 지렛점이라고 볼 수 있다. 많은 조직이 이 지렛점을 해소하는 것부터 시작한다. 하지만 필자는 이를 마지막에 고려하기를 권한다. 명확하게 정의한 비전 없다면 일관적인 아키텍처 리뷰를 제공할 수 없다. 여러분의 전략은 직원이 뭔가를 설계한 후가 아니라 온보딩 과정에서 설명해야 한다.

기술 요소의 방향성을 유지하기 위해 어떤 방법을 선택하든 수개월에서 수년을 투자해야 한다. 비전 문서를 작성했다고 해서 조직이 그 즉시 비전이 제시하는 방향대로 움직이지는 않는다. 그보다는 여러분이 제대로 지원하기 전까지 좌충우돌하게 될 가능성이 훨씬 높다.

대부분의 기업은 문제 지점 수정부터 기술 요소의 방향성 설정까지 기법을 조합해 기술 품질을 관리하는 성공적인 방법을 만들어낼 수 있다. 여러분 역시 그렇게 할 수 있기를 바란다. 하지만 많은 사람이 여기에서 설명한 방법만으로는 충분치 않다고 느끼고 더 복잡한 방법을 채택하곤 한다. 이 경우 가장 먼저 해야 할 일은 늘 그렇듯 기술 품질을 측정해보는 것이다.

기술 품질의 측정

소프트웨어 엔지니어링 분야에서 뭔가를 측정하려는 욕구는 현재 측정 방식보다 훨씬 앞서 있다. 『디지털 트랜스포메이션 엔진』(에이콘출판사, 2020)에서는 속도를 측정하기 위한 지표를 설명한다. 이 지표는 절차와 도구의 문제를 추적하는 용도로는 강력하지만 코드가 병합(merge)된 **이후**에나 활용할 수 있다. 차이를 알아채고 실행 계획을 제안하며 개선 노력의 영향력을 평가할 수 있는 기반 코드 품질은 어떻게 측정할 수 있을까?

변경의 효율성을 절차적으로 측정할 수 있는 기법이 몇 가지 있다. 예를 들어, 보통 풀 리퀘스트의 크기가 작을수록 품질이 높다면 풀 리퀘스트마다 변경된 파일의 수를 측정할 수 있다. 또한, 크기가 큰 파일은 보통 확장이 어렵다는 점을 감안해 파일당 코드 라인 수를 측정할 수도 있다. 이 두 방법은 모두 유용하며 필자 역시 이 두 지표를 측정할 것을 권한다. 하지만 필자의 생각에 이 두 방법은 코드 품질을 위한 최선의 프록시 측정(proxy measurement)[40] 지표다.

필자의 경험상 코드 품질을 측정하는 것은 가능하지만 품질을 매우 명확하게 정의할 필요가 있다. 품질에 대해 더욱 상세하게 정의할수록 기반 코드를 측정하는 것이 더 유용해지며, 작업 중인 부분의 품질을 향상시키려는 사람이 더 유익하게 사용할 수 있다. 이 방법은 『Building Evolutionary Architectures』(O'Reilly Media, 2017)[41]와 '불합리한 소프트웨어 회수(Reclaim unreasonable software)'[42]에서 소개하고 있다.

다음은 **품질 정의**에 포함할 몇 가지 대표적인 요소다.

- 정적 타입을 사용하는 코드는 몇 퍼센트인가?

- 테스트에 관여한 파일은 몇 개인가?

- 기반 코드의 테스트 커버리지는 어느 정도인가?

---

40 역주 측정하려는 결과와 밀접하게 연관된 결과를 측정하는 간접적인 측정이다.

41 https://www.amazon.com/Building-Evolutionary-Architectures-Support-Constant/dp/1491986360

42 https://lethain.com/reclaim-unreasonable-software

- 모듈의 공개 인터페이스는 얼마나 제한적으로 설계됐는가?

- 몇 퍼센트의 파일이 적절한 HTTP 라이브러리를 사용했는가?

- 엔드포인트(endpoint)는 콜드 스타트[43] 후 500밀리초 내에 응답하는가?

- 읽기 후 쓰기(read-after-write) 같은 위험한 동작을 수행하는 함수는 몇 개인가? 또는, 주 데이터베이스에 불필요한 읽기 작업을 수행하는 함수는 몇 개인가?

- 단일 트랜잭션 내에서 모든 상태 변경을 수행하는 엔드포인트는 몇 개인가?

- 작은 단위 잠금(low-granularity lock)을 획득하는 함수는 몇 개인가?

- 풀 리퀘스트 절반 이상에서 변경이 발생하는 파일은 몇 개인가?

이 중에서 일부 속성은 여러분의 기반 코드 품질을 정의할 때 필요 없을 수도 있다. 여러분의 기반 코드 및 필요에 따라 그 품질이 정의되기 때문이다. 중요한 것은 간결하면서도 측정 가능한 품질을 정의하는 것이다. 품질을 정의하는 과정에서 완전한 동의를 얻지 못할 수도 있고, 시간이 지나면서 품질의 정의가 바뀔 수도 있다.

일단 품질을 정의했다면 지금부터 **계측(instrumentation)**이 어려워질 수 있다. 계측은 유용한 지표에 대한 요구 사항이다. 계측 복잡도는 이 기법을 실질적으로 적용하는 데 가장 어려운 부분이지만 이를 잘 넘긴다면 상당히 유용하다. 이 품질 점수를 이용하면 여러분이 채택한 방법이 의도대로 작동하는지 명확하게 보여줄 수 있다.

품질을 정의하고 계측했다면 그다음 단계는 **품질 팀(quality team)**이나 **품질 프로그램(quality program)** 중 하나를 선택하는 것이다. 일반적으로 더 쉽게 시작할 수 있는 방법은 품질 팀이다. 기술 품질 팀은 구축이 용이하고 팀의 여력을 예측할 수 있기 때문이다.

43　역주 시스템을 완전히 종료한 후 다시 실행하는 것을 말한다.

기술 품질 팀

기술 품질 팀(technical quality team)은 기반 코드의 품질 관리를 전담하는 소프트웨어 엔지니어링 팀이다. 이 팀은 개발자 생산성, 개발자 도구 또는 제품 인프라스트럭처 팀 등으로 불리기도 한다. 팀 이름이 무엇이든 이 팀의 목적은 회사가 보유한 소프트웨어의 품질을 개선하고 유지하는 것이다.

이 팀은 품질 보증팀(quality assurance team)과는 다르다. 물론 두 팀 모두 테스트에 시간을 많이 할애하지만 기술 품질 팀은 워크플로부터 테스트의 빌드와 인터페이스 설계까지 더 많은 역할을 담당한다.

기술 품질 팀을 구축할 때는 3명에서 6명 정도로 시작하자. 팀을 작은 규모로 시작하면 팀의 로드맵에서 적극적으로 우선순위를 결정할 수 있으며 달성 가능한 목표에 집중하도록 팀을 유지할 수 있다. 시간이 지나면 이 팀이 관리할 시스템의 수가 늘어나 더 많이 투자해야 될 것이다. 젠킨스 Jenkins 클러스터가 좋은 예다. 그리고 팀을 더 큰 엔지니어링 조직을 위해 기능할 수 있는 규모[44]로 키우려고 할 것이다. 이 방법은 조금 까다롭지만 인프라스트럭처 엔지니어링에 대한 투자와 더불어 15명 중 한 명의 엔지니어가 개발자 도구를 개발하게 할 수도 있다.

기술 품질 팀에 제품 관리자가 있는 경우는 드물며, 보통 한 명 또는 그 이상의 스태프플러스 엔지니어와 엔지니어링 관리자가 협동해서 팀을 이끈다. 간혹 기술 프로그램 관리자(technical program manager)가 팀에 합류하는 경우도 있지만 대부분은 다음 절에서 설명할 **품질 프로그램**을 운영하기 시작한 이후의 일이다.

기술 품질 팀을 성공적으로 구축하고 운영하기 위한 몇 가지 기본 원칙은 다음과 같다.

---

44 https://lethain.com/sizing-engineering-teams

1. **직감보다는 지표를 신뢰하자.** 모든 프로젝트를 측정할 수 있는 방법을 마련해야 한다. 품질은 복잡한 시스템이어서 여러분의 직감에 쉽게 속아 넘어갈 수 있는 분야다. 마찬가지로 회사에서 시니어로서 자리를 잡아갈수록 여러분의 경험은 다른 사람의 경험 대부분을 더 이상 반영하지 못할 것이다. 여러분은 이미 어디를 더 손봐야 할지 알고 있으며, 다른 사람이 못 찾는 새로운 문제점을 찾으면 여러분이 바로 그 문제를 해결할 첫 번째 사람이 될 것이다. 이때 지표를 활용하면 정직하게 문제를 해결할 수 있다.

2. **직감을 새롭게 유지하자.** 코드와 절차는 시간이 지나면서 바뀌며 제품의 기능이 구현에서 멀어지면 여러분의 직감 역시 한 주가 다르게 무디어진다. 대부분은 팀에 더 소속감을 갖거나 다른 팀으로 옮기는 것이 직감을 유지하는 최선의 방법이라고 생각한다. 다른 이들은 제품 개발자와 1:1로 논의하면서 문제점을 모니터한다. 제대로 하는 사람은 이 두 가지를 모두 수행하며 항상 지표 대시보드를 가까이 둔다.

3. **사용자의 말에 귀 기울이고 사용자에게 배우자.** '입맛 수준(taste level)'이라는 개념이 있다. 몇몇 사람은 어떤 게 좋은 것인지 알고 있다는 것을 의미하는 개념이다. 효율적으로 품질을 설계하는 사람들은 각양각색이지만 이는 사실 타고나는 기술이 아니다. 가장 뛰어난 사람들은 사용자가 어떤 것을 하려는지 이해하고 구현상 제약보다 사용자의 수요를 더 우선적으로 고려한다.

   도구가 가진 원천 능력보다는 도구의 도입 용이성과 사용성이 훨씬 더 중요하다. 아무리 강력해도 사용하기 어려운 도구라면 몇몇 파워 유저는 사용하겠지만 대부분은 사용하지 않을 것이다. 이런 상세 내용을 놓치지 않도록 너무 서두르지 말자. 실수를 유발할 수 있는 복잡성[45]은 모두 숨기자. 여러분의 도구를 처음 사용하는 엔지니어에게 아무런 도움을 주지 말고 지켜보자. 그리고 차이를 메꾸자. 이 과정을 10번 더 반복하자! 여러분의 도구에 대한 사용자 조사를 하지 않는다면 기술 품질 팀으로서의 여러분의 역할은 실패로 끝날 것이다.

4. **더 적은 일을 더 잘 하자.** 전체 엔지니어링 조직을 위한 도구나 워크플로를 구축할 때 일이 제대로 되면 전체 조직의 속도가 개선될 것이다. 하지만 다듬어야 될 부분이 너무 많은 경우를 포함해 일이 제대로 되지 않으면 모두가 낙담하게 된다. 중요한 몇 가지에 집중하는 것이 보통의 프로젝트보다 훨씬 더 많이 기여한다는 것은 대부분 옳은 말이지만 조직 전체에 도구와 워크플로를 구축할 때(조직적으로 진행 중인 절차의 수를 제한하는 것은 여기에도 적용된다)는 특히 더 그렇다.

5. **영향을 묻어두지 말자.** 중앙식 품질 팀과 그 팀에게 지원받는 다른 팀 간에는 기본적인 긴장 상태가 존재한다. 대부분 중앙식 품질 팀은 최적의 방법을 선호하지만 이 방법이 비정형 도메인이나 워크로드를 담당하는 팀에 큰 영향을 미치기 때문이다. 예를 들면, 어떤 기업이 자바스크립트를 이용해 백엔드 서버를 작성하고 있지만 언어 두 개를 지원하고 싶지 않아 머신 러닝 엔지니어가 파이썬을 사용하지 못하도록 하는 경우다. 또 다른 예로는 일부 팀이 gRPC를 사용하고 싶어 하는데도 모든 API에 REST/HTTP2/JSON을 표준으로 사용하도록 하는 경우다. 여기에 완벽한 답은 없지만 표준화로 얻는 이점과 실험적인 시도로 얻는 이점 사이에서 균형을 맞출 방법을 찾는 것이 중요하다.[46]

---

45 https://en.wikipedia.org/wiki/No_Silver_Bullet

46 https://lethain.com/magnitudes-of-exploration

이와 같은 방법을 활용하는 성공적인 기술 품질 팀이 같은 수의 엔지니어가 직접 제품 엔지니어링 작업을 하는 팀보다 더 생산적인 것에는 의심의 여지가 없다. 사실 (현금 흐름 할인법[47]으로 인한) 개발자 생산성의 저하는 이론적으로 팀이 받는 영향을 측정하기 위한 올바른 방법이다. 하지만 이런 계산은 대부분 여러분 스스로의 자신감을 평가하는 경우가 대부분이므로 오로지 이론적으로만 옳다.

설령 여러분의 노력이 상당히 성공적인 성과를 내더라도 백로그에 남아 있는 영향력이 높은 작업을 할 여력이 없는 상황이 지속될 것이다. 기업은 순수하게 이성적으로 팀 리소스와 관련한 결정을 내리지 않는다. 그래서 중요한 프로젝트를 완료할 여력이 부족한데도 팀에 인력을 추가하는 것을 승인하지 않을 수도 있다.

여러분의 팀이 감당할 수 있는 것 이상으로 영향력이 높은 작업이 남아 있다는 것은 좋은 신호다. 채택할 프로젝트를 선별하기 위해 충분히 폭넓게 생각하지 않아도 되기 때문이다. 예를 들어, 백로그를 가지고 있다면 기술 품질 팀의 성장을 위해 뭔가를 더 할 필요가 없다. 백로그에 남은 작업을 해결하면 성장하기 때문이다. 하지만 중요한 품질 작업이 있는데 이를 수행할 수 없다면 품질 프로그램을 고려해야 할 시점이다.

품질 프로그램

품질 프로그램은 컴퓨터 코드가 아니라 조직 전체의 기술적 품질을 관리하는 전담 팀이 이끄는 계획을 말한다. 품질 프로그램은 조직의 소프트웨어 품질 목표를 달성하기 위한 광범위한 업무를 수행한다. 품질 프로그램을 시행하

---

47 https://en.wikipedia.org/wiki/Discounted_cash_flow

는 경우는 상대적으로 드물지만 그나마 여러분이 경험해본 것 중 품질 프로그램과 유사한 것은 회사의 장애 회고(retrospective)와 교정(remediation)을 책임지는 장애 프로그램일 것이다.

품질 프로그램을 시행하기 위한 기술적인 요소는 앞서 설명한 것과 비슷하므로 여기서는 프로그램을 효율적으로 관리하는 방법에 중점을 둔다. 첫 단계는 프로그램을 함께 이끌어갈 기술 프로그램 관리자를 찾는 것이다. 기술 프로그램 관리자가 없어도 조직적인 프로그램의 정보화 측면에서는 상당한 진척을 이뤄낼 수도 있다. 하지만 이는 함정이다. 대규모 조직에서 혼자 이런 프로그램을 운영하다가는 협업으로 인한 부담만으로도 주저앉게 될 것이다.

조직적 프로그램을 운영한다는 것은 광범위한 주제이며 그중 상당 부분은 이 문서[48]에 기록되어 있다. 핵심 방법은 다음과 같다.

1. **프로그램 스폰서를 찾자.** 영향력이 있는 스폰서가 없이는 조직의 행동을 바꿀 수 없다. 조직은 현재의 제약 상황에서 최적화된 방법이기 때문에 현재의 행동 양식을 가지고 있으며 힘있는 누군가의 지지 없이는 이런 제약을 바꿀 수 없다.

2. **지속 가능하며 재생산 가능한 지표를 만들자.** 프로그램 운영자가 일주일에 4시간 이상 직접 손으로 데이터셋을 관리하는 것은 보편적인 일이다. 하지만 이 방법은 제대로 동작하지 않는다. 데이터에 구멍이 생길 것이며 이 데이터를 나중에 자동화와 통합하는 것도 불가능할 뿐 아니라 실제 변화에 영향을 줄 의미 있는 작업을 할 에너지가 부족하게 될 것이다. 지표 대시보드를 새로 고친다고 해도 별다른 가치가 없다.

---

48 https://lethain.com/programs-owning-the-unownable

3. **영향을 받는 모든 팀에 대한 프로그램의 목표와 그 목표를 완수하기 위한 명확한 경로를 정의하자.** 영향을 받는 모든 팀을 위해 프로그램은 특정한 목표를 정의해야 한다. 예를 들면, 테스트 중에서 실제 코드를 조금만 변경해도 다시 작성해야 하는 테스트를 줄이는 것이나 장애 복구를 더 신속하게 정리하는 것 등이 있다. 하지만 기본적으로 여러분은 성공으로 갈 수 있는 길을 제시해야 한다! 각 팀이 각자의 몫을 어떻게 완수할 수 있는지 명확한 방향을 제시하지 않고 다른 팀이 참여하기만을 강요하는 프로그램이 너무나 많다. 프로그램 소유자는 관련 분야의 전문가이면서 모든 팀이 독립적으로 발전할 수 있는 여러분의 전략을 무시하지 않아야 한다.

4. **팀이 목표를 이룰 수 있도록 지원하는 도구와 문서를 구현하자.** 각 팀이 프로그램의 목표를 달성하기 위해 가야 할 명확한 경로를 정의했다면 변화하기 위해 팀을 어떻게 도울 수 있는지 방법을 찾아야 한다. 어떻게 해야 하는지 보여주는 '특별한 예시'를 제공하거나 코드의 어려운 부분을 새로운 패턴으로 리팩터링한 예제 풀 리퀘스트를 보여줄 수도 있다. 또는, 마이그레이션 작업이 올바르게 실행됐는지 검증할 수 있는 테스트 스크립트를 제공할 수도 있다. 아니면 엔지니어가 직접 하지 않아도 변경된 커밋을 테스트하고 검증한 후 병합까지 자동으로 수행하는 도구를 개발할 수도 있다. 모든 팀이 진행 중인 문제 영역을 깊이 이해하지 않아도 되도록 최대한 많은 것을 지원해야 한다.

5. **목표 대시보드를 만들고 널리 공유하자.** 프로그램 목표를 각 팀에게 설명했다면 현재 상태와 각 팀의 목표 상태를 이해할 수 있도록 대시보드를 제공하고 팀의 진척 상황을 보강할 수 있는 피드백을 제공하자. 최상의 대시보드는 각 팀의 작업에 대한 점수판과 더불어 다음으로

어떤 일에 집중해야 하는지 그 방향을 보여줄 수 있는 것이어야 한다. 대시보드는 3단계로 데이터를 확대/축소해서 볼 수 있어야 한다. 가장 축소된 데이터는 프로그램의 영향도를 평가하는 데 도움을 줄 수 있다. 최대로 확대했을 때 표시되는 데이터는 각 팀이 얼마나 많은 일이 남았는지 이해하는 데 도움이 된다. 중간 단계의 데이터는 조직의 리더가 자신이 맡은 팀에 책임을 다하는 데 도움이 된다

6. **목표에 뒤쳐진 이들에게는 프로그래밍적으로 눈치를 주자.** 사람들은 바쁘기 때문에 프로그램의 목표를 달성하는 것을 항상 최우선으로 하지 않는다. 아니면 여러분이 요구한 개선 사항을 만들기 위한 작업을 열심히 하다가 사용해서는 안 될 방법을 사용한 것을 깨닫고 전부 폐기했을 수도 있다. 이럴 때는 눈치를 줘서 팀이 프로그램 목적에 달성하기 위해 수행해야 할 다음 과제에 주목하게끔 할 수 있다. 하지만 주목은 매우 희소한 자원임을 기억하자. 만일 이메일이나 핑으로 눈치를 줘서 사람들의 시간을 낭비한다면 사람들은 그 일에 더 이상 신경을 쓰지 않을 것이다.

7. **프로그램 상태를 스폰서와 정기적으로 리뷰하자.** 프로그램은 본질적으로 팀의 목표에 부합하지 않는 조직적 우선순위를 토대로 진행된다. 그래서 많은 팀이 팀의 우선순위를 쪼개 전체적인 우선순위를 달성하기 위해 힘들게 노력을 지속한다. 그렇기 때문에 전체 진행 상황을 스폰서와 리뷰하고 팀이 프로그램 작업을 우선적으로 수행할 수 있도록 하는 것이 중요하다. 스폰서를 효과적으로 활용해서 우선순위를 조정하는 것이 성공의 초석이다.

여러 면에서 프로그램은 끝없는 마이그레이션이며 마이그레이션에 적용할 수 있는 기법은 프로그램에도 적용된다.[49]

이 모든 단계를 제대로 수행했다면 정말로 훌륭한 프로그램을 운영하는 것이다. 굉장히 많은 일을 해야 하는 것처럼 느껴지겠지만 사실 그렇다. 수많은 프로그램이 제대로 동작하지 않기 때문이다. 프로그램이 수포로 돌아가는 이유 세 가지는 다음과 같다.

1. 프로그램을 순전히 절차적 관점에서 운영하고 실제로 달성하려는 것에 대해 현실적으로 동떨어지게 운영하는 경우

2. 프로그램을 순전히 기술적 관점에서 운영하고 이루려는 목적을 위한 필수 단계를 생략하거나 동기를 부여하려던 다른 직원의 의견을 듣지 않는 경우

3. 절차 및 기술적 관점을 혼자서 모두 감당하려 하는 경우. 절대 혼자서는 할 수 없다!

잘못된 프로그램은, 목적은 올바르지만 펀딩 금액 중 일부만 의도한 목적대로 사용하는 비효율적인 비영리단체와 매우 유사하다. 어떤 기술 품질 측정 방법을 사용하든, 품질 프로그램을 운영할 때 가장 중요한 것은 프로그램 자체가 목적이 아님을 기억하는 것이다. 프로그램의 목적은 기술 품질을 관리하는 것이다. 조직적 프로그램은 방대할 뿐 아니라 추진력이 강해서 프로그램이 완료된 후에 관성으로 인해 지속되는 경향이 있다. 필요할 경우, 즉 품질 관리가 제대로 되지 않을 때 프로그램을 중단할 수 있도록 간결히 유지해야 하며 자기비판적 태도를 유지해야 한다.

---

49 https://lethain.com/migrations

작게 시작하고 천천히 추가하자

실질적인 기술 품질 관리가 목표한 기술 품질 수준에 도달하지 못할 때 가장 자연스럽게 나타나는 첫 번째 반응은 공황 상태에 빠져 기법과 솔루션을 닥치는 대로 집어넣는 것이다. 가진 재료를 냄비에 몽땅 집어넣는다고 해서 그럴듯한 요리가 되지 않을뿐더러 어떤 부분을 지속해야 하는지도 알 수 없다.

기술 품질을 관리하는 데 어려움을 겪고 있다면(우리도 자주 그런다) 일단 작은 것부터 시작하고 정상 궤도에 올라설 때까지 반복하자. 그런 후 다른 기법을 추가하고 또 다시 반복하자. 설령 빨리 진행하지 못한다는 책잡힌 소리를 들을지언정 정상 궤도에 올라설 때까지 천천히 진행하자. 시스템과 상호의존성이 복잡하면 빨리 진행하라는 것은 그저 여론에 불과할 뿐이다. 천천히 진행하는 편이 작업을 올바르게 완료할 수 있는 체계적인 방법이다.

4

지휘권을 가진 사람과 긴밀하게 협력하기

몇 주 동안 상사의 얼굴을 보지 못하는 경우가 많아요. 하지만 그러는 동안에도 상사의 직속 대리인처럼 행동해야 해요. 그래서 회의실에 들어가 이렇게 생각해요. '상사라면 여기서 어떻게 할까? 어떤 질문을 할까? 이 문제에 대해 어떤 조언을 줄까?' 모호한 부분이 생길 때마다 상사에게 달려가서 물어볼 수 없기에 그가 세상을 바라보는 관점을 철저히 이해하는 것이 중요해요. 그리고 상사의 대리자가 되어 그의 전략과 비전을 효과적으로 수행하는 데 필요한 깊은 신뢰 관계를 유지하는 것이 필수죠. 상사와 저의 대답이 항상 같을 거라는 확신을 사람들에게 줘야 합니다.

– 릭 부니Rick Boone

지휘권을 가져야 힘있는 사람이 될 수 있다는 오해는 매우 보편적이다. 많은 사람이 자신이 원하는 방식대로 일하기 위해 시니어가 되고 싶어 한다. 이런 사람들은 본질적으로 직책을 통해 유연성과 자율성을 확보할 수 있다고 믿는다. 게다가 원하는 직책을 얻으면 자신의 발목을 잡는 타인과의 충돌이 나비의 날갯짓만으로도 바람에 흩날리듯 사라질 것이라고 생각한다.

하지만 현실에는 괴리가 있다.

직책을 얻으면 지휘권이라는 힘을 어느 정도 얻게 되지만, 사실 그 다양한 지휘권은 더 큰 조직적 지휘권으로부터 빌려 쓰는 것이다. 받은 권한은 언제든 다시 철회될 수 있으며 조직적 지휘권을 유지하는 것은 여러분을 끌어주는 스폰서, 보통은 여러분의 직속 관리자와 얼마나 긴밀한 관계를 유지하느냐에 달려 있다. 스태프플러스 직책을 효율적으로 수행하려면 조직적 지휘권을 가진 사람과 관계를 유지하는 방법을 배워야 한다.

안전망을 넘어

여러분의 성공을 이끌어내기 위해 회사가 설정해둔 기대치는 잊어버리자. 이제 여러분이 회사, 팀, 관리자를 성공으로 이끌어야 하는 사람 중 한 명이다.

성숙한 기술 기업은 대부분 신입부터 시니어 엔지니어 직책까지 성장하는 사람을 위한 자연스러운 승진 과정을 잘 만들어두고 있다. 스태프 직책을 얻는 것은 단지 직책이 한 단계 더 높아지는 것보다 훨씬 복잡한 일이며 대부분은 엔지니어링 관리자의 지원이 필요하다. 이러한 승진 과정에서 관리자가 여러분의 능력 계발을 가이드하고 지속적인 성공을 유도하는 안전망(safety net)을 제공하는 것에 익숙해질 수 있다. 하지만 스태프 직책을 맡게 되면 안전망은 더 이상 존재하지 않거나 아니면 여러분이 안전망을 뛰어넘어 스태프 직책을 수행할 역량을 갖추기까지 짧은 기간에만 지속될 것이다. 시니어 스태프와 디스팅귀시드 엔지니어 직책을 얻을 때도 마찬가지다.

스태프플러스 직책은 리더 역할에 해당하며 리더 역할을 수행하게 되면 그 자리에 오기까지 지원받던 시스템은 점차 사라진다. 전에는 누군가 성공을 이끌어 줬지만 갑자기 이제는 스스로의 성공을 스스로 만들어내야 하는 역할이 된 것이다.

상사의 기쁨을 위해 봉사한다

릭 부니는 우버에서 인프라스트럭처 부사장 전략 고문(Strategic Advisor to the Vice President of Infrastructure) 직책을 수행하던 때를 드라마 〈왕좌의 게임〉의 '핸드 오브 더 킹'과 드라마 〈웨스트 윙〉에서 "나는 대통령의 기쁨을 위해 봉사한다."라는 대사를 자주 했던 '리오 맥게리'와 비교했다. 이 두 예시를 보면 권한은 더 큰 권한과의 긴밀한 관계에서 비롯되며 이는 스태프플러스 직책을 수행하기 위한 훌륭한 멘탈 모델이다. 하지만 스태프플러스 직책을 갖기 전에는 오랜 시간을 들여 개인적인 성과와 영향력을 높여 겨우 권한을 갖게 된 반면 스태프플러스 직책을 맡게 되면 전혀 다른 방법으로 권한을 유지해야 하므로, 처음에는 상당히 어려울 수 있다.

여러분과, 여러분의 관리자가 수년간 함께 일해왔다면 이미 오랜 시간 관계를 이어온 것이다. 그렇지 않고 스태프플러스 직책을 오래 맡았던 새로운 임원이 합류한다면 아마도 그가 어떻게 함께 일할 것인지를 심사숙고하여 방법을 미리 마련해올 것이다. 하지만 두 상황은 모두 여러분이 스스로 통제할 수 없는 상황이므로 여러분의 관리자와 관계를 유지하는 자신만의 방법을 개발하는 것이 좋다.

관리자와 관계를 유지하기 위한 몇 가지 조언을 하자면 다음과 같다.

- **관리자를 놀라게 하지 말자.** 관리자를 놀라게 하는 것만큼 신뢰를 빠르게 무너뜨리는 것도 없다. 대규모 조직을 운영하다 보면 여러 프로젝트와 문제를 동시에 처리해야 하는 경우가 많다. 이때 예상 밖의 일을 겪으면 여러 일을 처리하던 리듬이 무너질 수 있다. 이런 일이 빈

번하게 발생하거나 규모가 커지면 관리자는 여러분이 정말로 조직에 대한 책임감이 있는지 의구심이 들 수 있다. 이렇게 관리자를 놀라게 할 때마다 이를 일종의 사고로 인지하고, 그 사고에서 배운 것을 토대로 다시는 같은 사고가 반복되지 않도록 하자.

- **관리자에게 놀라지 말자.** 대부분은 자신의 관리자에 대한 기대치가 너무 높다. 예를 들어, 현재 자신이 하는 업무와 관련한 정보를 자신에게 전달한 것을 잊지 않을 것이라고 생각한다. 관리자는 이런 기대에 부응하려 하고 관리자 중 일부는 굉장히 잘 하지만, 대부분은 잘 하지 못한다. 만일 관리자가 정보를 제대로 전달하지 않으면 당연히 피드백을 줘야겠지만, 여러분 또한 정보를 전달받을 수 있도록 적극적으로 행동해야 한다. 주간 이메일 업데이트[50]나 한 주 동안 집중할 일을 팀의 슬랙 채널에 공유할 수도 있다. 1:1로 회의할 때는 피드백에 집중하자! 집중해야 할 다른 일이 있는지 물어보고 관리자와 함께 우선순위를 정하는 것이다. 계속 서로 놀랄 일이 생긴다면 새로 도입할 수 있는 방법[51]을 함께 모색해야 한다.

- **관리자에게 관련 정보를 제공하자.** 첫 번째 단계가 여러분의 행동으로 관리자가 놀라지 않게 하는 것이라면, 두 번째 단계는 조직 전반에서 일어나는 일에 관리자가 놀라는 일이 없도록 돕는 것이다. 만일 팀이 새로운 정책에 불만을 갖거나 여러분이 만든 내부 도구가 필요한 만큼 확장성을 제공하지 못한다면 사전에 관리자에게 이 정보를 제공하자. 해결해야 할 문제점을 드러내는 것이 **아니라** 여러분이 유용하다고 생각하는 정보를 전달하는 것이다. 의견을 전달하는 것도 도움은 되지만 찾을 수 있다면 정보를 제공하는 것이 훨씬 더 도움이 된다.

간혹 '상향 관리(managing up)'를 잘한다는 식으로 누군가 다른 동료를 폄하하는 것을 듣기도 할 것이다. 누군가 문제를 숨기기 위해 정보를 조작하거나 상황을 제대로 전달하지 않는 식으로 상향 관리를 한다면 분명 잘못된 방법이다. 상향 관리의 핵심은 여러분과 관리자 사이에 대화의 폭을 넓히고 마찰을 줄이는 것이다. 관리자와 긴밀한 관계를 유지하는 것은 관리자가 여러분의 기대에 미치지 못했을 때 실망감을 견디는 것보다는 한발 더 나아가는 것이다.

---

50 https://lethain.com/weekly-updates
51 https://lethain.com/identify-your-controls

큰 저항 없이 영향을 미치는 방법

세상이 어떻게 돌아가야 하는지 자신만의 견해를 개발하는 것은 리더로 성장하는 과정의 일부다. 이런 견해 없이는 스태프플러스 직책을 얻을 수 없다. 일이 어떻게 돌아가야 하는지 명확하게 이해하면 날카롭게 판단하고 능동적으로 대처할 수 있다. 한 단계 높은 리더 역할을 맡게 되면 여러분의 비전과 조직의 리더 그룹이 생각하는 비전을 병합해야 한다.

이를 해결하기 위한 첫 번째 방법은 여러분의 비전 대신 리더의 비전을 채택하는 것이다. 이 방법은 일부에게는 효과가 있지만, 많은 이에게는 강력한 판단력을 가진 능동적 리더로서 성공을 추구하는 방향에서 벗어나는 것을 의미한다. 그래서 이 방법보다는 여러분이 생각하는 가치와 조직이 운영하는 가치의 차이를 더 잘 이해하고 역할에서 물러나지 않고도 여러분의 가치를 지지할 수 있는 방법을 찾는 것이 좋다.

사람은 빨리 변할 수 있으며 조직은 사람으로 구성된다. 신중하게 접근하면 시간이 지나면서 조직의 리더에게 큰 영향을 미칠 수 있지만 그만큼 시간을 얻으려면 각 단계에서 긴밀한 협력을 유지하는 방법을 배워야 한다.

5

리드하려면 따라야 한다

글로벌하게 생각하고 로컬에 적용해야 합니다. 즉, 팀의 (기술적) 주도권/로드맵을 엔지니어링 전반의 기술 전략에 맞추는 것이죠. 팀과 직접 관련 있는 이해 당사자의 요구를 맞추느라 전략에 맞지 않는 길을 선택해야 한다면 그 의도가 명확해야 합니다. 이는 다른 팀이 채용, 온보딩, 프로덕션 운영 등을 성공적으로 이뤄낸 사례를 우리 팀에 적용할 때는 관리자와 협업해야 한다는 뜻입니다. 물론 팀의 사례를 다른 팀과 공유하는 것도 효과가 있습니다. 이는 회사 전반의 비즈니스/제품 전략에 깔린 맥락을 이해하고 팀이 당면한 프로젝트에 어떤 영향을 미치는지 분석해야 한다는 뜻입니다.

— 라스 카사 윌리엄스Ras Kasa Williams

몇 년 전 필자가 근무하던 한 회사에서 엔지니어링 본부장을 채용했다. CTO는 새로운 본부장이 얼마나 출중한 인력인지를 설명했다. 그래서 신입 본부장의 결정적인 성과는? 리더십과 관리 사이에는 차이가 있다는 것이 아마 가장 적합한 설명일 것이다. 이 예시가 채용을 평가하는 특히 효과적인 방법은 아니었지만 흥미로운 주제인 것은 사실이다.

관리와 리더십에 대한 정의는 이미 굳어져 있어서 새롭게 재정의하거나 새로운 것을 추가하기 어려운 영역이지만, 대략 관리는 특정 직업을 의미하며 리더십은 직업과 무관하게 누구든 보여줄 수 있는 접근 방식을 의미한다.

필자가 리더십을 바라보는 시각은 최근 몇 년 사이에 약간 발전하여 다음 두 속성에 중점을 두고 있다. 첫째, 리더는 주변에서 일어나는 일이 어떻게 돌아가는지 제대로 이해하고 그 일이 무엇이며 어떻게 되어야 하는지를 구분함으로써 그 차이를 좁히기 위해 능동적이고 적절한 행동을 취한다. 둘째, 리더는 그 간격을 좁히기 위해 취하는 행동에 대해 충분한 관심을 기울인다.

만일 그 차이를 인지하고 있지만 아무런 대응을 하지 않는다면 시야는 갖추고 있지만 패기는 없을 것이다. 반면, 목표에 대한 명확한 인지 없이 그저 행동만 한다면 많은 사람이 여러분을 리더라고 여기긴 해도 여러분의 행동은 임의적이며 비효율적일 것이다. 그래서 시야를 갖추고 행동을 취해야 하는 것이다. 더불어 약간의 운이 따른다면 경력에 많은 도움이 될 것이다. 이는 필자가 함께 일한 사람들 중 스태프플러스 엔지니어링이나 고위 관리직으로 성공적으로 경력을 전환한 사람들에게서 흔히 찾아볼 수 있는 특징이다.

하지만 이런 종류의 리더십은 여러분이 스태프플러스 직책을 갖게 될 때까지만 유효하다. 개인적으로는 처음 입사했을 때 리더십에 대한 필자의 접근 방식이 많은 성공을 거두다가 시간이 지나면서 필자의 제안이 받아들여지는 일이 서서히 줄어드는지를 수년에 걸친 끝에 이해할 수 있었다. 그 과정에서, 따르는 법을 배우지 못하면 장기간 효율적인 리더가 될 수 없다는 점을 배웠다.

이는 최근 몇 년 사이에 필자가 배운 가장 중요한 교훈이다. 가장 효율적인 리더는 이끄는 일보다 따르는 일을 하는 데 시간을 더 많이 보낸다. 이는 '첫 번째 팔로워가 리더를 키워낸다'는 생각에 기인한 것이다. 효율적인 리더는 리더와 추종자라는 이분법적 시각으로 세상을 바라보는 것이 아니라 주변 사람들과 함께 서로 리더십 역할을 맡기도 하고 팔로워 역할을 맡기도 한다.

이를 실제로 활용하는 방법은 많다.

1. 정말 우선순위가 높은 것이 무엇인지 스스로 명확히 이해하고 주변에서 일어나는 일 때문에 흔들리지 말자. 본인이 동의하지는 않지만 사소한 일이라면 다른 사람이 주도적으로 해결하게 하자. 여기서 '지금 우리가 하는 일이 6개월 후 나에게 중요할까?'라는 질문을 한번 던져보자. 만일 그렇지 않다면 누군가를 따를 수 있는 기회로 삼자.

2. 뭔가를 개선하기 위해 일하는 다른 리더를 신속하게 지원하자. 다른 리더가 초기에 제안한 방법에 동의하지 않더라도 누군가 믿을 수 있는 사람이 프로젝트를 이끌고 있다면 제법 괜찮은 결과를 거두게 될 것이다. 신뢰할 수 있는 누군가가 프로젝트를 이끌고 있는데 그 프로젝트가 진척되는 것이 여러분 마음에 걸린다면 그 프로젝트에 영향력을 미치는 본인의 역량에 왜 스스로 자신이 없는지, 스스로가 제대로 피드백하지 않았는지를 생각해보자.

3. 일을 방해하지 않도록 피드백하자. 코드를 리뷰하면서 원 작성자가 '원한다면 받아들일 수 있는' 것으로 주석을 표시하는 방법이 있다. 상세한 피드백을 작성하되 상대방이 방법을 바꾸기를 강요하기보다는 관점을 공유하려는 당사자에게만 그 피드백 내용을 전달하는 방법도 있다.

이런 방법을 활용하기가 어렵다는 것에 동감한다. 필자 역시 상당히 어려왔기 때문이다. 누군가를 이끌 수 있을 만큼 강력한 세계관을 갖게 되면 여러분은 그 세계의 물리 법칙을 관리하는, 여러분에게 의존하는 다른 사람을 모으기 시작할 것이다. 여러분의 비전에 동의하지 않는 사람은 여러분 때문에 불만이 생겨도 속내를 내비치지 않을 것이다. 이는 여러분을 한 단계 더 성공하게 할 수는 있어도 그 이상 성공하는 데는 걸림돌이 된다. 지속적으로 성장하려면 여러분의 세계관을 주변 사람의 세계관과 합치는 방법을 배워야 한다. 그러면 설령 여러분의 비전을 조금 바꾸는 한이 있더라도 전체 절차를 더욱 빨리 개선할 수 있다.

혼자서 이룰 수 있는 것은 리더를 만들어서 이룰 수 있는 것과는 크게 다르다. 훌륭한 리더가 되려면 따르는 법을 배우는 데 시간을 투자해야 한다.

6

절대 틀리지 않는 방법을 배우자

모두에게 가장 좋은 방법이라고 생각하는 것을 제안해도 사람들이 동의하지 않을 수 있어요. 그리고 그런 일은 생각보다 자주 일어나죠. '나는 업무 방식을 지시할 권한이 있다'고 강요하는 것보다는 조정과 영향을 주는 방식으로 일하는 편이 좋아요. 자신의 권한으로 남을 움직이려고 할 때 제대로 돌아가는 것을 본 적이 없거든요.

— 키비 맥민Keavy McMinn

대부분 사람들은 자신이 틀렸다고 결코 생각하지 않는 사람과 일해본 적이 있을 것이다. 그런 사람들은 회의 때마다 몸을 뒤로 젖히고 어깨에 힘을 주면서 마치 결정권자처럼 행동한다. 게다가 자신의 의견이 받아들여지거나 회의가 끝날 때까지 계속해서 자신의 의견을 피력한다. 이런 사람들은 재직 기간이 길어지면서 자신이 더욱 설득력이 있어졌다고 생각한다. 하지만 대부분 그 설득력은 주변 동료가 퇴사하면서 생겨난 것이다.

필자가 같이 일한 몇몇 기술 리더는 지배력을 행사하지 않고도 결코 틀리지 않는 방법을 찾아냈다. 이 방법은 다른 사람이 참여할 여지를 주면서도 항상 옳은 결정을 하기 위한 것이다. 필자를 위해 이 방법을 실현해준 사람은 프랭클린 후Fanklin Hu[52]다. 프랭클린은 모두에게 적합한 최상의 결과를 찾으려는 노력, 자신의 출발점에서 한 걸음 더 나아가려는 의지, 충돌이 있을 것 같은 의견을 통일된 의견으로 조정해주는 더 많은 맥락이 있음을 전제하고 토론에 참여함으로써 자칫 논쟁으로 이어질 수도 있는 토론을 잘 조정하곤 했다.

시니어 기술 리더가 되려면 기술과 아키텍처에 대해 깊이 이해하고 있어야 한다. 또한, 본인의 기술적 믿음에 대해서도 실용주의와 불가지론을 적용해 계속해서 스스로에 대한 의구심을 계속 가지면서 기술 및 아키텍처에 대한 이해와 같은 수준으로 발전시켜야 한다. 역설처럼 들리겠지만 이것이 여러분이 매일 걸어가야 할 길이다.

경청하고 명확히 하며 주변의 분위기를 읽자

엔지니어가 자신의 의견이 옳다는 자신감과 회의실의 다른 사람도 그 의견에 동의하게 만들겠다는 생각으로 회의에 참여하는 상황을 자주 본다. 하지만 이런 생각은 모든 회의를 제로섬(zero-sum) 논쟁으로 만들 뿐이다. 그런 엔지니어는 자신이 주장하는 방법이 설령 '가장 좋은' 방법이라는 동의를 얻어내더라도 회의실 내 다른 누구에게서도 배운 것이 없으며 회의에 참여한 사람들도 그 방법을 실행하는 데 의욕을 갖기가 쉽지 않다.

가장 효율적인 엔지니어는 지금 당면한 문제와 회의실에 모인 사람들의 요구 및 의견을 이해하고 해결 방법을 수행하기 위해 필요한 것을 조율하기 위한 목적으로 회의에 참여한다. 즉, 모든 회의를 프로젝트의 광범위한 문맥을 이해하고 회의실 내 다른 사람과의 관계를 위한 시간으로 간주한다.

---

52 https://twitter.com/thisisfranklin

만일 회의에서 문제 해결 방법에 동의하고 실행할 준비가 되었다면 팀에 그 방법을 공유한다. 아직 해결 방법을 실행할 준비가 되지 않았다면 그 방법을 밀어붙이지도 않는다.

이처럼 효율적인 엔지니어가 되려면 세 가지 방법을 익혀야 한다. 질문을 통해 경청하는 방법, 목적을 정의하는 방법, 주변의 분위기를 읽는 방법이 바로 그것이다.

질문을 통해 경청하는 방법은 회의에 참여한 사람의 의견을 이해하기 위해 적극적으로 경청하는 것이다. 좋은 의도로 좋은 질문을 던지면 대화가 시작되고, 덩달아 다른 사람도 질문할 수 있는 여력이 생긴다. 좋은 질문은 당장 모르는 뭔가를 배우겠다는 의지로 행해지며 매우 구체적이다. 이런 질문은 대화를 더욱 명확하게 한다. 그리고 질문에 답변하는 사람 역시 방어적으로 답변하지 않게 된다. 잠재적으로 논쟁의 여지가 있는 회의에서는 여러분의 의견을 공유하기 전에 적어도 좋은 질문 세 개를 건네보자. 그러면 여러분을 중심으로 주변이 바뀌는 것을 볼 수 있을 것이다.

좋은 회의는 분명한 목적과 논제로 시작한다. 하지만 특히 즉석에서 시작하는 논의를 비롯해 회의의 정의에 맞지 않는 회의가 무수히 많다. 만일 목적이 불분명한 대화에 참여하게 된다면 먼저 **목적을 정의하자**. 시간을 가지고 참석자들이 달성하려는 것을 올바르게 이해하고 있는지 먼저 물어보자. "확인하고 싶은 게 있는데요. 이 회의의 목적이 프로젝트 론칭을 2주 미룰 건지 결정하려는 것 맞죠?" 하는 식으로 목적 자체를 질문 형태로 물어보는 것이 가장 좋다.

주의할 점은 목적을 정의하는 것을 너무 자주 하면 오히려 회의에 방해가 된다는 점이다. 이런 경우에는 대화를 명확히 하는 데 도움이 되기는커녕 오히려 대화가 뒤죽박죽이 되어버린다. 보통 다른 누군가가 이미 목적 정의를 시도했다면 여러분이 다시 시도하지는 말자. 회의 중에 참여자들의 관점을 바꾸려는 노력이 몇 차례 실패하면 대부분 다시 회의를 잡게 된다.

마지막으로 회의마다 **회의실의 분위기를 읽어야 한다**. 사람들은 종종 대화 중에 불만을 느끼고 합의를 강요하려 한다. 그러면 토론에 대한 부담이 커져서 제대로 된 결론을 내리지 못하게 된다. 회의 참석자 간에 의견이 너무 벌어지면 문제를 더 깊이 살펴볼 여력이 있는 하위 그룹을 선정하거나 참석자 외에 다른 그룹으로 논의를 옮길 수 있는지 생각해보자. 서랍 안에 물건이 너무 많으면 구태여 닫으려 애쓰지 말자.

연습하는 법

지금까지 소개한 행동 방식에 익숙하지 않아도 괜찮다. 연습할 수 있는 기회는 얼마든지 있다. 문서에 달리는 댓글 하나하나, 모든 회의, 모든 풀 리퀘스트가 바로 기회다.

매주 지금까지 소개한 기법 중 하나를 골라 회의할 때 시도해보자. 개인적으로 특히 어려운 회의를 하게 되면 머릿속으로 또는 동료와 함께 미리 연습해보자.

머저리들

지금까지 소개한 기법은 대부분 잘 통하지만 항상 그렇지는 않다. 이 기법이 통하지 않는 가장 보편적인 경우는 머저리들을 상대할 때다. 여기서 말하는 머저리란 그룹 내에서 동의를 거부하는 사람, 타협할 의사가 없는 사람, 다른 사람 말을 듣지 않는 사람 등을 의미한다. 이런 사람은 자신의 경력이 기술적으로 올바른 결정을 내리는 것보다는 얼마나 함께하기 편한지에 달려 있다는 것을 배운 적이 없는 사람이다.

이런 머저리들을 상대할 수 있는 가장 효과적인 방법은 다음과 같다.

1. 머저리들이 힘을 쓰지 못할 사람(관리자나 CTO 등)을 회의에 참여시킨다.

2. 회의를 시작하기 전에 머저리들이 자신의 의견도 받아들여지고 있다고 느끼면서 토론에 집중할 수 있도록 그들과 교감할 수 있는 방법을 열심히 찾아본다.

두 방법 모두 여러분의 소중한 시간을 쓰기에는 어처구니없는 방법처럼 들릴 수도 있다. 하지만 그나마 가장 잘 통하는 방법이다. 특히 머저리를 어쩌다 한 번 상대하는 경우에는 더 잘 통한다. 만일 그 머저리가 여러분의 책임하에 있거나 자주 상대해야 하는 사람이라면 여러분이 지켜야 할 것이 조금은 달라진다. 이런 경우에는 최대한 솔직하면서도 친절하게 피드백을 줘야 한다. 그리고 두 번째 기회를 줘야 한다. 그 사람과 함께 문서를 작성하고 그래도 개선되는 모습이 보이지 않으면 그 사람의 관리자에게 직접 또는 화상 회의로 문서를 보여주면서 어려움을 토로해보자.

또한, 여러분의 직책이 가져다주는 권위가 이런 머저리들이 여러분에게는 다른 사람에게 하는 것처럼 함부로 행동하지 못하게 보호한다는 사실을 인지하는 것도 유용하다. 머저리들의 행동이 선을 넘는 것처럼 느껴진다면 다른 사람은 더 심하게 느낄 수도 있다.

어떻게 도움이 될까?

지금까지 설명한 방법은 매우 강력하다. 프로젝트가 복잡할수록 기술적 복잡도보다는 사람 간 충돌 때문에 프로젝트가 어긋나게 되는데 이때 이 방법들을 사용하면 긴장 상태를 파트너십으로 되돌릴 수 있기 때문이다. 처음 시도할 때는 시간이 오래 걸리므로 이 방법이 느리게 통하는 것처럼 보일 수도 있다. 하지만 아무런 방해 없이 작업을 완료하게 되는 경우가 많으므로 결국에는 빠르게 통하는 방법이다.

게다가 시니어 리더의 지위를 오래 유지하는 것은 뛰어난 성공만큼이나 관계를 유지하는 것과도 관련이 있다. 처음에는 한동안 불타오르다가 나중에는 더 이상 지원하지 않아 상황을 지연시키는 사람을 볼 수도 있다. 이런 상황을 모면하려면 절대 틀린 판단을 하지 않는 방법과 연습을 멈추지 않는 방법을 배워야 한다.

7

타인을 위한 공간의 창출

요즘에는 특정한 기술이나 프로그램을 지원하는 시간을 줄이고 다른 사람이 스스로 중요하다고 생각하는 기술과 프로그램을 지원하게 만드는 데 더 많은 시간을 할애하고 있어요. 또한, 사람들이 공통적인 제품 결정 사항과 조직 전체를 대상으로 하는 프레젠테이션을 위한 아이디어 같은 피드백이 필요할 때 지식과 지원을 얻기 위해 연락할 수 있는 사람이 되려고 노력하고 있어요.

— 미쉘 부Michelle Bu

스태프플러스 엔지니어로서 장기적으로 성공하고 있는지 확인할 수 있는 방법 중 하나는 조직이 여러분이 기여한 바로부터 혜택을 더 많이 받되 거기에 **의존하고 있지는 않는지** 확인하는 것이다. 많은 이가 조직에서 '필요한' 사람이 되면서 첫 번째 스태프플러스 역할을 맡게 되는 경우가 많으므로 필수 인력에서 언제든 활용할 수 있는 인력으로 전환하는 것은 어려운 일일 수 있다.

이렇게 역할을 전환하려면 주변 팀을 위한 공간을 신중하게 창출하고 팀의 논의와 결정에 적극적으로 참여하며, 궁극적으로는 여러분이 스태프 역할을 할 수 있도록 만든 성공을 반복적으로 만들어 내도록 지원해야 한다.

논의

자신의 영향력을 극대화하는 데 초점을 맞춘다면 좋은 논의란 적절한 답변을 신속히 도출하고 참여자가 모두 동의하면서 긍정적인 느낌을 받고 끝나는 논의일 것이다. 하지만 공간을 창출하는 방법에 대해 생각하기 시작했다면 좋은 논의의 정의는 크게 확장될 것이다.

확장된 정의는 더 많은 사람이 참여하도록 하고 여러분이 직접 관여하지 않아도 좋은 논의가 진행되는 것에 달려 있다. 새로운 환경 안에서의 좋은 논의란 여러분이 참여할 필요가 없는 논의일 것이다. 여러분이 논의에서 중요한 역할을 하게 된다면 다행이라 여기고 다음에 다른 누군가가 여러분과 같은 중요한 역할을 하게 만들려면 어떻게 해야 하는지 생각해보자.

마음가짐을 바꾸는 것과 더불어 논의 중에 더 많은 공간을 창출하는 데 도움이 되는 몇 가지 기법을 소개한다.

- 질문하는 쪽으로 방향을 바꾸자. 올바르게 질문하면 실수를 방지[53]할 수 있을 뿐만 아니라 더 많은 사람이 참여하기가 쉬워진다.
- 회의에 제대로 참석하지 않는 사람이 있다면 참석하도록 유도하자. 가장 좋은 방법은 한 번에 한 명씩 회의에 참여하도록 하는 것이다. 모든 사람에게 회의에 참여하도록 요구하거나 한 번에 두세 명이 참여하도록 해도 혼란만 가중될 것이다.
- 여러분이 직접 회의록을 작성하자. 그렇게 하면 회의록을 작성하는 것이 '중요하지 않다'는 편견을 버리고 회의록을 작성할 의사가 있는 다른 사람이 더 참여하게 만들 수 있다. 게다가 여러분이 회의 중에 말하는 것 외에 다른 일에 집중하도록 만들기도 한다.
- 반드시 회의에 참석해야 할 누군가가 참석하지 않았다면 여러분이 직접 그 사람이 다음 회의에 참석하게끔 하자. 회의 주선자에게 왜 그 사람이 참석해야 하는지 잘 설명하자.

---

53 https://lethain.com/learn-to-never-be-wrong

이 기법을 더 충실히 따를수록 여러분이 회의에서 말하는 시간은 줄어들면서도 조직에 끼치는 영향력은 더 커질 것이다.

의사결정

여러분 경력의 상당 부분에서 성공은 올바른 의사결정을 내리는 것이다. 하지만 어느 시점이 되면 의사결정을 내리는 것이 업무가 아님을 깨닫게 될 것이다. 물론 그때까지 상당한 시간이 걸린다. 리투 빈센트는 이 점을 잘 설명하고 있다.

> 어떤 프로젝트를 진행하는 과정에서 관리자가 기술 리드로서 저의 영향력이 전혀 확대되지 않았음을 이해하도록 도와준 적이 있어요. 처음에 저는 '이 프로젝트를 작업 20개로 나눠서 18개는 다른 사람에게 할당하고, 제일 어려운 2개는 내가 해야겠다'고 생각했어요. 그런데 관리자는 오히려 팀이 성장할 수 있도록 어려운 작업을 다른 사람에게 위임하라고 지시했죠.

반면, 복잡한 의사결정이 필요할 때 여러분의 판단을 다른 누군가에게 위임하는 것은 어려운 일이다. 다행히 팀에 복잡하고 중요한 의사결정을 점차 위임할 수 있는 방법을 채택할 수 있다.

- **글로 써보기.** 천재성이 내포된 파인만 알고리즘(Feynman algorithm)이라는 잘 알려진 모델이 있다. 이 알고리즘은 '① 문제를 글로 써본다. ② 문제에 대해 깊이 생각해본다. ③ 해결책을 글로 써본다.'의 순서로 실행한다. 하지만 '문제에 대해 깊이 생각해본다'는 사람마다 생각이 다르기 때문에 천재적인 한 사람이 어떤 생각을 거쳐 해결책에 다다랐는지 제대로 보여주지 않는다. 그래서 올바르게 이해하기도 어렵고 누군가는 낙담하기도 한다. 또한, 비현실적이기도 한데 우리의 사고 과정을 다른 사람이 이해할 수 있도록 적어두지 않는다면 다른 사람은 그것이 비현실적이라는 점을 알아채는 것조차 힘들다. 답을 찾은 과정과 그 답에 대한 당위성을 글로 적어두면 주변 사람들은 단순히 지시를 받는 것이 아니라 우리가 내린

결정에서 뭔가를 배울 수 있다.

- 의사결정을 분명히 하기 전에 **일찍 유포하자.** 대부분 사람들은 어떤 의견이 형성되면 그 과 정을 돌이켜보는 데 어려움을 겪을 수 있다. 피드백을 일찍 수집하면 피드백을 적용하기도 훨씬 쉽다. 게다가 의사결정 과정에 더 많은 사람이 참여할 수 있어서 최종 결과물뿐만 아니 라 여러분의 사고 과정 또한 이해할 수 있다.

- **방식을 본질과 분리하고** 누군가의 결정에 방식과 관련한 피드백은 주지 말자. 만일 피드백 이 프로젝트의 성공을 의미 있게 바꾸지 않을 것 같으면 피드백을 주지 않는 것을 고려하자. 유용하지만 중요하지는 않다면 여러분의 의도를 따르도록 강요하는 것보다는 사적으로 제 안할 수도 있다.

- **가치를 드러내려 하지 말자.**[54] 몇몇 시니어는 자신의 실력을 정당화하기 위해 자신이 모든 것을 짊어져야 한다고 느끼기도 한다. 어떤 사람은 모든 의사결정이 자신이 예전에 내렸던 비슷한 결정과 반드시 같아야 한다고 주장하기도 한다. 둘 모두 영향력보다는 불확실성 때 문이며 다른 사람이 리더로 성장하는 데 방해만 된다.

- **마음가짐을 바꾸자.** 동료를 존중한다는 표현 중 하나는 그들의 의견을 경청하고 그 후에 여 러분의 마음가짐을 바꾸는 것이다. 만일 시니어 리더가 자신의 마음가짐을 바꾸지 않는다면 곧 모두가 자신이 의견을 냈기 때문에 성공하게 됐다고 주장할 것이다.

여러분이 내리는 의사결정에 다른 사람도 참여하게 하고 의사결정 과정 을 공유하는 것은 팀이 성장하는 데 매우 중요한 요소지만, 그들이 의사결 정을 내릴 때는 어떨까?

스폰서십

여러분의 논의와 의사결정에 다른 사람을 참여하게 하는 것은 여러분의 업 무에 다른 사람을 개입시키는 것이다. 이는 주변 사람을 바탕으로 성장하

---

[54] https://lethain.com/showing-value

고 참여하며 배우는 좋은 방법이다. 하지만 어느 시점이 되면 다음 단계로 나아가야 한다. 여러분의 업무에 다른 사람을 개입시키는 대신 다른 사람의 업무를 만들어내는 단계 말이다.

이 마지막 단계는 여러분을 스태프플러스 직책에 앉게 해준 업무를 다른 사람이 할 수 있도록 돕는 것이다. 중요한 업무가 배정되면 여러분이 가장 먼저 해야 할 질문은 '누가 이 업무를 성공적으로 수행하면서 그 과정에서 성장할 수 있을까?'다. 해당 업무를 리드할 만한 사람이 있는지 살펴보고 그 사람과 협력해 프로젝트를 성공적으로 완수할 수 있는 발판을 마련해주자. 여러분이라면 어떻게 하겠는가? 그 사람이 생각할 수 있는 기본적인 우려 사항은 무엇일까? 그 사람이 초기에 문제를 논의해야 할 이해 당사자는 누구일까?

새로운 중요 업무를 발견하면 도구나 절차와의 간극을 찾아보고 누가 그 업무를 만들어낼 수 있는지 생각한 후 여러분이 작성하려던 제안서를 그 사람과 함께 작성하자. 그런 후 여러분이 직접 업무를 수행할 때와 마찬가지로 그 사람의 제안서가 지원받을 수 있도록 도와주자.

일단 업무가 그 사람의 것이 되면 그 사람이 업무를 진행하게 해줘야 한다. 스폰서십은 상담이나 조언을 해주고 그와 관련한 배경지식을 제공해주는 것 외에도 여러분이라면 시도하지 않을 방법을 채택하도록 놔두는 것도 포함한다. 어쩌면 그 방법이 제대로 먹히지 않아 업무 진행 당사자가 그로부터 뭔가를 배울 수도 있다. 여러분도 경력을 쌓아오면서 실수에서 배우지 않았던가. 반대로, 그 방법이 제대로 먹히면 여러분이 뭔가를 배우게 될 것이다.

스폰서십은 여러분이 문제를 해결하기 위한 기본 방법이 되어야 하지만 그렇다고 유일한 방법이어서는 안 된다. 대부분 스태프플러스 엔지니어는 소프트웨어, 도구 및 조직의 업무에 대한 실질적인 배경지식을 유지하기 위해 일부 프로젝트에는 직접 참여하는 것이 중요하다는 점을 깨닫는다. 스폰서십을 제공할 것인지, 스스로 업무를 진행할 것인지 결정하기 위한 규칙이 필요하다면 스폰서십을 염두에 두고 한 달에 최소한 몇 번은 다른 사람을 지원하자. 만일 다른 사람을 지원하는 횟수가 그보다 적다면 더 많이 지원하지 못하는 이유를 찾아보자.

반대로, 지난 몇 달 간을 되돌아봤을 때 직접 진행한 작업이 없다면 그런 경우 또한 방법을 바꿔볼 가치가 있다.

그렇게 하지 않으면 어떻게 될까?

회사의 주요 리더로 '필요한' 사람이 돼서 스태프플러스 직책을 얻을 바탕을 굳혔다면 조직 리더가 가진 시급한 문제를 해결하는 것이 회사에서 인정받는 확실한 방법임을 배운 것이다. 만일 회사의 아키텍처 로드맵을 가득 채울 아이디어를 제시하는 기술적 선구자가 됐다면 회사의 기술적 미래를 쥐고 흔드는 것이 얼마나 강력한 권한인지 배운 것이다.

이런 것을 포기하기란 어렵다.

하지만 이 모델은 잘해봐야 그 사람이 회사를 떠나기 전까지 일시적으로 먹히는 것일 뿐이다.[55] 그보다 훨씬 안 좋은 경우는 회사가 여러분 개인의 한계에 제약을 받는 것이다. 여러분의 한계에 제약을 받지 않는 유일한 회사는 성장하지 않는 회사뿐이다.

진정으로 성공하는 회사에서 장기간 리더로 남을 수 있는 유일한 방법은 다른 사람이 인정과 보상을 받고, 그 사람도 현재 여러분의 위치에 도달할

---

55 https://www.amazon.com/dp/B0058DRUV6

수 있는 공간을 계속해서 창출하는 것뿐이다. 물론 대단히 불편한 말로 들리겠지만 걱정하지 말자. 여러분을 위한 새로운 업무는 언제 어떤 상황에서든 생겨날 것이다.

8

동료와 네트워크 구축

스태프플러스 엔지니어로서 경력과 관련해 이야기를 많이 나눌수록 가장 일관되게 언급한 것은 유사한 업무에 종사하는 동료와 개인적 네트워크를 구축하는 것이었다. 모든 사람이 이 방법을 강조한 것은 아니지만 절반 이상이 언급했고 그럴 경우 가장 먼저, 그리고 가장 강력하게 권장하는 조언이었다.

리투 빈센트는 다음과 같이 말했다.

멘토라고 생각하는 사람, 아는 친구, 전 관리자, 함께 일한 사람 등 많은 인맥을 갖춘 것이 제게는 가장 큰 영향을 줬습니다. 저는 과거에 함께 일했으며 나를 알고 내가 신뢰하는 사람들과 매달 적당한 횟수의 점심 식사, 커피 또는 저녁 식사 약속을 잡아요. 그 과정에서 지금의 나를 만들어준 경력상 과제와 성장에 대한 대화를 주로 나누곤 하죠.

키비 맥민은 자신의 네트워크가 자신에 대한 솔직한 피드백을 얻는 가장 중요한 방법이라고 말했다.

가장 먼저 생각나는 것은 동료나 여러분을 지원하는 사람과 네트워크를 구축하라는 것이에요. 관리 업무와 마찬가지로 직장에서 더 높은 자리로 갈수록 더 외로워집니다. 여러분에게 이의를 제기하거나 함께 아이디어를 고민할 수 있는 동료를 찾는 것 역시 중요하죠. 업무 분야가 유사하지 않다거나 다른 회사에 다닌다는 것은 전혀 문제가 되지 않아요.

넬슨 엘하게 역시 비슷한 의견을 내놨다.

다른 시니어 엔지니어와 개인적 네트워크를 구축한 것은 정말 좋은 방법이에요. 저는 평소에도 그들과 현재 업무나 아이디어에 대해 스스럼없이 이야기하곤 했죠. 개인적 네트워크가 있다면 사람들이 문제를 어떻게 바라보는지, 고려하고 있는 해결책은 무엇인지 가감 없이 알 수 있어요.

네트워크를 구축해야 한다는 사실을 아는 것 자체만으로도 도움이 되지만 어떻게 구축하는지 방법을 찾지 못해 고민하는 사람도 있다. 네트워크를 구축할 수 있는 여러 전략[56] 중 보편적인 두 가지 전략은 자신을 외부에 드러내는 방법과 내부적으로 네트워킹하는 방법이다.

자신을 외부에 드러내기

스태프플러스 엔지니어의 커뮤니티에 대한 억눌린 수요가 많으므로 네트워크를 구축하는 가장 쉬운 방법은 스태프플러스 엔지니어로서 여러분을 쉽게 찾을 수 있도록 하는 것이다. 먼저, 조이 에버츠의 '시니어 스태프 소프트웨어 엔지니어가 실제로 수행하는 일(What a Senior Staff Software Engineer Actually Does)'이나 키비 맥민의 '기술 리더십의 길에서 성공하기(Thriving on the Technical Leadership Path)'[57] 같은 블로그 포스트처럼, 스태프플러스 엔지니어 자체에 대한 논의에 참여하라. 많은 사람이 스태프플러스 엔지니어에

---

56 https://lethain.com/meeting-people
57 https://keavy.com/work/thriving-on-the-technical-leadership-path

대한 자신의 견해를 밝히지만 각자가 가진 새롭고 가치 있는 관점을 제시한다. 그러므로 이 주제에 대한 여러분의 생각을 드러낼 기회가 충분히 있다.

글쓰기를 그닥 좋아하지 않는다면 기술 콘퍼런스에 나가 발표하는 것도 더 많은 커뮤니티에 자신을 드러낼 효과적인 방법이다. 키비 맥민은 자신이 콘퍼런스에서 발표자를 맡는 이유를 다음과 같이 설명했다.

> 전 콘퍼런스에서 사람을 만나는 게 좋았어요. 나중에는 발표자 간 인맥 덕분에 새로운 일자리를 찾기도 했고요.

이 두 방법이 부담스럽다면 트위터를 시작하거나 관련 슬랙 채널 몇 개 (예를 들면, Rands Leadership Slack의 #staff-principal-engineering 채널)에 가입하는 것도 좋다.

내부 네트워크

케이티 세일러-밀러는 공개 강연이나 글쓰기보다는 현재 회사 내에서 네트워크를 구축하는 것을 권했다.

> 네트워킹이 정말 중요하다고 강조하고 싶네요. 내가 지금 누구와 대화하는지 정말 잘 파악해야 해요. 그리고 그런 네트워크를 활용할 수 있도록 여러 팀이나 그룹과 좋은 관계를 유지해야 해요.

네트워킹이란 외부적으로만 발생한다고 생각하기 쉽겠지만 이미 몸담고 있는 회사의 업무를 수행하는 과정에서 준조직적(semi-organically)이며 준의도적(semi-deliberately)으로 네트워킹을 시도하는 편이 훨씬 더 수월하다. 이 방법은 여러분의 일상을 직접 개선할 수 있다는 장점도 있다. 장기적으로 보면 동료들이 회사를 떠나 업계에 퍼져나감으로써 더 넓은 네트워크를 구축하는 밑거름이 된다. 이 방법은 특히 여러분의 회사가 어느 정도 규모가 있거나 이름 있는 회사일 경우에 잘 통하며 회사 규모가 작거나 잘 알려지지 않은 회사라면 효율성은 다소 떨어지는 편이다.

주변 네트워크

개인적 네트워크 구축을 언급하지 않은 사람 중에서는 업계와 관련한 최신 서적을 읽고 트위터 같은 소셜 네트워크에서 업계의 리더를 팔로우하는 것을 기반으로 학습을 위한 주변 네트워크를 구축하는 것을 언급하기도 했다. 디아나 포자르는 이 부분을 다음과 같이 언급했다.

> 트위터를 자주 사용하는데 대부분 기술 업계에 종사하는 사람들을 팔로우하는 형태로 사용해요. 보통 콘퍼런스에서 강연한 사람이나 함께 일한 사람을 팔로우해서 저와 관련 있는 콘텐츠를 찾아내죠. 제가 팔로우하는 사람은 카미유 푸르니에[58], 라라 호건[59], 조시 윌스Josh Wills[60], 비키 보이키스Vicki Boykis[61], 데이비드 가스카David Gasca[62], 줄리아 그레이스Julia Grace[63], 홀던 카라우Holden Karau[64], 존 올스포우John Allspaw[65], 채리티 메이저스Charity Majors[66], 테오 슐로스나글Theo Schlossnagle[67], 제시카 조이 커Jessica Joy Kerr[68],

---

58 https://twitter.com/skamille

59 https://twitter.com/lara_hogan

60 https://twitter.com/josh_wills

61 https://twitter.com/vboykis

62 https://twitter.com/gasca

63 https://twitter.com/jewelia

64 https://twitter.com/holdenkarau

65 https://twitter.com/allspaw

66 https://twitter.com/mipsytipsy

67 https://twitter.com/postwait

68 https://twitter.com/jessitron

사라 카탄자로Sarah Catanzaro[69], 오렌지 북Orange Books[70] 등이에요.

다미안 쉔컬만Damian Shenkelman은 다음과 같이 전했다.

트위터에서 흥미로운 일을 하며 내가 뭔가 배울 수 있겠다 싶은 사람을 팔로 우해요. 흥미로운 일을 하는 사람이 너무 많아서 배울 것이 참 많죠. 당장 떠 오르는 사람은 아프르Aphyr[71], 탄야 레일리, 데이빗 파울러David Folwer[72] 등입 니다.

네트워크를 구축하는 방법이 불편하게 느껴진다면 주변 네트워크를 구축 하는 것이 올바른 방향으로 가는 좋은 단계가 될 수 있다. 물론 개인적 네 트워크가 영향력이 훨씬 크다. 제대로 된 방법으로 개인적 네트워크를 구축 하는 것은 앞으로 나아가는 데 정말 중요한 단계이자 여러분의 경력에서 장 기간 시니어 역할을 하면서 영향력을 유지할 수 있게 하는 일이다.

양보다는 질에 집중하자

언젠가 한 동료가, 사업 개발 분야에 이름을 떨치기로 결심하고 자신이 만 나고 싶은 사람의 목록을 작성해 샌프란시스코에서 뉴욕으로 날아간 사람 의 이야기를 들려줬다. 이 사람은 트위터 트윗과 포스퀘어Foursquare 체크인 을 보고 만나려던 사람이 그날 밤 어디에 있을지를 예측해 그 장소로 가 우 연히 만난 척 술을 한잔 샀다. 운이 좋은 날에는 이런 방법으로 6명 또는 그 이상의 새로운 인맥을 얻게 됐다.

---

69 https://twitter.com/sarahcat21

70 https://twitter.com/orangebook_

71 https://twitter.com/aphyr

72 https://twitter.com/davidfowl

하지만 당연히 이렇게 하면 안 된다. 완전히 선을 넘는 방법이기 때문이다. 게다가 이렇게 하는 것은 말이 안 된다. 업계 동료와 네트워크를 구축할 때 그 수는 문제가 되지 않는다. 대신 여러분이 정말 신뢰하고 존경하며 영감을 받을 수 있는 사람들과 천천히 네트워크를 구축해 나가는 것에 집중하자. 그래야 여러분이 마주할 가장 어려운 문제와 까다로운 상황을 해결하는 데 도움이 될 정말 강력한 네트워크를 구축할 수 있다.

마지막으로 정말 네트워크를 구축하고 싶지만 어떻게 시작해야 할지 모르겠다는 독자를 위해, 내성적인 성격 탓에 올바른 방법으로 네트워크를 구축하는 데 어려움을 겪었던 필자가 시도했던 방법을 공유하고자 한다. 여러분이 존경하는 누군가를 찾아 1~2개 문단 정도로 짧은 이메일이나 어떤 특정한 질문에 조언을 구하는 메시지를 보내보자. 만일 답장을 받으면 감사를 표하고 6개월에서 12개월 안에 또 다른 질문을 보내보자. 만일 그 사람이 어떤 부탁이나 질문을 하면 여러분이 도와줄 수 있는 것이라면 들어주자. 만일 상대가 답장을 안 해도 걱정은 하지 말자. 아무 말도 하지 말고 다른 사람을 찾아보자. 이 방법은 놀랄 정도로 잘 통하며 최악의 상황이라고 해봐야 그저 상대가 답장을 안 하는 것일 뿐이다.

9

임원을 대상으로 하는 프레젠테이션

잔뜩 기대하고 회사 임원에게 주요 엔지니어링 계획에 대한 프레젠테이션을 진행하러 들어갔다가 고개를 숙인 채 걸어 나온 적이 있는가? 어쩌면 두 번째 슬라이드로 넘어갔을 뿐인데 아무 관련 없는 질문이 쏟아졌을 수도 있다. 아니면 프레젠테이션을 마쳤는데 '잘했어' 한 마디만 하고 아무런 논의 없이 임원들이 회의실을 빠져나갔을 수도 있다. 그러면 이게 무슨 일인가 싶을 것이다. 한 가지 분명한 것은 프레젠테이션이 제대로 통하지 않았다는 점이다.

아직 경력이 짧다면 회사 임원과 마주하는 경우가 많지는 않을 것이다. 물론 회사 규모가 아주 작다면 임원을 마주치는 경우도 있겠지만 일반적이지는 않다. 하지만 경력이 늘면 여러분의 영향력은 임원진에 얼마나 효율적으로 영향을 끼치는가에 의해 결정된다. 물론 권한을 가진 사람과 방향을 맞추는 것이 임원진에 영향을 미칠 수 있는 기본 조건이긴 하다. 하지만 여러분이 개발할 수 있는 몇 가지 새로운 의사소통 스킬이 있다.

왜 이렇게 어려운 걸까?

모두가 한 번은 끔찍한 임원과 일한 경험이 있을 것이다. 하지만 대부분 임원은 그렇게 끔찍하지 않다. 거의 모든 임원은 각자가 뛰어난 분야가 있다. 그저 여러분이 해당 임원과 이야기하는 주제가 그 사람의 전문 분야가 아닌 경우가 많을 뿐이다. 도메인에 아직 익숙하지 않은 데다 당장 논의할 주제를 다룰 시간이 부족하면 의사소통은 당연히 어려워진다.

하지만 이런 일은 의사소통에서는 흔한 일이다. 임원과의 의사소통은 명확하지 않은 이유로 예상치 못하게 어려워질 수 있다. 임원이 특정한 방법으로 사전에 조사한 실례를 바탕으로 고민하는 데에 익숙해졌기 때문이다.

임원은 정보 대부분을 한 가지 방법으로 소화하는 데 이상할 정도로 통달해 있다. 즉, 자신에게 맞는 방법으로 데이터를 소화하는 것에 능숙하다. 임원의 의사소통 시스템은 그 방법으로 의사소통하는 것에 최적화되어 있다. 이것이 실례를 선처리하는 것이며, 임원이 잘못된 방법으로 그 정보를 선처리한다면 회의 참석자 중에 그 누구도 제대로 설명할 수 없는 의사소통 오류를 만들어 내기도 한다.

예를 들어, 어떤 임원은 패턴 매칭에 특출난 능력이 있다. 이 임원은 프레젠테이션 중에 본능적으로 먼저 상세한 내용을 줄기차게 물어본다. 이 일련의 질문은 그 임원의 경험에 빗대어 어떤 패턴이 매칭될 때까지 이어진다. 이런 임원에게 잘 구조화된 학술적인 프레젠테이션을 제시하면 아마도 지루하게 생각할 것이며, 결국 그 임원이 소화하지 못하는 정보를 제공하느라 시간을 허비하게 될 것이다. 다른 임원은 여러분이 말하는 것이 어떤 특정한 데이터와 관련되지 않으면 모조리 묵살할 것이다. 이럴 때는 데이터를 별첨 문서에 제공한다. 자신감을 갖고 프레젠테이션을 진행하지 않으면 임원은 여러분의 제안 사항에 타당성이 부족하다고 생각할 것이다.

다른 시나리오에서 의사소통 오류는 에러보다는 지연을 발생시킨다. 하지만 임원과 의사소통할 때는 의사결정이 내려지기 전에 해당 주제에 대해 논의할 수 있는 두 번째 기회를 갖지 못하는 경우가 많다. 나중에 후회하지 않도록 논의하기 전에 충분히 조사하자.

효율적인 의사소통 방법

임원과 효율적으로 의사소통하려면 먼저 임원과 의사소통해야 하는 이유를 명확하게 이해해야 한다. 동료의 마음을 돌리거나 진행 중인 프로젝트에 대한 정보를 제공하는 형태의 의사소통에는 익숙하겠지만 임원과의 의사소통은 그와는 확연히 다르다. 임원과 의사소통할 때는 대부분 계획, 상태 보고, 어긋난 일 해결 등 세 가지 중 하나다.

이 세 가지는 모두 별개지만 그 목적은 항상 임원의 생각을 최대한 많이 뽑아내는 데 있다. 만일 회의의 목적이 임원의 생각을 바꾸는 것이라면 임원의 완강한 태도에 당황할 것이다. 어떻게 하면 임원의 우선순위에 맞출 수 있는지 생각하며 회의에 참석하자. 그러면 여러분은 전략적으로 보일 것이며 기존의 계획을 임원이 새롭게 제시한 집중 분야나 제약 사항 내에서 진행하도록 조정할 수 있는 충분한 정보를 얻게 될 것이다.

임원의 생각을 뽑아낼 수 있는 가장 좋은 방법은 잘 구조화된 문서를 작성하는 것이다. 문서를 작성하다 보면 데이터에 대해 포괄적으로 생각하게 된다. 또한, 문서의 구조를 고민하다 보면 독자의 입장에서 무엇이 중요한지 집중하게 된다. 효율적인 비즈니스 의사소통에 가장 큰 영향력을 끼친 『바바라 민토 논리의 기술』(더난출판사, 2019)[73]을 제시한 바바라 민토

---

73 https://www.amazon.com/Pyramid%E2%80%90Principle%E2%80%90Logic%E2%80%90Writing%E2%80%90Thinking/dp/0273710516

Barbara Minto 역시 구조화된 문서 작성을 좋아한다.

여러분의 생각을 제시할 때 그 순서를 관리하는 것이야말로 명확한 글쓰기에 필요한 가장 중요한 요소입니다. 가장 명확한 순서는 개별 생각을 요약하기 전에 항상 근간이 되는 생각 자체를 요약하는 것입니다. 그 중요성은 아무리 강조해도 지나치지 않아요.

좋은 문서 구조는 여러 가지가 있지만 필자는 모든 문서의 첫 문단에서 SCQA 형식을 따를 것을 특별히 권하고 싶다.

- **현 상황**(Situation): 관련된 문맥이 무엇인가?

  예시 우리는 제품의 기능을 출시하는 데 2년째 경쟁자보다 뒤쳐지고 있다. 작년에 엔지니어링 팀의 규모를 두 배로 늘렸는데도 전년 대비 더 적은 기능을 출시했다.

- **문제점**(Complication): 현 상황이 왜 문제가 되는가?

  예시 우리는 올해도 엔지니어링 팀 규모를 두 배로 늘리기로 했지만 작년의 경험으로 볼 때 이 방법은 조직의 부담은 크게 증가하는 반면, 업무 속도는 더 떨어뜨릴 것이다.

- **의문점**(Question): 문제를 해결하기 위한 핵심 의문 사항은 무엇인가?

  예시 올해 엔지니어링 팀 규모를 늘리겠다는 계획을 계속 진행해야 할까?

- **해결법**(Answer): 이 의문점에 대한 최선의 해결책은 무엇인가?

  예시 향후 6개월간 채용을 그만두고 기존 팀이 더 순조롭게 일하는 데 집중해야 한다. 현 시점까지의 진척 상황을 보면 올해 남은 기간 동안 채용 계획을 재정비해야 한다.

대부분 논의에서 시작 문단의 구조가 잘 잡혀 있다면 중요한 대화를 시작하기에 충분한다. 그렇다 하더라도 문서의 나머지 부분에 대한 논의를 못할 수도 있다. 하지만 문서를 작성하는 과정은 여전히 여러분의 생각을 재정비하기 위한 중요한 단계다.

문서의 완결성을 위해 형식적인 구조를 채택하는 사람은 상대적으로 적지만 그중에서도 몇몇 사람이 유용하다고 판단하는 대중적인 형식이 하나 있다. 앞서 언급한 민토의 피라미드 원리가 바로 그것이다. 먼저 여러분이 제안하는 내용을 여러분이 제시할 해결책의 근간이 될 수 있는 일련의 논쟁거리로 만들기 위한 브레인스토밍을 시작한다. 논쟁 주제를 모두 기록했다면 관련 주제를 그룹으로 나눈다. 이 그룹을 최상위 논의 대상 세 개로 정하고 각 논의 대상을 지원할 하위 논의 주제를 세 개씩 각각 추가한다. 이 방법을 반복해서 적용하면 각 논의 주제가 다음의 하위 세 개 주제를 요약하게 된다. 그런 다음 그룹 내에서 가장 중요한 순서대로 논의 주제를 정렬한다. 이렇게 해서 문서를 완성한다.

개인적으로는 SCQA 형식이 매우 유용하다고 생각하지만, 처음 피라미드 원리를 적용했을 때는 브루탈 양식(brutalist) 건축물을 바라볼 때와 같은 감정을 느꼈음을 고백한다. SCQA를 핵심 원리로 채택하고 프레젠테이션이 이해하기 어렵다고 피드백받았을 때만 피라미드 원리를 전체적으로 적용하기를 권한다.

구조화된 문서를 작성한 후에는 동료 및 이해 당사자들에게 피드백을 받아보자. 그리고 프레젠테이션하기 전에 이해 당사자와 의견을 맞춰보자. 이 방법을 네마와시(nemawashi)[74]라고 하며 예상치 못한 상황을 줄이는 데 정말 효과적이다. 동료 중 일부는 임원을 대상으로 프레젠테이션을 해본 경험이 있을 것이므로 여러분의 프레젠테이션을 개선할 유용한 피드백을 줄 것이다.

프레젠테이션의 주제는 명확히 하되 기계적으로 순응하는 것에 초점을 맞추지 말자. 임원과의 좋은 회의는 의제의 모든 주제를 다루는 것이 아니라 활발하게 논의하는 것이다. 누군가는 그렇게 하면 논쟁적인 회의가 될

---

74 https://mag.toyota.co.uk/nemawashi-toyota-production-system
역주 교섭을 의미하며 일본의 자동차 회사 토요타가 생산 시스템에 접목한 방식이다.

것이라 생각하면서 회의에서는 반드시 수행 과제를 도출해야 한다고 생각하겠지만 그런 생각은 사실 더 중요한 관계의 수립과 발전적인 회의라는 큰 장점을 무시하는 것이다.

피해야 할 실수

프레젠테이션 준비를 잘 마쳤다 하더라도 실제 상황에서는 잘못될 수도 있다. 프레젠테이션이 의도한 대로 완벽히 진행되도록 할 수는 없다. 하지만 이런 회의에서 규칙적으로 드러나는 안티 패턴 대부분은 사전에 피할 수 있다.

피드백에 발끈하지 말자. 임원 입장에서는 중요한 피드백이 있는데 그 당시에 제대로 의사소통할 수 없는 경우가 많다. 그럴 때는 임원이 머뭇거리다가 나중에 피드백을 잊어버리지 않게 그 당시에 피드백을 제공할 수 있도록 하자. 여러분이 피드백을 수용하지 못하는 것처럼 보이면 임원은 더 이상 의견을 제시하지 않을 것이고 결국 여러분이 회의에서 얻을 수 있는 것이 줄어든다. 피드백을 수집하는 것에 집중하되 나중에 충분한 시간을 갖기 전까지는 피드백에 동의하는지 여부는 잠시 접어두자. 여러분이 동의하지 않는 결정이 내려지면 임원의 마음을 돌릴 수 있는 관련 데이터 한두 가지를 더 제시해야겠지만 그 후에는 그냥 놔두자. 회의에서 여러분의 의견을 계속 고집하는 것보다는 피드백을 반영해서 나중에 임원의 마음을 돌리는 것이 더 효과적이다.

문제나 책임을 회피하지 말자. 많은 사람이 자신의 리더에게 이슈를 숨기려고 한다. 하지만 이 방법은 항상 제대로 먹히지 않는다. 성공적인 사람은 임원에게 이 사실을 전달하는 것을 오히려 면죄를 받는 것으로 본다. 일단 이슈에 대한 논의가 시작되면 숨기는 대신 해결하는 방향으로 진행되는 것이다. 이는 임원이 회의 중 문제의 냄새를 맡았을 때 특히 더 그렇다. 피드백에 기대되 회피하려 하지 말자. 임원의 관점에 동의하고 나중에 더 많은 데이터를 제공할수록 더 많은 신뢰를 얻게 된다. 임원과 이슈에 대해 논쟁을 벌이는 것은 오히려 여러분의 신뢰도에 악영향을 미친다.

해결책 없이 문제를 제시하지 말자. 신참 리더에게 자주 제시하는 조언은 '해결책 없이 관리자에게 문제를 제시하지 말라'는 것이다. 전반적으로 좋은 조언은 아니지만 만일 임원에게 제시할 해결책 없이 문제만 제시하면 임원의 마음속에서는 여러분을 보완하거나 대체할 시니어 리더를 채용해야 하는지 의구심이 들 것이다. 다른 사람들이 맞춰볼 제안 사항이 없다면 회의실에서 어떤 동의도 이뤄낼 수 없다.

학술적인 프레젠테이션은 하지 말자. 학교에서 어떤 주제에 대해 프레젠테이션하는 방법을 배웠겠지만 이 방법은 임원을 대상으로 프레젠테이션하는 방법으로써는 완전히 잘못된 방법이다. 민토의 피라미드 원리를 제대로 따른다면 올바른 방향으로 프레젠테이션할 수 있을 것이다.

본인이 선호하는 결과를 고집하지 말자. 원하는 대로 되지 않을 것이라는 명확하고 피할 수 없는 신호에 맞서 자신의 모든 에너지를 쏟아붓는 사람이 그 결과를 고집하는 것은 흔한 일이다. '잘못된' 결정이 내려지면 불만을 갖기가 쉽다. 하지만 그런 상황에서는 여러분이 놓친 맥락이 많음을 염두에 두는 것이 도움이 된다. 영원한 결정은 없다. 거의 모든 결정은 2년 내에 여러 번 재검토하게 된다.

임원을 대상으로 하는 프레젠테이션은 두려운 일이며 이는 도움이 되기보다는 조언에 가깝다. 이 조언을 한 마디로 간단히 표현하자면 이렇다. 임원에게 문서 초안을 보내 어떻게 바꿔야 할지 물어보자. 피드백을 듣고 반영하면서 또 다른 부분을 알아가게 될 것이다.

Chapter 3

자신의 위치에 걸맞은
직책 얻기

제가 들은 최고의 조언은 스태프 직책을 얻으려면 운, 타이밍, 업무가 맞아떨 어져야 한다는 것이었어요.

– 버트 팬Bert Fan

대부분 기술 기업은 직원 승진 단계를 정의한 '커리어 레벨(career level)'을 갖추고 있다. 여러분은 주니어 레벨에서 미들 레벨로의 승진이 빠르지 않다고 생각할 수 있다. 반면 대부분 회사는 여러분이 시니어 레벨에서 스태프 레벨로 갈 수 있을 것이라고 생각하지 않는다. 미들 레벨의 엔지니어로 6년 간 일한다? 아, 그러면 문제가 심각하다. 시니어 엔지니어로 20년을 지냈다면? 물론 그것은 괜찮다.

승진에 대한 기대가 사라지는 것 이상으로, 여러분이 어느 정도 수준에 도달하면 회사의 승진 시스템이 더 이상의 승진을 방해하는 경우가 많다. 때로는 이미 스태프 엔지니어 직책을 가진 사람이 오히려 자신의 입지가 약해지는 것을 막기 위해 승진을 방해하려는 경우도 있다. 또는, 팀 상태나 예산 문제로 한 팀에 스태프 엔지니어 여러 명을 두는 것을 우려할 수도 있다. 하지만 가장 큰 이유는 본질적인 업무의 변화다. 스태프 엔지니어는 시니어 엔지니어보다 더 나은 엔지니어가 아니라 스태프 유형 중 하나를 성취하기 위해 업무를 변경하는 엔지니어다.

설령 여러분이 스태프 엔지니어가 될 수 있는 역량을 모두 개발했더라도 마지막 방해물이 남아 있다. 바로 회사가 여러분에게 스태프 직책을 허락하는 것이다. 누군가에게 이 절차는 예상보다 한두 주기가 더 걸리는, 상대적으로 기대에 못 미치는 것일 수도 있지만 결국에는 성공적으로 이뤄질 수도 있다. 또 누군가에게는 자신이 현재 다니는 회사에서는 결코 일어나지 않는 일이기도 하다. 필자가 조사한 스태프 엔지니어의 2/3는 본인이 재직 중이던 회사에서 승진하면서 스태프 직책을 얻었고, 나머지 1/3은 이직하면서 스태프 직책을 얻었다.

만일 스태프 직책을 얻는 것이 목표라면 커리어 레벨에 대한 접근 방식을 다시 설정하자. 그리고 이를 기회 삼아 여러분이 원하는 위치로 승진하기 바란다. 일단 스태프 엔지니어로 승진하면 더 이상 따라 할 수 있는 표준화된 방법이 없기 때문이다. 승진과 성과 평가 시스템은 더 이상 시기적절한 승진을 위해 동작하지 않으며, 때로는 그저 문지기 역할을 한다는 느낌을 받을 수도 있다.

계속 성장하려면 진행 상황을 더욱 신중하게 제어해야 한다. 이 장에서는 여러분보다 먼저 그 길을 걸어간 사람에게 효과가 있었던 도구를 공유하겠다.

본인에게 맞는 길 찾기

현재 직책으로 승진하기까지 관리자의 도움에 의지했다면 스스로 경력을 발전시켜 나가야 하는 위치가 된다는 것은 다소 갑작스러운 변화로 느껴질 수 있다. 소프트웨어 경력을 관리하는 주제를 다루는 책은 많지만[1] 그 대부분은 신입부터 시작해 시니어 엔지니어가 되기까지의 과정을 다루고 있다. 이 장에서 중점적으로 다루는 시니어 이후의 경력을 다루는 책은 몇 권뿐이다.

- **승진 자료집(promotion packet)**은 스태프 직책으로 승진하기 위한 기본 도구로, 개인 개발의 적절한 우선순위를 지정하여 스태프 직책에 도달할 수 있도록 하며 여러분의 승진을 지원하기 위한 내부 스폰서와 네트워크를 개발하는 데도 도움이 된다.

- 스태프플러스 직책을 얻으려면 **스태프 수준의 프로젝트**를 성공적으로 완수해야 한다고 대부분 생각한다. 이 절에서는 스태프 엔지니어 대부분이 실질적으로 스태프 수준의 프로젝트

---

1 https://www.learninpublic.org

를 해본 적이 없다는 사실을 설명하며, 한편으로는 회사에서 그런 프로젝트가 필요할 때 어떻게 접근해야 하는지도 설명한다.

- 보통 엔지니어가 가진 불만은 정작 본인이 의사결정에 '참여'하지 못한다는 것이며, 대부분은 그 말이 맞다. 무언가를 결정하는 자리는 있는데 그 자리에 엔지니어는 없다. 하지만 타당한 이유로 엔지니어를 배제하는 경우는 많지 않다. 이 절에서는 **의사결정에 참여할 수 있는 방법과 그 역할을 유지하는 방법**을 설명한다.

- 마지막으로 회사 경영진이 여러분이 누구인지조차 알지 못한다면 승진은 물건너간 것이다. 어떻게 하면 남에게 피해를 주지 않으면서 **회사 안에서 눈에 띌 수 있을까?**

이 기법을 일관적으로 적용하면 스태프 직책을 얻게 될 것이다. 하지만 잘못된 회사에서는 아무리 잘 세운 계획도 흔들릴 수 있다.

기회는 골고루 주어지지 않는다

스태프 직책을 쫓다가 여러분이 마주할 불편한 사실은 어떤 회사에서든 기회는 골고루 주어지지 않는다는 것이다. 회사 경영진이 제품 엔지니어링보다 인프라스트럭처 엔지니어링을 본질적으로 '더 복잡'하거나 '더 활용도가 높은' 업무라고 생각한다면 기회는 인프라스트럭처 팀으로 모일 것이다. 기능을 출시하는 것을 강조하는 조직에서 일한다면 앞으로 일어날 장애를 예방하는 것보다는 이미 유발한 장애를 해결할 때 보상을 더 많이 받기 쉽다. 마지막으로 여러분이 지점이 아닌 본사에서 일한다면 더 눈에 잘 띌 것이다.[2]

많은 기업에 기회가 분명히 골고루 분배되지 않는데도 골고루 기회를 제공하는 척하는 기득권 세력이 있다. 이것이 사실이라고 확신하기는 어렵지

---

2   https://lethain.com/how-to-start-distributed-engineering-office

만, 데이터를 더 많이 수집할수록 더욱 명확해진다.

여러분이 이런 어려움을 인지했다면 어느 정도 문제를 해소할 수 있는지, 여러분의 에너지를 어디부터 쏟아넣을지 계산해야 한다. 강이 만들어내는 물살의 방향을 돌리는 것보다는 말없이 물살의 흐름에 맡기는 것이 훨씬 쉽다. 불공평성의 원인을 처리하기로 결정했다면 그 원인을 지지하는 시니어 스폰서를 찾는 것부터 시작하자. 시스템을 바꾸려면 적절한 지원을 받아야만 한다.

관리 업무도 해야 할까?

스태프플러스 직책을 맡은 사람 대부분은 **엔지니어링 관리 업무에 시간을 할애하지 않지만**, 그런 사람도 있다. 엔지니어링을 관리하지 않는 것이 치명적이며 상당히 큰 변화 같아 보이지만 사실은 너무 과한 생각이다. 관리 업무를 하고 싶다면 하면 된다. 기업 대부분은 누구나 관리자 역할을 할 수 있는 것은 아니라는 점을 잘 이해하고 있다. 따라서 여러분이 엔지니어링 직책으로 돌아오고 싶어 한다면 기꺼이 허락할 것이다.

관리 업무를 경험해 봤다면 소프트웨어 엔지니어링 직책으로 다시 돌아올 때도 도움이 될 만한 넓은 시각을 얻을 수 있다. 댄 나도 이런 경험을 했다고 한다.

저는 코드를 릴리스하는 일과 팀을 운영하는 일 모두를 즐기고 있어요. 이 둘 모두 잘하는 것이 장기적으로 성공적인 엔지니어링을 해나가는 데 필수라고 생각합니다. 이 주제와 관련해서 채리티 메이저스가 공개한 훌륭한 블로그 포스트인 '엔지니어와 관리자 사이 균형 찾기(The Engineer/Manager

Mendulum)[3]를 읽어보라고 권하고 싶어요. 채리티는 '엔지니어와 관리자'로 진로를 구분하는 것은 잘못된 이분법이며 두 역할을 번갈아 수행하면 둘 모두를 잘하게 된다고 주장하죠. 채리티의 주장은 제 경험과도 일치해요. 저는 프로젝트의 계획이 엉망이면 IC가 되는 것이 얼마나 어려운 일인지 잘 알기 때문에 좋은 관리자가 될 수 있고, 프로젝트가 잘못될 때 언제, 어떻게 경고해야 할지 알기 때문에 좋은 IC가 될 수도 있어요.

리투 빈센트도 비슷한 생각을 전했다.

저는 관리자 진로와 엔지니어링 진로, 모두 관심이 있어서 두 진로의 업무량을 적절히 맞추고 있어요. 사람들이 성장하도록 도와주는 것에 관심이 많고 채용 팀과 일하는 것도 좋아해요. 면접 과정을 즐기는 엔지니어이기도 하고, 팀이 어떻게 성장하는지 이해하는 것도 좋아하죠. 하지만 코드를 작성하는 일도 엄청 좋아해서 남는 시간에 관리 업무를 해요. 언젠가는 다시 코드를 작성하는 일로 돌아가 이것저것 해보고 싶어요.

어떤 사람은 관리 업무를 시도했다가 자신과 맞지 않는다는 점을 깨닫기도 한다. 조이 에버츠는 엔지니어링 관리 업무에 크게 중점을 두지 않는다.

박스Box에 근무하면서 1년 반 정도 관리직을 수행했는데, 제가 그 일을 별로 좋아하지 않는다는 점을 깨달았어요(자세한 내용은 제 블로그를 참고해 주세요[4]). 그렇지만 대부분 회사에서는 관리 업무와 스태프플러스 업무 사이에 겹치는 부분이 많다는 점을 알 수 있었어요.

조이는 자신이 관리자 업무에는 맞지 않았지만, 관리자 업무를 수행한 것이 장기적인 관점에서는 도움이 될 것이라고 느꼈다고 전했다.

---

3   https://charity.wtf/2017/05/11/the-engineer-manager-pendulum

4   https://code.likeagirl.io/why-i-left-management-the-engineering-technical-track-vs-management-track-abef5b1d914d

관리자 업무에 허덕이는 시간이 없었다면 스태프 직책을 더 빨리 얻었을 수도 있을 것 같아요. 그렇지만 관리자 업무를 했던 것을 후회하지는 않습니다. 덕분에 사람들이 어떤 생각을 하는지, 조직이 어떻게 운영되는지, 규모가 큰 프로젝트를 어떻게 우선 추진하는지 등을 배울 수 있었죠. 그렇게 배운 것들이 지금 IC 진로로 가는 데 계속 도움이 되고, 시니어 스태프로 승진하는 데도 도움이 됐어요. 관리자 업무를 했기 때문에 스태프 직책으로 승진하는 게 더디어졌다고 생각하지만 그 다음은 잘 모르겠어요. 아마도 스태프 직책이 없었다면 관리자 업무를 더 오래 했을 것 같아요. 어쨌든 스태프 직책으로 직접 승진하지는 않았지만 장기적으로 도움이 되는 것을 많이 배웠어요.

관리자 직책에서 스태프 직책으로 전환하려는 사람에게 마지막으로 하고 싶은 말은 사람을 관리하는 업무는 스태프 엔지니어 직책으로 가는 길을 극대화하는 것보다는 더 큰 의미를 갖는다는 것이다. 여러분이 관리자로서 지원해줘야 하는 사람들에게 엄청난 영향력을 갖게 된다. 잘못된 동기로 관리자 직책을 수행하게 되면 결국 후회하겠지만 여러분의 팀이 후회하는 것만큼은 아닐 것이다. 팀이 성장하고 성공하는 것을 돕겠다는 동기로 관리자 직책을 맡는다면 그렇게 하기 바란다. 하지만 오로지 자기 자신을 위해 관리자 직책을 맡는다면 그러지 않았으면 한다.

애매한 경계

마지막으로 정리하면 스태프플러스 직책은 리더에 해당하는 위치다. 기존의 리더 그룹이 여러분을 잠재적인 일원으로 생각하지 않는다면 리더의 위치를 얻는 것은 특히 더 어렵다. 안타깝게도 이는 이미 기존 리더 그룹의 일부처럼 보이는, 권한을 가진 사람은 훨씬 더 쉽게 스태프플러스 직책으로 전환할 수 있다는 것을 의미한다.

이 장을 읽어보고 여러분이 이미 수행하고 있는 내용이라는 생각이 들면 이런 구조적 단점을 경험하고 있을 가능성이 높다. 필자가 인터뷰한 여성 중 절반에 가까운 수가 스태프 직책을 얻기 위해 회사를 옮겨야 했던 반면, 남성의 경우에서는 승진의 어려움이 훨씬 덜 했던 것으로 드러났다.

이런 경험을 무시하지 말자. 이런 경험은 실제로 벌어지는 일이며 많은 사람이 그런 경험 때문에 스태프 직책으로 승진하는 것에 방해받고 있다고 느낀다. 다만, 여러분이 스스로를 어떻게 생각하는지, 스태프 엔지니어가 될 계획을 구상하고 있는지와는 무관하게 성공적인 롤 모델은 얼마든지 찾을 수 있다는 희망을 갖자.

1

승진 자료집

몇몇 사람들은 승진 자료집을 스태프플러스 직책을 얻기 위해 필요한 초석이라고 생각한다. 하지만 필자는 그 반대의 방법으로 성공한 사람을 여럿 봐왔다. 먼저 자기 홍보용 문서(brag document)[5]를 작성할 때와 유사한 방법으로, 스태프 엔지니어로 승진하겠다고 생각하기 훨씬 전부터 스태프 승진 자료집 작성을 시작하자. 여러분의 자료집이 목표를 이루기 위한 지도 역할을 할 것이다.

여러분의 회사가 승진 자료집 형식을 따로 갖추고 있을 가능성이 높으므로 결국에는 여러분의 자료집을 내부 승진 평가 위원회에 제출하기 전에 회사가 요구하는 형식으로 바꿔야겠지만, 서두를 필요는 없다. 당분간 공식 리뷰를 위한 자료가 아니라 가이드로 활용할 것이므로 거기에 맞춰 문서 형식을 최적화하자.

스태프플러스로 승진하는 데 도움이 될 보편적인 템플릿 형식은 다음과 같다.

---

5 https://jvns.ca/blog/brag-documents

- 여러분이 진행한 스태프 수준의 프로젝트는 무엇인가? 그 프로젝트에서 어떤 역할을 담당했는가? 프로젝트의 영향력은 어땠는가(잘 정의한 목표[6] 포함)? 프로젝트 수행 과정에서 어려웠던 점은 무엇인가? 내용을 간결하게 요약하고 필요한 설계 문서도 링크로 추가하자.
- 조직을 개선하는 데 가장 영향을 준 방법은 무엇인가?
- 프로젝트의 정량적 영향력은 무엇인가? (매출이 100억 원 증가했는가? 전년 대비 고객 지원 티켓이 20% 줄었는가?)
- 누구에게 멘토링했고 어떤 성과를 냈나?
- 조직을 위해 어떤 연계 작업(glue work)[7]을 했으며 그 영향력은 어땠는가?
- 어떤 팀과 리더가 여러분의 업무를 잘 알고 있으며, 지원해 줬는가? 그들은 여러분의 작업에 대한 가치를 어떻게 생각하는가? 한 문장으로 작성하되 가능하면 데이터(예를 들면, 설문 응답)를 포함하자.
- 프로젝트에 방해가 됐던 스킬이나 행동을 실제로 발견했거나 인지했는가? 각 문제를 어떻게 해결했나? 항목마다 한 문장으로 요약하자.

스스로 이 질문을 작성해보면 도움이 되겠지만 리더 직책으로 승진하는 것은 혼자 할 수 있는 일은 아니다. 오히려 여러분을 도와주는 팀과 함께 해야지만 이룰 수 있는 일이다.

그래서 승진 자료집을 만들 때 다음 방법을 고려하기를 권한다.

1. **왜 스태프 직책을 얻고 싶은지 답해보자.** 많은 사람은 스태프 직책을 얻고 싶어 하지 않는다. 하지만 스태프 직책을 얻고 싶은 여러분은 스태프 직책을 얻어야 하는 중요한 이유가 있어야 한다. 이유가 없다면 그 직책에 만족하지 못하는 자신을 발견하게 될 것이다.

---

6 https://lethain.com/goals-and-baselines
7 https://www.slideshare.net/TanyaReilly/being-glue

미쉘 부는 다음과 같이 경고했다.

엔지니어에게 가장 해주고 싶은 조언은 결국 스스로 즐기지 못하는 업무를 하는 방향으로 흘러가는 것을 피해야 한다는 점이에요. 저는 팀과 협업하여 추상화 모델과 설계 문제를 해결할 때 가장 힘이 넘쳐요. 그런데이 일은 계속 피드백받으면서 몇 번이고 일을 다시 해야 하기 때문에 인내심이 상당히 필요하죠. 솔직히 말하면 누구나 할 수 있는 일은 아니에요. 스스로 열심히 일하려는 것이 아니라 단순히 스태프 직책을 얻는 것에만 신경 쓴다면 결국 원치 않는 일을 하게 되기 마련이에요.

2. **너무 기대하지 말자.** 특히 스태프 직책으로 승진하는 데 몇 분기, 몇 반기 또는 몇 년이 걸린다. 당장의 결과로 어떤 기대를 갖지는 말자.

3. **관리자를 끌어들이자.** 관리자와 일대일 미팅할 때 승진 자료집을 보여주고 스태프로 승진하는 것이 여러분의 목표임을 말하자. 우선 승진 자료집을 관리자와 함께 리뷰하고 놓친 점은 없는지, 강조할 것은 무엇인지, 따로 권할 만한 작업이 있는지 물어보자. 이 회의의 목표는 여러분이 승진에 관심이 있다는 점을 관리자가 알게 하고 가이드를 부탁하는 것이다.

리투 빈센트는 다음과 같이 제안했다.

사람들은 '스태프 직책을 얻으려면 이 다음에 뭘 해야 하죠?'라고 자주 물어봐요. 이때 대답은 스스로 경력을 어떻게 이어가고 싶은지 관리자에게 완전히 공개하고 정직해져야 한다는 것입니다. 제가 철없을 때 했던 실수 중 하나는 일대일 미팅에서 관리자에게 내가 어떻게 느끼는지를 말한 게 아니라 관리자가 듣고 싶어 하는 말을 했던 거예요.

4. **승진 자료집을 작성하자.** 한 시간 정도를 들여서 자료집을 작성하고 첫 번째 버전에 여러분이 가진 생각을 모두 쏟아넣자.

5. **승진 자료집을 수정하자.** 이틀 정도 있다가 승진 자료집을 다시 읽어보고 내용과 명확성, 문맥 등을 수정한다.

6. **동료와 함께 승진 자료집을 수정하자.** 승진 자료집을 믿을 만한 동료에게 공유하고 피드백받자. 특히 이미 스태프플러스 직책을 가진 동료라면 더욱 좋다. 동료들은 여러분보다 여러분의 강점이나 기여도를 더 잘 알고 있으며, 여러분의 관리자보다 여러분이 하는 일을 더 잘 알고 있다.

7. **관리자와 함께 승진 자료집을 수정하자.** 승진 자료집을 관리자에게 보여주고 피드백받자. 특히 반복해서 나타나는 모자란 점을 어떻게 개선할 것인지 물어보자. 그리고 다음 번 일대일 미팅에서 부족한 점을 개선하고 자료집을 더 보강할 수 있는 프로젝트와 기회에 대해 논의할 수 있는지 물어보자.

8. **정기적으로 승진 자료집을 관리자와 함께 리뷰하자.** 관리자와 주기적으로 승진 자료집을 리뷰하고 실적 위주로 일대일 미팅을 진행하자. 여러분과 관리자 모두 이 자료집을 여러분이 승진하는 데 활용해야 한다. 이렇게 하는 것은 여러분의 관리자가 바뀔 때 특히 더 중요하다. 여러 관리자와 일하면서 이런 문서를 관리하고 리뷰하면 대개 관리자가 바뀐 후에 승진하는 것을 놓치지 않고 잘 챙길 수 있다.

이 방법을 체계적으로 따르면 승진 대상이 되기 훨씬 전에 스태프 직책을 얻기 위한 첫 번째 승진 자료집을 갖출 수 있다. 그런 후에는 집중해야 할 분야와 목표를 달성하기 위해 관리자와 관계를 유지하면서 이 자료집을 활용하자. 그렇다고 현재 회사에서 빨리 승진되지 않을 수도 있지만, 자기 계발과 목표 달성을 위한 업무에 에너지를 집중할 수 있을 것이다.

이제 공식 자료집을 작성할 시점이 되면 지난 수년간 했던 업무를 되새김질하지 않고 지금까지 수집한 내용을 공식 템플릿에 옮겨 적기만 하면 된다. 바라건대 승진 절차가 순조롭게 진행[8]돼서 스태프 엔지니어가 되길 바란다.

---

[8]   https://lethain.com/promo-pathologies

2

스폰서 찾기

스폰서를 갖는 것 역시 매우 중요합니다. 저는 관리자와 훌륭한 관계를 유지하고 있으며 그 상위 관리자와도 좋은 관계를 갖고 있습니다. 제 생각엔 그 부분도 한몫한 것 같아요.

– 리투 빈센트Ritu Vincent

스태프 직책을 얻으려는 사람과 더 많이 이야기할수록 대부분이 비슷한 난관에 봉착한다는 사실을 깨달았다. 많은 사람이 스스로의 영향력을 잘못 평가하고, 그 단계에서 필요한 업무를 아직 하지 않고 있다. 스태프 엔지니어는 단순히 시니어 엔지니어보다 빨리 그런 업무를 해낸 사람이 아니다. 하지만 많은 사람이 그런 업무(조직 전체가 주목하며 승진 자료집에 큰 보탬이 되는 업무)를 해냈는데도 여전히 그 일을 인정받는 데 어려움을 겪고 있다.

이런 사람들은 자신의 실제 영향력과 인정받는 영향력 사이의 차이가 커서 좌절감을 느끼며, 관리자와 동료에게 그 격차를 줄일 수 있는 피드백을 묻곤 한다. 그런 경우 스태프 엔지니어 수준의 프로젝트를 완수하거나 다른 사람의 성장을 도와줘야 한다는 피드백을 듣게 된다. 이런 업무를 아직 해보지 않은 사람이라면 훌륭한 조언이지만, 이미 그런 업무를 해본 사람에게는 별다른 도움이 되지 않는다. 이들에게 정말 필요한 것은 지금까지 한 일을 인정받도록 밀어줄 스폰서다.

승진 시스템을 학교에서 우리를 평가하는 시스템과 같은 시각으로 바라보는 것이 흔한 일이지만 이것은 실적 평가를 단독 활동으로 잘못 바라본 것이다. 회사가 그때그때 승진하는 시스템을 갖추고 있든 평가 절차를 갖추고 있든 승진은 팀 활동이다. 슬랙Slack의 줄리아 그레이스는 이직할 곳을 찾는 동안 필자에게 '팀 게임을 혼자 하려고 하면 지게 될 거예요.'라고 조언했다.

스폰서 찾기

팀에서 여러분의 승진을 가이드할 가장 중요한 팀원은 바로 여러분 자신이다. 그 다음으로 중요한 사람은 조직의 스폰서다. 라라 호건은 스폰서십에 대해 긴 글을 썼다. 대충 요약하면 조직의 스폰서는 영향력 있는 집단에 여러분의 업무는 물론, 예를 들면 임금 인상 예산 같은 제한된 자원에 대한 지원이 필요할 때 이를 대변해줄 사람이라는 것이다.

(특히 스태프플러스 직책으로의) 승진과 관련해서 여러 스폰서를 등에 업게 되겠지만, 이 스폰서는 대부분 여러분의 직속 관리자여야 한다. 직속 관리자는 여러분의 승진 자료집 초안을 회사가 원하는 형식으로 바꿔줄 것이다. 또한, 승진 역량을 평가하는 회의에서 다른 사람들이 여러분의 자질을 파고들 때 여러분이 자격을 갖췄는지를 대변해줄 것이다. 그리고 승진 대상이 되기 전까지 부족한 점을 진술하게 얘기해줄 사람이기도 하다.

직속 관리자 외에도 다른 스폰서가 필요하다. 만일 여러분의 관리자가 지금까지 누군가를 스태프플러스 직책으로 승진시켜본 적이 없다면 잘못된 방향으로 이끌거나 예상치 못한 난관에 봉착할 수도 있다. 그럴 때는 상위 관리자와의 관계도 확보해야 한다. 상위 관리자에게 시간을 너무 많이 할애할 필요는 없지만, 지금부터 두 달 후 있을 회의에서 상위 관리자가 여러분의 업무 영향력을 기억하지 못할 정도로 여러분의 업무를 잘 알지 못한다면 스태프 직책으로 승진하는 것은 물 건너간 셈이다.

스폰서 활용하기

스폰서를 활용하는 첫 번째 단계는 여러분의 목표를 공유하는 것이다. '스태프 엔지니어로 승진하고 싶다' 정도로 시작하면 좋을 것이다. 리투 빈센트는 스태프플러스로 승진하고 싶어 하는 사람에게 이 조언을 가장 먼저 해주겠다고 전했다.

> 사람들은 '스태프 직책을 얻으려면 이 다음에 뭘 해야 하죠?'라고 자주 물어봐요. 이때 대답은 스스로 경력을 어떻게 이어가고 싶은지 관리자에게 완전히 공개하고 정직해져야 한다는 점입니다. 제가 철없을 때 했던 실수 중 하나는 일대일 미팅에서 관리자에게 내가 어떻게 느끼는지를 말한 게 아니라 관리자가 듣고 싶어 하는 말을 했던 거예요.

많은 사람이 스폰서를 찾으면 그걸로 할 일을 다 했다고 생각한다. 하지만 그 스폰서가 여러분을 얼마나 도와줄지는 그 스폰서에게 달려 있기 때문에 그렇게 생각하면 안 된다. 스폰서는 더 많은 조직적 기반을 가진 사람이지 그 기반을 나눠줄 여력이 있는 사람이 아니다. 스폰서는 자신의 입장과 여러분의 입장이 잘 맞을 때 여러분을 가장 많이 도와줄 것이다. 스폰서에게 어떤 도움을 줄 수 있는지 물어보자. 여러분의 커리어를 맡긴다는 것은 단순히 뭘 해야 하는지 묻는 것이 아니다. 물론 뭘 해야 하는지 물어야 하지만 그보다는 그 일이 가능하도록 만드는 것이 훨씬 더 중요하다.

스폰서와 함께 승진 자료집을 리뷰하는 것도 이런 대화를 가능하게 하는 좋은 방법이다. 스폰서가 깊이 생각해보지 않고는 쉽게 답할 수 없는 방법으로, 본인에게 부족한 점이 무엇인지 물어보자. 참고로 스폰서가 확실히 모르는 부분에 대해 대답을 강요하면 결국 '나도 잘 모르겠는걸.'이라고 하거나 별 다른 도움이 되지 않는 답을 지어낼 수 있다. '더 크고 영향도가 높은 기술적 프로젝트에 참여하게.'라는 답을 계속 듣는다면 질문의 방식이 잘못됐거나 질문 자체가 잘못됐거나 질문의 대상이 잘못된 것이다.

스폰서와 대화를 시작하기에 좋은 질문 중 하나는 '이번 기회에 승진을 못 하면 어떤 결과가 발생할까요?'다. 또는, '제가 승진에 조금 더 적합한 후보가 되기 위한 가장 효과적인 방법은 무엇일까요?' 같은 질문이다. 즉, 가장 좋은 질문은 매우 구체적이며 답변하는 사람에게 많은 정보를 제공하는 질문이다. '이번 분기에 제가 했던 API 리팩터링은 스태프 엔지니어 수준의 업무라고 생각했는데, 일정 조율이 완전히 잘못돼서 제품 관리자 업무가 없어지는 바람에 불만들이 많았어요. 이 프로젝트를 어떻게 효과적으로 진행할 수 있을까요?'라는 질문과 앞서 언급했던 두 질문을 비교했을 때 앞서 두 질문이 얼마나 답하기가 어려운지 한번 생각해보자. 마지막 질문은 설령 답변하는 사람이 프로젝트에 대해 잘 알지 못해도 훨씬 쉽고 충분히 유용한 답을 줄 수 있다.

마지막으로 스폰서를 활용하는 것은 승진하기 전에 한 번 써먹어볼 수 있는 방법이 아니라는 점을 기억하자. 시간을 두고 관계를 구축하고 스폰서가 여러분의 도움을 필요로 하면 도와주자. 그리고 스폰서의 입장과 결을 맞춰 가자. 스폰서가 자발적으로 워킹 그룹(working group)에 참여해 업무를 진행할 누군가가 필요하다고 가정해보자. 스폰서는 주변에 이것저것 물어보는 사람도 많고, 승진 시점 직전에 자신을 드러내려는 사람들도 꽤 많다는 것도 잘 인지하고 있다. 필자 또한 평소에는 사무실에 잘 보이지 않다가 승진 발령 일주일 전에는 항상 사무실에 와 있는 동료를 본 적이 있다. 물론 사람들도 다 알고 있다.

이 방법이 잘 통하지 않는다면?

서로 싫어하는 것은 아닌데 관리자와 제대로 협업하지 못하는 상황이라면 리더 역할로 승진하는 것은 이뤄지지 않을 것이다. 관리자가 여러분의 영향력에 너무 직접적으로 관여하면 그렇게 될 수 있다. 아니면 관리자와 관계가 굉장히 좋았는데 그 관리자가 회사를 떠날 수도 있다. 크게 좌절하겠지만 새로운 관리자와 관계를 만들어가면서 다시 승진을 준비해야 한다(간혹 상황이 완전히 반전돼서 새로운 관리자가 자신의 역량을 증명하기 위해 여러분을 더 지지해줄 수도 있다).

관리자와 문제가 생겼을 때 팀이나 회사를 바꾸는 방향을 택하는 것은 옳지 않다. 보통 기업은 관리자의 승인 없이 다른 팀으로 옮기는 것을 허락하지 않으므로 오히려 설 자리를 잃게 될 뿐이다. 게다가 아직 친분이 없는 사람과도 함께 협업하는 기술을 개발할 좋은 기회를 놓치게 된다. 물론 쉽게 개발할 수 없는 기술이기는 하지만 리더십의 중요한 덕목 중 하나는 목적과 스타일이 다른 사람과 관계를 개선하고 영향력을 갖는 것이다.

만일 6개월 정도 관계를 개선하기 위해 노력했어도 차도가 없다면 팀이나 회사를 옮기는 것을 고려할 수 있다. 이럴 때 상위 관리자와 좋은 관계를 유지한 것이 큰 도움이 된다. 설령 여러분과 관리자가 협업이 제대로 이뤄지지 않았더라도 상위 관리자가 새로운 팀으로 옮기는 것을 도와줄 수도 있기 때문이다.

3

스태프 프로젝트

누구도 명확하게 선을 그은 적도 없고 그렇다고 공식적인 요구 사항을 기록한 것도 아니지만 승진하려면 스태프 프로젝트를 해내야 한다는 것은 당연한 것이에요. 특히 여러 사람이 참여하는 정말 중요한 프로젝트에서 리더 역할을 경험하지 않고 스태프 엔지니어로 승진할 수 있다고는 생각하지 않습니다.

― 리투 빈센트Ritu Vincent

스태프플러스 직책으로 가는 첫 번째 관문으로 가장 흔히 생각하는 것은 '스태프 프로젝트'를 성공적으로 완수하는 것이다. 이 프로젝트는 자신을 스태프 엔지니어 수준이라고 증명할 수 있을 정도로 복잡하고 중요한 프로젝트다. 그러나 스태프 엔지니어가 되고 싶다면 이런 프로젝트를 완수해야 한다는 생각에 집착하기보다는 이미 여러분보다 먼저 스태프 엔지니어가 된 사람들의 경험을 들어보는 것이 더 중요하다.

간단히 이야기하면 대부분의 엔지니어는 스태프 직책을 얻기 위해 스태프 프로젝트를 완수한 적이 없다. 다만, 처음 일을 시작한 회사에서 성장해 승진한 사람들은 그런 프로젝트를 수행한 적이 있다. 이런 프로젝트를 완수한 적이 없는 사람들은 보통 손에 꼽을 만한 실적은 없어도 오랜 기간 수차례 성공적으로 업무를 수행한 기록이 있거나 회사를 옮기면서 스태프 직책을 얻은 경우다.

이 절에서는 스태프 프로젝트에 대한 서로 다른 관점을 다루겠다.

1. 스태프 프로젝트를 완수한 적이 없는 사람
2. 계획대로 되지 않은 경우를 포함해 스태프 프로젝트를 어쨌든 완수한 사람
3. 스태프 프로젝트를 찾아내고 참여하는 방법

스태프 프로젝트는 필요 없다

사람들에게 스태프 프로젝트를 경험했냐고 물었더니 의외로 간단한 대답을 들을 수 있었다.

- 조이 에버츠, "아뇨, 전 스태프 프로젝트를 해본 적이 없어요."
- 디아나 포자르, "아뇨, 전 스태프 프로젝트에 참여한 적 없어요. 슬랙은 승진 과정에서 스태프 프로젝트 수행 여부를 고려하지 않아요."

스태프 프로젝트라는 개념 자체에 대해 회의적인 사람도 있었다.

넬슨 엘하게는 다음과 같이 말했다.

전 본능적으로 스태프 프로젝트라는 개념에 대해 경계심을 느껴요. 제가 봐온 스태프 엔지니어의 유형 중 하나는 엄청난 프로젝트를 운영하거나 중요한 일을 해야 할 필요는 없거든요. 그런 유형은 엄청나게 효율적인 전문가여서 전체 엔지니어링 조직이 더 잘 돌아가도록 만드는 일을 하죠.

댄 나, 다미안 쉔컬만처럼 엔지니어링 관리자 역할을 하다가 스태프 엔지니어가 된 사례도 있다. 다미안은 스태프 프로젝트를 건너뛴 사례다.

아뇨, 전혀요. 전 오스제로Auth0에서 일하면서 '그 부분은 건너뛰었'어요. 스타트업에서 디렉터로 일하면서 여러 중요하고 어려운 계획의 기술 리더를 맡았지만, 정확히 '스태프/프린시플' 프로젝트라고 정의한 적은 없었어요.

이들의 경험에서 알 수 있듯이 스태프플러스 직책을 얻기 위해서 반드시 스태프 프로젝트를 수행해야 한다는 말은 잘못된 말이다. 그런 프로젝트를 수행하지 않아도 스태프플러스 직책을 얻을 수 있다. 그중에서도 엔지니어링 관리자를 경험한 부분이 눈에 띈다.

스태프 프로젝트는 필요하다

하지만 내부 직원이 승진하는 데 스태프 프로젝트를 필수로 요구하거나 비공식적으로 강요하는 회사도 많다. 그래서 많은 사람이 스태프 직책을 얻기 위해 스태프 프로젝트에 참여한다.

리투 빈센트는 드롭박스에서 경험한 것을 다음과 같이 서술했다.

전 스태프 프로젝트에 참여했어요. 당시 드롭박스는 기본적으로 일반 사용자용 제품으로, 고객이 보유한 장비에 내려받아 설치해 사용하는 제품이었죠. 비즈니스용 드롭박스를 출시할 때 번거롭게 로그아웃과 로그인을 번갈아 하지 않고도 개인용 계정과 업무용 계정을 동시에 사용할 수 있게 해달라는 요구 사항이 있었어요. 처음 출시할 때는 출시일에 대한 압박이 컸던 데다 개인용 계정과 업무용 계정의 프로세스를 모두 실행하는 형태로 구현했어요. 제가 수행했던 스태프 프로젝트는 여러 사용자가 드롭박스 프로세스 하나를 공유하도록 개선하는 것이었어요. 문제는 프로젝트의 범위가 커널부터 사용자 인터페이스까지 이어진다는 점이었어요. 드롭박스 시스템을 구성하는 모든 계층을 전부 이해해야만 했죠. 처음에는 6개월 정도면 가능할 거라 생각했는데 결과적으로는 18개월이나 걸렸어요. 데스크톱 클라이언트 팀 인력이 한동안 이 프로젝트에 매달렸었죠.

라스 카사 윌리엄스는 진행 중인 프로젝트에 참여했다가 후에 그 프로젝트를 이끌게 된 경험을 공유했다. 이 프로젝트가 라스에게는 스태프 프로젝트였다고 한다.

전 메일침프Mailchimp에 시니어 엔지니어로 입사했어요. 입사하자마자 곧바로 엔지니어링 디렉터 한 명과 프린시플 엔지니어 두 명이 있던 프로젝트 팀에 합류했죠. 이 프로젝트는 메일침프 최초로 내부용 서비스 분석 플랫폼을 구현하는 것이었어요. 능률적이면서도 어느 정도 높은 단계에서 업무를 수행해야 했습니다. 좋은 건지 나쁜 건지 몰라도 프린시플 엔지니어가 두 명이나 있었다는 것은 저에 대한 기대치가 그렇게 높지 않았다는 뜻이기도 했죠. 어쩌다 프린시플 엔지니어에게 도움받기는 했지만, 저는 곧바로 프로젝트의 핵심 기능 개발에 참여했습니다. 그리고 팀에서 가장 기여도가 높은 엔지니어가 됐어요. 결국에는 현재 엔지니어링 그룹인 데이터 서비스에 흡수된 프로젝트 업무를 계속 관리하는 데 도움을 줄 수 있는 기술 리드로 공식 임명됐어요.

몇몇 기업은 스태프 프로젝트에 대한 요구 사항을 문서화하기도 한다. 하지만 요구 사항 대부분은 문서화되어 있지 않을뿐더러 승진 관련 회의에서 일종의 '관문'처럼 등장해 관리자와 스태프 엔지니어가 되려는 팀원을 당황하게 한다. 이런 요구 사항을 찾아내는 가장 확실한 방법은 '당연히 될 줄 알았던' 승진이 무산되는 것이겠지만 그런 일이 생기면 유쾌하지는 않다. 그런 일 없이 스태프 프로젝트에 대한 요구 사항을 찾아내려면 승진을 시도하기 전에 승진 자료집을 잘 관리하고 피드백을 모아라.

스태프 프로젝트를 해야 하는 이유

간혹 게이트키핑(gatekeeping)[9]과 평가 사이에 명확한 선을 긋는 것이 어려울 때가 있다. 그리고 스태프 프로젝트의 전제는 이 모호한 영역에 자리한다. 거대한 프로젝트에 참여해 여러 모호함을 해소하고 성공적으로 완수했는지 여부는 스태프플러스 직책을 얻을 자격이 있는지를 구분하는 효과적인 방법이다. 하지만 그런 프로젝트를 수행하지 않고도 스태프플러스 직책을 얻은 사람도 많은 것이 사실이다.

비록 스태프 프로젝트를 수행하지 않고도 스태프플러스 직책을 얻을 수는 있지만 스태프 프로젝트는 엔지니어로서 여러분 자신을 계발할 수 있는 특히 좋은 기회다. 이런 프로젝트를 수행하면 스태프 역량이 필요한 업무와는 다른 방법으로 스스로 발전하고 성장하게 될 것이다.

키비 맥민은 스태프 프로젝트를 수행했던 경험을 다음과 같이 공유했다.

스태프 프로젝트라는 단어를 들어본 적은 없지만 어떤 프로젝트를 말하는지는 알 것 같아요. 저도 그런 프로젝트를 이끈 적이 있죠. 굉장한 엔지니어링 문제를 해결하고 회사에 큰 영향을 주는 프로젝트들을 몇 번 맡았어요. 하지만 안타깝게도 이 때문에 승진하게 된 것은 아니에요. 물론 경력에는 큰 도움이 됐어요. 그런 프로젝트 덕분에 경험과 지식을 얻었고 다른 역할도 할 수 있다는 자신감도 얻었어요. 가령 공개 콘퍼런스에서 발표하거나 'X를 해봤으니 X를 다시 할 수도 있을 거야.'라는 생각을 갖게 된 거죠.

스태프 프로젝트는 제각기 다르지만 엔지니어로서 성장할 때 영향을 미칠 수 있는 몇 가지 공통 특성을 가지고 있다.

---

9 [역주] 뉴스 콘텐츠의 결정권자가 보도할 뉴스를 취사 선택하는 일이나 과정을 의미한다. 이 책에서는 정치적 요인으로 여러분이 주목받지 못하는 경우를 말한다.

- **복잡하며 모호하다.** 경력 초반에는 명확하게 정리된 문제만을 해결하겠지만, 경력을 쌓다 보면 제대로 정리가 안 됐거나 아예 정리가 안 된 문제를 마주하게 될 상황이 늘어날 것이다. 스태프 프로젝트는 보통 범위가 명확하지 않지만 복잡하며 중요한 문제를 해결하는 것에서 시작한다. 때로는 현재 회사의 오래된 모놀리식 구조가 제품 개발에 악영향을 미친다는 가설에서 프로젝트가 시작하기도 한다. 그러면 여러분은 이 광범위하고 불명확한 (어쩌면 틀린 것일 수도 있는) 문장에서 실제로 프로젝트를 완수할 수 있는 구체적인 방법을 찾아내야 한다.
- **이해 당사자가 너무 많다.** 가장 쉬운 프로젝트는 문제와 해결책이 모두 조직 목표와 맞물려 시작하는 것이다. 하지만 여러분이 마주할 스태프 프로젝트는 문제와 해결책이 조직 목표와 전혀 맞지 않은 상태에서 시작한다. 어쩌면 많은 엔지니어는 괜찮다고 느끼는데 관리자 입장에서는 실존하는 위협으로 보여지는 문제일 수 있다. 아니면 모두가 문제라고 동의하지만 접근 방법에서는 동의가 이뤄지기 어려운 문제일 수도 있다. 예컨대 서비스 전략을 따르는 것과 기존의 모놀리식 서비스에 재투자하는 것 사이에 의견 차이가 있는 경우다.
- **모두가 실패할까 조바심내는 중요한 사안이다.** 이런 프로젝트는 시니어 임원이 조직 전체나 전사 회의에서 언급할 정도로 충분히 중요한 프로젝트가 될 것이다. 즉, 여러분의 업무를 다른 사람들이 주시할 것이고 그래서 실패가 쉽게 드러날 수 있다. 물론 성공도 쉽게 드러날 것이다!

이런 프로젝트라면 거의 스태프 프로젝트일 것이다. 상당히 부담스러울 수 있겠지만 그렇기 때문에 여러분을 효율적으로 개발할 수 있는 기회인 셈이다.

스태프 프로젝트에 참여하기

스태프 프로젝트를 수행할지 결정하는 것이 첫걸음이라면 이제는 스태프 프로젝트에 참여해야 할 텐데, 이는 여러분이 성공하는 쪽에 베팅할 정도로 여러분을 충분히 믿어주는 관리자와의 관계에 달려 있다.

이 관계는 세 가지 요소로 나타난다.

1. 리더 그룹과 의견을 맞추는 방법, 즉 3.4절에서 설명하는 전략 중 일부를 배운다.

2. 여러분은 문제를 해결할 수 있는 기술적 내용을 잘 아는 사람으로 알려져야 한다. 즉, 자신을 드러내야 한다.

3. 여러분이 할 수 없는 부분이지만, 회사가 스태프 수준의 문제를 해결해야 할 상황이어야 한다. 하지만 그렇게 되기까지는 인내심을 가질 수밖에 없다.

스태프 프로젝트에 참여해야 할까?

요약하자면 현재 몸담고 있는 회사에서 승진하기를 원하며 지금까지 스태프나 관리자 직책을 맡아본 적이 없다면 스스로 그런 수준에 도달하기 위해 스태프 프로젝트를 수행할 필요가 있다. 그 외의 경우라면 굳이 스태프 프로젝트를 하지 않아도 된다.

스태프 프로젝트가 필요하든 아니든 그런 프로젝트는 가장 도전적인 업무이자 여러분이 더 나은 엔지니어로 거듭날 수 있는 업무라는 점을 기억하라. 스태프 직책을 생각한 지 얼마 되지 않았다면 이런 프로젝트는 당분간 피하는 편이 좋을 수도 있다. 하지만 꽤 오랫동안 자기 계발을 해왔다면 스태프 프로젝트를 피할 수는 없을 것이다.

4

의사결정 그룹에 합류하고
그 위치를 유지하기

필자가 엔지니어들에게 들었던 보편적인 고충으로는 중요한 의사결정 회의에 참여할 수 없다는 점이 있다. 그러면 엔지니어는 회사의 결정을 이해하지 못하고 중요한 맥락을 놓치거나 무시하게 된다. 스태프플러스 엔지니어는 이런 의사결정 회의에 자주 참여할 수 있으며, 이런 직책은 여러분도 영향력 있는 의사결정 회의에 참여하도록 도와줄 수 있다.

하지만 참여할 수 있는 의사결정 회의는 한 가지가 아니다. 제대로 된 의사결정 그룹에 합류하는 것은 한 번만 해결해서 될 문제가 아니다. 의사결정 그룹에 계속 합류하는 것은 끊임없이 반복되는 과제다. 따라서 충분히 잘할 수 있는 역량을 갖추는 것이 중요하다.

경력 초기에는 기술 리드 및 제품 관리자와의 스프린트 계획 회의에 참여한다. 하지만 나중에는 분기별 계획 회의, 아키텍처 리뷰, 역량 평가, 엔지니어링 리더 그룹 또는 임원 그룹과의 회의에도 참여하게 될 것이다. 시니어 직책을 얻으려면 의사결정 그룹에 합류하는 것뿐만이 아니라 의사결정 회의에 지속해서 참여할 수 있는 역량을 갖춰야 한다.

의사결정 그룹에 합류하기

의사결정 그룹에 합류하려면 다음과 같은 역량을 갖춰야 한다.

- **유용한 주제를 제안할 수 있어야 한다.** 유용한 주제란 중요한 프로젝트의 세부 정보나 중요한 팀의 정황, 회의 목적과 관련이 있는 주제에 대한 전문가, 이전 직장에서 유사한 프로젝트나 팀을 운영했던 경험, 주요 관련 고객과의 관계일 수 있고, 또는 완전히 다른 주제일 수도 있다.

- **다른 참여자에게는 없는 무언가를 제시할 수 있어야 한다.** 유용한 주제를 제안하는 것만으로는 충분하지 않다. 다른 참여자가 아직 들어보지 못했던 관점에서 제시하는 주장이어야 한다. 회의 참여자 수가 적을 때 더 효과적이므로 서비스 운영 관련 회의 같은 경우에는 보통 효율을 위해 대표적으로 중복되는 참여자는 부르지 않는다. 이런 의사결정 회의에 참여하려면 다른 참여자와 차별화되는 무언가를 제시해야 한다.

- **스폰서가 필요하다.** 의사결정 회의에는 참여자 수가 제한적이며 한 그룹으로써 제대로 동작해야 한다. 따라서 의사결정 그룹에 합류하려면 이를 지원해줄 수 있는 스폰서가 필요하다. 여러분의 스폰서는 여러분이 계속 의사결정 그룹에 합류할 수 있도록 도와줄 것이며, 여러분이 합류한 의사결정 그룹의 일원은 여러분이 어떻게 하느냐를 기준으로 스폰서를 판단할 것이다. 의사결정 회의에는 다양한 서열의 참여자가 참여하므로 스폰서의 관리자가 의사결정 과정에서 여러분을 지원하기로 한 스폰서의 결정을 평가하는 경우도 빈번하다.

- **여러분이 의사결정 회의에 참여하고 싶다는 것을 스폰서가 알아야 한다.** 여러분의 스폰서는 여러 다른 의사결정 회의에 참여할 것이며, 대부분의 회의에 참여하지 않아도 되는 상황을 바라고 있을 수도 있다. 그래서 스폰서는 여러분이 특정한 회의에 참여하고 싶어 하는 것을 모를 것이며, 사실 참여하고 싶지 않아 할 것이라고 생각할 수도 있다. 여러분이 의사결정 회의에 참여하고 싶다면 스폰서에게 명확히 알려주자.

의사결정 회의에 유용한 무언가를 어떻게 제시할지는 여러분 자신과 회의 주제에 관련이 있다. 단순히 한 가지 패턴을 따를 수 없다는 뜻이다. 참여자 중에 유사한 배경을 가진 누군가가 있는지 역시 상황에 따라 다르며, 어느 시점에는 그저 기다리거나 다른 의사결정에 참여하는 방법밖에 없는 경우도 있다.

한편, 여러분이 회의에 참여하는 데 드는 비용을 줄이는 것이 여러분의 가치를 높일 수 있는 가장 쉬운 방법이 되기도 한다. 이런 경우 시도할 수 있는 방법은 다음과 같다.

- **관리자와 방향을 맞추자.** 사람들은 팀원들이 리더가 제시한 방법을 얼마나 잘 따르는가를 기준으로 리더를 평가한다. 예컨대 팀이 지속적인 배포로 전환을 선언했지만 단순히 릴리스 트레인(release train)을 계속하고 있다면 그 팀의 리더에 대해 회의적일 것이다. 여러분의 관리자와 방향을 맞춘다면 의사결정 회의에 참여하게 될 가능성이 높아진다. 그 방향을 잘 맞춘다면 오히려 관리자가 자신의 자리를 양보하고 더 이상 의사결정 회의에 참여하지 않을 수도 있다.

- **참여 그룹에 최적화하자.** 스트라이프의 오래된 운영 원리 중 하나는 '스트라이프에 최적화하자'는 것이다. 다른 참여자에게 폭넓게 최적화할수록 여러분의 판단에 대한 신뢰와 확신이 커지게 된다.

- **간결하고 명확하게 말하자.** 간결하게 말하는 방법을 터득하자. 효과적으로 발표하는 역량을 개발하면 더 짧은 시간에 더 많은 아이디어를 제시할 수 있다. 명확하게 말하는 방법을 터득하자. 아무리 좋은 아이디어라도 다른 사람이 이해하지 못한다면 아무 소용이 없다. 다른 사람이 여러분을 이해해야 하는 것이 아니라 여러분이 다른 사람을 이해해야 한다는 점을 명심하자.

- **마찰을 최소화하자.** 모든 논의 사항을, 마치 곧 닥칠 재앙을 멈출 수 있는 마지막 기회인 것처럼 대하기 쉽다. 그렇게 생각하면 모든 논의가 급박하게 느껴지고 감정이 치솟게 된다. 이런 식의 논의는 보통 진척을 이뤄내기보다는 마찰을 줄이는 데 시간을 소모하게 된다. 만일 어려운 대화를 효율적으로 풀어낼 수 있는 사람이 된다면 의사결정 그룹에 합류할 가능성이 높아진다.

- **항상 준비하고 있자.** 일부 기업은 시니어 엔지니어조차 회의 주제나 논의 사항을 제대로 준비해 오지 않을 거라고 생각하며 엔지니어를 어린애 취급한다. 용인해주는 것과 보상받는 것 사이에는 큰 차이가 있다. 회의 전에 생각을 잘 정리해두면 회의 시간에 눈에 띌 것이다. 회의에서 제시한 내용을 충실히 따르는 것 또한 마찬가지로 중요하다.

- **적극적으로 참여하고 집중하자.** 일단 회의에 참석하면 적극적으로 참여하자. 회의 내용에 집중하고 논의에 참여하자. 다른 하고 싶은 일은 잠시 접어도 된다.

- **사소한 일에 지원하자.** 누군가 회의록을 작성해야 한다면 손을 번쩍 들자. 회의 도중 도출된 조치 사항을 수행할 누군가가 필요하다면 지원해보자. 유용한 인력이 되는 것을 우선으로 해야 한다. 특히 그 일이 아주 매력적이지 않은 일이라면 더욱 그래야 한다.

회의에 참여하려면 분자와 분모 모두를 모두 고려해야 한다. 즉, 독특하며 유용한 관점을 제시하면서도 회의 주제 범위 내에서 이런 관점을 효율적으로 전달할 수 있어야 한다.

의사결정 그룹에 계속 머물기

의사결정 그룹에 합류하는 것이 첫 번째 장애물이라면, 두 번째 장애물은 그 그룹 안에 머무는 것이다. 가장 중요한 것은 의사결정 회의에 참여할 수 있었던 일을 계속하는 것이다. 회의에서 중요한 맥락을 제시하고 세련된 태도를 유지하며 간결하면서도 유연한 자세를 유지한다.

의사결정 회의에 더 이상 참여하지 못하게 되는 몇 가지 패턴은 다음과 같다.

- **회의 목적을 제대로 이해하지 못한다.** 각 회의에는 목적[10]이 있으며 회의 목적에 부합하지 않게 행동하면 마찰만 커질 것이다. '의사결정은 리더 그룹에서 할 거야.'라는 외부의 인식과 '우리는 결정을 내리는 것이 아니라 문제를 공론화하는 것뿐이야.'라는 참여자들의 생각에 어느 정도 차이가 있는 것은 매우 일반적이다. 시간을 갖고 회의가 어떻게 돌아가는지 이해하고 그에 따라 회의의 의도를 존중해야 한다.

- **독단적인 태도를 보인다.** 회의에 시니어가 많이 참여할수록 더 민감한 주제(보상, 해고, 승

---

10 https://www.tablegroup.com/product/dbm

진, 인수 등)를 다루며 매주 함께 일하는 시간이 정해져 있다. 이런 회의에서 독단적인 태도를 보이면 마찰로 인해 회의 진행이 더디어지고 회의가 진행되는 것을 방해하게 된다.

- **동조하지 않는 태도를 보인다.** 효율적인 그룹은 참여하는 개개인이 반대와 전념(disagree and commit)[11]의 의지가 있어야 만들어질 수 있다. 그룹의 의견에 동조하지 않음으로써 여러분의 관점을 관철시킬 수는 있지만, 그런 태도로 인해 일이 제대로 진행되지 않을 정도로 느려진다면 결국은 회의에서 배제될 것이다.

- **다른 사람을 숨막히게 하는 태도를 보인다.** 어떤 아이디어도 환영하는 브레인스토밍 논의가 있을 수도 있지만, 프로젝트의 실행을 지속하려고 여러분이 운영자의 입장을 취할 때도 있다. 이때 회의 분위기를 잘 읽어야 한다. 이런 경우는 보통 자신의 가치를 보여주기 위한 욕구가 생겨난다. 마법처럼 여러분이 완전히 다른 사람으로 변할 거라는 기대로 회의에 참여한 것이 아니라 그저 여러분이 회의에 참여해야 하는 이유 때문에 이 회의에 참여했다는 것을 기억해야 한다.

- **스폰서를 당황시킨다.** 누군가 여러분을 지지하기 때문에 의사결정 회의에 참여할 수 있었다는 점을 반드시 기억하자.

- **황당한 짓을 하거나 회의에 자주 불참한다.** 회의에 자주 불참한다면 회의를 진행하는 사람은 회의에 잘 참석할 사람에게 우선권을 줄 수밖에 없다.

하지만 의사결정 그룹에 계속 머무는 것에만 너무 신경 쓰다 보면 거기에 쉽게 휩쓸릴 수 있다. 오히려 그 회의가 여러분의 시간을 투자할 가치가 있는지 생각해보는 것이 더 나을 때가 있다.

회의에서 빠져나오기

참여할 회의는 수없이 많지만, 업무가 실제로 이뤄지는 회의는 없다. 그래서 계속 참여할 회의를 선별하여 참여할 때 영향력을 많이 행사할 수 있다.

---

11 https://en.wikipedia.org/wiki/Disagree_and_commit
[역주] 결정을 내리는 동안 그 결정에 반대할 수 있지만 일단 결정이 내려지면 그것에 전념하는 태도를 말한다.

필자는 자신이 원하는 회의에 참석하지 못한다고 화내는 사람을 많이 봤어도, 회의에 더 이상 참석하지 않겠다는 결정을 너무 빨리해 후회하는 사람은 본 적이 없다. 회의가 더 이상 유용하지 않다고 느껴지면 참석하지 않으면 된다. 그 과정에서 여러분이 얻었던 기회를 다른 사람이 받을 수 있도록 스폰서가 되어주기 바란다.

5

자신을 드러내는 법

동료들, 특히 여성과 중성의 동료들이 저에게 조언을 구할 때, 저는 그들이 제가 어떻게 기술 리더로 성장할 수 있었는지를 듣고 싶어 한다고 생각해요. 그래서 제가 "당신의 기술적 역량은 이미 충분해요. 지금 필요한 건 회사 내에서 좋은 평판을 얻는 것이에요."라고 얘기하면 굉장히 놀라더라고요. 좋든 싫든 회사에서 좋은 평판을 얻지 못하면 스태프 엔지니어는 될 수 없어요.

— 케이티 세일러-밀러Katie Sylor-Miller

스태프플러스 직책을 얻으려는 이들에게 버트 팬은 '스태프 직책을 얻으려면 운, 타이밍, 업무가 맞아떨어져야 한다'고 조언을 남겼다. 타이밍은 특히 운이 더 많이 작용하는 부분이므로 스태프 직책을 얻으려면 운과 업무 성과가 따라줘야 한다고 생각해도 무방하다.

여러분에게 운이 따라준다면 스태프플러스 직책을 얻기 위해 정해진 길을 굳이 따를 필요는 없다. 여러분이 이미 회사의 최우선순위 업무를 하고 있고, 여러분의 경력 개발을 지원해주는 출중한 관리자도 있으며, 회사 본사에서 일하고 있다면 여러분은 운이 좋은 것이다. 이런 조건이 전혀 갖춰지지 않았다면 승진은 상당히 어렵겠지만 그렇다고 포기할 필요는 없다. 여러분의 현재 위치에서 열심히 일하다 보면 얼마든지 그런 운이 찾아올 수 있다.

조금이나마 운을 갖출 수 있는 방법은 조직 내에서 자신을 더 드러내는 것이다. 물론 아주 빠르고 안 좋은 방법으로 자신을 드러내는 방법도 있으므로 방금 문장을 조금 더 다듬어보자. 여러분의 목표는 조직에 미치는 부담을 최소화하면서 좋은 방향으로 자신을 알리는 것이다.

왜 스스로를 드러내야 할까?

케이티 세일러-밀러는 스태프 직책으로 승진하는 데 자신을 드러내는 것이 가장 중요하다고 설명했다.

제가 충분히 설명하지 못했던 것은 의사소통과 투명성이에요. 스태프 직책으로 승진할 때 중요한 것은 여러분의 업무와 이름을 다른 사람들에게 알리고 회사 내에서 좋은 평판을 얻는 것이에요.

스태프플러스 직책은 리더 직책이며, 회사가 여러분이 그 위치에 적합하다고 판단하면 리더 그룹에 합류시켜줄 것이다. 이때 이미 그룹에 속한 사람들이 여러분을 믿을 수 있으면 안심하겠지만, 여러분을 잘 모른다면 쉽게 신뢰하지 않을 것이다.

여러분이 회사 내에서 자신을 제대로 드러내지 못한다면 그 이유는 대체로 파벌이나 게이트키핑 같은 행태 때문일 것이다. 반대로 내부에 잘 알려져 있다면 그렇게 되기 위해 투자했던 노력이 리더 그룹의 기대와 기준에 일관되게 부합하기 위한 필요 비용처럼 느껴질 수도 있다. 다른 사람들의 업무에 익숙하지 않다면 어떻게 그런 일관성을 유지할 수 있을까?

포용력 있는 조직은 사람들을 리더 그룹에 적절히 추가하는 과정에서 발생하는 부정적인 게이트키핑을 어떻게 완화할까? 잠재적으로 리더 역할을 수행할 사람들 전체가 리더를 평가하는 사람들에게 노출되도록 메커니즘을 설계한다. 반면, 포용력이 떨어지는 조직은 공격적으로 자신을 과시하는 사람에게 의도치 않게 집중하는 경향이 있다.

내부에 자신을 드러내기

조직 내부에 자신을 드러낼 수 있는 최고의 방법이자 단 하나의 방법은 여러분의 회사와 리더 그룹이 주목하는 일을 하는 것이다. 이 방법은 잘 운영 중인 회사가 여러분의 기여도를 평가하는 방법과도 잘 맞아 떨어진다.

하지만 때로는 이 방법만으로는 충분치 않다. 그럴 경우 선택할 수 있는 몇 가지 전략은 다음과 같다.

- 아키텍처 문서나 기술 명세 같이 오래 지속될 문서를 더 많이 작성하고 배포한다.
- 회사 내에서 아키텍처 리뷰, 실습, 스터디 그룹 같은 포럼을 이끈다(또는 참여한다).
- 팀과 동료의 업무를 슬랙으로 응원한다.
- 슬랙 대신 이메일로 응원할 수도 있다.
- 팀과 이해 당사자들에게 여러분의 업무에 대한 주간 보고를 제공한다. 이때 여러분의 업무에 관심이 있는 다른 사람도 주간 보고에 접근할 수 있는 방법을 제공해야 한다.
- 회사의 블로그에 포스트를 올린다.
- 팀이나 조직의 업무 시간에 참여하거나 진행한다.

여러분의 강점을 활용할 수 있고 너무 과중하지 않으며 여러분에게 잘 맞는 것 같은 활동을 찾아야 한다. 여러분의 업무에 대해 소통하지 않으면 스스로 드러내는 것이 어색할 수 있다. 물론 전혀 어색하지 않을 수는 없겠지만 어색함에 어느 정도 적응해야 한다.

임원에게 자신을 드러내기

리더 직책으로 승진할 때 가장 중요한 것은 임원에게 자신을 드러내는 것이다. 승진 자료집을 이용하면 관리자에게 충분히 노출되며, 그보다 윗사람에게 여러분을 드러내는 것에도 도움이 된다. 관리자의 관리자와 관계를 만들 기회를 찾는 것은 특히 필요한 일이지만 그 정도 위치의 사람에게 여러분을 드러내는 것만으로도 큰 도움이 될 것이다.

의사결정 회의에 참여하는 사람들 중에는 스태프플러스 직책으로 승진하는 것을 승인하는 사람들도 있기 마련인데 이런 사람들이 자신이 모르는 업무를 수행하는 사람을 승진시켜 주는 경우는 거의 없다.

외부에 자신을 드러내기

내부에서 자신을 드러낼 수 있는 업무를 외부에 드러낼 수 있는 업무로 보완하는 것도 도움이 된다. 물론 외부에 자신을 전혀 드러내지 않고도 스태프플러스 역할을 성공적으로 해내는 엔지니어도 있다. 하지만 많은 사람이 외부에 자신을 드러내면서 경력을 개발하고 있다.

내부에만 집중하는 것에 비해 외부에 자신을 드러낼 때의 장점은 여러분의 이름을 알릴 기회를 만들 가능성이 크다는 점이다. 내부에서 자신을 드러내려 할 때는 외부에서와 달리 동료들과 경합하게 될 가능성이 높다.

여러분 본인과 업무를 드러낼 수 있는 방법 중 하나는 키비 맥민이나 댄나처럼 콘퍼런스에서 발표하거나 미쉘 부처럼 팟캐스트를 운영할 수도 있고, 케이티 세일러–밀러의 ohshitgit[12]처럼 문제점을 웹 사이트와 책으로 출판하거나, 스티븐 윗월스Stephen Whitworth의 High Growth Engineering[13]처럼 메일링 리스트를 만드는 방법 등이 있다.

나를 드러내는 데 집중해야 할까?

여러분의 조직 내에서는 언제든 자신을 드러낼 수 있지만 어느 시점에서는 자신을 드러내는 것이 오히려 다른 사람들이 주목받을 수 있는 기회를 앗아갈 수도 있다. 내부에서의 경합은 제로섬 게임은 아니지만, 여러분의 업무에 관심이 있는 사람들이 얼마나 많은가에 따라 제약을 받을 수 있다.

먼저 승진 자료집을 이용해 승진 과정에서 여러분이 충분히 드러났는지 먼저 확인할 것을 권한다. 만일 그렇지 않다면 그 부분을 만회하려고 노력하되 너무 무리하지는 말자. 자신을 드러내는 것은 일시적일 뿐이다. 반면, 여러분을 알아가고 계발하는 것은 영구적이다. 어느 정도 자신을 드러내기 위한 최소한의 작업을 마쳤다면 스스로를 계발하는 데 중점을 두기 바란다.

---

12 https://ohshitgit.com
13 https://highgrowthengineering.substack.com

Chapter 4

이직 결정하기

저는 패스틀리에 프린시플 엔지니어로 합류했어요. 솔직히 말하면 그 직책이 이직을 결심한 가장 큰 이유였죠. 물론 제가 하는 일이 극적으로 달라진 것은 아니지만, 이직한 덕분에 제가 원하던 직책을 얻을 수 있었어요.

― 키비 맥민Keavy McMinn

필자의 아버지는 경제학 교수였다. 20대 후반에 박사 학위를 마친 아버지는 한 대학에서 학생들을 가르치기 시작한 후 계속 그 대학에서 40년 이상 재임하다 퇴임하셨다. 그런 아버지에게 기술 분야에 종사하는 것은 비현실적인 것처럼 들렸을 것이다.

40년 전에는 소프트웨어 기업의 수가 거의 없었으며 한 회사에서 40년 이상 재직한 사람의 수보다도 적었다. 당시에는 많은 엔지니어가 한 회사에서 1년이나 4년 정도 일하면서 필요한 경력을 쌓은 후 이직하는 행태를 풍자하곤 했다. 하지만 이런 행태는 스태프플러스 직책 얻기를 열망하는 사람들에게서는 흔하지 않다.

보통 스태프플러스 직책을 얻은 사람들은 계속 성공을 이어갈 수 있는 상황이라면 장기근속 보상을 받을 정도로 오래 현재 회사에서 머무는 경우가 대부분이다. 상황이 바뀌면 곧바로 이직하거나 번아웃이 될 때까지 버티다가 감정적으로 더 이상 버티지 못할 때 떠나는 경향이 있다.

시니어 엔지니어에서 스태프플러스 직책으로 승진하기 위해 조직에서 자신을 드러내고 사회적으로 신뢰를 쌓는 것은 몇 년이 걸릴 수 있으므로 승진을 코앞에 두고 조직을 떠나겠다고 결정하기가 매우 어렵다. 이직이 '처음부터 다시 시작'을 의미하는 것처럼 느껴질 것이다.

키비 맥민의 조언을 다시 생각해보면 이직하면서 스태프플러스 직책을 처음으로 얻게 되는 것도 일반적이다. 설령 내부에서 충분한 신뢰를 쌓았다 하더라도 이직하는 것이 가장 효율적인 방법이 되기도 한다.

그렇다면 여러분에게 맞는 선택은 무엇일까?

이야기를 계속하기 전에 두 이직 상황을 생각해보자. 하나는 어느 정도 이직이 자유로운 경우이고, 다른 하나는 제약이 심한 경우다. 후자의 경우, 만일 해외에 취업했다면 여러분의 워크 비자가 여러분이 해당 국가에 거주할 수 있는지 여부를 결정한다. 어쩌면 가족의 거주 자격까지 책임져야 할 수도 있다. 이런 경우에는 이직할 수 있는 곳이 해당 국가 내 몇 안 되는 기업뿐이라 지리적으로도 제약을 받게 된다. 지금부터 하는 조언은 스태프 직책을 얻을 수 있을 정도로 기술적 경력이 충분한 사람들이 보편적으로 당면하게 될 전자의 상황, 즉 이직이 자유로운 경우를 위한 조언이다.

왜 이직을 해야 하는가

여러분의 강점을 가장 잘 알고 있는 회사는 현재 재직 중인 회사이며, 이 회사에서 스태프플러스로 승진하게 될 가능성이 가장 높다. 하지만 실질적으로는 그렇지 않다. 해당 직책을 얻을 수 있는지는 수많은 정황 요인에 따라 달라지기 때문이다.

현재 여러분이 속한 팀에 시니어가 많다면 동료의 도움을 많이 받을 수 있으므로 여러분이 스태프 엔지니어의 수준이라는 것을 정당화하기가 어려울 수 있다. 여러분의 관리자가 또 다른 스태프 엔지니어를 배출할 수 있는 여력이 부족할 수도 있다. 어쩌면 내부 스폰서가 없을 수도 있다. 단순히 회사에 스태프 엔지니어가 더 필요하지 않을 수도 있다. 이런 상황이라면 아무리 여러분이 충분히 승진할 수 있는 인력이라도 현재 회사에서는 승진할 수 없을 것이다.

반대로, 이직하려 면접을 본다면 원하는 직책을 제시하는 회사를 찾을 때까지 면접을 보면 된다. 의도적으로 여러분의 경험을 높이 살 이제 막 창업한 여러 회사에 면접을 볼 수도 있다. 면접을 보다 보면 여러분이 추구하는 방향과 너무나 잘 맞는 채용 담당자라는 스폰서도 자동으로 생기게 된다.

기술 면접은 성공을 예측하기에는 일관성이 없고 불안정하다. 이 사실은 업계는 물론 기업에도 좋은 요소는 아니지만, 여러분이 스태프플러스 직책을 담당할 준비가 되었고 그런 직책을 제시할 회사를 찾을 의향이 있다면 기술 면접을 유리하게 가져갈 수 있다. 면접을 보다 보면 여러분을 불균형적으로 판단하는 회사를 찾을 수 있는 '편견의 차이'를 알아볼 기회가 생긴다. 그런 회사는 콘퍼런스에서 발표해본 사람이나 API 디자인 경험 또는 컴파일러에 대한 박사 논문 등에 더 가치를 둔다.

마찬가지로 회사 내에서의 평판이 좋아지지 않으면 단조로운 생활을 이어갈 수도 있다. 어쩌면 사회성 문제로 어울리기 '어려운' 사람으로 낙인이 찍혔을 수도 있다. 어쩌면 회사에 영향력 있는 사람을 당황하게 만들어서 그 사람이 여러분의 승진을 막고 있을 수 있다. 이때 이직하면 그런 부담을 벗어던질 수 있다.

물론 같은 기술 업계 내에서 이직하면서 여러분에 대한 안 좋은 평판을 벗어낼 수 있을지는 미지수다. 때로는 파벌의 희생자처럼 느껴질 수도 있다. 만일 거대 기업에 속해 기술의 중심에서 십년 이상 일했다면 면접관과 인맥이 겹칠 수도 있다.

혹시 회사에서 일이 잘 안 풀리는데, 예를 들어 관리자가 따돌린다거나 아니면 여러분의 삶에 어려운 일이 일어났다면 여러분의 앞날에 먹구름이 낀 것처럼 느껴질 수 있다. 그렇기는 하지만 보통 면접 과정에서 주변 동료, 상사와 같은 참고인이나 겉으로 드러나지 않는 경로를 통해 매번 여러분을 조사하는 것은 아니다. 이 말이 사실이라는 증거가 필요하다면 직장 내 갈등을 계속 유발하면서도 유명 기업에 계속 이직하는 사람을 찾아보기 바란다.

회사를 떠나기 전에 시도해볼 일

일에 흥미가 떨어졌거나 지원이나 기회가 없어서 회사를 떠날 생각이라면 순환 보직과 같이 내부에서 해결할 수 있는 기회를 찾아보는 것도 좋다. 그러면 이직의 장점을 취하면서도 여전히 회사 내부 네트워크를 유지할 수 있다. 현재 재직 중인 회사의 규모와 성장률에 따라 선택 가능한 옵션이 아닐 수도 있지만 같은 모회사 내에서 2~3년마다 역할을 바꾸는 것이 스스로 바쁘게 보내면서 새로운 것을 배워가도록 유지하는 효율적인 방법이라는 것을 깨달은 사람들도 많다.

반면, 번아웃이 왔거나 지쳐서 회사를 떠나려고 생각한다면 재충전을 위해 유급 또는 무급 휴가를 받을 수 있는지 따져보는 것도 좋다. 그러면서 자신의 역할을 바꿔볼 수도 있다. 이는 규모가 큰 회사에서는 더욱 보편적인 방법이다(혹시 궁금할까 봐 하는 말인데, 동료 중에 육아 휴직 중인 사람은 '안식'이나 '휴가'를 떠난 게 아니다).

이직하지 않고 퇴사하기

번아웃 얘기가 나왔으니 하는 말인데 혹시 여러분이 번아웃 상태라면 이직보다 퇴사를 고려하는 것이 더 좋다. 이직보다 퇴사가 여러분에게 맞는 것인지 다음 체크 리스트를 확인해보자.

- (해외에서 일하는 경우) 여러분의 비자가 직장이 없어도 유지가 되는가?

- 최소한 1년 이상 일을 안 해도 경제적으로 문제가 없는가?

- 인력이 풍부한 분야에서 원격으로 일하는가 아니면 다음 직장이 어디가 되든 무방한가?

- 면접을 잘 보는 편인가?

- 누군가 왜 이직할 곳을 알아보지 않고 퇴사했는지 묻는다면 일관되게 설명할 수 있는가?

- 여러분에게 긍정적으로 피드백해줄 동료들이 있는가?

만일 이 질문들에 모두 예라고 답할 수 있다면 이직하지 않고 퇴사한 다음 안식 휴가를 가도 후회하지는 않을 것이다. 사람들은 최소 6개월 이상 안식 휴가를 가야 재충전됐다고 느낀다고 한다. 휴가 기간이 그보다 짧다면 (물론 그 시간이 도움이 되긴 하지만) 완전히 재충전하지 못하고 일상으로 복귀하는 경우가 대부분이다. 이 휴가 기간에 여러분의 경험을 글로 써볼 것을 강력히 권한다. 설령 글을 공개하지 않더라도 글을 쓰면서 여러분의 경험을 되돌아보는 데 도움이 될 것이다.

계획 실행하기

현재 회사에서 스태프 직책으로 승진하는 게 거의 확실하다면 당연히 스태프 직책을 제시할 다른 회사도 있다. 새로운 회사에서의 일이 마음에 들든 안 들든, 아니면 이직한 후에 충분한 지원을 받든 못 받든, 미리 결정하는 것은 매우 어려운 일이다. 현재 직장 내에서 평판에 금이 갔거나 승진될 뻔하다가 조건이 바뀌면서 번번히 누락되는데 직책이 그만큼 중요하다면 다른 일을 맡아보는 것도 심각하게 고려해보자. 어느 시점에서는 현재 재직 중인 회사가 여러분을 어떻게 생각하는지 귀를 기울여야 한다.

반면, 직책을 떠나 현재 업무에 만족한다면 회사를 떠나는 것보다는 승진을 노려볼지 생각해보자. 많은 사람이 이런 상황에서 스태프플러스 직책으로 승진을 노린다. 이때 승진 자료집 같은 방법을 사용하면 도움이 된다. 지금까지 설명한 모든 방법을 동원하고 자기 계발도 진지하게 수행했는데도 여전히 승진되지 않는다면 이제는 회사를 떠날 시점이다.

그렇다고 해도 이런 부분을 너무 쉽게 생각한다. 하지만 10년 전 이직 여부를 놓고 고민하던 일을 지금까지도 이야기하는 사람이 의외로 많다는 점을 기억하자.

1

내게 맞는 회사 찾기

스태프플러스 직책을 얻기 위한 방법은 몇 가지 없다. 역할을 바꾸면서 직책을 협상하거나 여러분을 지지해줄 힘있는 스폰서와 함께 내부적인 신뢰를 구축하면서 '조직 내에서 적임자를 찾는' 환경을 찾는 것이다. 이 두 방법에서 가장 중요한 것은 이 방법을 시도하기에 적합한 회사를 선택하는 것이다.

그나마 좋은 소식은 새로운 회사에 지원할 때 그 회사에서 스태프 직책을 얻을 수 있는지에 대한 결정은 몇 년이 아니라 몇 주만에 내려진다는 점이다. 반면, 여러분이 합류해 그 안에서 성장할 수 있는 회사를 찾는다면 잘 모르는 조직에서 수년이 걸릴 여정에 발을 담그는 것이다. 이는 쉽게 결정하기 어려운 일이며 여러분이 스태프플러스 직책을 얻을 수 있는지 여부가 여러분에게 맞는 회사를 선택하는 것에 큰 영향을 미칠 것이다.

여러분의 가치를 높이 평가하는 곳 찾기

만일 경력을 빨리 개발하는 것이 목적이라면 어떤 이유로든 여러분이 잘하는 것을 매우 높이 평가하는 회사에 들어가자. 예를 들어, 패스틀리는 키비의 API 디자인 경험을 높이 샀고, 스트라이프는 드미트리의 컴파일러 관련 경험을 높이 샀다. 만일 여러분의 특정 경험이 회사가 성공하는 데 부족한 부분을 메워줄 수 있다면 여러분의 영향력은 매우 높아질 것이다.

운영이 잘 되는 조직이라면 여러분이 잘하는 분야에 가치를 둔다. 운영이 잘 안 되는 조직이라면 여러분의 정체성에 가치를 둔다. 예를 들어, 공격적인 성향을 리더십으로 평가하는 문화라면 가장 공격적인 사람을 승진시키지만 결국 자신의 문화와 팀에 악영향을 미친다. 때로는 여러분이 가치 있다고 여기는 것 대신 부수적인 것에 가치를 두기 때문에 여러분의 가치를 적절히 판단하는 회사를 마주할 때도 있다. 이 방법은 잘 먹힐 것 같지만 보편적으로는 불만을 야기할 뿐이다.

성과주의와 절차주의

스태프 직책을 얻을 수 있는 회사를 찾는다면 몇 가지 가치를 고려해 회사를 결정해야 한다. 그중에서도 특히 중요한 것은 그 회사가 예외에 중점을 두는 '성과주의' 성향인지 일관성을 중시하는 '절차주의' 성향인지 이해하는 것이다. 이 둘 중 한쪽으로 극단적으로 치우친 회사는 별로 없지만 대부분 한쪽으로 치우쳐 있다.

물론 사람들은 자신이 둘 중 어떤 성향인지 드러내지는 않는다. 첫 번째 성향은 몇 년 전까지는 스스로를 성과주의라고 정의했던 성향이다. 성과주의는 이제 잘 사용하지 않는 단어지만 성과주의의 핵심 가치는 여전히 남아 있다. 이런 성향은 특히 실리콘밸리에서 많이 찾아볼 수 있으며, 이례적인 성과에 크게 의존하며 재능이 뛰어난 몇몇 개인에 집중하고 많은 노력을 기울인다. 보통 이런 회사에서는 여러분의 패턴과 회사에서 높은 잠재력을 가진 사람의 패턴과 맞아떨어질 때 크게 성공할 수 있다. 하지만 여러분과 회사의 패턴이 맞지 않는다면 상황이 어려울 수 있다.

또 다른 성향은 일관성이 공정성을 이끌어 낸다고 믿는 회사다. 이런 회사는 이례적인 성과보다는 정책에 의해 움직인다.[1] 시계를 디자인하고 움직이게 한 후 시침이 잘 동작하는지 확인하고 가끔 수리도 한다. 이런 회사는 감각보다는 구조에 의해 움직이는 경향이 있다. 그래서 더 많은 사람에게 더 많은 기회를 제공할 수 있지만, 한편으로는 체제가 개인을 무너뜨리는 것을 당연시하는 엄격한 관료주의에 휩싸이게 될 수도 있다.

필연적으로 성과주의와 절차주의는 모두 자신이 세상을 바라보는 방식을 도덕적이라고 생각한다. 따라서 여러분과 회사 리더의 성향에 따라 그 회사에서 여러분이 경험하게 되는 것은 완전히 달라진다.

다음 몇 가지 방법을 이용하면 면접을 볼 때 이런 성향을 구별해낼 수 있다.

- 보상 범위(compensation bands)가 엄격하고 실제로 그것을 고수하는 회사는 절차주의일 확률이 높다. 반면, 성과주의 회사는 이런 범위에 얽매이지 않는다.
- 특정 개인을 채용하기 위해 일시적으로 직책을 만들어내는 회사는 성과주의일 확률이 높다. 반면, 절차주의 회사는 미리 계획한 직책에 맞는 사람을 고용한다.
- 면접 절차가 획일화되어 있지 않으며 특히 시니어를 채용할 때 '느낌'을 중시한다면 성과주의일 확률이 높다. 물론 면접 절차가 획일화되어 있을수록 절차주의일 가능성이 높다.
- 새롭고 기존 사례가 없는 인터뷰를 진행하는 회사는 성과주의일 가능성이 높다. 여러분을 빛나게 하지는 않더라도 엄격하게 평가하는 회사는 절차주의일 것이다.

---

1   https://lethain.com/work-policy-not-exceptions

기본적으로 회사의 성향에 따라 여러분이 스태프플러스 직책을 더 빨리 얻게 되지는 않는다. 오히려 여러분의 정체성과 회사 리더들의 정체성에 더 영향을 받는다. 이런 정체성이 얼마나 잘 맞아 떨어지느냐에 따라 여러분이 스태프플러스로 승진할 때 어느 정도의 지원이나 마찰이 발생할 것인지를 예측할 수 있다.

유형

대부분의 회사는 채용하려는 직책의 이름이 같더라도 한두 가지 유형의 스태프 엔지니어를 채용한다. 어떤 회사의 선호도를 알아보고 싶다면 그 회사에 이미 재직하는 스태프플러스 엔지니어에게 연락해서 그들이 어떤 일을 하는지 알아보자. 대부분의 회사는 어떤 유형의 스태프 엔지니어를 채용하는지 신중하게 생각하지 않으므로 회사에 직접 물어보는 것은 거의 소용없는 일이다.

규모가 충분히 큰 회사는 각 유형의 스태프 엔지니어를 최소한 몇 명은 보유하고 있지만, 그러기까지는 시간이 오래 걸리며 보통 엔지니어링 조직이 수천 명 규모가 되어야 가능하다.

성장

만일 여러분이 빠르게 성장하는 성공적인 스타트업에서 일한다면 더 많은 사람이 스태프플러스 엔지니어링 직책을 수행할 기회가 부족하다는 것을 느끼지 못하겠지만, 성장이 더딘 회사에서는 더 많은 사람에게 리더 직책을 맡길 여력이 부족하다는 것이 놀라울 정도로 일반적이다. 또한, 개발자 위주의 제품을 판매하거나 어떤 종류의 기술적 인프라스트럭처 제품을 판매하는 것이 아닌 한 제품이 시장에 안착하지 못하는 회사에서는 (회사가 급격히 변하는 시장 흐름에 계속 맞춰가야 하므로) 리더 직책의 수에 제한이 있기 마련이다.

빠르게 성장하는 회사에 합류했다면 자연스럽게 스태프 직책을 얻을 수 있는 새로운 기회가 열린다. 반면, 성장이 더딘 회사에서는 누군가가 스태프 직책을 떠나야만 그 기회가 생긴다. 반드시 빠르게 성장하는 회사에 합류해야 한다는 뜻은 아니지만 (그런 회사는 스트레스가 심하며 끊임없이 오래된 절차를 따라야 하는 경우가 많다) 어쨌든 고려해야 할 요소 중 하나이긴 하다.

스폰서십

새로운 회사에서 스태프플러스 직책을 제안받으려면 여러분을 믿어주며 여러분이 그 직책을 얻는 데 방해가 되는 조직적 마찰을 어느 정도 해소해줄 누군가가 그 회사에 다녀야 한다. 스태프플러스 직책으로 승진하려면 관리자와 그 상위 관리자가 여러분을 신뢰해야 하며, 여러분이 승진하는 데 방해가 되는 조직적 마찰을 해소해줄 의사도 있어야 한다. 조직 내에서 여러분을 지원해줄 힘있는 리더가 없다면 승진하기 어려울 수도 있다.

스태프플러스 직책을 위해 회사를 알아보고 있다면 여러분이 효과적인 스폰서를 가질 수 있는 회사를 알아내라. 현재 재직 중인 회사 외 다른 회사와의 면접은 스폰서를 찾는 효과적인 방법이 된다. 장차 여러분의 관리자가 될 사람은 여러분이 스태프 직책을 얻는 것과 밀접하게 관련한 목표를 가진 경우가 많다. 어느 한 회사에서 2년 동안 재직한 후에야 목표를 이룰 수 없다는 것을 깨닫는 것보다는 회사를 알아보고 면접보는 것이 상대적으로 시간이 적게 든다.

가장 쉽게 찾을 수 있는 스폰서는 전에 함께 일해본 적이 있는 사람들이다. 어느 한 시니어 리더가 회사에 합류하면서 전 직장 동료들을 데려오는 쐐기 구조식(flying wedge) 패턴은 매우 잘 알려진 패턴이다. 이는 추천인이 스폰서가 되는 관계에 의존하므로 정당성이 결여된 패턴이지만 너무 남발하지만 않는다면 그렇게 나쁜 방법은 아니다.

또한, 외부 행사로 자신을 알리는 것과 인맥을 쌓는 것도 새로운 회사를 탐색하는 데 큰 도움이 된다. 여러분의 발표를 들었거나 블로그를 읽었거나 여러분의 트위터 글에 동의했던 사람이라면 면접 과정과 향후에 있을 승진 논의에서 여러분의 스폰서가 되어줄 가능성이 높다.

영속성

아직 경력을 시작한 지 얼마 되지 않았는데 스태프 직책을 원한다면 회사의 영속성을 고려해보는 것이 중요하다. 여러분이 스태프플러스 직책으로 승진하려면 5년 정도 경력을 쌓아야 하는데, 그때까지 이 회사가 남아 있을까?

더 미묘한 문제긴 하지만 여러분이 스태프로 승진하는 데 도와줄 스폰서가 얼마나 오래 재직할지도 고려해야 한다. 스태프플러스로 승진할 수 있는 기회를 공평하게 만드는 훌륭한 엔지니어링 리더도 있지만, 나를 도와줄 리더가 회사를 떠나거나 직책을 바꾸면 승진할 수 있는 기회가 오아시스[2]처럼 찾기 어려워지는 것은 순식간이다.

현실적인 비즈니스 모델을 갖추고 있으며 리더들이 조직의 가장 높은 가치에 맞춰서 일하는 회사에 들어가면 조직의 영속성 위험을 줄일 수 있다

---

2   https://lethain.com/values-oasis

(그렇게 하면 설령 리더가 떠나더라도 여전히 잠재적인 스폰서들과 궤를 같이 할 수 있다).

페이스

40년간 경력을 쌓다 보면, 조금 쉬면서 도전적이고 포용적인 역할을 찾고 싶을 때가 있다. 때로는 지쳐서 힘이 빠질 때도 있다. 여러분이 지속하기 어려울 정도의 페이스(pace)를 요구하는 자리에 있다 보면 스스로에게 해가 될 것이다. 기술 리더 역할을 맡을 때는 여러분이 회사가 기대하는 페이스에 맞출 수 있는지 확인하는 것이 특히 중요하다. 회사의 페이스에 잘 맞는 롤 모델이 될지를 기준으로 여러분을 평가하기 때문이다.

그 외 나머지

리더 역할로의 구직 활동은 보편적인 소프트웨어 개발직의 구직 활동보다는 훨씬 느려서 몇 주가 아니라 몇 달이 걸릴 수도 있으며, 서두른다고 해서 달라질 것도 없다. 스태프플러스 직책으로 갈 수 있는 회사를 파악하면서 보통 구직할 때 여러분이 고려하는 나머지 사항들도 모두 평가해야 한다.

주변의 네트워크와 지인을 총동원해 입사하려는 회사에 문제점은 없는지 확인하자. 회사의 주요 사업이 마음에 드는지, 향후 몇 년간 지속 가능한 사업인지도 확인하자. 그 회사에 재직하는 동안 무언가를 배울 수 있는 동료가 있는지 찾아보자. 스태프 직책을 얻을 수 있다는 사실을 제외하고 굳이 옮기고 싶지 않은 회사로 이직을 결정하면 나중에 후회할 것이다.

2

스태프플러스 직책을 위한 면접

시니어 엔지니어로 면접을 본다면 면접이 어떻게 흘러갈지 대충 감을 잡을 것이다. 보통 이력서[3]를 최신 상태로 갱신하고 코딩 면접[4]에도 대비하고 궁금한 점을 물어보기 위해 회사를 어느 정도 조사도 할 것이다. 실제로 면접에 참여하면 프로그래밍 실력을 검증할 몇 가지와 기술적 아키텍처에 대한 질문, 그리고 문화, 태도 또는 경력에 대한 질문 등 대여섯 가지 절차로 구성된 면접을 보게 된다.

스태프플러스로 면접 볼 때도 이처럼 명확한 기대치를 갖고 시작할 수 있으면 좋겠지만, 대부분의 회사는 스태프플러스 엔지니어를 위한 면접에 어려움을 겪고 있다. 어쩌면 시니어 엔지니어 면접과 완전히 같은 면접을 볼 수도 있고, 엔지니어링 관리자 면접에 프로그래밍 관련 질문 몇 개를 더한 형태의 면접을 보게 될 수도 있다. 어쩌면 완전히 다른 형태의 면접이 될 수도 있다.

---

3 https://thetechresume.com
4 https://www.crackingthecodinginterview.com

모호한 부분을 찾아 명확하게 바꾸는 것에 익숙해지는 것이 스태프플러스 직책의 핵심이므로 적극적인 사람이라면 스태프플러스 면접이 자신의 스킬을 증명할 좋은 기회라고 볼 수도 있다. 그렇지 않은 사람이라면 약간 두려울 수도 있지만 조금만 준비하면 면접에 대해 훨씬 많은 것을 예측할 수 있을 것이다.

스스로 원하는 것을 명확히 하기

여러분이 지난 20년을 엔지니어링 리더로 지내왔을 수도 있지만 역할 관점에서 생각해보면 그 시간을 어떻게 보낼 것인지는 네다섯 가지 중요한 결정에 달려 있다. 이런 결정은 모두 리소스가 부족하므로 신중하게 리소스를 배분해야 한다. 면접을 시작하기 전에 여러분이 참여하고 싶은 면접 절차의 종류에 대한 조건을 재정의하고 여러분에게 맞는 회사에 그 조건을 적용해 보기 바란다.

면접을 보다 보면 그 회사가 스태프플러스 엔지니어 면접을 어떻게 진행해야 할지 전혀 모른다는 신호를 포착하게 될 것이다. 대부분 회사의 스태프플러스 면접 절차는 그다지 좋지 않으므로 형편없는 면접 절차에서 저절로 빠져나올 수는 없지만, 그 와중에도 여러분이 원하는 범위를 벗어나고 있음을 시사하는 신호에 대해서는 잘 고려해야 한다.

스태프플러스 직책으로 면접 보는 많은 사람이 면접 때 원하지 않는 절차 중 하나는 프로그래밍 과제를 수행하는 것이다. 이는 스태프플러스 면접자들이 회사가 신입 엔지니어를 뽑을 때 평가하는 알고리즘 관련 질문을 신입 엔지니어보다 늦게 풀거나 더 많이 실수할 수 있다는 의미다. 얼마나 빨리 프로그래밍하는지에만 관심 있는 회사는 스태프플러스 엔지니어를 제대로 활용하지 못할 가능성이 높다고 판단하는 사람들은 이런 절차를 거부하기도 한다. 여러분도 이런 절차를 원하지 않는가? 어쩌면 그럴 수도 있다. 물론 결정은 여러분의 몫이다.

절차 디버깅하기

여러분이 원하는 면접 절차를 정했다면 면접을 볼 회사가 실제로 사용하는 면접 절차를 알아내야 한다. 이런 질문을 하면 회사가 여러분을 채용할지 다시 생각하게 만들까 봐 걱정될 수도 있지만, 채용 팀과 관리자에게 면접 절차에 대해 더 자세히 묻는 것은 전혀 문제될 것이 없다. 스태프플러스 직책을 두고 면접 볼 때는 오히려 여러분이 상세 정보를 묻지 않는 것이 문제될 수도 있다. 여러분이 입사하고 싶은 회사와 그 회사의 면접 절차를 이해하는 것은 면접을 준비하는 가장 기본적인 자세다.

면접을 시작하기 앞서 반드시 이해해야 할 중요한 세 가지는 다음과 같다.

1. 면접의 형식은 어떠하며 회사가 평가하려는 것은 무엇인가?
2. 면접 볼 때 특별히 준비해야 하는 것이 있는가?
3. 면접관은 누구인가?

일단 이 질문에 답을 찾았다면 이제는 준비만 하면 된다. 여러 질문에 어떻게 답할지 노트에 적어두자. 발표 형식의 면접이라면 자료를 미리 준비하자. 그리고 면접관에 대해서도 간단히 조사해 면접관이 할 수 있는 질문에도 대비하자.

이 단계는 또한 여러분이 올바른 과정에 있는지 디버깅할 수 있는 기회이기도 하다. 면접관들이 신입이나 중간급 엔지니어로 주로 이뤄졌다면 스태프플러스 직책을 제안받을 일은 거의 없다고 보면 된다. 그런 면접관은 여러분의 강점을 제대로 평가하지 못하며, 자기보다 더 높은 직급의 인재를 채용하는 데 거부감이 있기 때문이다. 여러분이 전 직장에서 이뤘던 성과를 더 잘 알아보려 하지도 않고 발표할 기회도 주지 않는다면 여러분이 스태프플러스 직책에 어울리는 전문성을 갖췄는지 보여주는 것 또한 어렵다.

면접 절차는 형편없었지만 면접관이 평가하려는 부분에서 두각을 드러냈다면 어쩌면 스태프플러스 직책을 제안받을 수도 있다. 하지만 면접관이 어떤 점을 평가했는지 확신이 없다면 정중하고 건설적으로 이견을 밝히자. 어쩌면 채용 담당자에게 스태프플러스 엔지니어 면접 절차를 설계할 수 있는 자료를 제시할 수도 있다. 주위 분위기 때문에 여러분의 목적에 맞지 않는 면접 절차를 계속할 필요는 없다.

회사가 면접을 진행하면서 언제 직책을 정하는지 이해하는 것이 특히 중요하다. 어떤 회사는 특정 직책을 가진 역할에 대한 구인 광고를 올리므로 여러분이 그 직책이 맞다고 생각하고 그 직책에 지원할 수도 있다. 즉, 시니어 엔지니어 직책을 원할 때 스태프 엔지니어 구인 광고에 지원하는 것이다. 하지만 많은 회사는 일시적으로 이런 직책을 광고에 올리고 실질적인 직책은 나중에 결정한다. 어떤 회사는 매우 융통성이 없기도 하다. 이를 알 수 있는 유일한 방법은 직접 물어보는 것뿐이다.

어쩌면 면접 절차를 스스로 통제하는 것이 매우 부자연스럽게 느껴질 수 있고 그렇게 하다 보면 이론적으로 좋은 기회를 놓칠 수도 있지만, 그 역시 좋은 결과다. 여러분의 목표는 가장 적합한 리더 직책을 얻을 기회를 찾는 것이지 가장 먼저 리더 역할을 제안하는 회사를 찾는 것이 아니기 때문이다.

좋게 마무리하기

면접 절차가 빠르게 진행되더라도 항상 상세한 부분을 협상하고 좋게 마무리해야 한다. 해당 직책의 상세 정보에 대한 증빙 서류를 간단히 준비하자. 면접관에게 후속 메일을 보내자. 입사 제안을 승낙하고 관련한 질문이 있다면 사려 깊게 물어보자. 그동안 충분히 시간을 들여 생각했다면 가장 마지막 단계가 가장 수월할 것이다.

3

제안 협상하기

2012년 패트릭 맥켄지Patrick McKenzie는 소프트웨어 엔지니어가 연봉을 협상할 때 사실상 표준이 된 연봉 협상(Salary Negotiation)[5]을 작성했다. 이 글은 스태프플러스 직책을 비롯한 모든 입사 제안에 대해 어떻게 협상할 것인지에 대한 좋은 지침이다. 입사 제안 협상에 대해 아직 생각해본 적이 없다면 이 글부터 읽어보자.

대부분 입사 제안은 상대적으로 정형화된 방법으로 만들어진다. 연봉 및 보상 계산기(compensation calculator)를 사용할 수도 있고 이전 직장에서의 연봉과 보상을 기준으로 결정할 수도 있으나 어쨌든 회사가 숫자를 관리하는 시스템이다. 협상할 여지가 있고 회사는 시스템에 기반한 제안보다 맞춤형 제안을 제시할 수도 있지만, 그 제안이 회사의 여력을 넘어서는 것인지는 여러분이 스스로 판단해야 한다. 누구도 여러분에게 말해주지 않을 것이기 때문이다.

맞춤형 제안은 더 유연한 보상을 제시하는 것에서 시작하며, 특히 회사의

---

5   https://www.kalzumeus.com/2012/01/23/salary-negotiation

미래 수익에 대한 주식 보상을 더 유연하게 가져가는 것이다. 그렇기 때문에 평범한 보상 그 이상이 될 수도 있다. 또한, 보통 회사가 유연하지는 않지만 시니어 리더를 위해 비공개적으로 예외를 적용하는 부분이기도 하다.

몇 가지 예를 들어보자.

- 표준 근로 계약서에는 퇴사 후 3개월 이내에 획득한 주식을 행사해야 하지만 디스팅귀시드 엔지니어의 경우 5년까지 주식을 보유할 수도 있다.
- 보통은 주식을 사전 행사하는 것을 허용하지 않지만 시니어 스태프 엔지니어의 경우에는 예외 사항을 두기도 한다.
- 세금 환급 일정에 맞춰 지연된 보상 계획을 제시하기도 한다(보통은 상장 기업에서 이렇게 한다).
- 휴가 일수가 무제한이 아니라면 유급 휴가 일수를 추가해 주기도 한다.
- 재택 근무 일수나 업무 시간에 유연제를 적용하거나 현재 채용을 진행하지 않는 주나 국가에서 채용하기도 한다.

해당 회사에서 제안한 역할이 회사의 여력을 넘어서는지 알기는 어려우며 그 회사에서 이미 스태프플러스 직책을 가진 다른 사람들은 이런 류의 협상을 해보지 않았을 가능성이 높아서(어쩌면 내부에서 승진해 협상할 기회조차 없었을 것이다) 그들에게 물어보는 것도 어렵다. 회사가 20명 이상, 500명 이하 규모의 조직이라면 여러분이 임원급이 아닌 이상 이런 협상을 해본 경험이 거의 없을 것이다. 단순히 이럴 만한 운영적 역량이 되지 않는 것이다. 하지만 수천 명 규모의 회사이며 여러분 수준의 직원이 불과 십여 명밖에 되지 않는다면 여러분에게 맞춤형 제안으로 협상할 가능성이 충분하다.

협상할 때는 전략적으로 행동하는 것이 중요하다. 해외 출장 때 무조건 일등석을 태워 달라는 요구는 받아들여질지는 몰라도 회사가 좋아하지 않는 부분을 여러분이 우선순위에 두고 있다는 메시지를 전하는 것이나 다름없다.

어떤 것을 협상하든 그것이 왜 여러분에게 중요한지 설명할 수 있는 시간을 갖자. 예를 들어, 필자는 퇴사한 회사의 주식을 행사해 최근에 주택을 구입했으므로 주식 행사 기간을 늘려 달라고 요청하는 시니어 엔지니어를 본 적이 있다. 이 방법은 단순히 현금성 보상을 더 요구하는 것보다 훨씬 들어주기가 쉽다. 따라서 적절한 설명을 곁들이되 그 동기에 대한 부정적인 인상을 주지 않는 방법으로 협상에 성공하기 바란다.

Chapter 5

인터뷰

첫 책을 출간한 이후 필자는 오래지 않아 내 작업물에 대한 리뷰를 읽는 것을 별로 좋아하지 않는 사람이었다는 것을 깨달았다. 어떤 리뷰는 좋았지만, 대부분은 슬픈 내용이었다. 기억에 남는 리뷰 하나는 많은 이에게 도움이 되기에는 그 책이 너무 실리콘밸리에 치중하고 있다는 내용이었다.

그 리뷰로 이 책이 궁극적으로 어떤 책이 되어야 할지 생각하게 됐고, 이 생각은 머릿속을 떠나지 않았다. 필자의 경험이 다른 사람의 경험보다 우선시되는 것을 피하고 싶었다. 게다가 필자의 경력은 어느 특정한 관점, 운, 그리고 특권에 의해 만들어진 것임이 분명했다. 업계에서 다른 경험을 쌓고 있는 이들에게도 이 책이 도움이 되길 원했다.

지금 이런 말을 하는 이유는 이번 장을 말하기 위해서다. 이 책에서 가장 좋은 부분은 업계에서 현역으로 일하는 사람들의 솔직하면서도 통찰력 있는 인터뷰이며, 이 장에서 이 인터뷰를 덧붙일 수 있어 매우 기쁘다. 지금까지의 내용에서 크게 얻은 게 없다 하더라도 지금부터 이어질 인터뷰에서 무언가 유용한 것을 찾기를 바란다.

1

미쉘 부
— 스트라이프의 결제 제품 기술 리드

이 인터뷰는 2020년 4월에 녹음한 것이다. 미쉘에 대해 더 자세히 알고 싶다면 미쉘의 블로그[1], 트위터[2], 링크드인[3]을 참고하기 바란다.

스트라이프에서의 현재 역할에 대해 간략히 말해주세요. 직책은 무엇이고 보통 어떤 종류의 업무를 하나요?

스트라이프의 결제 제품 기술 리드이며 최고 책임자(CPO, Chief Product Officer)와 직접 협업하고 있어요. 주로 회사의 주요 목표와 조직 전체에 영향을 주는 긴급한 문제를 완화하는 업무를 담당해요. 보통 시간의 80% 정도는 한두 개의 교차 조직적(cross-organizational) 설계 프로젝트에 투입하고, 나머지 20%는 면접과 조직의 기술 및 제품 설계(특히 API 디자인)를 지원하는 데 할애하고 있습니다.

---

1   http://blog.michellebu.com
2   https://twitter.com/hazelcough
3   https://www.linkedin.com/in/michellebu

제가 늘 최신 상태로 유지하는 '최우선순위 세 가지' 문서의 예시는 다음과 같아요.

최우선순위 세 가지 문서

저는 최우선순위 영역에 투입되는 엔지니어 두 명을 관리합니다. 덕분에 제 영향력을 확장할 수 있는 동시에 두 엔지니어도 스트라이프의 다양한 영역에 깊이 관여할 수 있게 됐어요. 현재 한 명은 핵심 결제 API를 담당하고 있으며, 다른 한 명은 통합 경험을 개선하는 데 집중하고 있어요. 또한, 현재 개별 기여자(IC, Individual Contributor)로서 평가받는 중입니다. 한 번에 한두 개 이상의 보고서는 받지 않는 것이 계획이에요.

회사에서 스태프플러스 엔지니어는 보통 어떤 일을 하나요? 당신도 비슷하게 일하나요 아니면 다른가요?

스트라이프에서 스태프플러스 직책을 가진 대부분의 엔지니어는 특정 팀에서 근무해요. 기술 리드 직책을 가진 스태프플러스 엔지니어도 있고, 특정 제품 분야나 기술 도메인을 넘나드는 더 큰 규모의 프로젝트를 담당하기도 해요.

스트라이프에는 업무의 범위가 넓은 쪽과 범위가 깊은 쪽, 두 종류의 스태프플러스 엔지니어가 있습니다.

넓은 범위를 담당하는 엔지니어는 애매하며 여러 조직이 관여하는 프로젝트를 수행하면서 영향력을 행사해요. 그런 엔지니어는 보통 여러 다른 도메인에 대한 경험을 축적하고 조직 전반에 다양한 프로젝트를 지원하는 역할을 하죠. 우리 제품 엔지니어링 팀에는 보통 이런 유형의 스태프플러스 엔지니어가 많아요.

반면, 깊은 범위를 다루는 엔지니어는 어떤 특정 도메인의 전문가인 경우가 많아요. 보통 범위가 모호한 장기간 프로젝트를 리드하죠. 이런 유형의 스태프플러스 엔지니어는 제품 인프라스트럭처와 시스템 팀에 주로 포진해 있어요.

스태프플러스 엔지니어로서 가장 영향력이 있다고 느낄 때는 언제인가요?

그건 결제 제품의 기술 리드 역할을 맡게 된 최근 몇 년간 바뀌었어요(덧붙이자면 결제 제품은 20개 팀으로 구성되어 있어요. 대부분 사용자가 직접 사용하는 API와 UI 라이브러리의 대부분을 담당하고 있습니다).

저는 '영향력 있는(impactful)'이라는 말보다는 '열정적인(energized)'이라는 말을 선호합니다. '영향력 있다'라는 표현은 너무 회사 위주인 것 같아요.

물론 그게 중요하긴 하지만 '열정적이다'라는 말이 조금 더 내면을 표현하는 말 같기 때문이에요. 제가 열정적으로 임할 수 있는 업무를 찾았기 때문에 스트라이프에서 오랫동안 영향력 있는 업무를 수행할 수 있었어요.

팀에서 직접 업무를 수행할 때는 #stripe IRC 채널에서 사용자를 돕거나 사용자가 유기적으로 통합할 수 있는 API를 설계하고 출시하는 것처럼 사용자에게 직접적으로 영향을 미치는 일에 가장 열정을 느꼈어요.

제가 도와준 누군가가 마침내 작업을 완료하고 제품을 출시했다고 발표하거나, 중요한 주제에 대해 엔지니어링 팀이 모델의 틀이나 방향을 잡는데 제가 도움이 됐다고 느낄 때 제 역할에 대한 열정이 생겨요. 본인의 기술을 구현하고 지원하기 위해 매일같이 힘든 일을 하는 것은 제가 아니라그 팀이에요. 저는 그 팀이 얼마나 일을 진척시켰는지, 그리고 더 중요하게는 진척의 방향성과 업무가 회사의 목표에 얼마나 부합하는지 파악함으로써 제 영향이 어느 정도 미쳤는지 판단합니다.

최근에 있었던 한 가지 예를 들면, 저는 다른 스태프플러스 엔지니어와함께 우리가 보통 볼 수 있는 API의 형태를 분류했어요. 어떤 것은 흐름 제어로, 어떤 것은 엔진으로, 또 어떤 것은 설정 등으로 표시해 두었죠. 이 작업의 의도는 공통의 멘탈 모델(Mental Model)[4]을 구축하고 기존 API를 분류할 용어를 선정한 후 새로운 모델과 용어를 논의하고 설계하려는 것이었어요. 제가 유용한 멘탈 모델과 아이디어를 전파하면서 제 스스로의 영향력을만들고 키워 나간다고 느꼈던 순간이에요.

저는 API 리뷰 같은 몇몇 리뷰 그룹에 속해 있지만 이런 종류의 그룹 활동은 코드 리뷰와 유사해요. 팀과 협력해서 더 좋은 결과를 내려는 것보다

---

4   **역주** 사람들이 자기 자신, 다른 사람, 환경, 자신이 상호 작용하는 사물들에 대해 갖는 모델이다. 사람들은 경험, 훈련, 지시를 통해 멘탈 모델을 형성한다.

안 좋은 결과를 피하기 위한 작업이 많다 보니 설계 단계에서 문제가 뒤늦게 나타나게 돼요. 그렇다 보니 제품 팀의 엔지니어에게 더 나은 API를 설계할 수 있는 도구를 찾아줄 수 있을 때 제 영향력이 있다고 느껴요.

스태프플러스 엔지니어가 되기 전에 해보지 않았거나 스태프플러스 엔지니어가 아니었다면 할 수 없었을 일이 있었을까요?

스트라이프에 꽤 오래 있었어요(2013년부터 재직했죠). 재직 기간이 길었기 때문에 어느 정도 영향력은 있었지만 결제 제품 기술 리드가 되면서 (그리고 CPO에게 직접 보고하게 되면서) 사람들이 저를 대하는 태도가 달라졌어요. 전 이제 일터에서 상당히 외로워요(그리고 거기에 적응하려고 열심히 노력하고 있어요).

이제 사람들이 논의 사항이 무엇이든 저라면 어떤 의견이 있을 것이라고 기대해요. 제가 팀에서 스태프 엔지니어로 일할 때는 그런 기대가 별로 없었죠. 지금 직책을 맡은 직후에 참석했던 회의에서 피곤해서 말을 거의 하지 않았던 적이 있어요. 나중에 당시 발표자가 자기의 제안을 제가 좋아하지 않는다고 생각했다는 말을 들었죠. 단순히 제가 회의에서 아무런 말도 하지 않았기 때문에요. 그때 이제는 사람들이 제 의견을 듣고 싶어 하고, 자신들의 아이디어를 지원해 주기를 기대한다는 것을 깨달았어요. 그때부터는 회의에 더 적극적으로 참여하고 피드백을 주려고 늘 신경 쓰죠. 설령 의견을 공유할 정도로 생각이 정리가 안 됐더라도 그렇다고 명확하게 말해 줘야 해요.

사람들이 제 의견을 더 진지하게 받아들이고 지금처럼 눈에 띄는 직책에 있지 않을 때보다 더 친절하게 대해주는 것은 조금 혼란스러워요. 그전에는 지금처럼 협력적이지 않거나 의견을 묵살당한 경우도 있었거든요. 그런 경험을 하는 것도 좋다고 생각해요. 저는 충분히 자신이 있었기 때문에(그리고 조직도 저를 믿어줬고요) 저에게 일어났던 일이 다른 사람에게는 일어나지 않도록 다른 사람과 협업하면서 강력한 피드백을 줄 수 있었어요. 이제는 그런 일이 일어나는 것을 못 보는 위치가 될까 봐 두려울 뿐이죠.

이제는 프로그래밍에 시간을 덜 쓰는데 다른 엔지니어의 개발 경험에 대한 공감 능력을 어떻게 유지하나요?

현재 직책을 맡은 지 1년밖에 되지 않아 아직은 그렇게까지 멀어졌다는 생각은 안 들어요. 하지만 시간이 지나면 조금 다른 느낌이 들겠죠. 그전에는 비교적 작은 영역의 기술 리드였어요. 그때는 들어오는 요청을 분류하고 긴급한 버그를 수정하는 팀에서 '교대 근무'하기도 하고, 소프트웨어 코드도 조금 작성하곤 했어요.

제 직책에 필요한 감을 유지하기 위해 실무를 담당하는 엔지니어나 PM과의 일대일 미팅에 시간을 상당히 할애해요. 이번 주만 해도 30분짜리 일대일 미팅이 12개나 있었죠. 또 스트라이프에서 발생하는 모든 장애 사건도 파악하고 있어요(스트라이프에는 장애마다 자동으로 초대받아 참여할 수 있는 슬랙 채널이 있어요). 장애 사건을 이해하는 것은 주변 상황을 파악하는 데 꽤 유용합니다. 각 장애 사건의 상세 정보를 읽어보면 우리 시스템의 현실과 제가 생각하는 이상적인 아키텍처/제품이 얼마나 다른지 짐작할 수 있어요. 엔지니어가 마주하는 이슈의 종류, 그들이 겪는 실패, 그리고 그런 실패에서 빠져나오는 데 개발 환경이 어떻게 도움이 되는지 또는 되지 않는지 알고 싶어요. 저는 제 스스로를 엔지니어가 리더로서 성장하는 데 이바지하는 사람이라고 생각해요. 그러니 현실을 깊이 이해하는 것이 무엇보다 중요하죠.

기술이나 절차 또는 아키텍처 변화에 이바지하는 데도 시간을 할애하나요?

요즘에는 특정한 기술이나 프로그램을 지원하는 시간을 줄이고 다른 사람이 스스로 중요하다고 생각하는 기술과 프로그램을 지원하게 만드는 데 더 많은 시간을 할애하고 있어요. 또한, 사람들이 공통적인 제품 결정 사항과 조직 전체를 대상으로 하는 프레젠테이션을 위한 아이디어 같은 피드백이 필요할 때 지식과 지원을 얻기 위해 연락할 수 있는 사람이 되려고 노력하고 있어요.

저는 이상적인 아키텍처와 인터페이스를 추구하는 프로젝트에 참여합니다. 하지만 결국 이상적인 상태로 마이그레이션하는 것은 개별 팀이 진행하니까 그들 스스로 책임 의식(ownership)과 권한(empowerment)을 갖도록 느껴야 해요. 그래서 매일 실질적인 의사결정을 내리는 PM이나 엔지니어와 직접 대화하는 데 시간을 많이 할애합니다. 이상적인 결과는 방향성을 맞추고 각 팀은 우리가 보여주는 방향대로 움직이면서 팀 스스로 좋은 결정을 내릴 수 있도록 이바지하는 것이에요.

제가 지금 참여하고 있는 프로젝트는 이상적인 아키텍처와 인터페이스를 정의하는 데 수많은 팀(결제 기능과 관련한 모든 팀)이 참여하고 있어서 사실 어려움이 많아요. 아직은 모든 구성원에게 적용할 수 있는 확장 가능한 방법을 찾지는 못했어요. 서로 다른 팀이 인터페이스를 각자의 시각에서 바라보기 때문에 문제와 해결책도 팀마다 달라서 (정보를 공유하는 최선의 방법인) 문서를 작성하는 일조차도 어려웠죠. 현재 우리가 채택한 방법은 작성한 문서의 리뷰를 사용자 테스트처럼 취급하는 거예요. 쉽게 얘기하면 팀을 개인으로 바라보고, 팀이 문서를 읽을 때 커서가 어디에 있는지, 어떻게 반응하는지 살펴보는 거예요. 지금까지는 이 방법이 잘 먹히고 있죠.

결제 분야의 변화를 위해 우리가 가장 좋아했던 요금 API를 재구성했던 결제 의사(payment intents) API[5]의 설계 역시 제가 그전에 참여했던 주요 프로젝트와 비슷했어요. 회사 내 모든 사람이 그 비전을 똑같이 이해하는 데만 2년이 걸렸죠. 조직적인 동의가 이뤄졌지만, 아직도 원래의 이상적 설계가 가진 잠재력을 완전히 깨닫지는 못했어요. 그런데 이건 버그가 아니에요! 우리는 설계를 검증하면서도 고객에게 점진적으로 가치를 전달하는 것에 집중하고 있습니다. 저는 제가 팀을 떠나더라도 충분히 의욕적으로 설계 프로젝트가 지속되길 기대하고 있어요. 그러기 위해 가장 중요한 것은 모든 것을 문서화하는 것이에요.

그래서 이상적인 개념을 정의하는 독특한 문서를 만들어 냈어요. 오늘도 그 팀에서 일하는 사람들은 이 개념을 기준으로 작업하고 있어요.

Payment abstractions overview

Michelle B

This document is an overview of the core payment abstractions defined by the Payment Flows team. These abstractions purposefully ignore current Stripe abstractions and constraints, but do consider network, regulatory, and payment method realities. Understanding these concepts is critical to understanding our incremental phases & proposed flows, which you can find at the end of this document.

Note that all object, parameter, and enum names in this document are internal names, not the final user-facing API names — we're more than happy to discuss naming possibilities!

개념을 문서화하기

만일 두 사람이 똑같은 질문을 하면 즉각 FAQ에 그 질문을 추가합니다. 모든 사람에게 피드백받아 아주 신중하게 그에 대해 질문하고 그것을 검증하는 부담을 짊어져요. 마지막으로 우리는 회사의 모든 사람이 진행 상황을 확인하는 데 사용할 수 있는 의사결정 로그를 만드는 작업마저도 완전히 투명하게 진행했어요. 의사결정 로그의 모든 항목은 제품이나 기술적 결정을

---

5 https://stripe.com/docs/payments/payment-intents

간단하게 서술하고 그 결정에 누가 참여했는지를 문서로 남기며, 보통 문제에 대한 상세한 내용과 대안에 대한 평가를 완전히 기록한 기술 설계 문서로 링크도 제공해요.

의사결정 로그

설계 프로젝트에 의욕적으로 참여할 때는 아주 투명하게 행동하면서도 피드백받을 준비가 되어 있는지 아닌지를 명확히 하는 것이 해당 주제에 관심 있는 사람들과 어울리는 데 도움이 돼요. 제가 이끌었던 몇몇 프로젝트의 (공개된) 기록 문서를 보면 상단에 이런 글들을 볼 수 있어요.

> *Please note that we're not yet ready for feedback on these ideas, as our thoughts are still early!* 😄

피드백받을 준비가 되지 않은 경우

현재 역할에서 다른 엔지니어의 스폰서가 되는 게 중요한가요?

그럼요. 제가 가장 좋아하는 일인걸요. 저는 동료들을 무척이나 아낍니다. 동료야말로 제가 매일 일터로 출근하는 이유거든요.

스폰서십에서 가장 중요한 부분은 IC들이 자기가 중요하다고 여기는 영향력 있는 작업을 할 수 있는 공간을 만들어주는 거예요. 운 좋게도 저는 지금 역할에서 제가 적임자인지를 증명하기 위해 시간을 쓸 필요가 없어서 프로젝트와 다른 사람의 승진을 지원하는 역할에 시간을 충분히 할애할 수 있어요. 저는 어떤 작업에 '참여했다고 증명'해야 하거나 제가 도왔던 프로젝트에 명시적으로 제 이름이 언급되어야 한다고 느끼는 적은 거의 없어요 (물론 그래주면 기분이야 좋겠지만요). 더 개방적인 프로젝트에서는 프로젝트에 제 이름을 빌려주는 게 더 유용할 때도 있어요. 예를 들어, 최근에 제품 품질 멘토십 프로그램을 시작했어요. 저는 주로 멘티 역할을 선택하고 멘티를 멘토와 연결해주고 가끔 둘 사이 작업을 리뷰해주는 정도의 조력자 역할을 했죠. 그 프로그램에 참여한 멘토만큼 일하지는 않았지만, 제가 스폰서가 됐기 때문에 이런 조직 규모의 프로그램을 진행할 수 있었어요.

저는 복잡한 프로젝트를 진행하거나 기술적인 의견 충돌을 해결하는 데 조언이 필요한 사람을 위한 '고무 오리[6]'가 돼서 도움을 줄 수 있어요. (직접 개입하지 않고도 다른 사람을 도와 일을 진행시키는) 이 일에 특히 보람을 느껴요.

마지막으로 자기 일을 멋지게 해낸 사람들을 기억하고 있다가 그들의 관심사와 일치하는, 눈에 띄는 기회가 나타났을 때 그들을 지원해 줍니다. 물론 여기에는 균형이 필요해요. 사람들이 저에게 '아니요'라고 대답하는 것

---

6 **역주** 힘든 상황에서도 긴장을 풀고 희망을 나눈다는 의미로 시작된 고무 오리 조형물이다.

이 어려울 수 있어요. 최근에 팀의 한 엔지니어에게 스스로 잘한 일이 무엇인지 이메일로 보내 달라고 부탁했어요. 이메일을 보낸 후에 그 엔지니어는 저에게 그 메일을 보내고 싶지 않았지만, 싫다고 할 수도 없었다고 하더군요. 그러고 나서 자기가 '아니요'라고 답했던 기록을 보여주더군요.[7]

| feb 21 | the not-shipped email | yes - I wrote the email | Well, I dunno, I guess I want to do the right thing for Michelle. It was something that I uniquely would have to do. I would have been OK with it not being done, but it was important to Michelle, and it's important to me to do things that are important to people who are important to me (I lost my words here). Is this even glue?

Now that it was sent: I don't regret it because people said such nice things |

솔직한 후기

스트라이프가 정규직으로는 첫 회사던데 아직도 재직 중이네요. 어떻게 스태프 엔지니어가 되셨나요?

저는 대학을 졸업하자마자 스트라이프에 입사했어요. 사실 다른 엔지니어보다 실력이 더디게 늘었죠. 첫 4년 동안은 갓 대학을 졸업하고 입사한 다른 엔지니어보다도 느렸어요. 제가 코딩을 오래 하지 않아서이기도 하고 (저는 2011년에 첫 프로그래밍 강의를 들었고 스트라이프에는 2013년에 입사했어요), 스트라이프에서의 첫 대형 프로젝트가 기존 프로젝트를 재작성하는 1년 반짜리 프로젝트였기 때문이기도 했어요. 그 프로젝트는 결국 취소됐거든요.

스트라이프가 처음 레벨 제도를 도입했을 때 저는 L2 레벨이었고 회사에 이미 2년 째 재직 중이었죠. L2 레벨은 보통 대학 졸업 후 6개월에서 18개월 정도 재직한 직원들의 레벨이었어요. 사실 제 동료는 벌써 '시니어 엔지니어' 레벨이었기에 저도 적잖이 실망했죠. 저는 이미 그 시점에 영향력이 있는 많은 일을 했고, 새로 제품 엔지니어로 입사하는 엔지니어 대부

---

7   https://twitter.com/amyngyn/status/1224160724072558594

분을 지도했으며, 장애 처리에 지속적으로 참여하고 있었어요. 여러 영향력 있는 작업에 참여해서 일도 열심히 했어요. 심지어 제 주요 프로젝트는 따로 있었고요. 제가 뭘 더 해야 했을까요? 다른 사람을 돕지 말아야 했을까요?

돌이켜보면 L2 레벨은 직급 체계에서 볼 때 공평한 것이었어요. 저는 경험이 부족했기 때문에 자연스럽게 좋은 코드를 쓰는 게 다른 사람보다 느렸고 그래서 더 열심히 늦게까지 일했죠. 경험이 부족해 소프트웨어 개발의 기초가 잘 다져지지 않았던 거예요. 제가 참여했던 영향력 있는 업무는 가치가 있었지만 사실 저만 할 수 있었던 일은 아니었어요. 그때의 저는 분명 일 잘하는 L2 레벨 엔지니어였죠.

그때는 입사 초기여서 코드를 쓰는 것보다는 제품과 결제 도메인에 대해 배우느라 훨씬 더 많은 시간을 썼어요. IRC에서 우리 팀의 고객(즉, 개발자)이 통합 업무를 수행하는 것을 돕는 데 많은 시간을 할애했죠. 물론 기술적으로 어렵지 않은 작은 업무(버그 픽스, 작은 기능 추가, 소소한 문제에 대한 응급 조치 등)도 수행했지만 그런 업무도 사용자에게는 중요한 것이었죠. 이런 업무가 항상 엔지니어의 성장으로 이어지지는 않았어요(하지만 제 디버깅 스킬에는 도움이 됐죠. 전 이제 디버깅은 곧잘 해요). 그리고 슬랙과 티켓에 지나치게 도움을 많이 주고, 다른 팀이 우리 사용자를 위한 최적의 솔루션을 찾는 데 도움을 주는 방법으로 다른 팀이나 엔지니어와의 관계를 구축해 나갔죠. 처음 2년간은 회사에 새로 입사한 제품 엔지니어 대부분이 업무에 적응하는 것을 도왔어요. 시간이 지나면서 저는 고객을 배려하고 제품에 대해 잘 알고 있다는 평판을 얻게 됐어요('사용자 우선'은 여전히 제가 가장 좋아하는 스트라이프의 운영 원칙이에요).

소프트웨어 엔지니어로서 기술적인 면의 성장을 효율적으로 이뤄내지 못했던 그 시간이 사실은 시니어에서 스태프로, 스태프에서 현재의 직책으로 더 빨리 나아갈 수 있는 중요한 스킬을 배우는 시간이었다는 것을 나중에 깨달았죠(전부 다 해서 3년밖에 안 걸렸어요!). 사실 취소됐던 1년 반짜리 기술 프로젝트가 제 경력에 그다지 큰 오점이 되지 않았던 것은 처음 몇 년간 구축해온 관계 덕분이라고 확신해요.

저는 스트라이프 레이다(radar)[8]와 스트라이프 엘리먼트(elements)[9]의 첫 버전을 개발하면서 기술적인 기반을 천천히, 조심스럽게 개발해 나갔어요. 제가 가졌던 기술적인 격차를 생각하고 제가 참여했던 프로젝트를 위해 그 격차를 줄이고, 프로젝트를 통해 더 도전적인 과제를 스스로에게 부여하면서 자연스럽게 스킬을 배우고 실습할 수 있었다고 굳게 믿고 있습니다. 회사 전반에 걸친 인맥, 사용자 위주의 사고, 제품에 대한 더 깊은 이해 등 소프트 스킬을 배우는 데 더 오랜 시간이 걸렸지만, 결국 제가 기술적 기반을 다진 후에 스태프 엔지니어로의 성장을 가속화하는 데 도움이 됐어요.

스태프 프로젝트에 참여한 적 있나요?

스트라이프 제품의 모든 컴포넌트에 모두 관여했어요. 시간이 지나면서 제가 참여했던 프로젝트는 점차 독립된 팀으로 이양됐고, 특히 그중에서도 시니어 엔지니어로 참여했던 두 프로젝트는 스태프 프로젝트가 되기에 충분했는데 그 프로젝트들이 바로 스트라이프 레이다와 스트라이프 엘리먼트예요.

레이다의 경우에는 처음부터 새로 만든 제품으로 최대한 사용자에게 신속하게 제품을 전달하기 위해 우리가 구현해야 할 것과 우리가 안전하게 프

---

8   https://stripe.com/radar

9   https://stripe.com/payments/elements

로젝트 범위를 좁히는 것에 대한 트레이드오프를 철저히 고민해서 만든 제품이었죠. 2016년 10월에 제품을 출시했는데 그 어느 때보다 매끄럽게 출시했어요. 그 후로 가장 성공한 제품이 됐죠.

스트라이프 엘리먼트는 제가 인프라스트럭처를 구축하고 카드 엘리먼트 API를 처음부터 다시 설계해서 3개월도 안 돼서 출시한 제품이에요. 그게 가능했던 이유는 '개밥먹기(dogfooding)'[10]를 철저히 했기 때문이죠. 엘리먼트를 구현하는 동안 적응화(customization) API의 한계를 테스트할 수 있도록 서로 다른 설계 프레임워크와 (품질이 다양한) 디자인을 적용한 소규모 이커머스(e-commerce) 스토어를 세 개 만들었어요. 그때부터 십여 명의 엔지니어가 기반 코드로 성공적으로 개발할 수 있었고, 새로운 스트라이프 체크아웃 제품의 기반이 됐으며 더 중요한 것은 원래 API 설계에 거의 헛점이 없었다는 거예요. API 제품을 확장하다 보면 브레이킹 체인지(breaking change)[11]가 발생하기 마련인데 그러면서 개발자가 실질적으로 API를 어떻게 사용하는지 배울 수 있었어요. 최초의 API 설계를 잘 검증한 덕분에 브레이킹 체인지를 최소화하면서 빠르게 제품을 출시할 수 있었습니다.

엄청난 수의 IFRAME을 사용하는 복잡한 제품에 새로운 엔지니어가 조금이라도 쉽게 합류할 수 있도록 문서도 엄청 많이 작성했어요. 이야기를 만들어서 사람들에게 왜 그렇게 할 수밖에 없었는지 설명하는 게 큰 도움이 된다는 사실도 깨달았어요.

---

10 역주 자신이나 팀이 구현한 기능을 직접 사용해보는 방법을 말한다.
11 역주 다른 시스템의 실패나 장애를 유발하거나 하위 호환이 불가능한 변경 사항을 말한다. 보통 브레이킹 체인지가 발생하면 소프트웨어의 메이저 버전이 올라간다.

Stripe.js mini-map

This walkthrough of Stripe.js is intended to help you formulate a "mini-map" of the world of Stripe.js 🔍.

There are two high-level flows Stripe.js enables today:
1. **Collecting customer data with Elements, Stripe's pre-built UI components.**
2. **Making API requests of various types (PaymentIntent confirmation, Token creation, etc).** For simplicity, we will focus on Token creation in this document, because other API requests generally work the same way.

In the following sections, we'll be digging into these two flows in order to gain a full understanding of how (and why) things work.

✎ ▾ What the user sees

NB. *"User" in this context refers to Stripe's user — the "merchant." We'll refer to Stripe's user's user as the "customer."*

참여했던 스태프 프로젝트

In this document, we'll define the various components of a Stripe.js feature.

Overview

API key boundary

| stripe instance (and related objects) | Frame (FOOBAR) | stripe instance (and related objects) |

Frame (ELEMENT)

OuterController

Frame (ELEMENT)

OuterController

Frame (CONTROLLER)

Frame (CONTROLLER)

stripeuser.com

js.stripe.com

IFRAME / origin boundary

"Controller" app

"Controller" app

IFRAME boundary

InnerController

"Elements" inner app

InnerController

"Elements" inner app

InnerController

"Foobar" inner app (fictitious)

"Outer" objects

Outer objects **expose user-facing APIs.** For example, Stripe Elements is exposed via Stripe#elements() and the Elements and StripeElement objects.

참여했던 스태프 프로젝트

지금 와 뒤돌아보면 두 프로젝트를 출시한 후로 제품 아키텍처가 점차 발목을 잡기 시작했어요. 그때는 두 제품을 구현하는 것 외에도 출시 후 사용자가 늘어나면서 제품에 대한 선택이 증명되고 내부적으로 개발자가 늘어나면서 기술에 대한 선택이 증명되는 것을 기다릴 수밖에 없었어요.

제품 개발에 참여하는 스태프플러스 엔지니어는 당장 출시하는 것만 구현하는 것이 아니라 가능한 후회할 만한 선택을 최소화하면서 매끄럽게 출시하고, 시간이 지나면서도 계속해서 성공하고 성장할 수 있는 것을 만들어야 해요. 제품을 개발하다 보면 특히 신제품의 경우 중요한 것을 놓치거나 기능의 범위가 축소될 때가 있어요. 제품 스태프 엔지니어는 이런 제품 및 기술적 선택을 신중히 처리하고 가능한 최적의 선택을 위해 다양한 사용자를 고려하면서 나중에 합류할 엔지니어를 위해 잘 다듬어지지 않은 부분을 철저히 문서화할 수 있어야 합니다.

승진 자료집을 사용해 봤나요?

스태프 엔지니어로 승진했을 때 운 좋게도 제 승진에 도와준 관리자가 있었어요. 솔직히 당시에는 제 스스로에 대한 평가서를 쓰는 방법을 제대로 이해하지 못하고 있었죠. 그래서 제 업무의 영향력과 범위를 설명하는 문서가 아니라 그다음 해에 배우고 싶은 다소 자기 반성적인 개발 계획을 썼어요. 제 관리자가 저에 대한 리뷰를 쓰면서 제가 어떤 영향력을 끼쳤는지까지 설명해 줬으니 그 사람이 거의 다 해줬다고 봐야죠.

그 밖에도 도움이 된 몇 가지가 있어요. 먼저 저는 한동안 같은 관리자 밑에서 일했어요. 만일 관리자가 바뀌었다면 새로운 관리자는 저를 잘 이해하지 못하고 그냥 제자리걸음만 하는 일만 맡겼을 거예요. 둘째로 제 관리자는 상대적으로 작은 팀을 맡고 있어서 제 업무의 진행 상황을 관찰하고 세부 내용을 이해할 수 있는 시간이 충분했어요. 만일 엔지니어를 열 명 이상 거느린 관리자였다면 저는 아마 제 승진 자료집에 훨씬 더 많은 시간을 할애해야 했을 거예요.

스태프 엔지니어가 될 때 중요한 요인을 두세 가지 정도 꼽는다면?

뒤돌아보면 놀라울 정도로 중요했던(그리고 지금도 중요한) 요인은 저의 가면 증후군이에요. 덕분에 저는 피드백에 엄청 관대해졌죠. 제 업무와 어떻게든 관련된 것에 책임을 지고 더 많이 배우고 성장하기 위해서요. 또한, PR에 제가 남긴 코멘트의 적합성부터 회의를 진행하는 방법까지 모든 것에 대해 주도적으로 피드백을 갈구하게 만들었어요. 만일 무언가 잘못되면 (그게 기술적인 것이든 조직적인 것이든) 불안해지고 본질적으로 그것에 대해 배우고 고치려고 했어요. 스트라이프의 제품 중에는 '내 문제가 아닌데'라고 손놓을 만한 부분이 없어요. 덕분에 스태프플러스 엔지니어로서 갖춰야 할 기술적인 능력보다 더 중요한 두 가지 능력이 발달했어요.

1. 다른 이의 의견을 진심으로 경청하고 공감하는 능력
2. 모든 종류의 문제를 해결하기 위해 깊이 관심 갖는 능력

물론 가면 증후군은 양날의 검입니다. 이 증상 덕분에 불안에 휩싸이거나 남을 의식하는 경우도 많았어요. 처음에 남들만큼 빠르거나 효율적이지 못해서 늘 해고당할 걱정을 했었죠. 시간이 지나면서 제 강점에 대해 더 자신이 생겼지만, 솔직히 말하면 시간도 엄청 오래 걸렸고 제 관리자와 회사의 리더들이 계속해서 긍정적인 도움을 줬기 때문에 가능했어요.

인프라스트럭처 엔지니어링을 할 때보다 제품 엔지니어링을 할 때 스태프플러스 엔지니어가 되기 더 어려운가요?

상황에 따라 다른 것 같아요. 그리고 스트라이프의 경우는 핵심 제품이 인프라스트럭처라서 아무래도 좀 더 쉬웠죠. 그렇다는 것은 제품 엔지니어링 조직 내에서 확장성, 견고성, 마이그레이션 계획, 잘 설계된 인터페이스 등을 고려해야 할 프로젝트에 참여할 기회가 많다는 뜻이죠.

당연히 UI를 구현하는 팀에서만 근무하면 스태프 엔지니어가 되긴 어려울 거예요. UI 제품은 본질적으로 더 일시적이고 반복적이고 실험적인 일이 더 많기 때문이죠. UI 팀의 엔지니어로서 스태프 수준의 영향력을 발휘하려면 그런 영향력을 스스로 만들어낼 수 있어야 합니다. 그러려면 잘 설계된 컴포넌트 라이브러리, 실험용 프레임워크 등을 구현해야 합니다.

제품 엔지니어로서 영향력을 만드는 또 다른 방법은 '제품 부채(product debt)'를 관리하는 절차와 시스템을 만드는 거예요. 보통 사람들은 '기술 부채'를 언급하는데 '제품 부채'도 마찬가지로 중요합니다. 제품 부채는 보통 오래된 버전의 제품을 지원하면서 발생해요. 시간이 지나면서 제품 엔지니어링에서 확장하기 어려운 제품 부채와 제품 표류(서로 다른 방향으로 움직이는 제품 간 상호 운용이 필요한 경우)를 관리하는 것과 관련이 있어요. 저는 회사에서 제품 부채가 쌓이면 어느 정도 규모가 됐을 때 제품 엔지니어링 조직 내에 스태프 수준의 복잡성을 처리해야 할 역할이 필요해질 거라고 믿어요.

스태프 엔지니어가 되는 데 특별히 도움이 됐던 조언이 있나요?

저는 그렇게 도움이 됐던 조언은 받지 못했어요. 물론 어떤 특정 상황에서 좋은 조언을 받기도 했지만 그런 조언은 항상 그 상황에 한정적이었어요.

가장 도움이 됐던 것은 불확실성에 익숙해지라는 것이었어요. 시니어로서 지속적으로 성공하는 것은 조직이 요구하는 변화에 순응하며 성장할 수 있는 능력에 달려 있어요.

스태프플러스 엔지니어가 되려는 사람에게 해주고 싶은 조언이 있다면?

몇 가지 참고할 것이 있어요.

- 저는 관리자 면에 있어서는 특히 운이 좋았어요.
- 제 관심사는 항상 회사의 가장 중요한 사항에 맞춰져 있었어요(현 시점에서는 제 개인적인 관심, 예를 들면 개발자 제품이나 멘토십 같은 관심이 처음부터 회사와 맞았던 건지 아니면 시간이 지나면서 회사의 중요한 사항과 맞춰진 건지는 잘 모르겠어요. 아무래도 전자 같다고 생각하는데 어쨌든 저는 항상 제 일에 정말 관심이 많았어요).

전 아마도 회사에서 눈에 띄는 제품 엔지니어 중 한 명이라 스태프플러스 엔지니어가 되고 싶은 다른 엔지니어도 제가 어떻게 하는지 보고 따라 할 것 같아요. 물론 기분 좋은 일이고 다른 사람에게 롤 모델이 되어 줄 수 있다는 점에서 운이 좋다고 생각해요.

엔지니어에게 가장 해주고 싶은 조언은 결국 스스로 즐기지 못하는 업무를 하는 방향으로 흘러가는 것을 피해야 한다는 점이에요. 저는 팀과 협업하여 추상화 모델과 설계 문제를 해결할 때 가장 힘이 넘쳐요. 그런데 이 일은 계속 피드백받으면서 몇 번이고 일을 다시 해야 하기 때문에 인내심이 상당히 필요하죠. 솔직히 말하면 누구나 할 수 있는 일은 아니에요. 스스로 열심히 일하려는 것이 아니라 단순히 스태프 직책을 얻는 것에만 신경 쓴다면 결국 원치 않은 일을 하게 되기 마련이에요. 스태프플러스 엔지니어가 되는 것, 특히 넓은 의미의 스태프플러스 엔지니어가 되는 것은 시니어 엔지니어가 되는 것과는 상당히 달라요.

설령 문서상으로는 스태프플러스 엔지니어가 될 만한 일은 아니더라도 열정적으로 할 수 있는 일을 찾으세요. 스태프플러스 엔지니어로서 성공하는 데 가장 중요한 점은 영향력을 행사할 수 있는 완전히 새로운 업무를 찾아 범위를 정의하고 다른 사람에게 그 가치를 인정받아 영향력을 행사하는 것이에요. 이런 일에 열정을 느낀다면 여러분의 업무에 대해 깊이 고민하는 것을 즐길 것이므로 더 쉽게 해낼 수 있을 거예요!

이제 막 스태프플러스 엔지니어가 된 사람에게 하고 싶은 조언이 있다면?

스태프플러스 엔지니어는 여러분의 팀과 조직에 한정적이므로 여러분의 상황에 맞지 않는 조언을 듣지 않는 것이 중요합니다. 예를 들어, 제가 현재 직책을 맡게 됐을 때 많은 다른 스태프플러스 엔지니어가 향후 1~2년 내에 어떤 목표를 달성하려는지 설명하는 개인 계획을 작성하는 중이었어요. 이 방법은 깊은 범위를 담당하는 엔지니어에게는 좋은 방법이지만, 조직적 변화와 제품 전략의 변화에 신속하게 대응해야 하는 넓은 범위를 담당하는 엔지니어에게는 그다지 도움이 되지 않아요.

엔지니어링 관리자가 되는 것을 고려한 적이 있나요?

전 현재 두 엔지니어를 관리하고 있어요. 하지만 전형적인 관리자가 주로 하는 일은 거의 하지 않습니다. 우리 팀의 두 엔지니어는 이미 역량이 뛰어나기 때문에 다른 관리자처럼 개인 성과를 관리하는 상황도 없어요.

저는 스트라이프를 엄청 신경 씁니다. 무언가 제대로 되지 않는 걸 보면 그걸 고치려고 안달이에요. 어떤 조직에서는 이런 저를 현재 직책 대신 엔지니어링 관리자를 시키겠지만, 이 회사에서는 엔지니어링 관리자가 제가 택할 수 있는 유일한 길이 아니라는 점이 너무 고마워요. 덕분에 저는 제품 엔지니어링과 API의 설계 및 실행에 강점과 관심을 두고 매일 제 일을 하면서 이런 강점을 활용하고 있어요.

어떤 리소스(책, 블로그, 사람 등)에서 새로운 것을 배우나요?

저는 소설 읽는 것을 좋아해요. 훌륭한 문학 작품에서 세상에 대해 많은 것을 배우고 있어요. 실화를 바탕으로 한 비즈니스나 기술 서적은 거의 읽지 않아요. 제 일과 직접 관련 있는 주제를 배울 때는 동료와의 관계를 무엇보다 우선합니다. 제 동료는 그 순간에 가장 가치 있는 피드백을 제공해주고 머릿속에 맴도는 해답을 끄집어내는 데 도움을 줘요.

스트라이프는 '현실의 리더십'이라는 프로그램을 운영해요. 모든 관리자와 일부 시니어 엔지니어가 참여하죠. 이 프로그램은 '적응형 리더십'[12]이라는 유용한 강의도 제공해요. 그 이후로 제가 배웠던 프레임워크를 많은 상황에 적용했어요.

멘토 단 한 명에게서만 조언을 얻은 적은 한 번도 없습니다. 그 대신 자신의 멘토를 직접 구하는 방법인 '프랑켄슈타인' 방법을 따르고 있어요. 라라 호건이 관리자 볼트론[13]을 직접 구하는 것에 대해 쓴 내용과 비슷한 방법이죠. 저에게 멘토 한 명을 엮어주는 프로그램을 자연스럽게 느낀 적이 한 번도 없어요. 저는 제가 성장하고 싶은 특정 주제나 영역에 의도적으로 참여하는 편이고 '공식적인' 멘토가 아니더라도 그 영역에서 뛰어난 사람에게 끌리는 경향이 있어요.

쉽고 보편적인 정답이 없는 어렵고 구체적인 질문에 많은 시간을 씁니다.

---

12 https://www.amazon.com/dp/B004OC071W

13 https://larahogan.me/blog/manager-voltron
볼트론은 TV 만화 영화에 등장하는 로봇의 이름이며 주인공 5명이 볼트론을 조종한다.

올바른 방법을 찾아내려면 그 상황에는 놓여본 적 없는 사람은 이해하지 못하는 수많은 상황적 배경을 이해해야만 하죠.

실화를 바탕으로 한 책 중에서 제가 최근에 즐겁게 읽었던 책이 몇 권 있어요.

- 존 맥피John McPhee, 『네 번째 원고』(글항아리, 2020): 저는 직장에서 주로 글을 쓰느라 시간을 보내서 저자의 어려움을 잘 알고 있어요. 하지만 잘 작성한 글로 의사소통하는 것은 아이디어를 퍼뜨리고 자기 자신을 더 확장하는 가장 효율적인 방법이므로 글쓰기 기술을 향상시키는 것은 매우 중요합니다.
- 에드 카뮬Ed Catmull, 『창의성을 지휘하라』(와이즈베리, 2014): 이 책의 어투는 눈이 크게 떠질 정도였지만, 창의적인 업무 환경을 조성하는 방법에 대해서는 배울 점이 참 많았어요. 우리의 제품 조직과 제품 엔지니어링 조직이 성장하면서 제가 많이 고민하고 있는 부분이었죠.
- 케이스 존스톤Keith Johnstone, 『Impro』(Routledge, 1987)[14]: 저는 (특히 회사가 성장하면서) 빠르게 배우고 적응하는 능력이 제 강점이라고 보고 다른 형태의 배움과 가르침에 대한 책을 읽는 것을 좋아해요. 이 책은 행동하는 법에 대해 배울 수 있고, 교육을 전통적인 은유와 묘사를 통해 설명하고 있어요.

---

14 https://www.amazon.com/Impro-Improvisation-Theatre-Keith-Johnstone/dp/0878301178

2

라스 카사 윌리엄스
- 메일침프의 스태프 엔지니어

이 인터뷰는 2020년 7월에 녹음했다. 카사에 대해 더 자세히 알고 싶다면 링크드인[15]을 참고하기 바란다.

현재 역할에 대해 간략히 말씀해 주세요. 어느 회사에서 어떤 직책으로 일하며 보통 어떤 종류의 업무를 하나요?

메일침프의 스태프 엔지니어입니다. 데이터 서비스 엔지니어링 그룹에서 일하고 있어요. 데이터 서비스는 회사의 전체 데이터 엔지니어링을 담당합니다. 우리 그룹은 회사의 데이터 과학과 분석 팀(예를 들면, 제품 분석, 금융 분석, 마케팅 분석 등)을 우선으로 지원하는 시스템을 구축하고 있어요.

전 이 그룹의 기술 리드 중 한 명입니다. 내부 분석 플랫폼을 강화하고, 중요한 비즈니스 인텔리전스 지표를 개선하기 위해 확장 가능한 데이터 처리 파이프라인 개발에 집중하고 있습니다. (비록 그전에는 엔지니어링 관리자가 아니었지만) 팀의 엔지니어링 관리자 역할에도 상당히 힘쓰고 있습니

---

15 https://www.linkedin.com/in/raskasawilliams

다. 지금 직책을 맡은 지는 2년 정도 됐고 지금은 다른 엔지니어에게 그 역할을 물려주기 위해 노력하고 있어요.

회사에서 스태프플러스 엔지니어는 보통 어떤 일을 하나요? 당신도 비슷하게 일하나요 아니면 다른가요?

메일침프에서는 일단 스태프 엔지니어가 되면 '엔지니어링 리더 그룹'의 구성원이 됩니다. 기존의 엔지니어링 직급 체계는 몇 년 전에 만든 거라 '스태프 엔지니어가 된다는 건 어떤 의미인가?'나 '엔지니어링 리더 그룹의 구성원이 된다는 건 어떤 의미인가?' 등에 대한 질문의 답변은 저마다 달라요.

제가 볼 때 스태프플러스 엔지니어가 된다는 것은 생각의 범위를 넓히는 것입니다. 다른 구성원과 협력해서 전사 비즈니스/제품 전략을 이해하고 그것을 엔지니어링 전반의 기술적 전략으로 바꿔 제품, 마케팅 그리고 다른 기능 전반에 적용해 나가야 한다는 뜻이죠. 또, 협업으로 채용, 온보딩, 팀 간 커뮤니케이션, 제품 운영 같은 프로세스를 발전시켜야 하고요. 결국은 협업으로 전체 팀의 기술 및 소셜 스킬을 발전시켜야 한다는 의미입니다.

글로벌하게 생각하고 로컬에 적용해야 합니다. 즉, 팀의 (기술적) 주도권/로드맵을 엔지니어링 전반의 기술 전략에 맞추는 것이죠. 팀과 직접 관련 있는 이해 당사자의 요구를 맞추느라 전략에 맞지 않는 길을 선택해야 한다면 그 의도가 명확해야 합니다. 이는 다른 팀이 채용, 온보딩, 프로덕션 운영 등을 성공적으로 이뤄낸 사례를 우리 팀에 적용할 때는 관리자와 협업해야 한다는 뜻입니다. 물론 팀의 사례를 다른 팀과 공유하는 것도 효과가 있습니다. 이는 회사 전반의 비즈니스/제품 전략에 깔린 맥락을 이해하고 팀이 당면한 프로젝트에 어떤 영향을 미치는지 분석해야 한다는 뜻입니다. 그리고 의도적으로 팀의 팀원 모두 스킬을 발전시키고 조직에서 인정받으며 회사 내 다른 사람과도 협업할 수 있는 기회를 창출해야 합니다.

물론 제가 항상 옳다는 뜻은 아닙니다. 하지만 제 입장에서는 팀을 성공적으로 운영할 수 있었던 방법이었어요.

하루 일과가 어떻게 되나요?

앞서도 말했지만 저는 데이터 서비스 조직의 기술 리드 중 한 명입니다 (그리고 엔지니어링 관리자 역할도 겸하고 있죠).

저는 기술 리드로, 우리 팀의 기술적 전략과 방법을 정의하고 실행에 옮깁니다. 이 전략이 내부 고객(또는 비즈니스)에게 가치를 전달할 수 있도록 뒷받침하고 필요에 따라 회사 전체에 효율적으로 전달하기 위해 노력하고 있어요. 일 년에 두어 번은 진척 상황과 전략을 수정해야 할 비즈니스적 변화가 있는지도 파악합니다. 저는 아직도 정기적으로 코드에 기여합니다. 물론 팀의 다른 엔지니어만큼은 아니지만, 저의 기술적 전략(및 기타 거시적인 의사결정)이 팀의 다른 엔지니어에게 현장에서의 경험이 될 수 있도록 코드를 꾸준히 작성해요.

저에게 중요한 것은 제가 설정한 방향에 따라 팀의 다른 엔지니어들이 성장하고 자기 계발하도록 이끄는 것이에요. 쉽게 말하자면 저는 (멘토링이나 코칭으로) 팀원들이 기술적 의사결정이 어떻게 이루어지는지, 그 결정이 고객/비즈니스 문제의 해결을 어떻게 뒷받침하며 가치를 제공하는지 이해하도록 돕고 있어요. 그리고 팀원들이 문제 제시부터 프로덕션 환경으로 릴리스하는 것과 장기적 운영에 이르기까지 엔지니어링 프로젝트를 주도하는 방법을 이해하도록 돕습니다. 여러 대상, 예를 들면 엔지니어링 동료나 엔지니어링 관리 조직 또는 비기술직 이해 당사자 등을 대상으로 적절히 의사소통할 수 있도록 돕고 있습니다. 결론적으로 말하자면 팀원들이 제 기술적 전략과 방향 그리고 방식에 따라 제가 없는 상황에서도 스스로 업무를 수행하고 의사소통할 수 있는 정도의 수준이 되도록 돕고 있는 거죠.

우리 그룹에는 제품 관리자가 없습니다. 하지만 내부 고객의 수요와 이해 당사자의 관리와 같은 필요성은 여전히 있어요. 이런 역할을 담당하기 위해 최근 우리 팀에 엔지니어링 관리자를 채용했어요. 하지만 우리 팀은 상당한 책임을 서로 공유합니다. 저는 내부 고객과 충분히 대화하고 간단한 질문에 답변도 합니다. 새로운 업무(예를 들면 새로운 데이터셋)에 대한 수요를 이해하고 더 발전적인 방향을 제시하며, 새로운 업무를 수행할 때의 기대치를 설정하는 등의 역할을 합니다.

우리 그룹에는 프로젝트 관리자 또한 없어요. 하지만 그 필요성은 존재합니다. 저는 각 팀원이 자신이 속한 프로젝트에 대한 프로젝트 관리 책임을 갖게 해주는 것(예를 들면, 이해 당사자에게 상황을 업데이트해주는 일 등)이 옳다고 믿습니다. 위험 요소나 방해 요소에 대해 사전에 의사소통하는 등 프로젝트 관리 전략을 지도해서 방해 요소를 제거하고 속도를 유지하면서 지속적으로 더 많은 가치를 제공할 수 있도록 도와주고 있죠.

저는 내부 고객과 비즈니스 배경이나 맥락을 이해하는 데 시간을 많이 들였습니다. 간혹 제가 관리하지 않는 소스 저장소에 이미 통합된 풀 리퀘스트의 코드를 읽기도 하고요. 공개적으로 공유한 기술 스펙과 제안서를 읽기도 합니다. 데이터 과학 및 분석 팀이 완료한 프로젝트나 고려 중인 아이디어를 발표하는 다양한 내부 발표에도 참석하곤 하죠. 이 모든 것은 소소한 전략이지만, 제가 상황을 이해하는 데 도움이 되며 우리 팀의 분기별 계획에 사용하는 중요한 자료 중 하나입니다.

팀 리드이기 때문에 엔지니어링 기술 리드 그룹의 구성원이기도 해요. 이 그룹은 엔지니어링 조직의 모든 기술 리드가 상황을 공유하고 아이디어를 논의하며 엔지니어링 전반의 기술적 로드맵을 개선하는 등의 활동을 해요. 때로는 이 그룹에서 일시적으로 처리해야 할 업무가 대화 중에 튀어나오기도 합니다. 간혹 모든 스태프, 시니어 스태프, 프린시플 엔지니어가 문제를 제시하고 논의하며, 필요하다면 담당자와 조치 사항을 정하고 서로 커뮤니티를 구축하기 위해 정기 모임도 갖습니다. 우리는 구글 클라우드를 사용하기 때문에 구글과 면밀히 협업하고 있어요. 때로는 배정된 파트너 팀과 당면한 과제, 우리가 가진 계획, 해결책에 대한 적절한 접근법, 도움이 될 만한 트레이닝 등을 논의합니다.

이제는 기술 리드 역할을 물려주고 있기 때문에 제 일과에도 당연히 변화가 있을 거예요. 하지만 아직은 어떤 하루를 보내게 될지 잘 모르겠네요.

스태프플러스 엔지니어로서 가장 영향력이 있다고 느낄 때는 언제인가요?

제가 동료들의 방해 요소를 제거하고 추진력을 유지하는 데 도움이 됐다고 느끼면 항상 보람을 느낍니다.

예컨대 데이터 서비스 팀의 팀원 중 한 명이 복잡한 기술적 문제를 해결할 수 있는 방법과 즉각적인 가치를 제공하는 방법 대비 장기적으로 안정을 추구하는 방법 같은 트레이드오프에 대해 고민하는 것을 돕는 것일 수 있죠. 아니면 새로운 기술을 어떻게 깊이 있게 파헤쳐보고 우리의 최우선순위 문제 3가지에 적용할 수 있는지 판단하는 데 도움을 주는 것일 수도 있어요.

다른 팀의 동료가 지난 분기의 결과물이 실질적인 비즈니스/고객 가치를 실현했는지, 승진을 원하는 경우 그런 영향력을 어떻게 조직에 설명할 것인지에 대해 도움을 주는 것일 수도 있습니다.

어쩌면 합의가 이뤄지지 않아 중단된 단기적인 '조직의 업무'를 찾아내고 담당자가 (관련자에게 적절한 피드백을 받아) 의사결정에 대한 책임 의식을 갖도록 독려하고 업무를 완료하게끔 주도하는 것일 수도 있고요.

지금까지 경력을 쌓으면서 계속 느꼈던 건데 제 성공만큼 동료의 성공도 기분이 좋습니다. 기술 리드 역할을 맡는다는 것은 동료의 성공을 돕는 것이 훨씬 더 중요해진다는 뜻이죠. 단지 제가 좋아하던 것에서, 제가 좋아하는 것뿐 아니라 제가 책임지고 있는 팀의 건강을 위해서도 중요한 사항으로 바꿨어요.

스태프플러스 엔지니어가 되기 전에 해보지 않았거나 스태프플러스 엔지니어가 아니었다면 할 수 없었을 일이 있었을까요?

이미 언급했지만 메일침프에서 스태프 엔지니어가 된다는 것은 엔지니어링 리더 그룹의 구성원이 된다는 뜻이에요.

스태프플러스 엔지니어는 보통 스스로 시간을 관리합니다. 자신의 주된 업무에서 벗어나는 업무를 할 시간을 만들기가 상대적으로 쉽죠. 당연히 저도 같은 경험을 했습니다.

그리고 저는 우리 팀이 아닌 다른 팀의 동료에게 코칭, 멘토링 그리고 일반적인 지원 업무까지 다양한 기회를 누려왔습니다. 물론 스태프 엔지니어로 승진하기 전에도 해왔던 일입니다. 하지만 스태프 엔지니어가 되고 나서 분명히 그런 일을 할 기회가 늘었어요. 당연히 저는 보람을 느꼈고, 여기에 감사하죠.

간혹 업계 동료들은 직책이 중요하지 않다고 말하기도 합니다. 하지만 전이 말에 절대 동의하지 않아요. 제 경험과, 제가 그동안 근무했던 회사에서 관찰한 결과는 그 반대입니다.

스태프 엔지니어가 되려면 '스태프 프로젝트'를 수행해야 한다는 것이 보편적인 생각인데요. 스태프 프로젝트를 해본 경험이 있나요? 있다면 어떤 프로젝트였나요?

어떻게 보면 그런 프로젝트를 했었죠.

전 메일침프에 시니어 엔지니어로 입사했어요. 입사하자마자 곧바로 엔지니어링 디렉터 한 명과 프린시플 엔지니어 두 명이 있던 프로젝트 팀에 합류했죠. 이 프로젝트는 메일침프 최초로 내부용 서비스 분석 플랫폼을 구현하는 것이었어요.

능률적이면서도 어느 정도 높은 단계에서 업무를 수행해야 했습니다. 좋은 건지 나쁜 건지 몰라도 프린시플 엔지니어가 두 명이나 있었다는 것은 저에 대한 기대치가 그렇게 높지 않았다는 뜻이기도 했죠. 어쩌다 프린시플 엔지니어에게 도움받기는 했지만, 저는 곧바로 프로젝트의 핵심 기능 개발에 참여했습니다. 그리고 팀에서 가장 기여도가 높은 엔지니어가 됐어요. 결국에는 현재 엔지니어링 그룹인 데이터 서비스에 흡수된 프로젝트 업무를 계속 관리하는 데 도움을 줄 수 있는 기술 리드로 공식 임명됐어요.

이 프로젝트의 또 다른 중점 사항은 **회사 전체가 눈여겨보고 있다는 점**이었어요. 프로젝트 팀의 업무는 회사 수준의 목표로 분류되어 있었죠. 그 말은 임원급에서도 눈여겨보고 있다는 뜻이었어요. 물론 압박도 상당했죠. 하지만 프로젝트 팀은 전체적으로 진척 속도가 괜찮았고 결국 분석 플랫폼의 첫 단계를 성공적으로 완수해냈어요. 또한, 제 관리자와 팀의 프린시플 엔지니어는 프로젝트 팀에서의 제 역할을 부각시킬 기회를 만들어주는 데 진심이었죠. 덕분에 전사 행사인 엔지니어링 전체 행사에서 발표할 수도 있었고, 엔지니어링 채용 이벤트에서 기술 토크도 함께 진행했어요. 프로젝트에 대한 주목과 메일침프의 보편적인 문화 덕분에 입사 후 상당히 짧은 시간 안에 회사 내 모든 수준의 엔지니어와 협업하고 다른 팀의 분석가들과도 일해볼 수 있었어요. 보통은 이런 기회를 얻기까지 일 년 또는 그 이상이 걸리죠.

그러니까 일도 잘했지만 많은 시니어 엔지니어들과 정말 효율적으로 일했던 것이 잘 결합된 결과였어요. 그리고 그 시니어 엔지니어(와 다른 엔지니어)도 저를 부각시키고 프로젝트의 기술 리더와도 함께 협업할 수 있는 기회를 만들어줬죠.

중요한 건 기술 리드로 어느 정도 의미 있는 시간을 보내면서 상당한 가치를 가져오지 않는 한 승진은 어렵다는 점이에요. 하지만 이 프로젝트는 분명 저에게 부싯돌 역할을 했어요.

스태프 엔지니어가 되는 데 특별히 도움이 됐던 조언이 있나요?

가장 먼저 떠오르는 건 제 관리자였던 마크 헤드룬드Marc Hedlund[16]가 해준 조언이네요. 3인칭 시점에서 제 성과 리뷰를 써보라고 했죠. 즉, 다른 사람을 칭찬하고 리뷰해줄 때 조금 덜 비판적이 되는 것처럼 해보는 것이었어요. 간단하지만 저에게 큰 도움이 됐던 방법입니다. 이상하게도 이 방법은 제가 했던 업무와, 그 업무가 비즈니스에 가져다준 가치를 일관적으로 서술하는 방법을 이해하는 데 도움이 되었어요.

두 번째는 제가 언급했던 '스태프 프로젝트'의 시니어 엔지니어 중 한 명이었던 댄 맥킨리Dan McKinely[17]가 해준 조언입니다. 댄은 제 강점과 약점에 대해 제대로 피드백해줬죠. 제 강점은 회사 내에서 관계를 구축하는 것이고, 엔지니어링의 인적/사회적 중요성은 없어지지 않기 때문에 굉장히 중

---

16 https://twitter.com/marcprecipice

17 https://mcfunley.com

요한 스킬이라고 말해줬어요. 사실 이 스킬은 일을 마무리하는 데 핵심적인 요소죠.

세 번째는 제가 참여했던 '스태프 프로젝트'의 또 다른 시니어 엔지니어인 코다 헤일Coda Hale[18]이 해준 조언입니다. 코다는 조직 안에서 영향력을 키우는 것에 대해 다음과 같은 얘기를 해줬어요.

> 먼저 다른 엔지니어를 위해 기술적 방향을 효과적으로 설정해야 해요. 그런 후에는 그들을 멘토링하고 당신이 짜준 업무를 수행하면서 능력을 계발할 수 있도록 도와줘야죠.

이 조언은 제가 기술 리드로서의 역할을 생각하는 가장 중요한 기준이 됐어요. 그러니까 팀을 확장하고 팀원이 본인의 스킬을 드러내고 많은 것을 배울 수 있는 기회를 창출하는 데 진심이어야 한다는 거죠.

이제 막 스태프플러스 엔지니어가 된 사람에게 하고 싶은 조언이 있다면?

여러분이 엔지니어링 조직의 모든 문제를 해결할 거라고 생각하지는 마세요. 제 경험상 그렇게 하면 지칠 뿐만 아니라 빨리 지겨워질 거예요. 차분히 진행하면 됩니다. 여러분이 이미 스태프 수준으로 일했기 때문에 승진한 것입니다. 따라서 무언가 크게 다른 일을 할 필요가 없을 거예요. 그 직책을 맡기까지 그랬던 것처럼 계속 일을 잘 하면 됩니다. 일단 새로운 직책에 적응했다고 생각한다면 거기서부터 조금씩 늘려가면 돼요.

의사소통하면서 얘기를 잘 풀어나가는 것이 핵심입니다. 이때 도움되는 것이 무엇이든 문서로 남기는 것입니다. 문제나 아이디어에 대해 생각할 때는 (공유할 생각이 없더라도) 문서로 적어두세요. 보통 저는 문제점이나 아

---

18 https://codahale.com

이디어를 논리정연하게 설명할 수 없을 때는 제가 더 생각해봐야 할 부분을 간략히 적어둡니다. 아니면 다른 사람을 설득하는 데 드는 시간을 대충 예상할 때도 괜찮은 방법이에요. 그리고 글을 쓰면 아이디어를 확장하고 더 효율적으로 논의할 수 있습니다. 아이디어를 공유하고 싶은 모든 사람이 참여할 회의를 예약하는 것보다는 훨씬 쉽죠.

관리자의 업무 부담도 덜어줘야 합니다. 관리자에게 문제를 제시하기만 해서는 안 되고 그 문제를 해결할 수 있는 (가능하다면 여러 가지) 권고 사안이나 제안도 함께 제시하고 피드백을 요구하세요. 그렇게 하면 관리자가 (필요한 옵션을 다 가지고 있으므로) 혼자서 문제를 해결할 필요가 없고 자신의 경험을 바탕으로 여러분의 제안을 받아들일지 여부도 결정하는 기회를 갖게 되는 거죠. 자기가 직접 해결책을 제시하는 것보다 왜 여러분이 제시한 해결책이 안 좋은지 피드백을 주는 것이 훨씬 쉽거든요.

협업하는 다른 엔지니어들이 스킬을 개발하고 보통은 갖지 못하는 관심을 받을 수 있는 기회를 창출하는 것을 생각해봐야 합니다.

최대한 일찍 인적 네트워크를 만들어 가세요. 어떤 일을 할 때 사회적, 정치적 요소가 필요한 상황이 되면 큰 도움이 됩니다. 예컨대 어떤 사람과 처음 협업하는데 채용과 관련해 서로 반대되는 입장이라면 이미 그 사람과의 관계에서 손해를 보는 것입니다. 분명히 말하지만 '아, 왜 이래요.' 같은 식으로 대하면 안 됩니다. 하지만 사전에 그 사람과 친분이 있다면 그 관계에서 향후 업무를 생산적으로 협업할 수 있는 능력을 발휘하는 게 훨씬 쉬워질 거예요.

솔직히 말하면 지금까지 얘기한 내용을 모두 적용하는 것은 어렵습니다. 그리고 그저 한 사람의 의견일 뿐이에요. 제 의견을 그저 레스토랑의 메뉴처럼 생각하면 됩니다. 여러분에게 맞는 의견을 선택해 적용하세요. 그리고 스태프 엔지니어가 되려는 사람에게 여러분의 경험을 공유하는 것으로 갈아 나가면 됩니다.

엔지니어링 관리자가 되는 것을 고려한 적이 있나요? 그랬다면 어떤 이유로 스태프 엔지니어가 되기로 결심했나요?

그 질문은 종종 들어요.

전 원래 CTO가 되는 것이 목표였습니다. 하지만 그 목표는 경력을 쌓아 가면서 현실에 안주하지 않기 위한 일종의 방향 같은 것이었어요. 메일침프에서는 프린시플 엔지니어로 승진하는 것이라면 만족할 것 같아요. 전 현재 위치에서도 실질적이며 명확한 가치를 가져올 수 있어요. 그러니까 계속 그렇게 IC로 일하면서 만족감을 느낄 수 있을 거라 생각합니다.

그리고 (그전에 엔지니어링 관리자 경험은 없지만) 우리 팀의 엔지니어링 관리자로서 책임도 상당 부분 수행했어요. 그러니까 관리자로 전향했을 때 제가 하려는 것의 상당 부분은 이미 경험한 거죠. 한동안 제가 경험했던 여러 문제를 해소할 거라 믿습니다.

어떤 리소스(책, 블로그, 사람 등)에서 새로운 것을 배우나요? 업계에 롤 모델은 있나요?

기술 및 비기술직의 사람들과 기술에 대해 구두로 의사소통하는 것은 스킬입니다. 저는 매일같이 이 스킬을 연마하며 기르고 있어요. 이걸 제대로 하는 사람 중 한 명이 켈시 하이타워Kelsey Hightower[19]입니다. 또 한 명은 제가 수강했던 소프트웨어 엔지니어링 과목을 가르치셨던 대학 은사님입니

---

[19] https://twitter.com/kelseyhightower

다. 교수님은 수업에 거의 들어오지 않으셨어요. 하지만 수업에 들어오시면 그 어떤 곳보다도 소프트웨어 개발에 대해 더 잘 배울 수 있었죠. 두 사람 모두 듣는 사람에 맞춰 잘 설명하셨어요.

제가 기술적 방법과 전략을 개발하는 스킬을 연마하고 다듬는 데 도움이 된 블로그가 몇 가지 있어요. 첫 번째로는 피트 호지슨Pete Hodgson의 '아키텍처 전략 제공하기(Delivering on an architecture strategy)'[20]입니다. 이 블로그는 기능의 전달과 아키텍처의 기반 작업 사이의 지속적 균형을 확립하기 위한 프레임워크를 제공합니다. 두 번째는 제임스 코울링James Cowling의 '이정표가 아닌 디딤돌(Stepping Stones not Milestones)'[21]입니다. 이 블로그는 아키텍처적으로 큰 목표를 세워 실질적인 가치를 제공하는 것에 대해 설명하고 있습니다.

---

20 https://blog.thepete.net/blog/2019/12/09/delivering-on-an-architecture-strategy

21 https://medium.com/@jamesacowling/stepping-stones-not-milestones-e6be0073563f

3

키비 맥민
– 패스틀리의 시니어 프린시플 엔지니어

이 인터뷰는 2020년 3월에 녹음한 것이다. 키비에 대해 더 자세히 알고 싶다면 블로그[22], 트위터[23], 링크드인[24]을 참고하기 바란다.

현재 역할에 대해 간략히 말씀해 주세요. 어느 회사에서 어떤 직책으로 일하며 보통 어떤 종류의 업무를 하나요?

패스틀리[25]의 시니어 프린시플 엔지니어입니다. 패스틀리는 CDN 같은 서비스를 제공하는 엣지 클라우드 플랫폼이에요. CTO에게 직접 보고를 올리는 프린시플 및 디스팅귀시드 엔지니어 10명으로 구성된 그룹의 구성원으로, CTO 사무실에서 일하고 있습니다. 이 그룹의 각 구성원은 각자 중점적으로 담당하는 부분이 있고, 저는 API 리드를 맡고 있어요.

---

22 https://keavy.com

23 https://twitter.com/keavy

24 https://www.linkedin.com/in/keavy

25 https://www.fastly.com

회사에서 스태프플러스 엔지니어는 보통 어떤 일을 하나요? 업무 중에는 시간을 어떻게 분배하나요?

CTO 그룹에는 여러 종류의 프린시플 엔지니어와 디스팅귀시드 엔지니어가 있어요. CTO 그룹보다는 엔지니어링 팀과 더 긴밀히 협업하는 프린시플 엔지니어도 있고요. CTO 그룹에서 누구는 인터넷 표준이나 학술 조사를 하고, 누구는 더 깊은 기술적 연구와 프로토타이핑을 합니다. 완전히 새로운 것을 구현하는 팀을 인큐베이팅하는 사람도 있고요. 저는 API 리드를 맡고 있어서 엔지니어링 조직과 폭넓게 협업합니다.

우리는 제각각 다른 업무를 맡고 있지만, 전체적이고 장기적이며 시스템 전반에 대해 고려하는 공통 목표를 가지고 있어요. 또한, 엔지니어링 조직이 간과하거나 미처 피하지 못하고 빠지는 문제를 찾아내고 해결하는 것을 도와줍니다. CTO 역시 우리 업무를 잘 지원해 주지만, 어떤 프로젝트에 참여할지 정해주진 않아요. 그건 우리가 정하는 거죠.

전 제 시간을 퍼센트 단위로 생각해본 적이 없습니다. 업무 중 일부는 단계별로 진행되는데, 이번 주는 그중 한 가지가 진행되고 다음 주에는 더 많이 진행돼요. 제 시간의 상당 부분은 업무 문서화, 조사 그리고 사람들과 대화하는 데 쓰고 있어요. API를 구현하는 팀이나 관리자들과 정기 회의도 있고요. 장기적 전략을 작은 단위로 나누고 그에 따른 조사를 수행하고 제안서를 작성하기도 합니다. 그런 후에는 그 제안을 회사에 홍보도 해야겠죠. 최근에는 코딩은 좀 적게 하지만 다른 쪽으로 생각하면 데모를 구현하거나 더 폭넓은 업무를 지원할 도구를 만들기도 합니다. 이런 코딩 작업은 여전히 즐거워요.

스태프플러스 엔지니어로서 가장 영향력이 있다고 느낄 때는 언제인가요? 그전에는 못 해봤는데 스태프플러스 엔지니어가 된 덕분에 할 수 있었던 일이 있었나요?

평범한 엔지니어로 시간을 내는 건 어려울 수 있어요. 정기적으로 일정에 따른 프로젝트의 제약과 강약이 있는 상황에서 일해야 하기 때문이죠. 반대로 프린시플 엔지니어라면 무언가를 시도할 수 있는 신뢰와 시간 그리고 공간을 갖게 돼요.

직책을 얻으면 신뢰를 얻기 위해 너무 많은 에너지를 쏟을 필요가 없어요. 다른 사람이 직책을 보고 어느 정도 실력을 인정해주기 때문이죠. 처음부터 더 많이 존중받는다는 것은 정말 분명한 장점입니다. 그리고 임원들과도 접촉하니 더 일찍 정보를 얻고, 영향력을 미칠 수 있는 다른 일에도 참석할 수 있습니다.

기술이나 사례, 절차 또는 아키텍처적 변화를 지지하는 데 시간을 할애하기도 하나요?

회사는 API 전략의 방향을 수립할 목적으로 저를 채용했어요. 이 업무는 기술적 방향과 선택을 조율하는 것도 포함하죠. 전 이 업무를 협업하면서 진행하고 있어요. 조사한 모든 정보를 분석하고 트레이드오프를 설명하고 권장 사항을 제시하는 등의 어려운 일을 하죠. 게다가 조직은 물론 엔지니어링 그룹의 모든 상황도 파악해야 해요.

모두에게 가장 좋은 방법이라고 생각하는 것을 제안해도 사람들이 동의하지 않을 수 있어요. 그리고 그런 일은 생각보다 자주 일어나죠. '나는 업무 방식을 지시할 권한이 있다'고 강요하는 것보다는 조정과 영향을 주는 방식으로 일하는 편이 좋아요. 자신의 권한으로 남을 움직이려고 할 때 제대로 돌아가는 것을 본 적이 없거든요.

논란이 많은 의사결정에서는 다르지만, 관련 있는 그룹의 대표자를 만날 때가 있어요. 여러 엔지니어를 만나 제가 추천하는 것에 대해 이야기하고 '어떻게 생각해요? 제가 놓친 부분은 없을까요?'라고 묻고요. 그리고 관리 팀과 제품 쪽 사람, 프로젝트에 따라 법무 팀이나 문서 팀, 보안 팀 또는 기타 다른 사람을 만나기도 해요. 물론 반대로 문서를 작성하고 사람들이 댓글을 남겨주기를 기다리는 대신, 먼저 무언가를 제시하고 사람들에게 연락해 피드백받는 방법도 시도해 봤어요.

요즘 지지하는 것이 있나요?

현재 위치에서 나름 열심히 지지했던 것 중 하나는 API 변경에 대한 설계 문서를 작성하는 거예요. 그러니까 누군가 코드를 작성하기 전에 변경에 필요한 비용이 낮다면 사용자 워크플로와 그 워크플로를 구현하는 인터페이스가 어떻게 구현될 것인지를 문서화하는 거죠. 때로는 간단해보인 일이 정말 어려운 일로 판명되는 경우도 있어요. 특히 그룹이 자신의 강점을 내세우는 데 익숙하지 않은 경우에는 더 그렇더라고요.

제가 무언가를 지지하는 방법은 우리 스스로에게 어떤 점에서 모두가 어렵다고 느끼고 변화를 만들어야 하는지 상기해주는 거예요. 우리는 이론이나 아름다운 코드, 수준 높은 코드에 대해서 완벽하려고 노력하지 않습니다. 그런 부분에 대한 우려가 있으면 '이것이 모두에게 어려운 부분이고, 이 방법이 결국에는 우리에게 도움이 될 방법입니다.'라며 다시 주제에 집중하게 하죠.

저는 다른 사람도 같은 점을 중시하도록 도와줘요. 예컨대 API를 리뷰할 때 더 많은 엔지니어와 짝을 이루려고 합니다. 리뷰하는 동안에 제가 어떤 부분에 중점을 두는지 절차와 대화로 다른 사람을 가르치고 도우려 합니다.

어떻게 다른 엔지니어의 스폰서가 되어주나요? 현재 역할에서 다른 엔지니어의 스폰서가 되는 것이 중요한가요?

제 현재 역할에서 다른 엔지니어의 스폰서가 되는 것에는 크게 중점을 두고 있지 않아요. 깃허브에서는 제가 시니어이기도 하고, 재직 기간도 길어서 한 엔지니어의 스폰서가 됐어요. 그때는 조금씩 더 어려운 과제도 내주고 불분명하거나 궁금한 점이 있으면 언제든 질문하도록 장려하기도 했어요. 더 많은 책임을 갖고 두각을 내도록 지지해 주기도 했어요.

조직의 신뢰는 어떻게 얻었나요?

패스틀리에서는 처음부터 어느 정도 신뢰를 얻었어요. 저는 특정한 업무를 수행할 목적으로 채용됐거든요. 그때 '이 업무의 일정은 어떻게 되나요?'라는 질문과 전략에 대한 관념에 대해 물어봤고 회사에서는 제가 그걸 찾아내 알려줬으면 한다는 답을 들었던 기억이 납니다. 그러니까 그때부터 이미 상당한 신뢰와 책임이 주어졌던 거죠.

충분히 신뢰를 얻고 채용되는 게 아니라 채용 후 신뢰를 만들어 나갈 때는 장단점이 있어요. 신뢰를 만들어 나갈 때는 그와 동시에 수많은 배경지식도 만들어 나가야 해요. 제가 깃허브에서 일할 때는 이 방법이 잘 먹혔어요. 하지만 현재 업무를 맡으면서 아무런 배경 없이 시작해서 새로운 시각으로 바라보는 것이 실제로는 정말 유용하다는 점을 알았습니다. 그러면 사람들이 '음, 앞으로 계속 이런 식으로 해야 할 것 같은데.'라고 생각할 때 질문을 던지기가 쉬워져요. 과거에 얽매이지 않고 자유롭게 발언할 수 있습니다.

스태프 엔지니어가 되려면 '스태프 프로젝트'를 수행해야 한다는 것이 보편적인 생각인데요. 스태프 프로젝트를 해본 경험이 있나요? 있다면 어떤 프로젝트였나요?

스태프 프로젝트라는 단어를 들어본 적은 없지만 어떤 프로젝트를 말하는지는 알 것 같아요. 저도 그런 프로젝트를 이끈 적이 있죠. 굉장한 엔지니어링 문제를 해결하고 회사에 큰 영향을 주는 프로젝트들을 몇 번 맡았어요. 하지만 안타깝게도 이 때문에 승진하게 된 것은 아니에요. 물론 경력에는 큰 도움이 됐어요. 그런 프로젝트 덕분에 경험과 지식을 얻었고 다른 역할도 할 수 있다는 자신감도 얻었어요. 가령 공개 콘퍼런스에서 발표하거나 'X를 해봤으니 X를 다시 할 수도 있을 거야.'라는 생각을 갖게 된 거죠.

공개적으로 발표하거나 두각을 드러내는 것이 현재 수준에 도달하는 데 중요한 역할을 했나요?

네. 전체적으로 제 경력을 개발하는 데 크게 작용한 부분이라고 생각해요. 반드시 필요하다고 생각하지는 않지만, 분명히 도움이 될 수 있고 저에게는 도움이 됐어요. 제가 처음 제안을 받았던 콘퍼런스 발표는 주최 측에서 제가 흥미로운 시각을 갖고 있다고 생각했기 때문이었어요. 제가 가진 예술 쪽 경험 덕분이었죠. 그때는 좀 무서워서 처음엔 하기 싫었는데 어머니께서 제 생각을 바꿔주셨어요. 공개 석상에서 발표한 것은 사실 신중하게 마련한 전략이기보다는 어쩌다 하게 된 거였어요.

전 콘퍼런스에서 사람을 만나는 게 좋았어요. 나중에는 발표자 간 인맥 덕분에 새로운 일자리를 찾기도 했고요.

스태프나 프린시플 직책은 처음에 어떻게 얻게 됐나요? 그 직책을 얻는 데 가장 크게 작용했던 요인으로는 어떤 것이 있을까요?

저는 패스틀리에 프린시플 엔지니어로 합류했어요. 솔직히 말하면 그 직책이 이직을 결심한 가장 큰 이유였죠. 물론 제가 하는 일이 극적으로 달라진 것은 아니지만, 이직한 덕분에 제가 원하던 직책을 얻을 수 있었어요.

특히 저를 채용하는 것을 강력히 지지해준 분이 있었고 물론 그 부분도 도움이 됐다고 생각해요. 그전에 함께 일해본 적은 없지만 제가 어떤 업무를 해왔는지 잘 아는 분이었어요.

원격 근무가 경력에 영향을 미쳤나요?

그런 것 같지는 않아요. 전 늘 원격 근무를 했고 그래서 우연한 기회에 대화를 나눌 수 있는 요소가 되기도 했지만, 전 오래전부터 그래왔어요. 동료들과 대화하고 관계를 구축하려고 신중히 노력했어요. 또한, 우리 회사는 여러 곳에 분산되어 있어요. 만일 원격 근무자의 수가 적거나 회사가 여러 곳에 직원을 분산하는 것을 완전히 포용하지 못한다면 오히려 잠재적인 문제점이 될 거라 생각해요.

스태프 엔지니어가 되는 것에 대해 특별히 도움이 됐던 조언이 있나요?

아뇨, 별로 없어요. 오히려 그다지 좋지 않은 조언 몇 가지를 들었죠. '괜찮네요. 이제 다시 증명해 보시죠.' 같은 진부한 조언이었어요. 자격을 얻기 위해 무언가 색다른 것이나 놀라운 것을 개발해야 한다는 식으로 사람을 영웅시하는 방향으로 밀어붙이는 조언도 있었어요. 하지만 어떤 한 사람이 선택할 수 있는 방향은 수도 없이 많아요. 엔지니어링 분야의 경력도 그런 편에 속하죠.

이제 막 스태프 엔지니어가 된 사람에게 해주고 싶은 조언이 있다면?

가장 먼저 생각나는 것은 동료나 여러분을 지원하는 사람과 네트워크를 구축하라는 것이에요. 관리 업무와 마찬가지로 직장에서 더 높은 자리로 갈수록 더 외로워집니다. 여러분에게 이의를 제기하거나 함께 아이디어를 고민할 수 있는 동료를 찾는 것 역시 중요하죠. 업무 분야가 유사하지 않다거나 다른 회사에 다닌다는 것은 전혀 문제가 되지 않아요.

엔지니어링 관리자가 되는 것을 고려한 적이 있나요? 그랬다면 어떤 이유로 스태프 엔지니어가 되기로 결심했나요?

엔지니어링 관리자를 한번 해봤는데 그다지 좋은 경험은 아니었어요. 제가 원하는 일이 아니었다는 걸 깨달았죠. 적절한 이유가 아닌 다른 이유로 그 일을 하기에는 엔지니어링 관리직을 너무 높이 평가했어요. 여기서 적절한 이유란 다른 사람을 지원하는 것을 말해요.

어떤 리소스(책, 블로그, 사람 등)에서 새로운 것을 배우나요? 업계에 롤 모델은 있나요?

성숙하고 자존감이 너무 높지 않은 훌륭한 엔지니어링 리더와 엔지니어와 함께 일하는 것 외에도 콘퍼런스가 좋은 리소스가 됐습니다. 채드 파울러Chad Fowler와 그가 집필한 『프로그래머, 열정을 말하다』(인사이트, 2012)를 첫 번째로 꼽고 싶네요. 제가 루비(Ruby)를 처음 배울 때 종종 참석했던 워크숍의 주최자 중 한 명인 데이브 토머스Dave Thomas와 그가 집필한 『실용주의 프로그래머』(인사이트, 2022)도 훌륭한 책이에요.

4

버트 팬
– 슬랙의 시니어 스태프 엔지니어

이 인터뷰는 2020년 5월에 녹음한 것이다. 버트에 대해 더 자세히 알고 싶다면 블로그[26], 트위터[27], 링크드인[28]을 참고하기 바란다.

현재 역할에 대해 간략히 말씀해 주세요. 어느 회사에서 어떤 직책으로 일하며 보통 어떤 종류의 업무를 하나요?

슬랙의 플랫폼 팀에서 근무하는 시니어 스태프 엔지니어입니다. 운 좋게도 슬랙 앱 디렉터리[29]를 출시한 직후에 입사해서 오늘날의 슬랙 플랫폼으로 발전하는 데 이바지할 수 있는 기회를 얻었죠.

제가 하는 일을 일반화하기는 어렵지만 목표는 항상 같습니다. 고객이 슬랙 플랫폼에서 더 간편하고 즐거우며 생산적으로 일할 수 있게 개발자가 무언가를 만들도록 하는 거죠. 예를 들면, 새로운 플랫폼 기능 개발, API 성

---

26 https://bert.org
27 https://twitter.com/bertrandom
28 https://www.linkedin.com/in/bertrandom
29 http://slack.com/apps

능 개선, 문서화, 그리고 파트너, 내부 통합 업무 담당자, 서드파티 개발자가 유용한 소프트웨어를 개발하도록 하는 거죠.

회사에서 스태프플러스 엔지니어는 보통 어떤 일을 하나요? 당신도 비슷하게 일하나요 아니면 다른가요?

슬랙의 스태프플러스 엔지니어는 소속된 조직, 팀의 구성과 규모, 비즈니스의 요구에 따라, 하는 일이 엄청 다양합니다. 스태프플러스 엔지니어는 종종 프로젝트의 리드가 되기도 하는데, 기술 스펙을 작성하고 여러 이해당사자에게 피드백을 모으며 디자인이나 제품 담당자와 함께 구현할 기능을 결정하고 프로젝트의 기술적 구현을 이끕니다. 또한, 다른 엔지니어의 멘토가 되기도 하고 면접 절차와 엔지니어링 문화를 개선하며 엔지니어링 절차와 도구를 개발하고 기술 부채 및 리팩터링에 대한 기술적 방향을 제시하기도 합니다. 정리하면, 스태프플러스는 다른 사람이 더 나은 업무를 하도록 힘을 배가시키는 일을 합니다.

제 역할은 이런 업무 외에도 특정 기술에는 신경을 조금 덜 쓰되 기술이 가능케 하는 것에 더 집중합니다. 그래서 시스템을 개선할 방법을 더 잘 이해하기 위해 거의 대부분 나중에 버려지는 개념을 프로토타이핑 작업을 하거나 특정 사용자 흐름(flow)의 사용 통계를 모으는 등에 시간을 씁니다. 개발자 경험을 더 잘 이해하고자 슬랙 플랫폼에서 앱을 개발하기도 해요. 또한, 어떤 것이 잘 동작하고 어떤 것이 그렇지 않은지 파악하기 위해 다른 사람의 플랫폼에서도 앱을 개발합니다. 제가 프로덕션 환경에 코드를 배포하는 경우는 다른 엔지니어보다 훨씬 적지만 전 그래도 괜찮아요.

스태프플러스 엔지니어가 되기 전에 해보지 않았거나 스태프플러스 엔지니어가 아니었다면 할 수 없었을 일이 있었을까요?

작년에는 다양한 제품 아이디어에 대한 실험을 많이 했어요. 그중 몇 개는 우리 플랫폼의 실제 기능으로 발전하기도 했죠. 그런 기회를 얻었던 이유 중 하나는 제가 성공적으로 출시했던 다른 프로젝트를 통해 신뢰를 얻었기 때문이에요. 하지만 스태프플러스 직책을 얻음으로써 하고 싶은 일을 선택할 수 있는 유연성이 조금 더 생겼다고 생각해요.

좋은 건지 나쁜 건지 그전에는 참석하지 않았던 전략과 계획 회의에 엄청 많이 참석해요. '어떻게 스태프 엔지니어가 되는지'를 리더십 관점에서 알고 싶다면, '정말로 그렇게 되고 싶은가'를 먼저 생각해 보세요.

개발에 쏟는 시간이 실질적으로 적은데 그 감각은 어떻게 유지하나요?

가장 좋은 방법은 회사 전체 엔지니어와 정기적으로 일대일 미팅을 하면서 많이 듣는 거예요. 시간을 들여서 엔지니어들이 솔직하게 대화할 수 있는 관계를 잘 만들어 놓으면 현재의 엔지니어링 상태에 대해 많은 것을 알수 있게 됩니다. 스태프플러스 엔지니어라고 해도 누가 얼마나 수익을 냈는지, 다음에 누가 승진할 것인지에 대해 실질적인 영향력은 행사할 수 없어요. 그러니까 엔지니어들이 언제든 찾을 수 있는 사람이 되면 엔지니어들은 더 솔직하게 대해줄 거예요.

스태프 엔지니어가 될 때 중요한 요인을 두세 가지 정도 꼽는다면 뭐가 있을까요? 지금까지 재직했던 회사나 거주지 또는 학력이 어떤 영향을 미쳤나요?

전 이 부분에서 운이 좋았어요. 대학에서 컴퓨터 공학을 전공했는데 빚이나 학자금 대출이 없어서 이직하기가 유리했죠. 월세를 낼 걱정도 없었고 다음 직장을 미리 찾아둘 걱정도 없었고요. 전 이런 유리함을 이용해서 더 전략적으로 제가 일하고 싶은 곳을 찾아 선택할 수 있었어요.

대부분이 저와 같은 선택권을 갖지 못한다는 것은 인정합니다. 저는 제가 의미 있다고 느끼는 일, 그러니까 제가 개인적으로 사용하기도 하고 세상에 긍정적인 영향을 미칠 수 있는 일을 하는 것이 중요하다고 생각했어요. 게다가 그런 일을 할 수 있는 회사라면 자칫 다른 회사로 갈 사람을 우리 회사로 끌어올 수도 있기 때문에 제 선택은 주효했다고 생각합니다. 능력주의를 말하는 게 아니라 그만큼 경력과 관련한 네트워크가 중요하다는 말이에요. 다른 사람들처럼 회사의 웹 사이트를 보고 채용에 응시해 합격하기도 했지만 서로 몇 년 동안 교류가 없었어도 저를 엔지니어로서 존경해주는 관리자에게 이메일을 보내 채용된 적도 있거든요. 우리는 어디에 시간을 쓸지 선택할 수 있는 업계에서 일하고 있어요. 선택의 유연성과 권한을 가질 수 있는 위치라면 지금 하는 일을 정기적으로 평가해야 합니다. 그렇지 않으면 오히려 스스로에게 해가 될 수 있어요.

언젠가 트위터에 새 직장을 구했다고 올리면 사람들이 그걸 보고 여러분이 주식을 행사할 때가 되는 4년 후쯤에 잊지 않고 연락하려고 캘린더에 표시하는 날이 올 수도 있겠죠. 하지만 그전까지는 사람들에게 함께 일해보고 싶다고 먼저 메일을 보내야 할 거예요.

스태프 엔지니어가 되는 데 특별히 도움이 됐던 조언이 있나요?

제가 들은 최고의 조언은 스태프 직책을 얻으려면 운, 타이밍, 업무가 맞아떨어져야 한다는 것이었어요. 제가 경험하고 관찰한 일련의 사건은 이렇습니다.

1. 관리자와 서로 암묵적으로 신뢰할 수 있는 관계를 만들어야 합니다.

정확히 뭘 원하는지 관리자와 솔직하게 이야기해야 해요. 이런 신뢰 관계를 만들려면 관리자가 요구한 일을 성공적으로 해내야 합니다.

2. 이제 관리자가 여러분을 믿게 됐으니 회사의 중요한 프로젝트를 들으면 여러분이 그런 프로젝트를 이끌 수 있게 도와줄 거예요. 아니면 스스로 그런 프로젝트를 만들어서 이뤄도 되고요. 물론 훨씬 어렵기는 하지만 어쨌든 가능해요.

3. 그 프로젝트를 성공적으로 해냅니다.

4. 그 프로젝트가 회사에 중요한 영향을 미칩니다.

5. 중요한 프로젝트를 성공적으로 이끌었으니 스태프로 승진하기가 더 쉬워질 거예요. 물론 여러분의 관리자도 기쁜 마음으로 도와줄 거고요.

여기서 어느 지점에 운과 타이밍이 맞아떨어져야 하는지 느꼈으면 좋겠어요. 관리자의 도움을 받지 못하면 어떻게 될까요? 관리자가 이직하거나 승진하면 어떻게 될까요? 아니면 담당하는 업무에서 중요한 프로젝트가 생기지 않으면요? 프로젝트가 실패하면 어떡하죠? 프로젝트는 성공적이었지만 아무런 효과가 없었다면 어떻게 될까요?

이 중에서 어떤 일도 일어날 수 있어요. 때로는 절대 승진하지 못할 때 그 상황을 식별해야 하고, 솔직하게 인정해야 하는 상황이 아니라면 사실 이런 문제가 생겼을 때 보편적으로 할 수 있는 조언은 없는 것 같아요. 그런 상황에서는 승진할 수 있는 유일한 방법은 이직해 다른 일을 맡는 것이죠. 나중에 떠났던 회사에 더 높은 위치로 돌아올 수도 있겠지만 이미 한 번 실패한 관계인데 여전히 그 회사로 돌아가고 싶을까요? 모든 걸 원래대로 되돌리기엔 너무 버겁지는 않을까요?

이제 막 스태프 엔지니어가 된 사람에게 해주고 싶은 조언이 있다면?

엔지니어링 분야에서 자주 하는 농담 같은 건데, 대부분은 사람과 이야기하는 것을 좋아하지 않지만 스태프 엔지니어로서 일을 더 효율적으로 하기 위해서 그 자리를 원하는 것 같다고요. 그런데 현실적으로는 사람들과 이야기하느라 시간 대부분을 보내죠. 경력 초반에는 더 나은 코드를 작성하는 데 집중하지만, 어느 시점이 되면 다른 사람과 더 잘 협업하는 것에 집중하게 될 거예요. 다른 사람을 믿고, (설령 동의하는 방법이 아니더라도!) 기술적 의사결정할 자유를 주고, 다른 사람이 어떤 이유로 동기를 얻었는지 이해하고, 때로는 어려운 피드백을 주는 방법도 배우고, 언제 내가 싸워야 하는 시점인지를 아는 거죠. 이런 스킬은 정말 필요한 스킬입니다.

아직 시도해보지 않았다면 사람들이 함께 일하고 싶어 하는 엔지니어가 되어 보세요. 어느 회사에서든 여러분이 퇴사한 후에도 꼭 다시 같이 일해 보고 싶은 엔지니어가 몇 명은 있을 거예요. 여러분이 다른 사람에게 그런 엔지니어가 되어주면 경력에 큰 도움이 될 겁니다.

엔지니어링 관리자가 되는 것을 고려한 적이 있나요? 그랬다면 어떤 이유로 스태프 엔지니어가 되기로 결심했나요?

경력 초기에 회사가 언젠가는 저를 관리자로 승진시키는 걸 고려하고 있다고 관리자가 말해줬어요. 그러면서 '너무 걱정마세요. 우리 회사는 관리자 트랙과 IC 트랙을 모두 갖추고 있는 데다 IC 트랙에도 제일 높은 관리자와 동급인 역할이 있으니 승진을 위해 굳이 관리자가 될 필요는 없어요.'라고 말해줬죠. 뭐 틀린 말은 아니지만 이제와 돌이켜볼 때 회사가 말해주지 않은 한 가지는 많은 회사에서 그렇듯이 IC 트랙은 관리자 쪽에 비해 훨씬 모호하다는 점이에요.

IC 트랙에서 높이 올라갈수록 따라갈 수 있는 예시는 줄어드는 반면, 도달할 수 없는 예시는 더 많아질 겁니다. 잘 살펴보면 누군가는 회사가 인수되면서, 누군가는 새 프로그래밍 언어나 프레임워크를 개발해서, 아니면 회사에 백억 원의 매출을 안겨줘서 그런 직책을 맡게 됐다는 것을 깨달을 거예요.

저의 많은 동료가 여러 이유로 관리자가 됐습니다. 전 그 이유 중 하나는 제가 설명했던 분명하고 안정적인 절차를 거친 것이 아닌가 생각합니다. 하지만 그게 여러분의 주요 동기가 돼서는 안 됩니다. 만일 공용 캘린더가 있다면 관리자의 일정에서 일주일에 몇 번이나 일대일 미팅이 잡혀 있는지 확인해 보세요. 그런 일정이 좋아 보이나요? 코드 작성에 대한 열망은 흑백 논리로 다룰 문제가 아니에요. 계속 코드를 작성하는 기술 리드 관리자도 있고, 프로덕션 코드는 한 줄도 안 쓰고 구글 독스(Google Docs)나 드롭박스 페이퍼(Dropbox Paper)로 대부분의 시간을 보내는 스태프플러스 엔지니어도 있기 때문이죠. 하지만 저는 누군가를 해고하거나 승진을 거부하거나 성과 리뷰를 작성한 적이 없어요. 저는 그 둘 중 어떤 역할을 원하는지 스스로 잘 알고 있기 때문이죠.

5

케이티 세일러-밀러
- 엣시의 프런트엔드 아키텍트

이 인터뷰는 2020년 8월에 녹음한 것이다. 케이티에 대해 더 알고 싶다면 웹 사이트[30], 링크드인[31], 트위터[32]를 참고하기 바란다.

현재 역할에 대해 간략히 말씀해 주세요. 어느 회사에서 어떤 직책으로 일하며 보통 어떤 종류의 업무를 하나요?

수공예품 판매자를 위한 세계 최고 온라인 전자상거래 사이트인 엣시Etsy에서 근무하고 있습니다. 저희는 판매자가 아이템을 등록하고 전 세계를 대상으로 판매하도록 돕는 플랫폼을 제공합니다. 대형 매장에 가지 않아도 사람들이 독특하고 특별하거나 손으로 직접 만든 상품을 구매할 수 있도록 서비스하고 있죠.

저는 현재 프런트엔드 시스템 팀에 소속되어 있는데, 이 팀은 PHP 뷰 렌더링 프레임워크를 포함해 프런트엔드 아키텍처를 책임지는 제품 인프라스

---

30 https://sylormiller.com

31 https://www.linkedin.com/in/ksylor

32 https://twitter.com/ksylor

트럭처 팀이에요. 당장은 팀 업무에 적극적으로 가담하지는 않고 있어요. 지난 몇 달간 저는 웹 성능(모든 종류의 성능 문제에 대한 조언자 역할), 모니터링 및 보고서 시스템의 개선, 개선할 영역의 정의, 제품 팀의 성능 관련 문제를 해결하도록 돕는 업무에 집중해 왔어요.

웹 성능은 많은 기업이 무시하거나 집중하지 않는 영역입니다. 엣시에 처음 합류했을 때는 라라 호건 같은 사람들 덕분에 성능에 대한 인식과 문화가 꽤 괜찮았어요. 하지만 몇 년 전에 있었던 조직 변화 때문에 웹 성능 팀이 없어졌어요. 웹 성능을 조직적인 측면에서 평가절하하며 안주해 왔다고 생각해요. 이제는 웹 성능 문제를 다시 전면에 꺼내려고 합니다. 업계에서 '좋은' 성능의 의미와 측정 방식이 특히 SEO와 관련해서 상당히 변화했기 때문이에요. 구글은 검색 순위와 관련해 기업들이 웹 성능을 더 중요하게 생각하도록 계속 밀어붙이고 있어요. 그래서 특히 소매업자들에게 웹 성능은 최우선 영역이라고 생각합니다.

회사에서 스태프플러스 엔지니어는 보통 어떤 일을 하나요? 당신도 비슷하게 일하나요 아니면 다른가요?

'스태프 엔지니어'의 역할에 대한 견해 중 흥미로운 부분은 누구나 시니어가 될 수 있는 두 가지 방법이 있는데, 결국은 스태프 엔지니어라는 한 종류로 취급한다는 거예요. 하지만 실질적으로는 두 부류가 있죠.

시니어가 되는 방법 하나는 특정 영역에 전문가가 되거나 기술 리드 역할을 맡는 거죠. 즉, 자신의 팀이나 조직의 기술에 대한 접근 방법과 로드맵을 주도하는 거예요. 또 다른 방법은 자신의 업무 범위를 넓히고 어려운 문제를 해결하는 방법에 대해 생각하는 데 집중하는 거죠. 이런 사람들은 여러 팀이 운영하는 시스템과 사례를 개발하고 주도해요. 두 번째 부류는 제가 아키텍트라고 생각하는 부류입니다. 어떤 특정 분야의 전문가가 아니라는 말은 아니고 그저 어떤 팀의 기술 리드보다는 영향력을 미치는 범위가 더 큰 부류라는 뜻이에요.

엣시에서는 시니어를 몇 가지 수준으로 구분합니다. 시니어 엔지니어 I과 II가 있고요 그 다음에는 스태프 I과 II가 있어요. 그 다음에는 디렉터 수준의 역할인 시니어 스태프가 있죠. 엄밀히 말하면 저는 스태프 엔지니어 II 수준이라고 생각하는데 실질적인 역할은 프런트엔드 아키텍트입니다. 즉, 우리 팀에 주어진 업무에 대해 책임을 지는 것이 아니라 프런트엔드 영역에서 엣시가 수행하는 모든 것을 살펴보고 책임지고 있어요. '향후에는 어떤 모습일까, 어떤 문제를 해결해야 할까, 어떻게 목표를 이룰 수 있을까?' 이런 것들을 모두 고민하면서 회사 수준에서 우리가 목표를 이룰 수 있는 기술적인 방법을 주도해 나가는 거죠.

현재 아키텍트 역할을 맡고 있다고 했는데 소프트웨어 개발에 많은 시간을 할애하나요?

네, 재미있는 부분이죠. 저는 프런트엔드 아키텍트지만 데이터 분석을 많이 해왔기에 최근까지 SQL을 주로 작업했죠. 성능을 개선할 수 있는 부분과 성능 및 비즈니스 지표를 개선하기 위해 수정해야 할 가장 중요한 이슈를 찾고자 성능 지표를 살펴봤어요. 물론 경우에 따라 자바스크립트나 PHP 코드를 조금씩 작성하기도 하지만 대부분은 팀의 방해물을 제거하거나 성능과 관련한 작은 실험을 실행하는 등의 일을 해요. 대부분 이런 업무는 중요한 일을 마쳐야 하는데 다른 사람이 시간이 부족한 경우에만 참여해요.

물론 제 일정은 회의로 가득 차 있어서 코드를 작성할 수 있는 시간을 마련하는 데도 오래 걸리고 다른 사람보다 코딩 속도도 느리긴 해요. 그러니

제가 코딩 작업을 더 많이 하길 바라진 않겠죠! 전 기회를 만들 수 있는 영역을 찾아내고 그 영역이 우리 팀이나 다른 팀이 업무를 수행해야 할 부분이라고 설득하는 데 훨씬 많은 시간을 보냅니다.

보통 하루 일과를 어떻게 보내세요?

50% 정도는 회의로 시간을 보내고, 나머지 시간은 그날그날 상황에 따라 달라요. 나머지 50%를 문서 작성에 보내기도 하고, 데이터 분석을 위한 SQL 작업에 쓰기도 하죠. 여러 팀의 여러 사람들과 슬랙으로 이야기를 나누면서 보내기도 하고요. 다른 팀이 진행 중인 작업을 더 자세히 알아야 하거나 프로젝트에 참여한 팀의 기여 방식에 변화를 줘야 하는 등 팀 간 협업이 필요한 경우에는 회의가 훨씬 더 늘어나기도 해요. 상황에 따라 정말 다른 일상을 보내고 있죠.

많은 스태프 엔지니어가 자신이 수행한 업무를 정량화하는 데 어려움을 겪는다고 들었는데요. 본인의 영향력을 측정할 수 있는 좋은 방법을 알고 있나요?

저만 그런 어려움을 겪는 게 아니라니 다행이네요. 전 항상 여러 다른 프로젝트에 참여하고 언제든 토론해야 하는 데다 가장 새로운 것을 따라잡거나 집중하는 부분을 여기저기로 옮기는 걸 잘 못해서 잘 알아볼 수 있게 노트에 업무를 정리해요. 저는 항상 제가 하게 될지도 모를 모든 것을 고려하고 가장 영향력이 크거나 그날 가장 중요한 일을 하려고 합니다. 하지만 그게 정말 쉽지 않아요.

아키텍트가 되기 전까지는 몰랐는데 스프린트와 지라(JIRA) 보드, 티켓을 완료하는 절차와, 티켓을 '완료' 상태로 바꾸면서 제가 해야 할 일을 제대로 하고 있는지 판단하는 습관에 정말 많이 의존했더라고요. 지금은 제 일과를 정리하는 데 도움이 되는 그런 종류의 팀 업무가 없어서 제가 스스로 할 일의 목록을 작성해야만 해요. 지금도 여전히 제 방법을 개선하려 노력하고 있어요.

그중 정말로 도움이 된 방법은 제가 매일 했던 작업, 이를테면 회의나 이메일, 슬랙에서의 대화 등을 모두 기록해두는 거였어요. 그리고 관리자와 분기별 목표 성과를 판단할 때 이 노트를 들여다보면 '아! 내가 6가지 실험에서 엔지니어가 성능 이슈를 해결하는 데 도움을 줬구나.'라거나 '이 팀이 새로운 기능을 구현하는 데 더 나은 방향을 제시해 줬구나.' 아니면 '엔지니어에게 도움이 될 만한 피드백을 줬구나.' 하는 것들을 알게 되죠. 당시에는 이런 일들이 별것 아닌 것 같았지만 이런 것들이 쌓여서 실질적인 영향력을 보이게 되는 거죠.

스태프플러스 엔지니어로서 가장 영향력이 있다고 느낄 때는 언제인가요?

제가 가장 좋아하는 일은 그전까지 다뤄본 적 없던 새로운 문제나 독특한 문제를 찾아내 이 문제를 해결할 대략적인 아이디어를 제시하고, 뛰어난 동료들이 그 아이디어를 받아 무언가 멋진 것을 만들게 하는 거예요. 그러려면 먼저 주변 동료들에게 수많은 의견을 받아야 해요. 예컨대 이 팀은 x라는 문제가 있고, 저 팀은 y라는 문제가 있는 거죠. 그러면 경험과 업계의 상황을 토대로 의견을 모두 취합해 두 문제의 공통 원인이 z라는 것을 알게 될 때까지 계속 머릿속에서 고민하는 거예요. 그러면 결국에는 그 문제를 해결할 계획을 마련하게 되죠. 그런 문제가 가장 해결하기 어려운 문제예요.

제가 아키텍트가 되기 전에 있었던 일인데요. 우리 팀이 디자인 시스템 컴포넌트를 담당하고 있었어요. 공통 컴포넌트를 변경하거나 이슈를 수정하는 건 정말 어려운 일인데요. 각 컴포넌트의 마크업과 템플릿의 신뢰할 수 있는 원본이 없었기 때문이에요. 회사의 모든 사람이 같은 템플릿 파일을 재사용하는 게 아니라 HTML을 여기저기 복사해서 붙여 넣었거든요. 그래서 컴포넌트를 변경할 때는 그 컴포넌트의 일부가 여기저기에 퍼져 있고 어디는 자바스크립트로, 어디는 머스타치(Mustache)로, 어디는 PHP 로직으로 만들어져 있어서 고쳐야 할 곳을 모두 찾는 게 어려웠어요.

그래서 이런 아이디어를 냈죠. 우리가 사용하던 PHP 프레임워크를 확장해 모든 컴포넌트를 표현하는 머스타치 템플릿을 재사용 가능한 템플릿 블록으로 사용하면 어떨까? 그러면 리액트(React) 애플리케이션처럼 컴포넌트를 쉽게 조합할 수 있지 않을까? 그래서 개념 증명 프로젝트를 만들고 프로젝트 제안서를 써서 팀에 가져다줬어요. 팀은 그 아이디어를 토대로 컴포넌트 시스템을 지원할 수 있는 인프라스트럭처를 구현했는데 제가 그동안 만들었던 어떤 시스템보다 훨씬 낫고 안정적이었어요.

제가 정말 기분이 좋았던 점은 문제점을 파악하고, 창의적으로 문제를 해결할 방법을 찾아서 제안할 방식을 만들어내고, 다른 사람이 실질적인 업무를 수행하도록 만들었던 점이에요.

프런트엔드 작업을 하는 사람이 개발자 생산성이나 인프라스트럭처를 담당하는 사람과 비슷한 영향력을 발휘할 수 있을까요?

물론이죠. 제가 개인적으로 아는 프런트엔드 전문 스태프 엔지니어는 몇 명 없는데요. 프런트엔드 스킬은 업계에서 제가 생각하는 것만큼 대접받는 것 같지는 않아요. 저는 학교에서 컴퓨터 공학을 전공했고, 업무로 전체 스택을 이해하게 되면서 컴퓨터 공학의 기본을 갖췄어요. 보통 '풀 스택' 엔지니어를 채용하는 엣시 같은 회사에 들어온 게 정말 운이 좋았죠. 하지만 실제로 저는 프런트엔드가 좋았어요. 사용자가 직접 마주하는 부분이기 때문이죠. 프런트엔드 엔지니어가 갖춘 스킬은 가치가 있으며 독창적인 방법이에요. 더 많은 회사들이 프런트엔드를 더 가치 있게 봐주면 좋겠어요.

좋은 자질을 가진 스태프 엔지니어는 사용하는 스택보다 더 뛰어납니다. 결국 스태프 엔지니어는 엔지니어링 의사결정을 일련의 트레이드오프로 생각해야 하고, 이런 트레이드오프를 정확히 표현하는 스킬은 어떤 스택을 사용하더라도 쓸 수 있어요.

그리고 스태프 엔지니어는 본인이 전문성을 갖춘 업무와 관련한 모든 영역에 대한 폭넓은 이해를 갖춰야 해요. 프런트엔드를 하는 제 입장에서는 마케팅, 비즈니스 목표, 사용자 경험, 시각 디자인, 서버의 뷰와 비즈니스 로직 계층, 브라우저로 코드를 배포하는 방법, 브라우저가 코드를 내려받아 웹 사이트로 표현하는 방법, 사용자가 웹 사이트를 사용하는 방법 등을 이해하는 데 엄청난 시간과 노력을 할애합니다. 이 모든 영역에 전문성을 갖추면 제가 내리는 기술적 의사결정의 영향을 더 넓게 볼 수 있고 트레이드오프도 잘 이해할 수 있어요.

특히 사용자와의 공감은 모든 엔지니어가 갖춰야 할 중요한 스킬이죠. 인프라스트럭처나 개발자 지원 조직에서는 평가절하되기도 하지만 그런 조직에도 사용자가 존재해요! 전 프런트엔드 인프라스트럭처를 담당하고 스스로를 제품 엔지니어라고 생각합니다. 다만, 우리가 개발하는 제품은 다른 엔지니어가 사용하는 시스템인 거죠. 그러니 우리도 사용자가 있는 셈이에요. 예를 들어, 우리가 개발 중인 시스템의 API를 생각해보면, 사용자를 위해 API를 설계하는 거니까 그 일을 잘하려면 우리 사용자, 즉 제품 엔지니어를 제대로 이해해야만 하죠.

그래서 전 프런트엔드를 배운 사람이 좋은 스태프 엔지니어가 된다고 생각해요. 그런 사람들은 계속해서 사용자를 고려하고 본인이 만든 시스템을 사용자가 어떻게 사용하는지 계속 생각하는 데 익숙하기 때문이죠. 사용자에 대한 공감은 프런트엔드 엔지니어가 갖춘 엄청난 능력입니다.

본인이 개발 업무를 적게 하는데 회사의 현실적인 개발 환경에 대한 공감과 이해는 어떻게 유지하나요?

네트워킹이 정말 중요하다고 강조하고 싶네요. 게다가 전 전면 재택 근무를 하니까 일대일 미팅이 특히 중요해요. 물론 모든 사람이 재택 근무를 하고 있지만, 우리 팀은 완전히 지역적으로 분산되어 있지 않은 상태여서 내가 지금 누구와 대화하는지를 정말 잘 파악해야 해요. 그리고 그런 네트워크를 활용할 수 있도록 여러 팀이나 그룹과 좋은 관계를 유지해야 해요.

운이 좋게도 엣시에서는 회사 전반에 관계를 유지할 수 있는 몇 가지 직원 리소스 그룹(Employee Resource Group)이 있어요. 저는 기술 업계에서 소외된 성 정체성 'MAGIC(Marginalized Gender Identities in Tech)'이라는 리소스 그룹에서 활동 중인데요. 엔지니어링과 관련한 모든 조직에 이 커뮤니티의 구성원들이 있어서 정말 좋아요. 재택 근무 커뮤니티도 마찬가지고요. 전 시간을 내서 주니어 엔지니어를 멘토링하고 정기적으로 일대일 미팅을 하며 그런 관계를 지속하기 위해 슬랙 대화에도 참여해요. 이 모든 활동이 조직 전체가 어떻게 돌아가고 있는지 파악하는 데 큰 도움이 되기 때문이죠. 그리고 제 고객은 제품 엔지니어라서 특히 제품 엔지니어링에 대해 엔지니어들과 많이 대화합니다.

제 스스로 개선해야 할 부분은 관리자들과의 관계를 더 발전시키는 거예요. IC 쪽에서는 오랜 시간을 들여 정말 좋은 네트워크를 구축해왔고 최근 몇 달 동안은 더 많은 엔지니어링 관리자와 관계를 맺기 위해 노력해 왔어요. 제가 해온 업무의 상당수는 '권한만 내세우지 않고도 영향력을 행사'해야 하는 경우였어요. 스스로 결정하지는 않지만, 다른 사람이 결정을 내릴 때 도와주려고 노력해요. 결국에 어떤 결정을 내리는 것은 대부분 관리자거든요.

어떻게 다른 엔지니어의 스폰서가 되어주나요? 현재 역할에서 다른 엔지니어의 스폰서가 되는 것이 중요한가요?

엣시에서 라라 호건과 함께 일할 수 있어서 운이 좋았어요. 라라는 스폰서십에 대해 많이 이야기해줬고, 덕분에 기술 업계의 여성으로서 큰 도움이 됐을 뿐 아니라 저 스스로도 스폰서십의 가치를 직접 경험할 수 있었어요.

일 년 반쯤 전에 제 동료이자 스태프 엔지니어인 앤디 야코-밍크Andy Yaco-Mink와 저는 제품 팀이 어떤 일을 하는지 서로 공유하거나 제품 인프라스트럭처를 담당하는 팀들과 소통할 적당한 의사소통 방법이 없다는 사실을 깨달았어요. 그 문제를 해결하려고 제품 엔지니어링 대담이라는 월간 회의를 제안하고 그것을 시작했죠. 누구든지 질문해도 되고 업무 내용을 공유해도 되며 축하할 만한 일이 있으면 축하도 해주는 열린 포럼이었어요. 인프라를 담당하는 우리 입장에서도 업무를 공유할 수 있는 자리였습니다.

우리가 완전히 예상하지 못한 것은 그것이 스폰서십을 위한 기회를 창출하는 정말 훌륭한 방법이었다는 점이에요. 매달 현재 진행 중인 업무 중에 더 많은 사람에게 알려지면 좋은 일이 무엇인지 찾아야 했어요. 어떤 실험에서 흥미로운 결과가 나왔는지, 누가 전체와 공유해도 좋을 만큼 멋진 일을 했는지 등을 알아내야 했죠. 그런 다음에는 그 팀의 엔지니어를 찾아가서 "이번 달 대담에서 지금 하는 일에 대해 발표하는 건 어때요?"라고 권했어요. 정말 쉽고 5분 정도면 되는 일이고 부담 없는 일이지만, 공개적인 자리에서 발표하는 것을 경험할 수 있는 좋은 방법이라고 생각했어요.

그때부터 몇 명씩 대담에 참석해 발표하게 됐고 그다음에는 전사 회의나 지역의 밋업(meetup)에서도 발표하는 사례가 늘어났어요. 그중 적어도 한 명은 대형 콘퍼런스에서 더 개선된 버전을 발표하기도 했죠. 그리고 몇몇은 승진 자료집에 자신이 발표했던 사례를 리더십에 관한 자료로 추가하기도 했고요. 정말 기분 좋았어요.

현재 직장에서 처음으로 스태프 엔지니어가 됐는데요. 어떤 과정을 거쳐 스태프 엔지니어로 승진하게 됐나요?

지금은 정책이 바뀌었지만 제가 입사하던 당시에는 스태프 엔지니어를 채용하지 않던 때라서 시니어 엔지니어로 입사했어요. 엣시에 합류하기 전에 이미 10년 정도 경력이 있었지만, 대부분 더 작은 규모나 그다지 유명하지 않은 회사에서 일한 경력이었죠. 엣시에 합류하기 전에는 5년 이상 프런트엔드 기술 리더 역할을 맡고 있었어요. 그 덕분에 멘토나 리더 역할을 하는 것에 이미 익숙했고요. 이미 임원들이나 제품, 디자인 팀과 긴밀히 협업하는 건 물론이고 로드맵을 그리고 실행하는 것에도 많은 시간을 할애해 왔습니다.

그런데 엣시에 합류하니 업무 범위가 그전보다 훨씬 큰 거예요. 엔지니어링 조직의 규모가 그전에 제가 속했던 엔지니어링 조직보다 훨씬 컸던 거죠. 그런 대규모 조직을 운영하는 방법이나 소규모 회사와의 차이점 등에 대해 많이 배울 수 있었어요. 데이터를 볼 때 더욱 주의를 기울여야 한다는 것도 배웠습니다. 실험 체계를 이해하기 위해 기초적인 통계학을 배웠습니다.

애당초 저는 더 발전할 수 있는 곳을 늘 찾아다녔어요. 그런 곳을 발견하면 다가가서 "어라? 우리가 이걸 안 하고 있었네요. 이건 꼭 해야죠."라고 말하곤 했죠. 한번은 동료들이 설계 시스템 자바스크립트 컴포넌트를 옛날 방식으로 개발하고 있길래, "이걸 개선할 프레임워크와 표준 보일러플레이트(boilerplate)를 찾아봅시다."라고 제안했죠. 대단한 일도 아니고 당연히 그래야 한다고 생각했지만, 조직 입장에서는 업무 방식을 크게 개선할 수 있었던 사례였어요. 스태프 엔지니어가 되려면 문제를 인지만 하고 그냥 내버려두는 게 아니라 적극적으로 해결해야 해요.

그랬더니 엣시에 합류한 지 2년이 채 되지 않아서 스태프 엔지니어로 승진했어요. 당시 제 관리자가 새로 와서 저에 대해 잘 몰랐기 때문에 정말 더 긴밀히 협업하면서 제 승진 자료집을 함께 관리했어요. 저는 관리자 위주의 방법과 IC 위주의 방법 모두에 대해 이야기를 많이 들었어요. 결국 승진 절차가 잘 마무리돼서 다행이라고 생각해요. 특히 재택 근무할 때는 더 적극적이지 않으면 자신이 하고 있는 일을 알릴 기회가 적어집니다. 제 업무는 관리자들이 주로 활동하는 곳이 아니라 슬랙이나 풀 리퀘스트, 문서 등으로 진행되기 때문이죠. 나를 가장 지지해주는 건 나 자신이라고 하는데 재택 근무 환경에서는 특히 더 맞는 말입니다. 스스로 이뤄낸 것은 공개적으로 알려지도록 노력을 많이 기울여야 합니다.

스태프 엔지니어가 될 때 중요한 요인을 두세 가지 정도 꼽는다면? 기존에 일하던 직장, 거주지 또는 학력이 영향을 미쳤나요?

그 점에 대해서는 이미 생각한 것이 있어요. 창의성, 진취성, 공감 능력 등이죠. 제가 충분히 설명하지 못했던 것은 의사소통과 투명성이에요. 스태프 직책으로 승진할 때 중요한 것은 여러분의 업무와 이름을 다른 사람들에게 알리고 회사 내에서 좋은 평판을 얻는 것이에요.

저는 프런트엔드 인프라스트럭처를 구현하는 팀에 합류하게 돼서 운이 좋았습니다. 본질적으로 팀의 업무에 대해 조직 전체에 이메일을 보내는 경우가 많아서 업무 성과가 잘 드러나기 때문이죠. 하지만 인프라스트럭처를 담당하는 데 더 중요한 것은 고객 서비스예요. 슬랙 채널에 질문이나 해결해야 할 이슈를 포스팅하는 사람들을 돕는 거죠. 컴퓨터 공학 학위를 마치기 위해 학교로 돌아가기 전에는 몇 년간 서비스 업계에서 일했어요. 그리고 직장 동료들과 일하면서 고객 서비스에 대해 배운 것을 모조리 모델화하려고 노력했죠. 누구나 저에게 쉽게 접근할 수 있어야 하고 겸손해야 하며 경청하면서 사람들의 요구를 이해하는 데 집중해야 한다는 것 등을 말이죠. 진심으로 동료를 돕다 보면 그런 게 보여요.

스태프 엔지니어를 특히 잘 키워내는 회사가 있을까요?

솔직히 말하면 엣시 말고 다른 회사의 스태프 엔지니어가 어떻게 일하는지 잘 몰라요. 제 편견이겠지만 엣시는 스태프 엔지니어를 잘 키워내는 회사예요. 기술적으로 뛰어난 사람을 가치 있게 보는 내부 문화와 더불어, 서로 비판하지 않는 문화와 더 넓은 세상에서 더 좋은 일을 하려는 욕구가 모두 갖춰져 있기 때문입니다. 그래서 엣시에 정말 똑똑하면서도 친절한 사람들이 많다고 생각해요. 그런 지적 능력과 겸손함이 결합되어 훌륭한 스태프 엔지니어로 성장하는 거죠. 이런 환경은 스스로 발전하면서 좋은 본보기를 만들어내요. 사람들은 승진하기 위해 그 본보기를 따르죠. 그래서 전체적으로 볼 때 우리 회사에는 엣시에 근무하거나 근무했으면서 스태프 엔지니어가 될 수 있는 좋은 방법을 보여준 사람들이 많아요.

더 작은 회사나 유명하지 않은 회사에도 스태프 엔지니어의 업무를 하지만 스태프 엔지니어가 아니라 기술 트랙(technical-track) 리더로 알려진 뛰어난 사람들이 많습니다. 많은 기업에서 기술 리더십이 뛰어난 사람이 심지어 스태프 엔지니어에 대해 모르는 상태로 관리자가 됩니다. 유명한 대기업에서는 스태프 엔지니어 직책이 모든 것이자 마지막인 것처럼 더 이상 승진을 못하게 되는 경우가 많지만, 경력을 계속 개발하는 방법은 수없이 많다는 걸 기억했으면 해요.

스태프 엔지니어가 되는 데 특별히 도움이 됐던 조언이 있나요?

누군가에게 들었던 최고의 조언이자 다른 스태프 엔지니어에게도 전해주고 싶은 것은, 스태프 엔지니어가 되면 자신의 일을 스스로 조절할 수 있고 모두가 자신의 말에 귀를 기울이며 무슨 일이든 시킬 수 있게 될 거라는 생각이 틀렸다는 점이에요. 실제로는 정반대의 일이 벌어지죠. 승진하겠다는 확실한 목표를 오랫동안 갖고 있다가 막상 스태프 엔지니어가 되면 갑자기 모든 게 희미하고 모호해져요. 무언가 명확했던 문제를 해결하는 입장에서 그런 문제를 해결하는 게 왜 중요한지 사람들을 설득해야 하는 입장으로 바뀌거든요. 지금까지와는 전혀 다른 방법으로 일을 진행해야 하는 어려움에 봉착하게 됩니다.

스태프 엔지니어가 되려는 사람에게 해주고 싶은 조언이 있다면?

전 승진하기 전에 두 번이나 스태프 엔지니어 승진 대상자였어요. 그리고 세 번째에 승진했어요. 결국 승진할 수 있었던 가장 중요한 요인은 디렉터가 저를 잘 이끌어줬기 때문이라고 생각해요. 네트워크를 개발하고 디렉터나 VP와 회의를 시작하세요. 그 사람들이 결국 여러분의 승진을 결정하거든요. 동료도 아니고 여러분의 관리자도 아니고 다른 사람들도 아니에요. 그러니 디렉터나 VP에게 본인과 본인의 업무를 알려야 하는 거죠. 그들이 승진 관련 회의에서 '아, 전에 그 친구가 프로젝트에 대해 엔지니어링 조직 전체에 메일을 보냈었지.'라거나 '그 친구는 항상 슬랙에서 다른 사람 질문에 답을 해주더라고.'라거나 '그 친구 콘퍼런스에서 발표하지 않았었나?' 와 같은 생각을 하게끔 만들어야 합니다.

동료들, 특히 여성과 중성의 동료들이 저에게 조언을 구할 때, 저는 그들이 제가 어떻게 기술 리더로 성장할 수 있었는지를 듣고 싶어 한다고 생각해요. 그래서 제가 "당신의 기술적 역량은 이미 충분해요. 지금 필요한 건 회사 내에서 좋은 평판을 얻는 것이에요."라고 얘기하면 굉장히 놀라더라고요. 좋든 싫든 회사에서 좋은 평판을 얻지 못하면 스태프 엔지니어는 될 수 없어요. 사람들이 능력 위주로만 생각하는데 실제로는 그렇지 않아요. 스태프 엔지니어가 되기까지는 많은 요소가 영향을 미칩니다.

시니어 이상의 역할이 마주하는 불확실성과 모호함을 해결하는 데 조언을 한다면?

어떤 지위를 원한다면 본인이 잘 이해하는 역량을 개발하는 것이 중요합니다. 조직에 이득이 되는 것이 아니라 본인이 원하는 것이기 때문이죠. 그건 정말 어려워요. 좋아하는 것과 가치관을 포기하고 무언가 새로운 것을 시도해야 하죠. 만일 시도하는 방법이 제대로 먹히지 않는다면 강제로 하려고 하지 마세요.

저는 댄 나가 저항을 마주하는 법에 대해 발표한 내용[33]을 정말로 좋아해요. 기술 리더로 성장하다 보면 지속해서 경험하는 부분이기 때문이에요. '권위적이지 않은 영향력(influence without authority)'이라는 개념을 많이 생각해요. 스태프 엔지니어가 된 후에는 팀이나 조직이 해야 할 일이 무언지 알아내고 그걸 조직의 목표와 맞물려서 인사권이나 최종 의사결정권이 없는

---

33 https://blog.danielna.com/talks/pushing-through-friction

상황에서 어떻게 사람들이 그 일을 하도록 만들 것인지 생각해내야 하거든요. 그러려면 끈기도 필요하고, 일을 밀어붙이려면 이런저런 비기술적 스킬도 최대한 활용해야 해요.

어떤 리소스(책, 블로그, 사람 등)에서 새로운 것을 배우나요? 업계에서 롤 모델로 삼을 만한 사람은 누구인가요?

라라 호건[34], 댄 나[35] 외에도 이미 몇 명 언급했죠? 줄리아 에번스Julia Evans[36]가 했던 모든 일을 좋아하고, 함께 프로젝트를 진행할 수 있어 운이 좋았어요. 엣시에서 근무했던 린 대니얼스Ryn Daniels[37]도 경력 개발에 대해 많은 블로그 포스트를 작성했고요. 탄야 레일리[38]는 존경받는 또 다른 기술 리더이자 워킹맘으로, 저에게 큰 영향을 줬어요. 프런트엔드 쪽에서는 니콜 설리반Nicole Sullivan[39], 젠 시몬스Jen Simmons[40], 이든 마코트Ethan Marcotte[41] 등이 저에게 큰 영향을 줬죠. 카미유 푸르니에의 『개발 7년차, 매니저 1일차』도 재미있게 읽었어요. 전 관리자 역할은 해본 적이 없어서 잘 알지 못했거든요. 그래서 관리자 세계를 엿볼 수 있는 거라면 뭐든 도움이 됐어요. 스태프 엔지니어는 사람을 관리하지 않는다는 점을 빼면 거의 관리자나 마찬가지거든요.

---

34 https://larahogan.me

35 https://blog.danielna.com

36 https://jvns.ca

37 https://www.ryn.works

38 https://noidea.dog

39 http://www.stubbornella.org/content

40 https://jensimmons.com

41 https://ethanmarcotte.com

6

리투 빈센트
– 드롭박스의 스태프 엔지니어

이 인터뷰는 2020년 3월에 녹음한 것이다. 리투에 대해 더 알고 싶다면 링크드인[42]을 참고하기 바란다.

현재 역할에 대해 간략히 말씀해 주세요. 어느 회사에서 어떤 직책으로 일하며 보통 어떤 종류의 업무를 하나요?

드롭박스의 스태프 엔지니어입니다. 원래 드롭박스의 스태프 엔지니어였다가 다른 스타트업으로 옮겼는데 몇 달 전에 다시 드롭박스에 재입사했어요. 드롭박스에서 내부 인큐베이터를 출시한다는 흥미로운 기회가 생겨 돌아왔습니다. 드롭박스는 파일 동기화 분야에서는 강력한 브랜드가 됐지만, 경쟁자가 너무 많아져서 새로운 제품을 만들어 내야만 했어요. 인큐베이터는 CEO에게 직접 보고하는 아주 작은 팀으로, 회사 내에서 혁신을 조성하기 위해 일하고 있어요.

전 드롭박스에서 오래 근무해서 많은 사람과 돈독한 관계를 구축해왔기

---

42 https://www.linkedin.com/in/rituvincent

때문에 이런 역할이 필요하다고 했을 때 정말 재미있을 거라 생각했어요. 게다가 몇 년 동안 관리자였어서 그런지 코딩하고 싶어 근질근질했어요. 이 모든 것이 저를 드롭박스로 돌아오게 만들었습니다.

인큐베이터에는 두 가지 방법이 있어요.

첫 번째는 약간 전통적인 인큐베이터로, 회사의 엔지니어가 아이디어를 던져놓고 프로그램에 합류할 사람을 모으고 몇 달에 한 번씩 시장에 맞는 제품을 보여주거나 다른 형태로 진척 상황을 공유하는 방법이에요. 목표는 성공적인 프로젝트를 조금 이르더라도 인큐베이터에서 졸업시켜 비즈니스에 투입하는 것이죠.

두 번째는 인큐베이터에 전담으로 소속되어서 인큐베이터 내에서 아이디어를 만들고 자율적으로 운영하는 방법입니다. 저는 전담 '스카우팅' 팀에 속한 두 엔지니어 중 한 명이고 내년에는 팀 규모를 더 키울 계획입니다. 지금까지 해온 일과는 너무 다른 일이라 이 일에 지원하게 됐습니다. 저에게는 큰 변화였죠. 솔직히 말하면 처음 몇 달은 정말 재미있으면서도 당황스러웠어요. 수많은 새로운 아이디어를 빠르게 시도해보는 것이 주업무였고, 그중 상당수가 계속 진행된다면 정확한 영향도를 측정하기가 어렵기 때문이었어요. 덕분에 더 긴 시간 내 영향도에 대해 생각하는 법을 배워야 했죠. 그러니까 제가 오늘 어떤 제품을 출시하는지보다 앞으로 어떤 제품을 출시해야 회사에 좋은 영향을 줄 수 있을지 생각해야 했습니다.

회사에서 스태프플러스 엔지니어는 보통 어떤 일을 하나요?

드롭박스에는 두 유형의 스태프 엔지니어가 있습니다. 한 유형은 업무를 조율하고 팀의 업무를 설계하며 팀이 주도하는 프로젝트에 참여하는 기술 리더이고, 또 다른 유형은 스페셜리스트(specialist)예요.

제가 처음 스태프 엔지니어가 됐을 때는 당연히 기술 리드 유형이어서 엔지니어 8명으로 구성된 팀을 맡아 18개월짜리 프로젝트를 진행했어요. 그 프로젝트는 의존성도 많았고 안 좋은 부분도 많았어요. 저는 프로젝트와 관련한 의사소통을 관리하는 것은 물론 팀의 엔지니어의 성장과 프로젝트의 완수 모두를 달성할 수 있는 방법으로 프로젝트를 팀에 분배해야 했습니다.

스페셜리스트는 파이썬 언어의 창시자인 귀도 반 로섬Guido van Rossum[43]처럼 특정 영역에 깊이 전문화된 사람이에요. 스페셜리스트는 정말 복잡한 프로젝트를 맡아 스스로 실행해요. 그런 프로젝트는 보통 다른 사람은 효율적으로 실행할 수 없는 것들이죠. 기술 리드보다는 스페셜리스트의 수가 더 적습니다.

스페셜리스트는 보통 외부에서 채용하나요?

귀도처럼 업계에서 채용한 스페셜리스트도 있고 ML 팀에는 정말 경험이 많은 사람도 많지만, 대부분 스페셜리스트는 회사 내에서 키워낸 인재들입니다. 아마도 드롭박스가 관련 직책을 상대적으로 늦게 채택한 덕분인 거 같아요. 더불어 사람들이 회사의 기술에 대해 더욱 깊이 이해할 수 있게 됐어요.

하루 일과가 어떻게 되나요?

인큐베이터에서 제 역할은 하루 종일 프로토타이핑하는 것이지만, 그전에 기술 리드 역할을 할 때는 다양한 일을 했었죠.

---

43 https://en.wikipedia.org/wiki/Guido_van_Rossum

코딩은 했지만 그렇게 많이는 아니었어요. 20% 정도? 전 데스크톱 클라이언트 분야의 기술 리드여서 시간 대부분을 프로젝트를 조율하고 가이드를 제공하면서 보냈죠. 또는, 채용 팀과 협업하는 데 시간을 많이 할애했는데 필요해서라기보다는 제가 관심이 있어서 그랬어요.

예를 들어, 스페셜리스트 면접 절차를 설계하고, 보고 절차를 간소화하고 후보자 자격을 심사하는 등의 업무에 참여했어요. 그리고 다양성 계획에도 많은 역할을 했죠. 그게 제가 엔지니어링 관리 경력이 많은 이유예요. 전 조직적인 성장에 참여하는 것을 좋아하거든요.

스태프플러스 엔지니어로서 가장 영향력이 있다고 느낄 때는 언제인가요?

가장 보람 있었던 일은 엔지니어링 레벨을 크게 개선했던 일이에요. 2017년에 엔지니어 레벨 개선에 참여할 몇 안 되는 IC 중 한 명으로 뽑혔어요. 나머지 대부분은 디렉터나 관리자였죠. 그 일이 보람 있었던 이유는 새로 재정한 엔지니어링 레벨이 드롭박스의 엔지니어링, 제품, 디자인 팀에서 일하는 모든 사람에게 영향을 미쳤기 때문입니다.

그리고 역할과 책임을 바꿈으로 회사가 어떻게 성장하게 될 것인지 깊게 생각해보는 것 또한 정말 흥미로운 일이었어요. 우리는 여러 경험을 갖춘 사람들을 데려오기 시작했고 올바른 방법으로 모두에게 보상을 주고자 했어요. 보통 제가 책임겼던 것과는 사뭇 다른 일이었고 덕분에 완전히 생소한 분야에서 일했었죠.

기술적으로 정말 복잡했던 스태프 프로젝트도 보람 있는 일이었어요. 그 프로젝트 덕분에 팀의 많은 사람이 성장하는 데 도움을 줄 수 있는 기회를 얻었죠. 1년이 지나니 회사를 떠난 후에도 그 프로젝트 덕분에 자신감이 생기거나 많은 것을 배웠다며 메일을 보내오는 엔지니어도 있었어요.

어떤 프로젝트를 진행하는 과정에서 관리자가 기술 리드로서 저의 영향력이 전혀 확대되지 않았음을 이해하도록 도와준 적이 있어요. 처음에 저는 '이 프로젝트를 작업 20개로 나눠서 18개는 다른 사람에게 할당하고, 제일 어려운 2개는 내가 해야겠다'고 생각했어요. 그런데 관리자는 오히려 팀이 성장할 수 있도록 어려운 작업을 다른 사람에게 위임하라고 지시했죠.

기술이나 사례, 절차 또는 아키텍처적 변화를 지지하는 데 시간을 할애하기도 하나요?

저는 기술 리드로, 변화를 이끌어내는 데 시간을 많이 할애했어요. 설령 제가 직접 경험하지 못했던 분야라 하더라도 여러 다른 아키텍처와 기술적 의사결정에 참여했죠. 사람들이 제 직감을 믿는 것 같았기 때문이에요. 전 스태프 엔지니어 직책을 얻지는 못했지만 놀라운 기술적 직감을 가진 사람을 많이 알아요. 하지만 직책은 그런 직감을 공식화해 줍니다.

저는 프로젝트를 진행하는 팀이 최종 의사결정을 하는 것을 선호해요. 제가 스스로 '올바른 결정'에 대한 강한 확신이 있다면 "이게 옳은 결정입니다."라고 말하기보다는 팀이 그 결정을 내릴 수 있도록 이끌려고 해요.

어떻게 다른 엔지니어의 스폰서가 되어주나요? 현재 역할에서 다른 엔지니어의 스폰서가 되는 것이 중요한가요?

저는 당연히 제가 스폰서라고 생각합니다. (저는 무언가를 만드는 걸 좋아하니까) 실행이 제 직업에서 가장 큰 보상이지만 다른 사람의 성장을 돕는 것도 정말 좋아해요. 제가 비공식적으로 멘토링하거나 프로젝트에 도움을 준 사람이 무언가 대단한 것을 만들어내는 것을 보면 정말 보람을 느낍니다.

저는 특히 여성 스태프 엔지니어로서 많은 사람이 저를 우러러본다고 느껴요. 관리자 쪽으로는 롤 모델이 많은 것 같아서 그냥 코딩만 하기보다는 저 역시 롤 모델이 되려고 많이 노력하고 있어요. 물론 코딩에만 집중할 수도 있고 그것도 좋겠지만 다른 사람들, 특히 가면 증후군을 가진 사람들을 돕고 싶어요.

종종 저에게 "이 다음에 뭘 해야 할지 모르겠어요."라거나 "어떻게 하면 스태프 엔지니어가 될 수 있는지 모르겠어요. 그래서 관리자 쪽으로 전향하려고요."라고 말하는 사람들이 있어요. 이런 사람들이 자신의 길을 개척하는 걸 돕고 싶어요. 스태프 엔지니어 입장에서 생각할 때, 이런 역할을 원하는 사람들은 본인을 드러내고 누구나 쉽게 본인에게 다가갈 수 있도록 접근성을 높이는 것이 중요해요.

그전에는 못 해봤는데 스태프플러스 엔지니어가 된 덕분에 할 수 있었던 일이 있었나요?

직책이 없다고 해서 할 수 없었던 일은 없지만 직책 덕분에 자신감이 생긴 건 사실이에요. 직책 외에도 저에게 자신감을 줬던 것은 나머지 모든 사람도 가면 증후군에 시달리고 있음을 깨달았던 것이에요. 그 사실은 제가 가장 자신감 넘치는 엔지니어라고 생각한 사람과 대화를 하면서 알게 됐어요. 그 엔지니어와 얘기해보니 "제가 하는 모든 일에 의구심이 들어요. 집에 가서 오늘 제 입으로 내뱉은 말을 곱씹으면서 혹시 멍청한 말을 하진 않았는지 고민하곤 해요."라고 하더라고요.

직책과 더불어 그 엔지니어와의 대화가 스태프 엔지니어로서 저 스스로를 믿게 만들어 줬습니다. 덕분에 더 어려운 프로젝트를 요구하거나 관리자에게 더 많은 프로젝트에 참여하게 해달라고 요구할 수 있는 자신감이 생겼어요.

드롭박스에서는 어떤 과정으로 스태프 엔지니어로 승진하게 됐나요?

드롭박스에 합류하고 얼마 되지 않아 회사가 스태프 직책을 만들었어요. 처음에는 굉장히 적은 수의 엔지니어만 스태프 직책을 얻었어요. 그 당시에는 그들이 스태프 직책에 어울리는 사람들이었죠. 저는 두 번째 승진 기회에 스태프 직책을 얻었습니다.

두 번째 승진 기회가 왔을 때 저는 이미 기술 리드였고, 제 관리자와 저는 제가 스태프 레벨의 업무를 수행해 왔다는 점에 분명히 동의했어요. 그 두 번째 승진 기회가 오기 전에 새로운 커리어 레벨의 정의를 살펴보면서 부족한 점은 없는지 확인했지만 전반적으로는 무난히 진행됐던 것 같아요.

스태프 엔지니어가 될 때 중요한 요인을 두세 가지 정도 꼽는다면?

가장 중요한 것은 역시 본인을 드러내는 것입니다. 그러려면 보통 담당하는 엔지니어링 업무 외에도 꽤 많은 일을 더 해야 하죠.

예를 들어, 저는 여름에 채용 팀이 인턴 프로그램을 진행하는 것을 도와줬어요. 당시 여러 팀에서 차출된 수많은 인턴 멘토들과 협업했어요. 드롭박스는 인턴의 종류도 다양하기 때문에 거의 회사 전체가 저에 대해 알게 되는 계기가 됐습니다. 채용 업무도 도움이 됐어요. 매달 열 몇 건의 채용 보고를 받고 채용을 진행하며 대화를 조율하다 보니 엔지니어링 조직 전체와 소통하게 됐죠. 또한, 새로 채용한 인력을 위한 온보딩과 핵심 엔지니어링에 대한 프레젠테이션에도 도움을 줬습니다.

스폰서를 갖는 것 역시 매우 중요합니다. 저는 관리자와 훌륭한 관계를 유지하고 있으며 그 상위 관리자와도 좋은 관계를 갖고 있습니다. 제 생각엔 그 부분도 한몫한 것 같아요.

일부 회사에서 '접착제 업무'라고 하는 일들이 직접적인 가치가 있을까요?

드롭박스의 리더십은 이런 업무에 큰 가치를 두고 있어요. 리더는 물론 많은 시니어 엔지니어가 이런 업무, 특히 채용 관련 업무에 투입됩니다. 딱히 접착제 업무라고 여기진 않고 있지만요. 그렇다는 건 그런 업무를 했기 때문에 스태프 엔지니어가 될 수 있었던 건 아니라는 거죠. 그보다는 문화적으로 영향을 미치는 것과 기술적으로 강력한 무언가를 보여줄 수 있는 것 사이에서 균형을 잘 잡아야 합니다.

스태프 엔지니어가 되려면 '스태프 프로젝트'를 수행해야 한다는 것이 보편적인 생각인데요. 스태프 프로젝트를 해본 경험이 있나요? 있다면 어떤 프로젝트였나요?

누구도 명확하게 선을 그은 적도 없고 그렇다고 공식적인 요구 사항을 기록한 것도 아니지만 승진하려면 스태프 프로젝트를 해내야 한다는 것은 당연한 것이에요. 특히 여러 사람이 참여하는 정말 중요한 프로젝트에서 리더 역할을 경험하지 않고 스태프 엔지니어로 승진할 수 있다고는 생각하지 않습니다.

전 스태프 프로젝트에 참여했어요. 당시 드롭박스는 기본적으로 일반 사용자용 제품으로, 고객이 보유한 장비에 내려받아 설치해 사용하는 제품이었죠. 비즈니스용 드롭박스를 출시할 때 번거롭게 로그아웃과 로그인을 번갈아 하지 않고도 개인용 계정과 업무용 계정을 동시에 사용할 수 있게 해달라는 요구 사항이 있었어요. 처음 출시할 때는 출시일에 대한 압박이 컸던 데다 개인용 계정과 업무용 계정의 프로세스를 모두 실행하는 형태로 구현했어요. 제가 수행했던 스태프 프로젝트는 여러 사용자가 드롭박스 프로세스 하나를 공유하도록 개선하는 것이었어요. 문제는 프로젝트의 범위가 커널부터 사용자 인터페이스까지 이어진다는 점이었어요. 드롭박스 시스템을 구성하는 모든 계층을 전부 이해해야만 했죠. 처음에는 6개월 정도면 가능할 거라 생각했는데 결과적으로는 18개월이나 걸렸어요. 데스크톱 클라이언트 팀 인력이 한동안 이 프로젝트에 매달렸었죠.

스태프 엔지니어가 되는 데 특히 도움이 된 조언이 있다면?

초반에는 본능적으로 제가 성장할 수 있는 모호성을 가진 프로젝트보다는 제가 잘 수행할 수 있다고 느껴지는 프로젝트를 하려고 했어요. 그때 제가 받았던 조언은 잘할 수 있는 것만 하려 하지 말고 팀에 맡겨진 더 어려운 프로젝트에 참여해 보라는 것이었어요. 스태프 엔지니어라면 지금 알고 있는 것보다 더 많은 것을 알아야 하고, 할 수 있어야 해요. 항상 스스로를 더 강하게 밀어붙이고 너무 어렵다 싶은 일을 맡는 데도 두려움이 없어야 합니다.

이건 가면 증후군과도 관련이 있어요. 본인이 확실히 우위에 있다고 확신하기 전에는 아무것도 시도하지 않는 거죠. 하지만 본인이 무너지거나 힘들 수 있다는 사실을 편안하게 받아들여야 합니다. 그래도 괜찮습니다. 일단 시도는 했잖아요.

이제 막 스태프 엔지니어가 된 사람에게 해주고 싶은 조언이 있다면?

사람들은 '스태프 직책을 얻으려면 이 다음에 뭘 해야 하죠?'라고 자주 물어봐요. 이때 대답은 스스로 경력을 어떻게 이어가고 싶은지 관리자에게 완전히 공개하고 정직해져야 한다는 것입니다. 제가 철없을 때 했던 실수 중하나는 일대일 미팅에서 관리자에게 내가 어떻게 느끼는지를 말한 게 아니라 관리자가 듣고 싶어 하는 말을 했던 거예요.

관리자가 어떤 업무에 관심이 있냐고 물으면 대체 왜 묻는 건지, 내가 그 일을 하길 원하는 건지 궁금했죠. 그래서 설령 관심이 없는 일에도 관심이 있다고 했어요. 또는, 프로젝트가 어떻게 진행되고 있냐고 물었을 때 실제로 엉망진창인데도 관리자를 실망시키기 싫어서 도와달라고 하기보다는 잘 진행 중이라고 말했죠.

그러다가 어느샌가 관리자도 우리 팀이라는 것을 깨달았어요. 관리자는 제가 성장하고 생산적이며 즐겁게 일하면서 최선의 엔지니어로 발전할 수 있는 방법을 찾는 사람입니다. 그러니 관리자와 효율적인 관계를 유지하면서 본인의 스폰서가 되도록 하려면 허심탄회하고 정직하게 대해야 해요.

막상 제가 관리자가 되어보니 그게 더 명확해지더라고요. 팀 모두가 스태프 엔지니어로 승진하길 원했거든요. 팀원이 승진할 수 있는 이유를 찾고 승진을 위해 함께 노력하길 원했어요.

엔지니어링 관리자가 되는 것을 고려한 적이 있나요? 그랬다면 어떤 이유로 스태프 엔지니어가 되기로 결심했나요?

저는 관리자 진로와 엔지니어링 진로, 모두 관심이 있어서 두 진로의 업무량을 적절히 맞추고 있어요. 사람들이 성장하도록 도와주는 것에 관심이 많고 채용 팀과 일하는 것도 좋아해요. 면접 과정을 즐기는 엔지니어이기도 하고, 팀이 어떻게 성장하는지 이해하는 것도 좋아하죠. 하지만 코드를 작성하는 일도 엄청 좋아해서 남는 시간에 관리 업무를 해요. 언젠가는 다시 코드를 작성하는 일로 돌아가 이것저것 해보고 싶어요.

멘토링과 관리 업무를 해보니 경력 개발을 완전히 다르게 생각하게 됐어요. 이때 두 진로의 균형을 갖추면서 여러 측면을 고려하는 데 도움이 됐죠. 관리자로서 여러분은 채용과 성과 평가 같은 일에 매우 명확한 책임을 갖게 돼요. 반면, 스태프 엔지니어의 책임은 회사 내에서 약간 더 모호하면서 다르죠. 그런 모호성 때문에 엔지니어로 남아 있었으면 더 즐겁게 일했을 사람들이 관리자로 전향하곤 합니다. 그렇기 때문에 스태프 역할에 대한 더 많은 정보를 다른 사람이 읽을 수 있도록 공유하는 것이 가치가 있는 거예요.

어떤 리소스(책, 블로그, 사람 등)에서 새로운 것을 배우나요? 업계에서 롤 모델로 삼을만한 사람은 누구인가요?

대부분은 재미를 위해서 무언가를 읽어요. 멘토라고 생각하는 사람, 아는 친구, 전 관리자, 함께 일한 사람 등 많은 인맥을 갖춘 것이 제게는 가장 큰 영향을 줬습니다. 저는 과거에 함께 일했으며 나를 알고 내가 신뢰하는 사람들과 매달 적당한 횟수의 점심 식사, 커피 또는 저녁 식사 약속을 잡아요. 그 과정에서 지금의 나를 만들어준 경력상 과제와 성장에 대한 대화를 주로 나누곤 하죠.

7

릭 부너

— 우버의 인프라스트럭처 부사장 전략 고문

이 인터뷰는 2020년 4월에 녹음한 것이다. 릭에 대해 더 알고 싶다면 링크드인[44]을 참고하기 바란다.

현재 역할에 대해 간략히 말씀해 주세요. 어느 회사에서 어떤 직책으로 일하며 보통 어떤 종류의 업무를 하나요?

우버에서 인프라스트럭처 부사장의 전략 고문(Strategic Advisor)으로 일하고 있습니다. 즉, 엔지니어링 디렉터나 전사 프로그램 관리자와 더불어 인프라스트럭처 리더 그룹의 일원이라는 뜻이죠. 우버의 인프라스트럭처 엔지니어링 조직에는 데이터 센터, 서버, 스토리지, 개발자 플랫폼 등을 관리하는 메탈(Metal)을 비롯해 하부 조직 총 6개에 걸쳐 약 700명이 근무합니다. 저는 부사장과 함께 기술적 전략, 문화적 전략 및 특수 프로젝트 같은 일을 담당하고 있어요.

전략 고문은 하는 일이 많습니다. 예를 들어, 다음과 같은 일을 해요.

---

44 https://www.linkedin.com/in/kineticrick

- 향후 2년 내에 발생할 기술 수요를 예측합니다.
- 향후 6개월간의 로드맵에서 혁신의 우선순위를 결정하는 데 도움을 줍니다.
- 아직 전담 인력이 없는 중요한 분야를 파악하고 진행 중인 관련 프로젝트를 능률적으로 수행하는 것을 돕습니다.
- 조직적으로 큰 변화가 발생하기 이전과 이후에 엔지니어가 어떤 감정을 느끼는지 파악합니다.
- 서로 동의해야 하는데 입장이 첨예하게 대립하며 의사소통 문제가 있는 두 팀과 대화를 나누면서 두 팀을 도울 방법과 더 효율적으로 업무를 진행할 방법을 찾습니다.

제 역할은 엔지니어링, 문화, 심리학, 조직적 설계 및 전략 등이 혼합된 정말로 방대한 역할이에요. 저는 제 역할을 두 가지 방법으로 설명하는데 그 둘은 모두 문화에 기반하고 있죠. 첫 번째는 〈왕좌의 게임〉의 '핸드 오브 더 킹'에 빗대는 것인데, 이게 제가 할 수 있는 최선의 설명인 것 같아요. 두 번째는 "나는 대통령의 기쁨을 위해 봉사한다."라는 대사로 유명한 〈웨스트 윙〉의 '리오 맥게리' 같은 역할이라고 설명하기도 하죠. 그러니까 인프라스트럭처 부사장의 기쁨을 위해 봉사하는 역할인 셈이죠.

지금은 저뿐이지만 그전에는 부사장 전략 고문이 두 명이었어요. 우리는 프로젝트에 대한 본질적인 관련성을 기준으로 업무를 나눴죠. 다른 고문은 관리자와 리더십에 관련이 있는 프로젝트에 더 집중했던 반면, 저는 IC와 엔지니어링 프로젝트에 더 집중했어요. 그래도 어쨌든 두 분야를 모두 관리하긴 했지만요.

전략 고문이라는 역할은 좀 특이합니다. 이 역할은 매튜 멘저링크Matthew Mengerink[45]가 인프라스트럭처 부사장을 역임하고 얼마 되지 않아 만들었어요. 제가 알기로는 우리 조직과 CTO 사무실에서만 전략 고문이 있습니다. 매튜가 이 역할을 만든 이유는 엔지니어링 팀 자체에 대한 완전한 이해를

---

45 https://eng.uber.com/core-infra-2018

갖는 것이 중요하기 때문이에요. 그리고 본인의 의사결정을 알리기 위한 피드백 절차를 만들고 싶었기도 했죠.

우버는 정말 큰 조직이고 저는 이 큰 조직 전체에 대한 통합된 시각을 제시하는 데 도움을 줄 수 있기 때문에 우버의 인프라스트럭처 조직에서는 특히 더 중요한 역할입니다.

TPM 역할과 비교하면 어떤가요?

재미있는 질문이네요. 전에 최고 스태프(Chief of Staff)와 제 역할 사이에 어떤 차이가 있는지 생각해본 적이 있어요. 인프라스트럭처 리더 팀에는 전략 고문과 프로그램 관리자(PM, Program Manager)가 있지만 예전에는 최고 스태프라는 역할도 있었어요.

PM은 조직 위주로 운영하는 역할이에요. 더 높은 위치에서 인프라 조직의 주요 프로그램과 분야들이 잘 돌아가도록 하고, 정기적으로 드러나는 변화를 평가하며 투입해야 하는 역량과 계획 등을 운영 가능하도록 준비하죠. 최고 스태프는 리더십 머신 전체가 잘 동작하도록 이끄는 역할이었어요. 그러니까 인프라를 운영하고 이끄는 모든 사람, 그룹, 메시징 등이 효과적으로 운영될 수 있도록 하는 역할이었죠.

제가 맡은 전략 고문 역할은 기술 및 문화적으로 더 폭넓은 도메인 지식을 갖추고 사람 또는 조직 간에 발생한 문제를 더 상세히 이해한 다음 엔지니어링 감각을 섞는 일입니다. 거기에 조직의 리더나 전체 리더 팀에 제시하는 권고 사항이나 인사이트를 더 혼합하죠. 하루 일과는 주로 조직 디렉터나 PM들과 직접 관련 있는 일이 많아요. 조직의 디렉터에게 권고 사항을 전달하고 다른 의견이나 승인을 받으면 PM과 협업해서 실제 업무에 적용하고 있습니다.

스폰서의 의지와 방향을 맞추는 것이 얼마나 중요하다고 생각하나요?

재미있네요. 그렇게 결을 맞추는 게 이 역할의 핵심이거든요. 매튜와 저는 원리와 가치, 세상에 대한 시각, 감성 지능, 실행에 대한 접근, 철학 등의 측면에서 상당히 잘 맞아요. 우리는 많은 부분에서 거의 공생 관계에 있다고 봐도 무방합니다.

스폰서와 방향을 맞추는 것은 효율성 측면에서 정말 중요하지만 전략 고문과 부사장 사이의 공정한 관계 이상의 것이에요. 저와 매튜의 인간적인 교류이고 그 관계가 잘 자리잡도록 하는 것이기도 하죠.

몇 주 동안 매튜의 얼굴을 보지 못하는 경우가 많아요. 하지만 그러는 동안에도 매튜의 직속 대리인처럼 행동해야 해요. 그래서 회의실에 들어가 이렇게 생각해요. '매튜라면 여기서 어떻게 할까? 어떤 질문을 할까? 이 문제에 대해 어떤 조언을 줄까?' 모호한 부분이 생길 때마다 매튜에게 달려가서 물어볼 수 없기에 그가 세상을 바라보는 관점을 철저히 이해하는 것이 중요해요. 그리고 매튜의 대리자가 되어 그의 전략과 비전을 효과적으로 수행하는 데 필요한 깊은 신뢰 관계를 유지하는 것이 필수죠. 매튜와 저의 대답이 항상 같을 거라는 확신을 사람들에게 줘야 합니다.

또한, 저는 매튜의 목표와 의도, 가치, 원칙 등도 완전히 이해해야 해요. 그래야 제 평판과 신뢰도를 이용해 사람들을 움직일 수 있죠. 간혹 필요한 정보가 충분치 않은 상황에서도 매튜의 비전이나 구현 방식을 엔지니어에게 설득하거나 설명해줘야 하는 경우가 종종 있어요. 그럴 때면 매튜가 하는 일의 논리와 가치를 이해해야 할 뿐만 아니라 제 스스로도 믿어야 하죠. 그렇지 않으면 매튜를 지지하기가 어려워져요. 사람들을 솔직하게 대하지 못하게 되는 것은 말할 필요도 없고요.

지금 역할을 처음 맡았을 때 그 점이 가장 힘들었어요. 매튜는 "이제 당신은 나를 대신하는 겁니다. 내 이름과 위치를 이용해서 일을 밀어붙이고 실행하는 것에 익숙해져야 해요."라고 자주 말하곤 했죠. 하지만 그런 일은 해본 적이 없었기 때문에 어려웠습니다. 그전까지는 제 이름과 평판을 바탕으로 일해왔는데 이제는 부사장인 매튜의 이름과 그 외 모든 것을 등에 업고 일해야 했으니까요. 시간이 지나면서 그 힘을 신중하게 활용하는 법을 배웠습니다. 결코 남용하고 싶지 않았기 때문이에요.

때로는 사람들에게 내가 어떤 사람인지를 알려줄 필요가 있다는 점도 알게 됐습니다. 저는 누군가의 멘토가 되는 것을 좋아하지만, 가끔 사람들이 제가 조직과 회사의 이익을 위해 일하는 전략 고문인지 아니면 사람과 그 사람의 경력 개발을 위해 일하는 멘토인지 혼란스러워했기 때문이에요. 그래서 특정한 상황에서는 대화 중에 제가 현재 어떤 역할을 하고 있는지를 알려줬습니다. 제가 멘토링하는 사람을 만나 이야기를 나누다 보면 팀을 바꾸는 것이나 심지어 조직이나 회사를 떠나는 것에 대한 조언을 원할 수도 있는데, 그때 제가 어떤 입장에서 조언을 주는지 알고 싶어 할테니까요.

회사에서 스태프플러스 엔지니어는 보통 어떤 일을 하나요? 당신도 비슷하게 일하나요 아니면 다른가요?

다른 시니어 플러스 엔지니어는 주로 기술적인 업무를 담당한다는 점에서 차이가 있습니다. 그들은 리더니까 감성 지능, 의사소통, 협업, 충돌 해결, 에반젤리즘 등의 활동을 하지만 여전히 하루 중 80% 정도는 늘 기술적인 문제를 다룹니다.

반면, 제 경우에는 그룹 심리학이나 조직 설계 같은 프로젝트에 몇 주 동안 투입되기도 합니다. 기술적 문제는 늘 주변에 있지만 그 문제만 다루는 게 아닌 거죠.

개발 업무가 적어졌는데 실전 감각은 어떻게 유지하나요?

제가 엔지니어였을 때는 더 능동적으로 개발 일을 할 수 있었어요. 매일 코드를 들여다보고 커밋을 푸시하고 서비스를 프로비저닝하고 운영하면서 발생하는 충돌을 처리하는 등의 일을 했으니까요. 이제는 그만큼 코드를 만질 일이 없죠. 그래서 지금은 그런 데이터와 감각을 모으려면 무언가 실질적인 절차가 필요해요.

제가 시도했던 방법은 예전 팀 가까운 곳에 가서 그들이 어떻게 일하는지를 듣는 거였어요. 간혹 서비스의 안정성에 대한 불만이나 도구의 부적절함에 대한 불만을 토로할 때가 있는데 그런 것들을 계속 듣는 게 도움이 됐습니다.

그리고 사람들에게 개발자 경험이 어땠는지 계속 물어보곤 해요. 문제를 찾아내고 해결 방법에 대해 피드백주는 일을 잘 하는 사람들을 기억했다가 자주 연락하곤 하죠. 때로는 더 구체적인 방법, 예컨대 설문 조사 같은 걸 부탁하기도 하고 간단하게 메시지를 보내서 연락하기도 해요.

그리고 사람들에게 별로 중요하지 않아서 마감일이 넉넉한 업무를 저에게 넘겨달라고 부탁해요. 그래서 실제 코드를 작성할 수 있는 기회로 삼죠. 하지만 지속적으로 코드를 유지보수할 여력이 거의 없어 실제 제품에서 중요한 부분에는 발을 담그지 않으려고 조심합니다.

어떻게 다른 엔지니어의 스폰서가 되어주나요? 현재 역할에서 다른 엔지니어의 스폰서가 되는 것이 중요한가요?

제가 맡은 역할에서 특별한 것 중 하나는 매튜와의 멘토십이 기본적으로 필요하다는 점이에요. 처음 시작할 때 매튜는 "향후 5년간 어떻게 일하고 싶어요? 목표가 무언가요?"라고 물었죠. 당시에는 그 질문에 마땅히 대답하지 못했어요. 꽤 오랫동안 현재 시대에 맞게 코드를 작성할 수 있는 능력을 갖추면 직업의 안정성 및 발전 과정 측면에서 인류 역사상 최고의 직업을 유지할 수 있다고 생각했고, 그것만으로도 충분했거든요.

제 목표에 대해 생각하는 시간이 많아지면서 정말로 깨달은 것은 제가 다른 엔지니어, 특히 소수 민족 엔지니어에게 좋은 본보기가 되고 우버나 그전에 다니던 회사에서 만난 사람들을 돕는 것을 좋아했다는 것입니다. 특히 이 업계에 막 발을 들였고 그래서 아직은 조금 어색한 사람을 돕는 것을 좋아했어요. 지금 역할을 맡으면서 다른 사람을 돕는 것을 좋아한다는 것을 깨닫고 인정하는 데 도움이 됐습니다. 그전까지는 다른 사람을 돕는 게 목표가 된다고 생각하지 않았어요. 그런데 이제는 정말 그걸 좋아하고 원한다면 실행에 옮겨야 한다는 것을 깨달았어요.

멘토십이 중요한 또 다른 이유는 지금까지 제가 멘토라고 생각하는 사람이 여섯 명이 있는데, 그 여섯 명은 모두 각기 다른 시점에 제 인생에 큰 영향을 미쳤기 때문이에요. 아마 이들의 지도 편달이 없었다면 현재 위치에 절대 도달하지 못했을 거예요. 그래서 그들에게 엄청 고맙기도 하지만 또 한편으로는 그들이 얼마나 잘 저를 지도해 줬는지 지속해서 깨닫고 있죠. 그래서 저는 항상 멘토의 힘을 인지하고 저 또한 다른 사람에게 멘토가 되어주려 노력하고 있습니다. 멘토는 심지어 몇 년이 지나도 자신이 내뱉은 말이나 행동이 여러분을 변화시킨다거나 자신이 어떤 파급 효과를 불러올지 모르기도 해요. 그래서 항상 다른 사람의 멘토로 언제든 쉽게 연락할 수 있는 사람이 되려고 합니다. 안 그러면 언제 어떻게 누군가의 인생을 바꿀 만한 영향을 미쳤는지 절대 모를 테니까요. 어쩌면 적당한 때 적절한 말을 해주고 올바른 관점을 제시하고, 적절하게 밀어주는 것만으로도 충분할지 모르지만요.

전 항상 다른 사람에게 "제가 필요하면 언제든 와서 도와달라고 하셔도 돼요. 진심입니다."라고 말합니다. 제 일 중에서 가장 신나는 부분이에요. 그리고 언제든 연락할 수 있는 사람이 되기 위해 몇 가지 방법을 활용하고 있습니다.

한 가지 방법으로, 매달 엔지니어링 조직에 새로 합류한 사람들을 대상으로 엔지니어링 교육 수업을 진행하고 있어요. 이 수업은 'Lessons + Questions'라고 하는데 말 그대로 신규 입사자들이 우버에 대해 알고 싶은 거라면 기술이든 문화든 뭐든지 물어보고 저는 최대한 솔직하게 답합니다. 수업 끝에는 제 메일 주소를 알려주고 언제든 연락하라고 하죠. 그러면 그 후에 상당수가 연락해오고 저는 경력이나 우버에서 일하는 법 또는 뭐가 됐든 제가 할 수 있는 조언을 해주죠. 간혹 사무실에 있을 때 직접 찾아와서 조언을 구하는 사람도 있고요.

저는 흑인 엔지니어로서 눈에 띄고 싶었고 다른 사람에게 우리의 존재를 알리며 그것이 가능하다는 것을 보여주고 싶었어요. 일단 그러고 싶다는 걸 깨닫자 발표를 진행하는 능력을 키워야 한다는 걸 알았죠. 스스로 롤 모델이 될 수 있는 가장 중요한 방법이었기 때문입니다. 전 공개 석상에서 발표하는 것이 두려웠어요. 그래서 매우 싫어했죠. 하지만 더 많은 사람에게 다가갈 수 있는 중요한 방법이었기 때문에 계속해서 스스로에게 발표하는 것을 좋아하는 법을 배워야 한다고 다독였어요. 그때부터 효과적으로 발표하는 방법을 배웠습니다. 이제는 발표하는 것을 너무 좋아해요. 마치 롤러코스터 같아요. 발표할 때마다 긴장하지만 흥분되기도 합니다. 아주 재미있는 긴장감이 들고 발표하는 동안에는 무척이나 신나죠.

개인 브랜드를 구축해 외부에 노출하는 것에 대해 고려하나요?

제 친구 중 몇 명이 브랜드를 구축하고 있어요. 그중 한 명은 지금 다시 시작하고 있고요. 그 친구는 우버에서 일하는 것에 너무 집중한 나머지 외부 업무를 미루고 있다는 점을 깨달았거든요.

저는 그 부분에서 약간 수동적입니다. 공개적으로 글을 쓰거나 발표할 때 링크드인에 그 링크를 포스팅하지만, 스스로 콘텐츠를 만들지는 않아요. 물론 그런 것에 대해 생각한 적은 있고 어느 정도 관심도 있지만 실제로 실행에 옮기지는 않았습니다. 저는 말하면서 생각하는 경향이 있어서 글을 쓰려면 제 생각을 정리하는 데 시간이 오래 걸립니다. 지금까지는 외부 노출에 시간을 많이 쓰진 않고 있습니다.

현 직장에서 처음 얻은 직책이 전략 고문인데요. 전략 고문으로 채용된 건가요? 그게 아니라면 어떤 과정을 거쳐 승진한 건가요?

전혀 정통적인 방법이 아니었어요. 계획한 것도 아니고 같은 방법으로 다른 사람이 이 직책을 얻을 수도 없을 것 같아요. 그저 몇 번에 걸쳐 운이 좋았던 것 같습니다. 그전에는 롭 펑크누스Rob Punkunus[46]가 이 직책에 있었는데 퇴사를 결심했을 때 매튜가 후임으로 누가 좋겠냐고 물어봤던 거죠. 롭은 저와 케이트를 추천했고 그래서 우리 둘이 전략 고문이 된 거예요.

매튜와 저는 그전에 어느 정도 긍정적인 소통이 있었고 그 과정에서 우리의 시각과 가치관이 유사하다는 것을 알아가고 있었어요. 예를 들면, 언젠가 Q&A 회의에서 익명으로 좋지 않은 댓글이 많이 달린 적이 있었어요. 우리의 문화가 그런 쪽으로 흘러간다는 걸 보는 게 꽤 신경이 쓰였죠. 그래

---

46 https://www.linkedin.com/in/rob-punkunus-3791273

서 자리에서 일어나서 Q&A를 하던 사람 중 한 명에게 우려하는 부분을 더 건설적으로 표현할 수 있는 방법을 찾아달라고 말했어요. 매튜가 그걸 좋게 봐준 것 같아요.

매튜가 처음 이 직책을 제안했을 때 저는 엄청난 가면 증후군을 겪었어요. 그래서 저에게 맞는 직책이 아닌 것 같다고 생각하면서 그 제안을 취소하도록 설득했죠. 하지만 결국에는 제안을 수락했고 지금까지도 이 직책을 맡고 있습니다.

스태프 엔지니어가 될 때 중요한 요인을 두세 가지 정도 꼽는다면 뭐가 있을까요? 지금까지 재직했던 회사나 거주지 또는 학력이 어떤 영향을 미쳤나요?

롭이 저를 추천하기도 했지만, 매튜의 가치관과 일치하면서도 눈에 띄는 일을 했던 것이 중요한 요인이었습니다. 제가 맡았던 프로젝트 중 하나는 2017년 SR의 문화를 이해하고 개선하기 위한 워킹 그룹에 합류한 것이었어요. 이 워킹 그룹은 수잔 파울러Susan Fowler가 블로그 포스트[47]를 작성하기 전부터 이미 계획됐어요. 우연히도 최초의 회의는 수잔의 블로그가 게시된 3일 뒤였죠. 전 정말로 문화 워킹 그룹이 잘 했다고 생각해요. 저나 다른 그룹 구성원이 엄청 뿌듯할 만한 일이었죠. 그리고 18개월 이상에 걸쳐 100명으로 구성된 조직의 문화를 의미 있는 방향으로 바꿔놨습니다.

게다가 전 개인적으로 문화와 인간의 심리 및 행위에 관한 것에 매력을 느꼈습니다. 제가 지금까지 몸담았던 회사를 돌아보면 '문화 + 그룹 심리'가 좋은 조직을 훌륭한 조직으로 바꾸는 숨겨진 요소인 경우가 많았어요. 이 분야에서 개인적으로 궁금했던 내용들을 행동 경제학이나 행동 과학 같

---

47 https://www.susanjfowler.com/blog/2017/2/19/reflecting-on-one-very-strange-year-at-uber

은 것을 다루는 책과 논문으로 이미 공부했던 터라 그런 자연스러운 관심이 지금 제가 이 자리에 있게끔 도와준 셈이죠.

스태프 엔지니어가 되는 데 특별히 도움이 됐던 조언이 있나요?

지금까지 사람들은 제가 영향력이 크고 제가 생각하는 것보다 더 큰 잠재력을 갖고 있다고 말해줬어요. 전 그 말을 듣지 않았죠. 저나 다른 많은 엔지니어 특히, 소수 민족 엔지니어는 많은 시간을 스스로에 대해 의심하면서 보냈습니다. 또한, 안 좋은 면을 보기도 쉽죠. 회의에서 무언가를 열정적으로 말하면서 사람들이 우리 말을 귀담아듣고 있음을 알아채지 못했을 수도 있습니다. 계속 제가 가진 영향력을 스스로 깨닫지 못하고 있다고, 제가 바라보는 시각이 옳았을 뿐만 아니라 실제로 조직에 영향을 미치고 있다고 누군가가 말해준다는 건 정말 도움이 됩니다.

멘토가 있다는 것도 도움이 돼요. 특히 건설적인 비판을 하는 멘토를 좋아합니다. 그 말인즉슨 저는 정말 두려워하지만, 그들은 제가 준비되어 있다고 확신하고 일을 맡긴다는 거예요. 덕분에 제가 가능하다고 생각하는 것 이상으로 저를 밀어붙이는 데 도움이 됐습니다. 보통은 저와 함께 일하는 관리자가 그런 역할을 해줬고, 서로에게서 많은 것을 배우기도 했습니다.

이제 막 스태프 엔지니어가 된 사람에게 해주고 싶은 조언이 있다면?

제가 기술 외에도 조직 심리학, 문화, 멘토십 등에 폭넓게 관심을 갖게 된 계기를 다시금 떠올리게 하는 질문이네요. 저는 온종일 코드에만 매달리는 순수한 엔지니어는 아니었어요. 그런 성격도 아니었죠. 오히려 제 나름의 페이스를 만들어야 했어요.

저에게는 열정을 따르는 것이 중요했습니다. 최근에는 멘토십에 열정이 있지만, 개인적인 취미인 머신 러닝 같은 다른 일에도 마찬가지죠. 저는 기계가 사람의 사고를 모방해 인사이트를 만들어낼 수 있다는 점이 마음에 듭니다. 기술과 심리학 모두에 관심이 있는 저에게는 완벽한 조합인 셈이죠.

그래서 그 부분에 열정이 생겼고 그런 열정이 회사가 원하는 어떤 것과 일치하면 그 일을 맡습니다. 예를 들어, 우버에서 전에 속한 팀은 수용량 계획을 목적으로 보유 자산의 활용에 대한 인사이트를 만드는 일을 했는데, 제가 관심 있던 머신 러닝과 사이트 신뢰성[48]을 결합할 수 있는 좋은 기회였어요.

소규모 기업에서는 여러 다른 일을 할 기회가 많지만 어느 정도 규모의 기업에서도 본인의 열정에 맞는 독특한 기회를 잡을 수 있습니다. 저도 덕분에 하루 종일 키보드 앞에 앉아 코드나 쓰는 사람이 아니었는데도 영향력과 열정을 모두 유지할 수 있었어요.

엔지니어링 관리자가 되는 것을 고려한 적이 있나요? 그랬다면 어떤 이유로 스태프 엔지니어가 되기로 결심했나요?

간혹 생각해본 적은 있죠. 심지어 지금도 생각 중이에요. 여전히 가능성은 있고 제 동료 중에도 "관리직으로 옮길 생각을 한 적 있어요?"라고 묻는 사람이 있었어요.

지금 당장 제가 중점을 두는 부분은 더 효율적으로 높은 위치에서 큰 그림을 그리는 리더가 되는 것입니다. 가까운 미래에 사람 관리 기술을 개발하고 싶은 것도 사실이에요. 제가 매력을 느끼는 부분은, 인간의 행동은 끝없이 제 흥미를 돋우고 사람 관리는 그 분야에 시간을 쓸 수 있는 좋은 기회라는 것이에요.

---

48 https://www.youtube.com/watch?v=9ooI1BQybaE

어떤 리소스(책, 블로그, 사람 등)에서 새로운 것을 배우나요? 업계에서 롤 모델로 삼을만한 사람은 누구인가요?

제 경력의 2/3라 할 수 있는 만큼을, 기술 관련 콘텐츠를 읽느라 보냈어요. 와이콤비네이터YCombinator나 RSS 피드에 분산 시스템, 신뢰성 같은 주제의 읽을거리가 가득했죠. 요즘에는 행동 경제학, 행동 과학, 인간 심리, 조직 전략 같은 주제를 주로 읽습니다. 그 분야에서 제가 제일 관심 있어 하는 사람은 대니엘 카너먼Daniel Kahneman[49], 팀 하포드Tim Harford[50], 댄 애리얼리Dan Ariely[51] 등이에요. Freakonomics[52], Choice-ology[53], Hidden Brain[54] 같은 괜찮은 팟캐스트도 있고요.

작년에는 '인간의 두뇌와 행동에 대한 책 목록(Reading List of the Human Brain + Behavior)'[55]도 만들기 시작했어요. 그리고 그 주제에 관심 있는 사람이라면 누구에게나 공유하죠.

물론 이제는 제 RSS 피드를 대체한 레딧Reddit에서 r/linux[56]와 r/programming[57] 채널을 통해 새로운 읽을거리를 찾기도 합니다.

---

49 https://en.wikipedia.org/wiki/Daniel_Kahneman

50 https://en.wikipedia.org/wiki/Tim_Harford

51 https://en.wikipedia.org/wiki/Dan_Ariely

52 https://freakonomics.com/archive

53 https://www.schwab.com/resource-center/insights/podcast

54 https://www.npr.org/series/919079861/hidden-brain-the-npr-archive

55 https://docs.google.com/document/d/1WlqIYuSGfyoU_ZO-xZMDXfaaUmnG2tmnkHiGZQ7pvqg/edit?usp=sharing

56 https://www.reddit.com/r/linux

57 https://www.reddit.com/r/programming

8

넬슨 엘하게
– 스트라이프의 (전) 스태프 엔지니어

이 인터뷰는 2020년 4월에 녹음한 것이다. 넬슨에 대해 더 알고 싶다면 트위터[58]와 블로그[59]를 참고하기 바란다.

현재 역할에 대해 간략히 말씀해 주세요. 어느 회사에서 어떤 직책으로 일하며 보통 어떤 종류의 업무를 하나요?

최근에 재직한 회사는 스트라이프입니다. 이 회사는 온라인 결제 처리 서비스를 제공하며 꽤 빠르게 성장한 스타트업이에요. 전체 직원은 약 2천 명이고, 그중 엔지니어는 600명 정도입니다. 제가 퇴사할 때는 딱히 직책이 없었지만 아마 2달 정도 더 근무했다면 스태프 엔지니어가 됐을 겁니다. 수년에 걸친 논의 끝에 스태프 엔지니어 직책을 채택하기로 했거든요.

제가 퇴사 직전에 있었던 팀은 결제 아키텍처(Payment Architecture) 팀이었어요. 시니어 엔지니어 서너 명으로 구성된 팀이었죠. 결제는 스트라이프

---

58 https://twitter.com/nelhage
59 https://blog.nelhage.com

제품의 핵심이었고, 이 팀은 결제 관련 기반 코드를 담당했습니다. 특히 금융 인프라스트럭처 계층의 기반 코드를 중점적으로 다뤘습니다. 스트라이프가 현재, 그리고 앞으로 제공할 제품 라인업을 모두 지원하기 위해 필요한 데이터 모델과 추상화 모델을 구축했습니다.

이 팀은 어떻게 코드 구조를 조직 구조에 잘 맞출 수 있는지 살펴봤습니다. 팀, 제품, 지원 국가, 결제 방식 등을 계속 추가하면서 빠르게 성장하는 조직에서 어떤 코드 구조를 가져갈 것인지도 말이죠. 그게 중요했던 이유는 서로 다른 시간에 근무하는 수많은 지사에서 진행되는 업무를 아키텍처상에서 지원해야 했기 때문입니다.

우리는 코드 품질과 코드 아키텍처에 대한 수많은 계획을 실행했고, 프로젝트를 구현하거나 재개발하기도 했어요. 그런 계획들을 수행하면서 지표와 목표를 설정해 팀에 목표를 할당한 후 팀이 새로운 표준으로 옮겨가는 데 도움이 되는 도구도 제공했습니다.

결제 아키텍처 팀은 지속적인 팀이었나요 아니면 일시적인 프로젝트 팀에 더 가까웠나요?

두 특성을 모두 가졌다고 봐야죠. 담당하는 프로젝트나 범위가 아주 특화된 전술적인 팀이었어요. 하지만 드물게도 팀으로 계속 존재했죠. 우리는 실험적인 방법으로 아키텍처를 개선하면서도 진행 상황을 바탕으로 방법을 개선하고 수정했습니다. 결국에는 팀원 모두가 맡은 임무의 범위를 넘어 스스로 지속되기를 바랐어요.

회사에서 스태프플러스 엔지니어는 어떤 업무를 하나요?

스태프 엔지니어는 스트라이프에서 비교적 새로운 직책이라 자신 있게 말하기는 어렵네요. 누가 스태프 엔지니어인지는 외부에 알려져 있지 않지만, 가장 중요하면서도 영향력이 있는 일을 해온 시니어 엔지니어가 스태프 엔지니어가 됐을 거란 짐작은 할 수 있겠네요.

스태프 엔지니어의 유형 중에는 명백한 유형이 몇 가지 있습니다. 하나는 매우 기술적인 프로젝트에 참여해서 범위를 정하거나 새로운 인프라스트럭처를 구현하는 등의 역할을 맡는 유형이죠. 저는 결제 아키텍처 팀이 생기기 전에는 솔벳Sorbet[60]을 구현하는 업무를 맡았습니다. 솔벳은 루비 언어를 위한 정적 타입 검사기예요. 시니어 엔지니어 두 명과 함께 처음부터 프로젝트를 구현해 왔는데 기술적 업무를 다루는 유형의 업무로는 좋은 예시라고 할 수 있습니다.

스태프 엔지니어의 또 다른 유형으로는 별개의 프로젝트들을 다루면서 더 큰 문제를 처리하기 위해 조직의 여러 분야와 힘을 합쳐 아키텍트와 프로젝트 관리자의 역할을 동시에 담당하는 유형입니다. 보통 이런 문제는 현재 아키텍처나 조직에 잘 맞지 않았기 때문에 여러 다른 팀과 꼭 협업해야 합니다.

한 팀 또는 소수의 팀과 함께 일하면서 팀의 비전을 고수하는 유형의 스태프 엔지니어도 있어요. 이런 사람들은 팀이 어떤 것을 구현해 나갈지, 1~5년 내에 그 팀이 어떤 위치에 있기를 원하는지 파악하죠. 조직 전체와 협의해 비전을 개발하고 공유한 다음에는 실제로 구현하는 역할을 맡습니다.

하루 일과가 어떻게 되나요?

결제 아키텍처 팀에 있을 때와 솔벳을 구현할 때의 일과는 상당히 달랐습니다. 솔벳의 경우는 거의 '닥치고 코딩하는' 프로젝트였죠. 결제 아키텍처

---

[60] https://sorbet.org

팀에서도 어느 정도 코딩은 했습니다. 실제로 시도해보고 싶기도 하고 아이디어를 밀어붙이기 위해 데모해보고 싶었던 몇 가지 방법들이 있었거든요.

어느 정도 프로젝트 관리도 했어요. 태스크 트레커(task tracker)를 사용하거나 일일 스탠드업 회의를 주관하거나 도움이 필요한 사람이 있는지 파악하는 등의 업무를 했죠. 회사와 엔지니어링 조직의 의사소통 매개체 역할도 했습니다. 특히 우리가 구축하는 도구와 패턴에 관심이 있는 팀과 많이 대화하고 조언도 했어요.

그러다 보니 기술 전략을 수립하는 다양한 회의에도 참여했고 파악한 문제를 위한 설계 문서를 작성하고 그 문제를 해결할 수 있는 아키텍처의 모습을 제시하는 데도 어느 정도 시간을 할애했습니다. 마지막으로 리더 그룹과 다른 팀에게 아이디어를 설명하고 설득하는 역할도 맡았습니다. 그러려면 논제를 설정하고 투자 비용과 우선순위에 대한 그들의 의견도 수렴해줘야 했고요.

스태프플러스 엔지니어로서 가장 영향력이 있다고 느낄 때는 언제인가요?

저의 영향력을 가장 쉽게 대변해줄 수 있는 것은 역시 솔벳 프로젝트입니다. 세 명으로 구성된 팀이 2년에 걸쳐 스트라이프의 기반 코드 상당 부분을 동적 타입 코드에서 정적 타입 코드로 이전한 프로젝트였어요. 이 프로젝트는 회사에서 편집자와 개발 환경을 매일 사용하는 엔지니어 600여 명의 일상 업무에 영향을 줬습니다.

그렇다고 해도 솔벳이 정말로 가장 영향력이 컸던 프로젝트인지 판단하기는 쉽지 않습니다. 조금 모호하긴 하지만 아키텍처적 전략을 수립하는 업무가 장기적으로 볼 때 더 영향력이 크다는 주장도 있으니까요.

그전에는 못 해봤는데 스태프플러스 엔지니어가 된 덕분에 할 수 있었던 일이 있었나요?

'덕분에 할 수 있었던'이라는 질문이 상당히 인상적인데, 누가 어떤 역할을 맡게 될 것인지 공식적인 정책은 거의 없기 때문에 적절한 질문은 아닌 것 같네요. 대부분은 비공식적으로 실력을 검증해서 이뤄집니다.

어쨌든 솔벳과 결제 아키텍처 팀 모두 상대적으로 모호한 프로젝트였어요. 일례로 솔벳 때문에 더 구체적인 프로젝트에서 시니어 엔지니어를 세 명이나 빼내야 했어요. 이 두 프로젝트를 처음 시작할 때는 팀이 기존 작업을 중단하고 1년간 다른 프로젝트에 참여할 수 있는 승인과 지원을 받기 위해 상당한 조직적인 존중과 신뢰가 필요했습니다.

기술이나 사례, 절차 또는 아키텍처적 변화를 지지하는 데 시간을 할애하기도 하나요?

계획을 세우는 절차는 시기에 따라 다른 부분이 있어요. 우선순위를 정하는 것은 결국 채용으로 이어지고 채용에 관한 결정은 계획을 세우면서 이뤄지거든요.

계획을 세우는 기간은 특히나 예민한 기간이지만 저는 대부분 엔지니어링 수준의 우선순위에 대해 생각했어요. 대부분의 엔지니어가 당면하는 문제를 알아차린다거나 팀의 업무 속도가 느려지는 원인을 보는 것과 같은 거죠. 저는 일관적이고 반복적으로 이런 것에 대해 생각해요. 보통 이런 문제는 팀을 만들거나 문제를 해결하기 위해 시간을 할애해야 할 때 우선순위를 차지합니다.

어떻게 다른 엔지니어의 스폰서가 되어주나요? 현재 역할에서 다른 엔지니어의 스폰서가 되는 것이 중요한가요?

다른 엔지니어의 스폰서가 된다는 건 그렇게 많이 생각해보지 않은 부분이고, 제가 어떻게 스폰서가 되어주는지 명확하게 설명할 수 있을 만한 예시도 떠오르지 않네요. 몇 번 조율한 적은 있지만 그건 제가 소속되지 않은 팀을 처음 만들 때 도움을 줬던 것이에요. 예를 들어, 제가 담당하던 시스템을 맡아줄 어떤 팀을 새로 만들 때 전후 사정을 알려주고 조언해주는 역할을 맡았던 적이 있습니다.

오라클이 케이스플라이스를 인수했을 때 처음 아키텍트 직책을 얻었는데요. 아키텍트 직책으로 승진하게 된 과정은 어떻게 되나요?

케이스플라이스Ksplice[61]가 인수되기 전에 그런 직책이 있었는지는 기억이 나지 않습니다. 인수 후에는 오라클에서 1년을 보냈고 그 후에 아키텍트 직책을 갖게 됐어요. 아키텍트는 당시 IC로는 가장 높은 직책이었습니다. 분명히 인수 덕분에 승진한 부분이 있습니다. 인수를 통해 합류하지 않았어도 그 직책을 얻을 수 있었을지는 모르겠네요.

케이스플라이스가 오라클에 인수된 후에 아키텍트가 되셨는데 인수 합병 후 하루 일과에 변화가 있었나요?

거의 같은 종류의 업무를 했습니다. 한 가지 바뀐 것은 오라클 내 오라클 리눅스 조직과 협업하느라 많은 시간을 보낸다는 점이에요. 저는 오라클의 제품을 우리 제품과 통합하고 우리 기술에 신속하게 적응해서 사용할 수 있

---

61 https://en.wikipedia.org/wiki/Ksplice

도록 하는 데 집중했어요. 그전에는 신규 직원의 훈련을 맡았지만, 이제 오라클에서는 '이제 400명 규모의 조직을 담당하게 됐으니 그 인력을 훈련하는 것이 업무의 대부분이 되는' 상황이 됐기 때문에 상당히 느린 속도였어요.

스태프 엔지니어가 될 때 중요한 요인을 두세 가지 정도 꼽는다면 뭐가 있을까요?

저의 경우는 스트라이프에 상당히 일찍 합류한 것이 가장 크게 작용했어요. 아마 30번째로 합류한 직원이었을 겁니다. 스트라이프를 전체적으로 이해하려고 노력했습니다. 엔지니어가 15명일 때는 비교적 쉬웠어요. 그때는 이해해야 할 것들이 그렇게 많지 않았거든요.

하지만 회사가 성장하면서 엔지니어링 조직에서 진행하는 일을 모두 인지하려고 엄청 노력했습니다. 팀과 소통하고 불만이 생기는 부분을 조율하는 등의 일을 했죠. 전 누구보다 넓은 시야를 갖추려고 했어요. 덕분에 어떤 문제를 해결하는 게 중요한지, 특히 어느 수준에서 어떤 중요한 문제가 해결됐는지 아는 데 큰 도움이 됐습니다. 만일 조직이 어떤 제품을 런칭할 목표를 세웠다는 것을 알게 되면 저는 이전에 내렸던 아키텍처적 의사결정 때문에 또는 그 하위 시스템이 현재 제 기능을 못하기 때문에 목표를 달성하기 어려울 것이라는 관점을 제시할 수 있었습니다.

조직의 규모가 정말 커지면서 한 수준에서 의존성을 제거했다는 것을 정확히 파악하는 것이 점점 어려워졌습니다. 그때 시스템 수준의 넓은 시야를 유지하려고 노력한 것이 도움이 됐습니다. 또한, 팀을 서로 연결하고 제 스스로 정보와 아이디어를 전달하는 창구 역할을 자처하는 것은 물론 제안을 발안하는 것에도 도움이 됐습니다.

많은 팀이 자신의 영역을 바라보는 데만 집착하고 내부 고객과 통합하는 방법에 대한 개념은 상대적으로 덜 발달되어 있습니다. 본인이 지원하는 내부 고객 팀에서 일한 적이 없기 때문이에요. 저는 다른 팀에게 우리 팀의 시스템을 사용하는 방식을 알려주고, 조직 내에서 의견을 수렴해야 할 다른 사람들을 팀과 연결해주곤 했어요.

조직이 성장하면 이런 맥락을 모두 이해하는 것이 어려워집니다. 회사 규모가 작았을 때 이런 맥락을 갖추지 못한 사람에게는 더 어려운 일이 됩니다. 이른 시기에 합류했다면 뒤늦게 합류해 아키텍처와 조직적 의존성을 모두 파악해야 하는 사람보다는 경쟁에서 상대적으로 우위에 선 셈입니다.

키비 맥민과 인터뷰했을 때 답변 중 흥미로웠던 것은 지금까지의 상황을 완전히 이해하지 않고도 문제를 직시할 수 있는 것이 때때로 도움이 됐다는 것이었어요. 지금 상황 때문에 일을 진전시키는 것이 어려웠던 적이 있었나요?

물론이죠. 저는 누구에게나 지난 7년간 누군가 시도했던 것이 잘 되지 않았던 모든 사례와 그 이유를 설명해줄 준비가 되어 있었어요. 그러려면 예전에 있었던 일들을 모두 살펴보고 스스로에게 '왜 이 정보가 저 팀에게 도움이 되거나 관련이 있는지'를 재확인하는 엄청난 노력이 필요하죠.

이런 정보는 때로는 그다지 유용하지 않습니다. 반면, 누군가 이런 일을 시도했다가 실패하면 기술적으로 정말 어려운 문제점이 여전히 존재한다는 뜻이에요. 실패 원인을 알아내는 것도 가치가 있을 순 있지만, 다시 시도하는 배짱을 갖는 것이 훨씬 더 가치 있다고 생각합니다. 실패한 지 몇 년이 지나 다시 시도하는 것이고, 이전과는 다른 조직이 됐으니까요.

스태프 엔지니어가 되려면 '스태프 프로젝트'를 수행해야 한다는 것이 보편적인 생각인데요. 스태프 프로젝트를 해본 경험이 있나요? 있다면 어떤 프로젝트였나요?

전 본능적으로 스태프 프로젝트라는 개념에 대해 경계심을 느껴요. 제가 봐온 스태프 엔지니어의 유형 중 하나는 엄청난 프로젝트를 운영하거나 중요한 일을 해야 할 필요는 없거든요. 그런 유형은 엄청나게 효율적인 전문가여서 전체 엔지니어링 조직이 더 잘 돌아가도록 만드는 일을 하죠.

제가 했던 일 중에 스태프 프로젝트에 가장 가까운 것은 아마도 제가 마지막으로 승진한 기회가 됐었던 '데이터 모델 스트라이프 릴리스 계획'이라는 업무일 겁니다. 우리 데이터 모델의 약점을 해결하고 혁신적인 방식으로 데이터 모델을 발전시킬 몇몇 프로젝트를 여러 팀과 조율하면서 6개월 동안 이끌었습니다.

하지만 이 프로젝트가 스태프 프로젝트의 좋은 예라고 생각하지는 않아요. 프로젝트는 잘 진행됐지만 몇 가지 복합적인 이유로 누구나 바랐던 수준의 혁신을 이루지는 못했거든요. 제가 컨트롤하고 있었고, 문제가 됐던 몇 가지는 너무 어려웠던 데다, 당시 조직에는 6개월 안에 그 문제를 해결할 만한 리소스가 부족했어요.

제가 했던 다른 프로젝트에 비해 특별히 잘된 프로젝트는 아니었지만 주목도가 높았던 프로젝트예요. 덕분에 조직 내에서 눈에 띄게 됐고, 중요한 방식으로 제 위상이 높아진 계기가 됐습니다.

스태프 엔지니어가 되는 데 도움이 됐던 조언이 있었다면?

집중과 우선순위의 중요성입니다. 앞서 말씀드린 것처럼 조직 전체를 잘 이해하고 있는 경우에는 특히 더 그렇습니다. 그러면 언제든 자신이 원하는

30가지 서로 다른 업무를 파악하기가 훨씬 쉬워집니다.

간혹 이 30가지 다른 업무를 각각 조금씩 진전시킬 수도 있습니다. 그 방법은 어느 정도 생산적으로 보이겠지만 조심해야 해요. 그 업무들이 제대로 진행돼야 하는데 실제로 잘 진행되지 않는다면 여러 프로젝트를 한 번에 조금씩 진행하는 것보다는 한 번에 하나를 선택하고 노력을 집중시키는 편이 훨씬 낫습니다.

한 가지 큰 차이점은 그 30가지 업무를 이미 담당하는 팀이 있느냐 없느냐예요. 이미 해당 업무를 담당하는 팀이 있는데 여러분이 생각하기에 효율적인 방향으로 진행되지 않고 있다면 그 30개 팀의 문제점을 해결하는 데 도움을 주면서 많은 영향력을 행사할 수 있습니다.

결국에는 "저도 참여하고 싶은 업무가 있지만, 모든 업무에 참여하지는 않을 거예요. 올해는 한두 가지만 골라 참여하고 다른 업무는 설령 중요한 문제라고 하더라도 의도적으로 모르는 척할 겁니다."라고 말해야 할 겁니다.

이제 막 스태프 엔지니어가 된 사람에게 해주고 싶은 조언이 있다면?

제가 정말 신뢰하는 말 중에 하나는 조직의 기술적 아키텍처 가이드인 '콘웨이의 법칙'입니다.

또 다른 조언은 관리자, 디렉터, 부사장까지 엔지니어링 리더 그룹과 관계를 구축하고 투자하라는 것입니다. 조직 구조에 따라 다르겠지만, 분명 스트라이프의 엔지니어링 리더 그룹은 절대적인 힘을 가지고 있었어요. 문제가 생기면 당연히 이들에게 알려야 했거든요. 게다가 채용과 우선순위 측면에서의 영향력도 상당했죠.

엔지니어링 리더 그룹과 좋은 관계를 유지해서 여러분의 아이디어를 그들도 알 수 있게 하는 것도 중요하지만, 그들이 바라보고 있는 문제가 무엇인지를 이해하는 것도 중요합니다. 그들이 어떤 걸 장려하는지, 본인은 문제가 아니라고 생각하는데 그들은 문제라고 인지하는 부분은 어떤 부분인지도 알아야 합니다. 리더 그룹과 방향을 맞추면 많은 일이 쉬워져요.

제가 중요하다고 생각했던 또 다른 요건은 판단력입니다. 시스템을 들여다보고 이 작업은 초당 몇 기가바이트를 사용하는지, 이 데이터에 얼마나 많은 스토리지가 필요한지 등을 판단해보는 습관을 기르는 것이 정말 중요해요. 물론 완벽할 필요는 없고 가장 가까운 10의 n승 정도만 추려내도 충분히 유용할 겁니다.

엔지니어링 관리자가 되는 것을 고려한 적이 있나요? 그랬다면 어떤 이유로 스태프 엔지니어가 되기로 결심했나요?

가볍게 생각해본 적은 있습니다. 전 제 자신을 잘 아는데 적어도 지금은 관리자 역할이 맞지 않는 것 같아요. 제 시간을 온전히 소통에만 쏟아부을 수는 없으니까요. 가끔은 관리자 역할에 더 관심을 두고 싶기도 해요. 그렇게 하면 더 많은 영향력을 가질 수 있다는 걸 알고 있으니까요. 하지만 다행히 저는 그 일을 즐기지 않으며, 그래서 좋은 관리자가 될 수 없다는 걸 올바르게 인지하고 있어요.

어떤 리소스(책, 블로그, 사람 등)에서 새로운 것을 배우나요?

전 유난히 광범위한 상식을 갖고 있어서 그런 질문을 자주 받는 편인데, 사실 대답을 잘 못하겠어요. 전 컴퓨팅, 소프트웨어, 아키텍처에 대해서는 탐욕스러울 만치 호기심이 많습니다. 그래서 다양한 매체를 읽습니다. 트위터에서도 소프트웨어 엔지니어링에 대한 링크를 읽느라 시간을 더 많이 보냅니다.

다른 시니어 엔지니어와 개인적 네트워크를 구축한 것은 정말 좋은 방법이에요. 저는 평소에도 그들과 현재 업무나 아이디어에 대해 스스럼없이 이야기하곤 했죠. 개인적 네트워크가 있다면 사람들이 문제를 어떻게 바라보는지, 고려하고 있는 해결책은 무엇인지 가감 없이 알 수 있어요.

보통은 업무로 알고 지내던 사람들이나 학교 동창, 친구의 친구 등을 통해 제 인맥을 구축했어요. 나중에 따로 생각해서 구축한 건 아니에요.

가끔 기술 논문도 읽지만 자주는 아니에요. 보통은 누가 언급하거나 다른 상황에 등장하는 경우에나 읽어봅니다. 절대 체계적으로 따라가거나 최근 발표된 논문을 리뷰하려고 시도하지는 않습니다. 인용하든 안 하든 기초 문헌은 적당히 다루기만 해도 정말 편리하다고 생각합니다.

9

디아나 포자르
― 슬랙의 스태프 엔지니어

이 인터뷰는 2020년 4월에 녹음한 것이다. 디아나에 대해 더 자세히 알고 싶다면 블로그[62], 트위터[63], 링크드인[64]을 참고하기 바란다.

현재 역할에 대해 간략히 말씀해 주세요. 어느 회사에서 어떤 직책으로 일하며 보통 어떤 종류의 업무를 하나요?

슬랙에서 스태프 데이터 엔지니어로 근무하는 데이터 플랫폼 팀의 기술 리드입니다. 슬랙에는 데이터 엔지니어링 팀의 엔지니어 중 한 명으로 2016년 2월에 합류했습니다. 장기 분석을 위해 데이터를 확보할 수 있는 다양한 도구와 인프라스트럭처를 구현하는 일을 주로 담당했어요. 제가 합류했을 때는 팀에서 로깅 포맷으로 스리프트(Thrift)를 사용하기로 막 결정했을 때였어요. 누군가 인사이트를 얻고 싶다면 프로덕션 MySQL 데이터베이스의 읽기 전용 복제 서버에 크론잡(crojob)을 설정해야 했죠.

---

62 https://diana.dev
63 https://twitter.com/podiana
64 https://www.linkedin.com/in/dianapojar

슬랙 데이터 엔지니어링 팀의 목표는 회사 내 누구(데이터 과학자, 엔지니어, 제품 관리자 등)든지 필요한 인사이트를 얻고, 비즈니스 의사결정을 하거나 새로운 기능을 구현하는 데 필요한 데이터에 쉽게 접근할 수 있도록 하는 겁니다. 데이터 플랫폼 팀은 누구든지 데이터 웨어하우스의 데이터를 확장 가능한 방법으로 처리하거나 사용할 수 있게 서비스와 프레임워크를 구현합니다. 우리 팀이 담당하는 서비스로는 태스크, 테이블, 열계보(column lineage), 보편적인 메타데이터를 제공하는 데이터 발견(data discovery) 서비스, 이벤트를 처리하고 데이터 웨어하우스의 원본 이벤트 테이블에 대한 접근을 허용해주는 이벤트 로깅 스트럭처와 파이프라인 등이 있습니다.

슬랙에서 스태프플러스 엔지니어는 어떤 일을 하나요? 하루 일과가 어떻게 되나요?

스태프플러스 엔지니어의 역할은 팀의 요구 사항과 해당 엔지니어의 강점에 따라 다릅니다. 제 경험상 스태프플러스 엔지니어의 책임은 시간이 지나면서 바뀝니다. 하지만 보통은 기술적 설계를 주도하고 팀을 성장시키면서 회사의 전략적 가치를 가진 프로젝트나 활동에 집중합니다.

제가 봤던 스태프 엔지니어의 두 유형은 깊이를 추구하는 유형(스페셜리스트)와 폭넓음을 추구하는 유형(제너럴리스트)입니다.

스페셜리스트는 보통 어느 특정 도메인의 전문가이며, 코드나 자신이 전문성을 가진 분야에서 솔루션을 찾기 위한 기술적 설계 문서를 작성하는 업무를 주로 담당합니다. 특이한 과제를 다루는 회사에는 매우 어려운 문제를 해결할 기술적 솔루션을 주도하는 전문가가 필요합니다. 예를 들어, 슬랙에서는 회사가 성장하면서 시스템의 확장과 성능이 이슈가 되면서 이 성능 문제를 찾아내고 수정하는 프린시플 엔지니어를 두게 됐습니다.

반면, 제너럴리스트는 보통 리더 그룹과 협업하며 조직이나 회사 전반의 기술적 비전, 절차와 문화의 개선 등에 영향을 줍니다. 이들은 폭넓은 문제를 다루므로 더 유연하며 회사의 우선순위와 필요에 따라 엔지니어링 조직의 여러 분야에서 업무를 수행합니다.

현재 저는 폭넓은 기술을 다루며, 우리 팀과 조직에 무엇이 필요한지에 따라 제 시간을 할애하는 일을 더 즐기고 있습니다. 올해에는 제 시간의 50%는 기술 리더십[65]과 우리가 더 집중해야 하는 기술적 투자에 대해 사람들과 대화하고, 나머지 50%는 멘토링, 코드 리뷰, 코드 작성, 장애 대응과 중요한 이슈의 해결 등에 사용합니다. 이 비율은 분기별로 바꾸고 있어요.

스태프플러스 엔지니어로서 가장 영향력이 있다고 느낄 때는 언제인가요? 그전에는 못 해봤는데 스태프플러스 엔지니어가 된 덕분에 할 수 있었던 일이 있었나요?

승진과 직책의 변화가 생기기 전에는 함께 일해보지 못했던 분들이 전보다 저를 더 신뢰하고 존중해주는 것 같아요. 직책을 갖는다는 것은 조직이나 회사의 로드맵과 우선순위에 영향을 줄 수 있는 역량과 밀접한 관련이 있어요. 기본적으로 '어떤 결정이 이뤄지는 회의'에 참석하게 되죠.

전 회사의 성공에 직접 영향을 주는 것들을 구현하는 업무에 참여했습니다. 스태프 엔지니어가 되기 전에는 이런 프로젝트에 참여한다는 것은 생각도 못한 일이었죠.

그리고 주니어 엔지니어가 성장하고, 그들이 더 목소리를 내도록 도와주

---

65 https://slack.engineering/technical-leadership-getting-started-e5161b1bf85c

고 있습니다. 스태프플러스 직책을 갖게 되면서 다른 사람에게는 없는 권한을 조금 갖게 됐고 그 권한으로 우리 팀과 동료들의 성장을 돕고 있죠.

기술이나 사례, 절차 또는 아키텍처적 변화를 지지하는 데 시간을 할애하기도 하나요? 그랬다면 어떤 것을 지지하나요?

제 시간의 상당 부분을 기술적 솔루션과 절차, 아키텍처 또는 문화적 변화를 주도하는 데 활용하고 있어요. 단순히 코드만 작성하는 것은 아니죠. 전 데이터 엔지니어링 도구와 서비스를 바탕으로 시스템을 구현해야 하는 많은 팀의 기술 설계를 리뷰하는 절차에 지속적으로 참여하고 있습니다. 기술 프로젝트를 지지하는 것 외에도 문화나 절차적 변화를 개선하는 일에도 관심을 두고 있습니다.

제가 소중하게 생각하고 조직에서 중요한 역할을 했다고 생각하는 분야는 사고 관리와 분석입니다. 저는 사고 분석 절차를 개선하기 위해 회사의 회복성(resilience) 팀에 합류했지만, 데이터 엔지니어링 조직에서는 회사의 긴급 대응 구조를 채택하는 동시에 긴급 대응 절차와 구조를 주도하는 데 크게 관여했어요.

어떻게 다른 엔지니어의 스폰서가 되어주나요? 현재 역할에서 다른 엔지니어의 스폰서가 되는 것이 중요한가요?

스폰서는 저에게 중요한 분야입니다. 함께 일하는 여러 사람과 관계를 구축하는 것에 관심이 많고 서로 성장하도록 도와야 한다고 믿기 때문이죠. 스태프 엔지니어로 승진하고, 제가 가진 가면 증후군과 싸워가면서 저의 스폰서가 되어주고 제 성장에 큰 영향을 미쳤던 놀라운 사람들과 함께 일할 수 있는 기회를 갖게 됐습니다. 지금까지 함께 일하면서 제 멘토와 롤 모델이 되어 준 사람은 조시 윌스[66], 스탠 바보린Stan Babourine[67], 보그단 가자 Bogdan Gaza[68], 트레비스 크로포드Travis Crawford[69] 등입니다.

제 주변 사람의 성장을 돕고 멘토링하는 것은 저에게 중요한 일입니다. 스태프플러스 직책을 얻으면서 다른 사람들은 갖지 못한 권한과 힘을 갖게 됐고 이를 이용해 주변 사람들의 성장을 돕고 있습니다.

슬랙에서 스태프 엔지니어가 됐는데요. 스태프 엔지니어로 채용된 건가요? 그게 아니라면 어떤 과정을 거쳐 승진한 건가요?

전 슬랙에 중간급 엔지니어로 합류했고 1년 후에 시니어 엔지니어로 승진했어요. 시니어 엔지니어가 된 후로는 조직이나 회사 전체에 영향을 미치는 여러 프로젝트에 참여했습니다. 그중 상당수는 회사 비즈니스 지표를 계산하는 것과 직접 관련이 있었는데, IPO를 준비하는 과정에서 매우 중요했던 업무였죠.

2년 정도 시니어 엔지니어로 지냈더니 관리자가 이제 제가 다음 단계로 나아갈 때가 됐고 준비도 잘 된 것 같다며 저를 다음 승진 대상자로 선정하겠다고 말하더군요. 슬랙에서 스태프플러스 엔지니어로 승진하려면 어떤 사람이 어떤 수준인지 측정할 수 있는 정보와 명확한 상세 내용을 포함한, 승진을 위한 포트폴리오를 갖춰야 합니다. 주로 살펴보는 분야로는 기술 품질, 영향도, 협업, 실행 등입니다. 저는 관리자와 함께 포트폴리오에 필요한 모든 상세 내용을 채워 넣었어요. 여러분이 IC라면, 가능하면 관리자와

---

66 https://www.linkedin.com/in/josh-wills-13882b

67 https://www.linkedin.com/in/stanb

68 https://www.linkedin.com/in/bogdangaza

69 https://www.linkedin.com/in/traviscrawford

함께 이 문서를 작성하기를 강력히 권합니다. 이 일은 팀을 이뤄서 해야 할 일이에요. 포트폴리오가 준비되면 전사 리더 그룹의 일부와 스태프플러스 엔지니어로 구성된 승진 위원회가 포트폴리오를 평가합니다.

스태프 엔지니어가 될 때 중요한 요인을 두세 가지 정도 꼽는다면 뭐가 있을까요? 지금까지 재직했던 회사나 거주지 또는 학력이 어떤 영향을 미쳤나요?

제가 주니어 엔지니어였을 때 가졌던 스태프 엔지니어에 대한 느낌과 생각을 다시 되새겨보면 스태프 엔지니어가 되는 데 가장 중요한 요소는 **스스로 할 수 있다고 믿고**, 가면 증후군을 극복하는 것입니다.

보통 저는 커리어를 선택할 때 신중하려고 노력하고, 매년 일정 시간을 할애해 제가 하는 일과 제가 개선하려는 부분에 대해 생각합니다. 잠시 시간을 내서 현재 하고 있는 일을 평가하고, 현재 환경에서 계속 성장하고 있는지 스스로에게 물어보고, 새로운 기회를 생각한 것이 정말 큰 도움이 됐어요.

그러던 중 2015년 말에 트위터에서 퇴사하기로 결정했을 때 슬랙이 데이터 엔지니어링 팀을 만들고 있다는 사실을 알게 됐어요. 시스템, 서비스, 프레임워크를 처음부터 새로 만들 수 있다는 점에 관심이 생겼습니다. 슬랙에서 새로 구성되는 팀에 합류하는 것은 스태프 엔지니어가 되는 데 분명히 도움이 되는 독특한 기회였습니다. 덕분에 회사 전반에 영향을 주는 프로젝트에 참여할 기회를 갖게 됐죠. 예를 들어, 제가 참여했던 첫 번째 대규모 프로젝트는 회사가 큰 돈을 절약할 수 있도록 프로덕션 MySQL 데이터베이스의 부하 20%를 데이터 웨어하우스로 옮기는 것이었어요.

제가 스태프 엔지니어가 되는 과정에 영향을 준, 또 다른 중요한 요소는 제 주변 사람들입니다. 우리 팀에 훌륭한 롤 모델과 멘토들이 있었던 것이 저에게는 큰 행운이었어요. 슬랙에 합류했을 때 팀에 네 번째로 합류한 엔지니어였는데, 이 팀은 정말 시니어 팀이었어요. 저를 제외한 나머지 팀원이 모두 시니어 스태프 엔지니어였죠. 덕분에 제가 이 팀에 적합한 사람이라는 것을 증명하고 싶은 마음이 정말 컸죠. 멘토링 과정을 기록하고, 모든 프로젝트에서 두드러지는 성과와 기술적 품질을 이뤄냈던 것도 스태프 엔지니어가 되는 데 도움이 됐습니다. 전 제 직업을 단순한 직업으로만 바라본 것이 아니라 모든 프로젝트나 문제 해결에 열정적으로 임했어요.

스태프 엔지니어가 되려면 '스태프 프로젝트'를 수행해야 한다는 것이 보편적인 생각인데요. 스태프 프로젝트를 해본 경험이 있나요? 있다면 어떤 프로젝트였나요?

아니요. 전 '스태프 프로젝트'에 참여한 적 없어요. 슬랙은 승진 과정에서 스태프 프로젝트 수행 여부를 고려하지 않아요. 단계별로 보편적으로 기대하는 것과 영향력의 범위가 정해져 있고, 스태프플러스 엔지니어의 경우는 조직 전반에 대한 영향력을 회사 전반에 대한 영향력으로 확대하는 것부터 시작해요.

전 항상 어려운 일에 도전하려 하고 조직의 변화를 주도하고 영향력을 미칠 수 있는 기회를 찾아요. 스태프 엔지니어로 성장하는 과정에서 가장 영향력이 컸던 프로젝트는 회사 비즈니스 지표(예를 들면, ARR)를 계산해서 신뢰할 수 있고 확장할 수 있으며, 재현 가능한 절차를 만들기 위한 기술적 설계를 생각하고 구현했던 프로젝트입니다. 당시 슬랙이 기업을 공개하기 (IPO) 위한 절차를 준비했는데 기업 공개 준비 절차를 완료하는 게 중요한 목표였어요.

스태프 엔지니어가 되는 데 특별히 도움이 됐던 조언이 있나요? 돌이켜보면 조금 더 쉽게 스태프 엔지니어가 될 수 있는 방법이 있었나요?

정말 크게 도움된 것은 스태프플러스 엔지니어의 업무와 책임이 코드를 작성하는 것 이상이라는 점을 이해하라는 것입니다. 시니어 엔지니어가 되는 방법으로는 스태프플러스 엔지니어가 될 수 없어요. 회사에서 스태프 엔지니어에게 기대하는 점을 이해하는 것도 중요하지만, 그건 회사마다 다르기 때문에 업계에서 스태프 엔지니어에게 기대하는 점도 이해해야 합니다.

관리자나 시니어 동료와 함께 도전적인 프로젝트를 찾고 업무의 범위를 확대해야 합니다. 리더십과 의사소통 능력을 개발했던 점이 도움이 됐어요. 또한, 스트레스를 받거나 제 능력에 의구심이 들 때면 어떤 일을 다른 방향으로 생각해보기 시작했죠. 스트레스나 의구심은 제가 성장하고 있으며 수많은 성장의 기회를 찾을 수 있는 분야에 발을 들이고 있다는 신호인 경우가 많아요.

이제 막 스태프 엔지니어가 된 사람에게 해주고 싶은 조언이 있다면?

스태프 엔지니어가 되는 것은 엄청난 책임을 동반하며 항상 동료의 강력한 지지자가 되어줘야 하는 것입니다. IC에게 실행력과 경험은 항상 '쉬운' 일이고, 정말 '어려운' 일은 조직의 변화를 주도하며 영향력을 주는 것이에요.

스태프 엔지니어로 근무하면서 여러 일에 관심을 갖게 되는 순간이 있을 텐데, 그럴 수밖에 없어요. 스태프 엔지니어가 어떤 일을 해야 하는지 한마디로 명확하게 정의할 수는 없습니다.

엔지니어링 관리자가 되는 것을 고려한 적이 있나요? 그랬다면 어떤 이유로 스태프 엔지니어가 되기로 결심했나요?

그 질문은 제가 몇 년에 한 번씩 스스로에게 묻는 질문입니다. 매번 저를 돌아보고 답을 생각해 보는데, 지금은 관리자가 되고 싶지 않아요. 전 코딩을 너무 좋아하는 반면, 성공적인 관리자라면 코드를 작성하는 일은 해서는 안 된다고 믿고 있어요. 그 대신 팀의 성장에 완전히 집중해야 하죠. 전 코딩하는 것을 포기하기에는 기술적 의사결정에 참여하고 기술적 해결책에 대해 고민하는 일을 너무 좋아해요. 설령 더 시니어가 되면 결국 코딩에 할애하는 시간은 줄어들겠지만요.

엔지니어링 관리자가 되지 않는다고 해서 사람들의 성장에 도움을 줄 수 없다는 것은 아닙니다. 스태프플러스 엔지니어라면 관리자가 아니더라도 주요 관리 기술은 갖춰야 해요. 스태프 엔지니어와 관리자는 서로 다른 역할이지만, 방향은 같고 사람들이 생각하는 것보다는 훨씬 역할이 비슷합니다.

언젠가는 제 답변이 바뀌어서 관리자가 되는 것도 괜찮다고 할지도 모르겠어요.

어떤 리소스(책, 블로그, 사람 등)에서 새로운 것을 배우나요? 업계에서 롤 모델로 삼을 만한 사람은 누구인가요?

트위터를 자주 사용하는데 대부분 기술 업계에 종사하는 사람들을 팔로우하는 형태로 사용해요. 보통 콘퍼런스에서 강연한 사람이나 함께 일한 사람을 팔로우해서 저와 관련 있는 콘텐츠를 찾아내죠. 제가 팔로우하는 사람은 카미유 푸르니에, 라라 호건, 조시 윌스, 비키 보이키스, 데이비드 가스카, 줄리아 그레이스, 홀던 카라우, 존 올스포우, 채리티 메이저스, 테오 슐로스나글, 제시카 조이 커, 사라 카탄자로, 오렌지 북 등이에요.

작년부터 책도 읽고 있습니다. 매년 50권씩 읽어요. 굿리즈Goodreads 계정[70]에 제가 읽은 책에 대해 간단한 리뷰를 남기려고 노력해요. 몇 가지 추천하고 싶은 도서는 다음과 같습니다.

- 『일의 99%는 피드백이다』(21세기북스, 2021)
- 『실리콘밸리의 팀장들』(청림출판, 2019)
- 『개발 7년차, 매니저 1일차』(한빛미디어, 2020)
- 『Leadership and Self-Deception』(Berrett-Koehler Publishers, 2018)[71]
- 『좋은 리더가 되고 싶습니까?』(나무바다, 2019)
- 『FIRST, BREAK ALL THE RULES』(시대의창, 2002)[72]
- 『미움받을 용기』(인플루엔셜, 2014)
- 『기브 앤 테이크』(생각연구소, 2013)
- 『거짓말의 진화』(추수밭, 2007)[73]

이게 다가 아니에요!

---

70 https://www.goodreads.com/user/show/11950463-diana-pojar

71 https://www.goodreads.com/book/show/18966789-leadership-and-self-deception

72 역주 절판됐다. 원서는 『First, Break All the Rules』다.

73 역주 절판됐다. 원서는 『Mistakes Were Made(But Not by Me)』다.

10

댄 나
- 스퀘어스페이스의 스태프 엔지니어 겸 팀 리드

이 인터뷰는 2020년 3월에 녹음한 것이다. 댄에 대해 더 자세히 알고 싶다면 블로그[74], 트위터[75], 링크드인[76]을 참고하기 바란다.

현재 역할에 대해 간략히 말씀해 주세요. 어느 회사에서 어떤 직책으로 일하며 보통 어떤 종류의 업무를 하나요?

스퀘어스페이스Sqarespace의 스태프 엔지니어입니다. 스퀘어스페이스는 멋진 온라인 웹 사이트, 도메인, 온라인 쇼핑몰, 마케팅 도구, 회의 예약 등을 구현하는 통합 플랫폼을 제공합니다. 저는 국제화 플랫폼(Internationalization Platform) 팀의 팀 리드를 맡고 있어요. 이 팀은 스퀘어스페이스 제품 전체를 국제화하기 위한 기반을 구현하고 관리합니다. 엔지니어는 우리가 보유한 도구와 라이브러리를 이용해 제품을 지역화합니다.

---

74 https://blog.danielna.com

75 https://twitter.com/dxna

76 https://www.linkedin.com/in/danielna

스퀘어스페이스에서 스태프플러스 엔지니어는 어떤 일을 하나요? 업무 중에는 시간을 어떻게 분배하나요?

스태프플러스 엔지니어의 일상은 정확한 역할과 조직 안에서 맡은 책임에 따라 다양합니다.

저는 팀 리드로 비즈니스는 물론 기술적 관점에서 팀의 성과에 대해 책임을 지고 있습니다. 비즈니스 측면에서는 여러 팀과 회의하고 회사 전반의 기능을 살펴보는 데 시간을 많이 할애합니다. 회사 전반의 기능이란 제품, 전략, 고객 지원 등을 의미하죠. 팀의 지침이나 목표가 회사의 우선순위를 반영할 수 있도록 최대한 많은 의견을 수렴하려고 합니다.

기술적 측면에서는 기술 문서를 리뷰하거나 팀이 진행하는 업무의 범위를 논의합니다. 코딩 작업의 비율은 낮추고, 아키텍처적 결정과 배포 전략을 고민하는 데 더 많은 시간을 씁니다. 한 가지 아이러니한 점은 스태프 엔지니어인데 스태프 엔지니어가 되기 전보다 코딩하는 시간이 훨씬 적다는 점입니다. 스태프 엔지니어가 다 그렇다는 뜻은 아니지만, 적어도 우리 팀에서는 빔(vim) 에디터를 닫고 전략/감독 역할에 더 집중하는 것이 제 시간을 최대한 활용하는 방법입니다. 운이 좋게도 우리 팀에는 훌륭한 엔지니어가 많아서 제가 코딩에 크게 기여하지 않아도 성과를 내는 데 문제는 없습니다.

하지만 스퀘어스페이스에는 팀 리드를 맡지 않는 스태프플러스 엔지니어가 많고, 이들은 코딩에 훨씬 더 시간을 많이 씁니다. 나머지는 엔지니어링 절차와 문화에 더 신경 쓰기도 하고요. 일반적으로 스태프플러스 엔지니어의 역할은 상황에 따라 좌우된다고 생각해요.

스태프플러스 엔지니어로서 가장 영향력이 있다고 느낄 때는 언제인가요? 그전에는 못 해봤는데 스태프플러스 엔지니어가 된 덕분에 할 수 있었던 일이 있었나요?

저는 개별 프로젝트와 팀보다 더 높은 수준에서 논의되는 엔지니어링 의사결정에 참여하고 있습니다. 우리는 기술 및 비기술 측면에서 문제를 논의하는 스태프 엔지니어링 회의를 정기적으로 진행하고 있어요. 가령 엔지니어링 온보딩 절차에서 느낀 아쉬움을 이런 회의에서 편하게 이야기할 수 있어요. 엔지니어링 온보딩 같은 주제를 특정 팀의 탓으로 돌리는 것은 어려울 수 있지만, 공식적으로 역할과 책임을 갖고 있지 않다고 해서 덜 중요하다는 뜻은 아니에요. 스태프플러스 엔지니어의 가장 중요한 책임은 기술 전략과 문화를 포함해 엔지니어링 성과에 기여하는 (또는 방해하는) 모든 것을 기꺼이 담당하려는 의지라고 생각합니다.

스태프 엔지니어가 되면서 바뀐 점은 직책 덕분에 더 높은 신뢰도를 확보한 상태에서 대화할 수 있다는 점입니다. 아이디어보다 직책이 더 대우받는 문화는 좋아하지 않지만, 예전 같으면 어려웠을 일을 조금 더 수월하게 하는 데 직책이 도움되지 않았다면 거짓말이겠죠.

기술이나 절차 또는 아키텍처적 변화에 이바지하는 데도 시간을 할애하나요? 조직에 영향을 미쳤던 사례가 있다면?

카테고리 측면에서 제가 어떻게 이바지하고 있는지 생각해본 적은 없습니다. 그저 우리 엔지니어링 팀과 제품이 최고가 되고, 변화와 관련해 제 경험이 도움이 되는 부분이 있다면 그걸 해결하기 위해 노력할 뿐입니다.

몇 가지 예를 들어볼게요.

- 처음 회사에 합류했을 때는 직원 수가 크게 늘고 있는 상태였어요. 그래서 함께 프로젝트를 하지 않는 이상 다른 팀의 직원과 친분을 쌓기가 어렵다고 느꼈죠. 그래서 #connect-engineering이라는 슬랙 채널을 만들어서 2주마다 엔지니어링 조직에서 임의로 2명을 뽑아 커피 약속을 잡아주는 봇을 사용했습니다. 이 채널은 이제 2년 넘게 직원들에게 커피 짝을 찾아주고 있어요.
- 저는 엔지니어링 리더 역할은 고립감을 느낄 수 있다는 점을 경험으로 알고 있었어요. 동료와 이야기해보면 외로움을 느낀다는 사람도 더러 있었고요. 그래서 저와 몇몇 동료는 팀 리드와 엔지니어링 관리자 들이 참여할 수 있는 비공식 엔지니어링 관리자 북클럽을 만들었습니다. 지금은 10명가량이 참여해서 자체적으로 운영하는 북클럽이 2개 있고요. 이 북클럽은 신규 리더든, 경력이 있는 리더든 서로 도울 수 있는 안전한 공간을 제공하고 있어요. 북클럽에 대한 피드백은 엄청 긍정적입니다.

솔직히 말하면 이 두 예시는 스태프플러스 직책과는 무관합니다. 하지만 효율적인 스태프플러스 엔지니어가 되는 것은 기술 격차만큼이나 문화 격차에도 신경 쓰고 문제를 해결하는 것이라고 생각합니다.

스퀘어스페이스에서 처음 스태프 엔지니어가 됐는데요. 어떤 과정을 거쳐 승진한 건가요?

저는 시니어 소프트웨어 엔지니어 Ⅱ(스태프보다 한 단계 낮은 등급)로 채용됐어요. 운 좋게도 제가 바로 참여할 수 있는 영향도가 높은 프로젝트를 담당한 팀에 합류할 수 있었죠. 이 프로젝트에서 가장 심각했던 문제는 (기반 코드 전체를 뒤엎는 변화) 저에겐 이미 익숙한 내용이었어요. 그래서 제가 생각하는 가장 적합한 아키텍처를 제안했고 프로토타입을 만든 후 결국에는 출시도 했죠. 이 프로젝트는 프런트엔드 번역 시스템이었고, 우리 회사 엔지니어링 블로그에 '프런트엔드 번역 시스템 구축(Building a System for Frontend Translations)[77]이라는 글도 올렸어요.

내부 회의에서 아키텍처를 소개하며 프로젝트의 상태와 관련해 메일을 보내는 등 새로운 번역 시스템에 대한 의사소통과 교육을 맡았습니다. 제 관리자는 이런 기술적 기여도를 몇 가지 의미 있는 문화적 목표로 그룹화(다른 내부 프레젠테이션, #connect-enginnering 슬랙 채널 등)해서 엔지니어링 디렉터들이 동의한 좋은 승진 사례를 만들어냈죠.

이제 막 스태프 엔지니어가 된 사람에게 해주고 싶은 조언이 있다면?

승진을 준비하는 것은 예전에는 신경 쓰지 않던 것들을 더 신경 쓰게 만들어주는 좋은 습관이라고 생각합니다. 더 많은 것을 신경 쓴다는 건 어려운 일이죠.

간단한 예를 들어볼게요. 인턴 엔지니어는 어떤 기능에서 자기가 3개월 안에 개발할 수 있는 아주 작은 부분만 담당합니다. 팀의 정규직 엔지니어는 그 기능의 전체 수명 주기를 신경 쓰죠. 팀 리드나 관리자는 제품을 구성하는 일련의 기능을 모두 관리합니다. 디렉터는 그 조직이 담당하는 일련의 제품에 대해 신경 쓰고요. 이런 식이에요. 한 단계 올라갈 때마다 현재 담당하는 모든 계층과 더불어 또 다른 추상화 계층을 신경 써야 해요.

스태프 엔지니어링은 이미 익숙한 특정 기술 도메인에서 벗어나 더 보편적인 도메인인 엔지니어링으로 옮겨가는 것입니다. 그리고 리더로, 익숙한 기술 영역을 벗어나 잠재적으로 엔지니어링 성과에 영향을 주는 도전적인 시스템의 세계로 옮겨가는 것이죠. 그 어떤 팀도 담당하지 않는 영역이 엔지니어링 부분을 방해한다면 가장 큰 문제점은 무엇일까요? 이 문제는 이

---

[77] https://engineering.squarespace.com/blog/2018/building-a-system-for-front-end-translations

제 지금까지 다루던 모든 기술 도메인의 문제와 더불어 당신이 해결해야 할 문제입니다.

스태프 엔지니어는 누구나 얻고 싶어 하는 직책이지만, 그 책임도 상당합니다. 이제 원하든 원하지 않든 리더의 역할을 해야 하기 때문이죠.

어떻게 다른 엔지니어의 스폰서가 되어주나요? 현재 역할에서 다른 엔지니어의 스폰서가 되는 것이 중요한가요?

스폰서십은 시니어라면 누구에게나 중요한 책임이고 모든 엔지니어링 조직이 성장하는 데 필요한 것입니다. '스폰서십'의 정의는 다양하지만, 자신을 드러낼 수 있는 확실한 방법 중 하나예요. 예를 들어보자면 다음과 같아요.

- 경험이 적은 팀원이 자신이 직접 업무를 주도하고 보여줄 수 있는 기회 제공하기
- 멋진 기능을 방금 출시한 팀에 연락해 엔지니어링 블로그에 포스트를 기재하도록 권하기
- #connect-engineering 커피 채널에서 만난 사람에게 독특한 경험이나 관점이 있다면 내부 프레젠테이션을 진행하도록 권하기
- 말을 많이 하는 소수가 회의를 주도하지 않도록 회의실의 모든 사람에게 의견을 구하기
- 누군가 업무를 훌륭히 해냈지만 모두가 이 점을 모른다면 참여자가 많은 슬랙 채널에서 공개적으로 칭찬하기

라라 호건은 '스폰서십이란 무엇인가?'라는 훌륭한 블로그 포스트를 기재한 적이 있습니다.

엔지니어링 관리자가 되는 것을 고려한 적이 있나요? 그랬다면 어떤 이유로 스태프 엔지니어가 되기로 결심했나요?

네. 그리고 아직도 고려 중이에요. 스태프 엔지니어와 관리자가 서로 배타적인 역할이라고 생각하는 것이 더 편하겠지만, 전 그렇게 생각하지 않습니다.

저는 코드를 릴리스하는 일과 팀을 운영하는 일 모두를 즐기고 있어요. 이 둘 모두 잘하는 것이 장기적으로 성공적인 엔지니어링을 해나가는 데 필수라고 생각합니다. 이 주제와 관련해서 채리티 메이저스가 공개한 훌륭한 블로그 포스트인 '엔지니어와 관리자 사이 균형 찾기'를 읽어보라고 권하고 싶어요.

채리티는 '엔지니어와 관리자'로 진로를 구분하는 것은 잘못된 이분법이 며 두 역할을 번갈아 수행하면 둘 모두를 잘하게 된다고 주장하죠. 채리티의 주장은 제 경험과도 일치해요. 저는 프로젝트의 계획이 엉망이면 IC가 되는 것이 얼마나 어려운 일인지 잘 알기 때문에 좋은 관리자가 될 수 있고, 프로젝트가 잘못될 때 언제, 어떻게 경고해야 할지 알기 때문에 좋은 IC가 될 수도 있어요.

소프트웨어를 구현하는 전략적 스킬 중 하나는 실용적인 의사결정에 집중하는 것입니다. 제가 자주 목격한 실패 사례에서 제품 관리자는 비즈니스 요구 사항만 주장하는 반면, 엔지니어는 기술적인 이야기만 하면서 서로 고집만 부려요. 양쪽에 모두 공감하고 의견 충돌을 살펴보는 능력은 모든 일을 완수할 수 있는 유일한 방법입니다. 양쪽을 모두 경험해보는 것은 양쪽에 모두 공감할 수 있는 가장 좋은 방법이죠.

질문에 답해보자면 스퀘어스페이스에 합류하기 전에는 엔지니어링 관리자였습니다. 엔지니어링 관리자가 되는 것도 좋지만 기술적 스킬을 더 갈고 닦고 싶어서 IC 역할을 받아들였죠. 그런 후 스태프 엔지니어가 됐습니다.

어떤 리소스(책, 블로그, 사람 등)에서 새로운 것을 배우나요? 업계에서 롤 모델로 삼을 만한 사람은 누구인가요?

엔지니어링 리더십과 관련해서 책 두 권이 생각나네요.

제가 가장 좋아하는 책은 앤드류 그루브_{Andrew Grove}가 집필한 『하이 아웃 풋 매니지먼트』(청림출판, 2018)입니다. 전 매년 서재에서 이 책을 꺼내 아무 생각 없이 다시 읽곤 해요. 제가 업무와 리더십을 바라보는 시각에 그루브의 책이 상당히 큰 영향을 미쳤습니다. '관리자에 대한 평가는 그 조직의 성과에 달려 있다', '위임은 내 권한을 포기하는 것이 아니다' 등 엔지니어링과 경영의 상호 활용과 개념 같은 것들이 도움이 됐죠. 엔지니어링 리더십의 전술적 측면에서는 그루브의 책이 최고입니다.

리더십의 사람 관점에서는 라라 호건[78]이 집필한 『Resilient Management』[79]를 좋아합니다. 2013년 엣시에서 처음 일을 시작했을 때 첫 번째 엔지니어링 관리자가 라라였어요. 말도 안 되게 운이 좋았죠. 라라는 감정과 개성을 파악하고, 정신적 지주로 동료를 스폰하는 것, 가장 어려운 문제들을 분석하고 처리하는 것에서 경지에 이른 사람이에요. 4년 동안 라라 밑에서 일하면서 지켜봤는데 라라는 자기가 말한 것을 그대로 실천하고 있었어요.

책 외에는 매우 실용적이며 전략적인 시각으로 엔지니어링 관리에 대해 정기적으로 포스팅을 게시하는 윌 라슨_{Will Larson}의 블로그 Innrational Exuberance[80]를 구독하고 있습니다. 또한, 최근에는 마티 케이건_{Marty Cagan}의 블로그 insights Blog[81]도 즐겨보고 있어요. 제품 리더십은 제가 익숙하지 않은 분야이고 더 배워보고 싶어요.

롤 모델로는 제가 몇 년간 같이 일했던 몇몇 훌륭한 동료들을 꼽을 수 있

---

78 http://larahogan.me

79 https://resilient-management.com

80 https://lethain.com

81 https://svpg.com/articles

습니다. 전 4년간 엣시에서 대니얼 에스페셋Danial Espeset[82]과 일하면서 기술적 실행을 문화적 영향력과 결합하는 것에 대해 많이 배웠습니다. 라라가 엔지니어링 그룹 전체에서 급여 평등을 지지하고 결국 이뤄내는 것을 보면서 많은 것을 배웠습니다. 동료인 탄야 레일리[83]가 계속 성장하는 규모에 맞춰 엔지니어링 프로세스를 연구하고 발전시키는 것도 지켜봤어요. 설령 충돌이 발생하더라도 회사를 더 나은 방향으로 바꿀 수 있는 용기를 가진 사람들을 지켜보면서 많은 영감을 얻었습니다.

82 http://danielespeset.com
83 http://noidea.dog

11

조이 에버츠
— 스플릿의 시니어 스태프 소프트웨어 엔지니어

이 인터뷰는 2020년 3월에 녹음한 것이다. 조이에 대해 더 자세히 알고 싶으면 블로그[84], 트위터[85], 링크드인[86]을 참고하기 바란다.

현재 역할에 대해 간략히 말씀해 주세요. 어느 회사에서 어떤 직책으로 일하며 보통 어떤 종류의 업무를 하나요?

스플릿Split의 시니어 스태프 소프트웨어 엔지니어입니다. COE라는 팀에서 백엔드를 담당하고 있어요. 스플릿은 기능 플래그 및 실험 프레임워크입니다. 고객이 CI/CD 내에서 배포와 릴리스를 구분할 수 있도록 하고 A/B 테스팅을 지원하는 데 집중하고 있습니다. 우리 팀은 데이터 스토리지부터 API에 이르기까지 웹 애플리케이션의 주요 비즈니스 로직 대부분을 담당하고 있습니다. 시스템의 상세한 통계를 비롯해 실험 쪽을 담당하는 팀은 따로 있어서 우리 팀은 기본 플랫폼에 더 집중할 수 있습니다.

---

84 https://medium.com/@jkebertz

85 https://twitter.com/jkebertz

86 https://www.linkedin.com/in/joyebertz

스플릿에서 스태프플러스 엔지니어는 어떤 일을 하나요? 업무 중에는 시간을 어떻게 분배하나요?

이 역할을 맡은 지 얼마 되지 않아 아직 제 역할을 파악하고 있습니다. 사실 이것이 시니어 역할의 장점 중 하나예요. 오늘은 아직 적응 중이어서 50~75%의 시간은 다른 엔지니어와 마찬가지로 스크럼 팀을 위해 할애했습니다. 나머지 시간에는 향후 API와 플랫폼 전략, 인증 프레임워크 구현 방향, 빌드의 분할과 분리 등 장기적 아키텍처와 전략에 대해 다른 엔지니어와 대화하며 협업했습니다. 최근에 백엔드 쪽 리드를 맡았고, 이제는 다른 엔지니어와 함께 백엔드 기술 비전을 수립하고 기술 프로젝트의 우선순위를 결정하면서 표준에 대한 논의를 이끌고 있습니다. 그 외에도 제 블로그에 정기적으로 포스트를 기재하며 콘퍼런스에서 발표도 하고 있습니다.

스태프플러스 엔지니어로서 가장 영향력이 있다고 느낄 때는 언제인가요? 그전에는 못 해봤는데 스태프플러스 엔지니어가 된 덕분에 할 수 있었던 일이 있었나요?

어떤 분야의 기술적 비전을 설정하고 사람들이 그 비전을 향해 나아가도록 할 때 가장 영향력이 있다고 느낍니다. 코드를 더 나은 방향으로 개선하길 원한다는 데 모두 동의할 거라 생각해요. 하지만 사람들은 자신이 원하는 것이 무엇인지 명확히 알지 못한 채 막연히 더 나은 것을 기대합니다. 그런 사람들이 정확히 무엇을 달성하기를 원하는지(설령 달성하지 못한다 해도 괜찮습니다) 결정하고 그 목적을 달성하기 위한 계획을 세우는 것을 돕고 싶습니다. 우리는 이런 식으로 같은 방향으로 나아가고 있어요. 우리가 무엇을 원하는지 명확히 이해하면 제품 팀과 협업해 우선순위를 정할 수 있습니다. 설령 모든 일에 우선순위를 정하지는 못하더라도 목표를 달성하는 방법을 알면 그 목표를 달성하기 위한 변화를 천천히 만들어갈 수 있습니다. 예를 들어, 제가 어떤 파일을 수정 중인데, 몇 가지를 더 수정해서 비전에 가까이 갈 수 있게 된다면 저는 계속 수정할 겁니다. 하지만 비전을 모른다면 그런 수정은 할 수 없을 거예요. 하지만 비전만으로는 충분하지 않기 때문에 모든 사람이 그 비전을 이해하고 내면화해야 합니다. 제가 방금 언급한 이런 작은 변화의 힘은 모든 사람이 정상적인 코딩 과정에서 같은 변화를 이뤄낼 때 발현됩니다. 그러면 어느 순간 모두가 공통의 목표를 위해 일하게 되는 거죠.

제가 주니어였을 때와 지금의 가장 큰 차이점은 오너십과 책임감입니다. 전 언제든 한 발 물러서거나 개선을 주도할 의향이 있었어요. 하지만 제가 주니어였을 때는 다른 누군가의 문제일 거라고 짐작하기 일쑤였어요. 이제는 모든 것을 제가 맡아야 할 문제로 바라봅니다. 다른 것보다 덜 중요하다고 생각하면 우선순위를 설정하지 않을 때도 있고 다른 누군가에게 문제를 위임하거나 맡길 수도 있지만 그래도 여전히 제가 맡은 문제라고 생각합니다. 이제는 더 이상 다른 누군가가 이 문제를 해결해주길 기대하지 않아요. 물론 내가 집중할 분야를 선택해야 한다는 것에 확신이 있지만 그렇다고 모든 일을 다 맡으려고 하진 않을 겁니다. 너무 많아요. 하지만 다른 사람도 저처럼 행동할 거라고도 생각하지 않습니다. 그래서 할 필요가 있는 일이라면 그걸 직접할지 다른 사람에게 넘길지는 제가 결정하는 거죠.

기술이나 절차 또는 아키텍처 변화에 이바지하는 데도 시간을 할애하나요? 어떤 부분에 이바지하고 있는지 그리고 조직에 영향을 미쳤던 사례가 있다면 어떤 것이 있나요?

네, 말씀하신 것 모두요. 현재 제 업무에서 가장 큰 부분을 차지하는 것들입니다. 엔지니어로써 여전히 스크럼 팀에 기여하고 있지만 제 업무 대부분은 예전에 경험했던 문제나, 문제보다 더 큰 패턴이 발생하는지를 지켜보는 것이에요. 제 역할은 기술로든 아키텍처나 절차로든 엔지니어링 전체를 더욱 효과적으로 만드는 것입니다. 하지만 변화를 위한 변화를 만들어서는 안 돼요. 전 이메일 알림 시스템을 재작성하는 것부터 테스트를 다시 고민하는 것은 물론 몇 가지 인증 프레임워크를 재작업하는 등의 업무까지 수 년째 참여하고 있습니다.

이메일 점검 같은 몇 가지 업무는 제가 큰 역할을 하진 않았어요. 다만, 제품 팀이 새로운 알림을 시스템에 추가할 때마다 시스템 운영을 중단할 예정이며 수정이 완료되기 전까지는 새로운 알림을 추가할 수 없다는 것을 상기시켜줄 뿐이었습니다. 제가 그렇게 밀어내니 주변의 엔지니어들 또한 자신들도 요구 사항을 미룰 수 있다는 점을 깨달았습니다. 처음에 제품 팀은 대부분 새로운 알림을 추가하지 않는 것에 적응했지만, 결국 시스템을 수정하기로 결정했어요. 그런 후에는 제품 팀에 시스템의 위험성을 설명하고 제가 생각하는 시스템을 지속적으로 운영하기 위한 올바른 방법을 유지하는 데 심혈을 기울였습니다.

인증 프레임워크 같은 경우는 해결책을 찾는 업무를 맡았어요. 이런 경우에는 사람들이 새롭거나 더 나은 솔루션을 원해도 올바른 솔루션을 찾아야 한다고 사람들을 설득해야 했습니다. 시스템이 굉장히 복잡하면 사람들은 제가 잊어버린 (그리고 어쩌면 그들도 잊었던) 것을 찾아냈다고 생각하기가 쉬워요. 그래서 피드백을 일찍 수렴하고 자세히 기록해서 어떤 방법을 왜 선택했는지는 물론 어떤 것을 고려했고, 왜 그것을 선택하지 않았는지도 말해야 합니다. 사람들은 자기 의견이 무시당하지 않는다고 느껴야 하고 제가 자신의 의견도 충분히 고려했다는 것을 알 필요가 있어요. 사람들이 제 생각이 어떤 식으로 전개됐는지 이해하기를 원합니다. 또한, 제가 면밀히 검토했으며 단순히 첫 번째로 얻어걸린 선택이 아니라는 점을 이해하길 바랍니다. 사실 저도 다른 사람의 설계를 점검할 때 항상 확인합니다. 이것 말고 다른 것도 고려했는지 말이죠.

어떻게 다른 엔지니어의 스폰서가 되어주나요? 현재 역할에서 다른 엔지니어의 스폰서가 되는 것이 중요한가요?

그럼요. 어떤 형태로든 시니어 이상의 역할을 하게 된 순간 스폰서가 되는 것은 본인이 그 장점을 활용하기로 선택했다고 가정하면 언제든 해야 할 일이에요. 전 스플릿에 합류한 지 얼마 안 돼서 그럴 기회가 많지 않았지만, 앞으로 기회는 많을 것입니다. 스폰서가 되는 것은 때로는 누군가에게 프로젝트를 이끌거나 팀을 관리하라고 권하는 것 같은 큰일이기도 해요. 하지만 대부분의 경우 스폰서가 되는 것은 스스로에 대한 확신이 낮은 누군가를 격려하거나, 보통 사람들이 쉽게 접근하지 못하는 고위 임원에게 그들의 성과를 보여주거나, 어떤 업무를 수행해 성장할 기회를 가질 수 있는 누군가에게 업무를 위임하는 방법을 찾는 것 등 작은 일이에요. 물론 스폰서가 되지 않아도 시니어 스태프 엔지니어가 될 수 있다고 생각합니다. 하지만 스폰서가 되지 않고도 좋은 시니어 스태프 엔지니어가 될 수 있는지는 모르겠습니다. 스폰서가 된다는 것은 함께 성장할 수 있는 가장 강력한 방법이며, 다른 사람의 성장을 돕는 것은 스태프 엔지니어의 역할에서 가장 중요한 일입니다.

박스에서 처음 스태프 엔지니어가 됐는데요. 어떤 과정을 거쳐 승진한 건가요?

박스에서는 엔지니어링 전례에 따라 이미 본인의 위치보다 높은 수준의 업무를 수행하는 사람이 승진 평가서를 제출하는 방식을 채택하고 있습니다. 관리자 역시 추천서를 제출하고, 관리자와 IC(승진 대상자가 신청한 수준보다 적어도 한 단계 더 상위 수준의 IC)로 구성된 승진 위원회가 이 두 서류를 평가합니다. 위원회는 케이스를 검토하고 필요하면 관리자에게 질문도 한 후 최종 추천서를 작성합니다. VP는 어떤 결정이든 번복할 수 있습니다(제가 알기로는 결정이 번복된 적은 없어요). 만일 승진이 결정되지 않으면 그 이유를 피드백해 줍니다. 승진 대상자는 추가 정보를 제출하거나 다음 기회를 노려볼 수 있죠. 추가 정보를 제출해서 결정이 바뀌는 경우도 있으므로 피드백이 정당하다고 생각되지 않으면 시도해보는 것이 좋습니다. 이 절차가 마음에 들었던 이유는 적절한 업무를 수행했던 사람이 직접 승진 자료집을 작성하게끔 하고 설령 관리자가 동의하지 않더라도 승진될 수 있었기 때문입니다. 반면, 마음에 들지 않았던 부분은 자신감이 조금 없어서 스스로를 드러내는 데 어려움을 겪는 사람이 다소 차별을 당할 수도 있다는 점이었어요. 그리고 관리자가 승진 절차를 시작하는 주도권이 약해지기도 했습니다(그래서 엔지니어는 관리자에게 승진을 제안하는 것이 아니라 승진하고 싶다고 말하게 됩니다).

스태프 엔지니어가 될 때 중요한 요인을 두세 가지 정도 꼽는다면 뭐가 있을까요? 지금까지 재직했던 회사나 거주지 또는 학력이 어떤 영향을 미쳤나요?

제 거주지는 별로 관련이 없었어요. 학력은 제가 주니어일 때 면접 보는 데 도움이 됐습니다만 그 이후로는 (적어도 주니어 이후로는) 그렇게 도움이 되지는 않았어요. 가장 중요한 요인은 어떤 회사인지, 자신이 얼마나 잘 드러나는지, 기회가 있는지 등이에요.

성장할 수 있는 회사는 많습니다. 하지만 빠르게 성장하는 스타트업에서 일하는 것이 저에게는 큰 도움이 됐어요. 제가 박스에 합류할 때 엔지니어링 조직은 30명 정도 규모였어요. 8년 후에 퇴사할 때는 수백 명 규모로 성장했지만, 대부분은 첫 4년 안에 이뤄진 것이었죠. 박스에 합류한 것은 운영 환경과 사람, 그리고 코드를 제대로 이해할 수 있는 작은 엔지니어링 환경을 경험할 수 있는 선택이었습니다. 그 후로는 규모가 커졌기 때문에 리더십 관련 기회도 많았고 원하는 사람은 누구나 참여할 수 있는 기술적 과제도 많았죠. 회사가 성장하면서 기회도 저와 함께 성장했습니다. 동시에 제가 무언가를 배울 수 있는 사람의 수도 늘어갔죠(그전에는 2~4명 규모의 정말 작은 스타트업에서 근무하면서 많은 것을 배우지 못했습니다).

자신을 드러내는 것과 관련해서, 자신을 알릴 방법을 찾으세요. 전 늘 사무실로 출근했기 때문에 더 쉽게 스스로를 드러낼 수 있었지만, 재택으로 근무하더라도 충분히 가능해요(물론 조금은 더 어렵겠죠). 일을 정말 잘하는데 아무도 그걸 모른다면 승진 시기가 다가와도 기회를 잡지 못할 겁니다. 게다가 시니어가 되면서 다른 사람을 멘토링하고 가르치는 것과 회사가 기술 브랜드를 이뤄가는 데 도움주는 것 역시 업무의 일부가 됩니다. 이 모든 것이 결국 보여지는 것이죠. 누군가에게 보여진다는 건 여러 형태가 있겠지만, 저에게 도움이 됐던 몇 가지가 있습니다. 먼저 저는 슬랙에서 굉장히 적극적으로 토론했고 할 수 있는 한 사람들의 질문에 답해줬습니다. 또한, 회사 내부는 물론 외부를 대상으로도 블로깅과 발표를 많이 했죠. 마지막으로 기술 업계에 종사하는 여성 그룹에도 활발히 참여했어요. 덕분에 엔지니어링 분야의 다양한 사람들과 인맥을 만들 수 있었습니다.

마지막으로 기회를 말씀드리자면 그것 또한 굉장히 다양하게 보일 거예요. 저에게 특히 더 도움된 것은 API 표준화 위원회에 참여한 것이었습니다. 처음에는 스스로가 API의 전문가가 아니라고 생각해서 참여하기를 망설였어요. 하지만 예전에 다양한 API를 개발했던 경험과 더불어 REST에 관한 몇 권의 (얇은) 책을 읽은 후로는 API를 완전히 이해할 수 있었습니다. 이 그룹의 강점은 엔지니어링 조직의 많은 팀과 협업해야 해서 여러 다른 엔지니어와 함께 일할 기회가 됐다는 거예요(앞서 말했듯 저를 드러낼 수 있는 기회도 됐죠). 또한, 다른 사람에게 영향력을 미치는 것과 품질을 위해 싸울 수 있는 사람이 되는 방향을 명확하게 볼 수 있었어요. 당시 진행했던 프로젝트들은 엔지니어링 전체에 방대한 영향을 끼치는 것들이었고, 그 덕분에 무언가(이 경우에는 API)를 전체적으로 생각할 수 있게 되는 계기가 됐습니다.

스태프 엔지니어가 되려면 '스태프 프로젝트'를 수행해야 한다는 것이 보편적인 생각인데요. 스태프 프로젝트를 해본 경험이 있나요? 있다면 어떤 프로젝트였나요?

전 스태프 프로젝트에 참여한 적이 없어요. 제가 승진했을 때는 그보다 6개월 전에 관리자로 전향했던 터라 리더십을 위한 시간 관리 능력에 집중했습니다. 그 당시에 저는 기술적인 측면에서 다른 회사와 협업이 필요한 프로젝트를 담당했던, 개발 인력이 아주 적은 박스 팀을 이끌고 있었어요. 그래서 다른 회사의 개발 팀이 요구하는 사항을 이해하고 그 회사가 요구하는 사항을 맞추면서도 최대한 개발 공수는 적게 가져가는 방법을 찾아야 했죠. 전 API 표준을 수립하고 유지하는 책임을 가진 엔지니어링 API 워킹 그룹의 구성원이었고, 몇 가지 취미 프로젝트도 하고 있었어요. 이 모든 것이 제 승진에 다방면으로 영향을 미쳤고 그 덕분에 승진 위원회가 기대했던 모든 요소에 제가 부합한다는 것을 보여줄 수 있었습니다.

스태프 엔지니어가 되는 데 특별히 도움이 됐던 조언이 있나요? 돌이켜보면 조금 더 쉽게 스태프 엔지니어가 될 수 있는 방법이 있었나요?

자신의 강점을 확대하라는 것입니다. 사람은 누구나 강점과 약점이 있고 '더 개선할 수 있는 영역'을 생각하는 데 시간을 더 많이 소비하곤 하죠. 가장 좋은 방법이 모든 약점을 극복하는 것이라고 생각하기 쉬워요. 본인이 약한 분야에 엄청난 노력과 에너지를 투자하지만 사실 거의 개선되지 않죠. 물론 정말 취약한 부분은 없애고 싶겠지만 내가 약한 부분은 잊어버리고 강점을 확대하는 데 집중해 봅시다. 지금 잘하는 것을 어떻게 나만의 최대 강점으로 만들 수 있을까요? 또한, 어떻게 하면 내가 잘하는 것을 이용해 약점을 보완할 수 있을까요? 예를 들어, 전 엄청 내성적이고 제가 모르는 사람과 어울리는 것을 별로 좋아하지 않아요. 낯선 사람과 네트워킹하는 것도 취약이죠. 하지만 전 글 쓰는 걸 좋아하고 재미있어 해요. 그래서 블로그에 글을 써서 그전에는 만나볼 수 없는 사람들을 만났고 대외적으로 더 알려질 수 있었죠. 사실 제가 여러 밋업에 참석하는 것보다 훨씬 더 많은 사람을 만났어요.

이보다 더 전략적인 방법 중 하나는 박스에서 승진 자료집을 작성하는 것이었어요. 그와 관련해서 몇 가지 제안을 받았거든요. 가령 승진할 준비가 됐다고 확신하기 전에 승진 자료집을 미리 잘 써두라는 등의 조언이었죠. 그렇게 하면 부족한 점을 보고 매우 구체적인 업무를 수행할 수 있어요(아니면 이미 승진할 준비가 충분히 됐다는 걸 알고 놀랄 수도 있고요). 다음으로, 부족한 부분이 어디인지 잘 이해해야 합니다. 승진 위원회가 승진 자료집을 읽어주는 걸 보면 모든 사례가 매우 긍정적이에요. 그 사람이 승진해도 누구도 부정적인 반응을 보이지 않죠. 그래서 위원회는 부정적인 것을 찾는 것보다는 언급되지 않은 걸 보려 할 겁니다. 어떤 부분이 언급되지 않았을까? 언급을 회피하는 것처럼 보이거나 이미 언급했던 것은 뭘까? 이런 식으로요. 본인의 자료집을 이런 시각에서 바라보세요. 뭘 놓쳤을까? 너무 가볍게 넘어간 건 뭐가 있을까? 그리고 그런 부분을 메꾸세요. 마지막으로, 본인만의 이야기를 담아내면 됩니다.

우리 회사의 승진 자료집은 주요 질문이 포함된 템플릿으로 만들어졌어요. 하지만 특히 직급이 높아질수록 모든 사람이 같은 질문을 받지도 않고, 그런 질문을 하고 싶어 하지도 않아요. 그저 질문에 답하지 말고 먼저 본인의 강점이 무엇인지 생각해야 합니다. 본인의 특출한 강점은 무엇일까요? 본인만의 이야기는 무엇일까요? 그런 후에 그 이야기를 질문에 맞춰가면 됩니다. 본인의 강점을 포함한다면 전체적으로 훨씬 나은 자료집을 작성할 수 있습니다.

관리자 업무에 허덕이는 시간이 없었다면 스태프 직책을 더 빨리 얻었을 수도 있을 것 같아요. 그렇지만 관리자 업무를 했던 것을 후회하지는 않습니다. 덕분에 사람들이 어떤 생각을 하는지, 조직이 어떻게 운영되는지, 규모가 큰 프로젝트를 어떻게 우선 추진하는지 등을 배울 수 있었죠. 그렇게 배운 것들이 지금 IC 진로로 가는 데 계속 도움이 되고, 시니어 스태프로 승진하는 데도 도움이 됐어요. 관리자 업무를 했기 때문에 스태프 직책으로 승진하는 게 더디어졌다고 생각하지만 그 다음은 잘 모르겠어요. 아마도 스태프 직책이 없었다면 관리자 업무를 더 오래 했을 것 같아요. 어쨌든 스태프 직책으로 직접 승진하지는 않았지만 장기적으로 도움이 되는 것을 많이 배웠어요.

이제 막 스태프 엔지니어가 된 사람에게 해주고 싶은 조언이 있다면?

팀에 시니어 엔지니어가 늘어날수록 여러분이 코드를 작성할 일은 더 적어질 거예요. 물론 팀원 관리자와는 달리 여전히 기술 쪽에 치중하긴 해요. 설령 프린시플 엔지니어라도 약간의 코드는 작성할 수 있어요. 하지만 더 높은 위치로 올라갈수록 주변 사람들을 멘토링하고 성장을 돕는 일, 회사의 대외적 기술 브랜드를 구현하면서 팀을 구축하는 일, 개선하거나 수정해야 할 기술 트렌드를 읽는 일, 팀이나 회사의 기술적 비전을 제시하는 일, 기술 부채 프로젝트에 필요한 리소스를 충당하는 일 등에 더 치중하게 됩니다.

엔지니어링 관리자가 되는 것을 고려한 적이 있나요? 그랬다면 어떤 이유로 스태프 엔지니어가 되기로 결심했나요?

사실 전 박스에 근무하면서 1년 반 정도 관리직을 수행했는데 제가 그 일을 별로 좋아하지 않는다는 점을 깨달았어요(자세한 내용은 제 블로그를 참고해 주세요). 그렇지만 대부분 회사에서는 관리 업무와 스태프플러스 업무 사이에 겹치는 부분이 많다는 점을 알 수 있었어요. 두 직책 모두 멘토링, 리더십, 사람을 설득하는 능력을 요구하죠. 더 크게 생각하고 (기술은 물론 사람 측면에 대한) 더 장기적으로 관심을 가져야 합니다. 전 관리직으로 돌아갈 생각은 없지만 관리직을 수행하면서 많은 것을 배웠고[87] 그 경험은 스태프와 시니어 스태프 엔지니어가 되는 데 도움이 많이 됐습니다.

어떤 리소스(책, 블로그, 사람 등)에서 새로운 것을 배우나요? 업계에서 롤모델로 삼을 만한 사람은 누구인가요?

전 특정인을 팔로우하진 않아요. 제 주변 모든 사람들에게서 배우며 영감을 얻습니다. 제가 지금부터 몇 명 언급하겠지만, 솔직히 말하면 각자의 위

---

[87] https://medium.com/box-tech-blog/no-regrets-my-time-in-management-wasnt-wasted-140b40ded0e6

치에 있는(저보다 주니어였던 사람을 포함해) 셀 수 없이 많은 사람에게 많이 배웠습니다.

문제가 생길 때마다 찾아가던 관리자가 있어요. 그 사람은 항상 저에게 그 일을 맡기며 어떻게 해야 할 것 같냐고 물었죠. 덕분에 누군가에게 직접 피드백주거나 이야기하지 않고도 무언가를 수정할 방법을 찾는 방법을 알게 됐습니다. 그 사람은 한동안 저에게 그런 방법을 가르쳐 줬어요. 그리고 그는 관리자로서 언제나 절 지지해줬죠. 제 스스로 그럴 수 있었다면 아마도 전 제 스스로 생각하는 최고가 되어 있었을 겁니다. 그 관리자는 모든 일에 책임을 져야 한다는 것도 가르쳐 줬어요.

제가 함께 일했던 프린시플 엔지니어도 언급하고자 합니다. 그 사람은 제가 모든 일을 혼자 해결할 필요가 없다는 점을 가르쳐 줬어요. 책임지는 법을 배운 후 전 제가 혼자가 아니라는 점을 잊기 시작했습니다. 물론 위임에 대해 이야기해 주는 사람도 있었지만, 그건 스프린트 안에서 해야 할 작업에 대한 것들이었어요. 그 프린시플 엔지니어에게 어떤 일의 우선순위를 정하는 일, 팀의 기술적 비전을 파악하는 일, 어떤 목적을 완수한 후 후속 작업을 위임하는 일 등을 배웠습니다.

또 다른 동료 중에는 저와는 완전히 다른 방향으로 문제를 해결해서 제 생각을 완전히 뒤흔든 사람도 있었어요. 그 사람은 제가 명확하다고 생각하는 것도 더 분명히 설명해 달라고 요구하기도 했고, 제 생각엔 모든 사람이 이해한 것 같았는데 더 상세한 내용을 설명해 달라고 요구하기도 했어요. 하지만 그 사람은 제가 일해본 사람 중 가장 똑똑한 사람이기도 했습니다. 그 사람 덕분에 서로 스타일이 달라도 괜찮다는 것은 물론 때로는 서로 상충하는 스타일도 어느 한쪽만 취할 때보다 훨씬 더 좋은 결과를 낼 수도 있다는 것도 깨닫게 됐습니다. 그 사람은 제가 명확하다고 생각하는 것에서도 놓친 부분을 찾아냈고 가끔은 그것 때문에 힘들기도 했지만, 함께 멋진 걸 이뤄냈어요. 덕분에 전 그런 스타일에 훨씬 더 익숙해졌습니다.

12

다미안 쉔컬만
- 오스제로의 프린시플 엔지니어

이 인터뷰는 2020년 8월에 녹음한 것이다. 다미안에 대해 더 자세히 알고 싶으면 블로그[88], 트위터[89], 링크드인[90]을 참고하기 바란다.

현재 역할에 대해 간략히 말씀해 주세요. 어느 회사에서 어떤 직책으로 일하며 보통 어떤 종류의 업무를 하나요?

클라우드형 인증 플랫폼인 오스제로[91]의 프린시플 엔지니어입니다. 현재 프린시플 엔지니어 세 명으로 구성된 시스템 아키텍처 그룹에서 일하고 있어요. 우리는 전략적 목표를 달성하고 오스제로의 기술적 전략[92], 아키텍처 의사결정 및 가이드라인의 수립을 위해 여러 팀과 협업하고 있습니다.

88　https://yenkel.dev

89　https://twitter.com/dschenkelman

90　https://www.linkedin.com/in/damianschenkelman

91　https://auth0.com

92　https://yenkel.dev/posts/achieving-alignment-and-efficiency-through-a-technical-strategy

저는 현재 대형 제품 기능의 기술 리드로서 인증 및 접근 관리(IAM, Identity and Access Management) 팀[93]에서 근무 중이며 다른 팀과 함께 목표와 관련한 신뢰성과 확장성을 주도하고 있습니다.

회사에서 스태프플러스 엔지니어는 보통 어떤 일을 하나요? 당신도 비슷하게 일하나요 아니면 다른가요?

엔지니어링 조직은 여러 도메인(현재 인증 및 접근 관리, 개발자 경험, 서비스 관리, 플랫폼)으로 구성되어 있습니다. 오스제로의 스태프 엔지니어는 각 도메인에서 기술적으로 팀을 이끄는 사람들입니다. 스태프 엔지니어는 보통 도메인 내 한 팀에 속하지만, 도메인 전체 범위의 목표를 달성하는 데도 적극적으로 참여합니다.

프린시플 엔지니어는 그다음 수준이에요. 프린시플 엔지니어는 특정 팀에 속할 수도 있고(깊이를 추구하는 유형), 조직 전반에 걸쳐 여러 팀과 협업하기도 해요(폭넓음을 추구하는 유형). 저는 요즘 폭넓음을 추구하는 유형처럼 일하고 있어요. 그래서 어떤 특정 목표를 달성하기 위해 일하면서도 기술적 전략, 플랫폼을 위한 기술 선정, DNA(Design and Architecture)라고 알려진 설계 및 아키텍처 워킹 그룹의 리딩 등도 맡고 있습니다.

DNA는 6명(상주 프린시플 엔지니어 3명, 6개월 단위로 교대하는 스태프/시니어 II 엔지니어 3명)으로 구성되어 있습니다. 이 워킹 그룹은 오스제로의 기술을 특정한 방향(예를 들면, 라이브러리를 한 번만 개발하고 사람들이 쉽게 팀을 이동할 수 있도록 개발 언어가 무분별하게 확산되는 것을 막는 등)으로 이끌어가는 데 필요한 의사결정과 가이드라인을 정의하며, 여

---

93 https://auth0.com/learn/cloud-identity-access-management

러 팀과 협업해 대규모 목표에 대한 기술적 리뷰를 담당합니다.

제 역할이 다른 회사의 스태프 엔지니어와 다른 가장 큰 이유는 저는 이 회사에서 6년 이상 근무했고 그중 3년 이상은 엔지니어링 디렉터로 지내서 '가장 광범위한 업무 범위'를 가지고 있기 때문입니다. 저는 목표를 달성하기 위해 제품 팀 및 플랫폼 팀과 함께 협업하는 것은 물론 회사의 다른 조직과도 종종 함께 일합니다. 예를 들면, 업계에서 주목받는 전망에 대해서 토론하거나 법무 팀과 함께 계약서의 문구를 선택한다거나 마케팅 팀과 협업하는 등이 있습니다.

하루 일과가 어떻게 되나요?

그때그때 다릅니다. 보통은 수많은 미팅에 참여하다 보니 요즘은 새로운 걸 시도하고 있어요. 회의는 월요일, 수요일, 금요일에 몰아서 하고, 목요일은 완전히 비워두고, 화요일은 급한 일만 처리하려고 해요. 모두가 재택근무를 하고 있어서 회의는 줌(Zoom)으로 합니다.

매주 진행되는 회의가 있어요. 첫 번째는 제 관리자(엔지니어링 부사장) 또는 팀 관리자 또는 기술 리드와의 일대일 미팅이며, 매주 합니다. 이 회의는 그들과 최신 상태를 공유하고 어떤 어려움이 있는지를 파악하기에 아주 좋은 방법이에요. 그런 시간이 없으면 일을 효율적으로 수행할 수 있는 능력에 큰 영향을 미칠 거라고 생각합니다. 두 번째는 엔지니어링 리더 그룹과 설계 및 아키텍처 워킹 그룹과의 팀 회의고요.

물론 한 번씩 참여하는 회의도 있어요. 예를 들면 다음과 같은 회의입니다.

- 기술 리드를 담당하는 목표 관련 회의
- 여러 팀이 프로젝트를 시작하는 것을 돕기 위한 회의
- 설계 리뷰 공유 회의

목요일에는 (그리고 화요일에는 할 수 있는 만큼) 다음의 주제에 대해 생각하는 시간을 갖습니다.

- 현재의 목표와 진척 상황 파악
- 향후(다음 분기, 내년 등) 할 수 있는 또는 해야 할 일
- 문서, 가이드라인, 블로그 포스트 작성
- (자주는 아니지만) POC와 작은 도구 개발

스태프플러스 엔지니어로서 가장 영향력이 있다고 느낄 때는 언제인가요? 구체적으로 예를 들어 설명해 주세요.

가장 큰 영향력은 '사람의 성장'을 도울 수 있다는 점에서 나오는 것 같아요. 내부에 최대한 많은 사람의 업무에 긍정적인 영향을 주는 거죠. 『성공을 퍼트려라』(한국경제신문사, 2015)는 이해하기 쉽게 비유를 들어주고 있어요. 확장이란 일회성 공습이 아니라 지상전이라는 거죠. 많은 시간과 인내를 요하지만 목적을 달성하려면 회사가 선정한 목표와 그 목표를 이루는 방법이 회사의 방향과 맞아야 합니다.

저는 프린시플 엔지니어로서 장기적으로 최대한 많은 사람에게 방향을 제시할 기회나 틈을 찾으려고 합니다. 문제에 대한 해결책으로 제가 코딩하는 것보다는 특정 주제에 대해 조직에 있는 200명 이상의 사람들이 방향을 맞추는 것이 훨씬 더 가치 있습니다. 당연히 영향력도 크고 확장도 가능하죠.

스태프플러스 엔지니어가 되기 전에 해보지 않았거나 스태프플러스 엔지니어가 아니었다면 할 수 없었을 일이 있었을까요?

프린시플 엔지니어가 되기 전에는 오스제로에서 엔지니어링 디렉터였습니다. 프린시플 엔지니어가 되고 가장 흥미로운 부분은 제가 피드백 줄 때

사람들이 훨씬 덜 방어적이며 일대일 미팅에도 더 적극적이라는 것입니다. 프린시플 엔지니어가 '조직을 대표하지 않는다'는 사실과 관련이 있는 것 같습니다.

그런 면에서 볼 때 IC가 되는 게 훨씬 좋은 것 같아요.

기술이나 사례, 절차 또는 아키텍처적 변화를 지지하는 데 시간을 할애하기도 하나요? 그랬다면 어떤 것을 지지하고 있나요? 조직에 영향을 줬던 사례가 있나요?

빠르게 성장하는 조직에서 발견되는 보편적인 문제는 '명확성이 떨어지는' 경우가 많다는 점입니다. 우리 회사의 경우는 미래에 대한 혼란이 컸던 까닭에 기술적 의사결정이 느리고 비효율적이곤 했습니다. 팀은 특정 기술을 사용해야 하는데도 그 기술이 나중에도 계속 지원될지 몰랐기 때문에 확신이 없었어요. 어떤 제품을 어떤 방식으로 구현해야 하는지, 그 방식이 장기적인 기술 전략에 맞는지도 몰라 확신하지 못했죠. 그래서 상당히 비효율적이었어요.

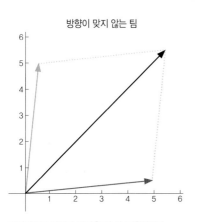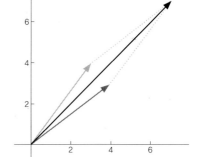

조직적으로 방향이 맞았을 때 더 효율적이다

현재 우리가 가진 문제를 해결하기 위해 어떤 기술적 구현 방식을 선택할지, 초기 상황과 미래 비전 사이의 간극을 어떻게 메울지 설명할 수 있는 장기적인 방향이 필요하다고 믿었어요. 장기적으로 성공하기 위해 뭘 해야 하고 뭘 하면 안 되는지 상세히 설명하는 기술 전략 문서가 필요했습니다.

많은 사람과 대화하다 보니 사람들이 일관되지 않은 정보와 루머를 접해서 의사결정에 겁먹고 있다는 것을 알게 됐어요. 예를 들면, "회사가 나중에 X를 하겠대."라거나 "이 기술 Y는 앞으로 플랫폼 팀이 지원하지 않을 거래."라는 말들을 하는 거죠. 우리가 어떤 고객의 수요를 지원할 예정이며, 그로 인해 기술이 영향을 받을 것이라는 루머가 혼란을 가중시켰습니다. 사람들은 계속 루머에 노출됐지만, 실질적인 계획은 전혀 발표된 것이 없었죠. 전 이런 이슈를 문서로 만들고 연결점을 찾아 정보를 지식으로 전환했습니다. 우리에게 단기는 물론 장기적으로 문제를 해결하는 방법이 필요했어요.

단기: 몇 가지 급하고 단기적인 문제와 관련한 불확실성을 제거해야 했습니다. 팀은 당장 기술적 의사결정이 필요했고, 기술적 비전과 로드맵이 제대로 갖춰질 때까지 기다릴 수 없었어요. 그리고 일단 장기적 비전과 결정이 내려지면 예외 상황에 대한 결정을 리뷰해야 했습니다. 그래서 이런 임무를 설계 및 아키텍처 워킹 그룹에 맡겼어요. 이 워킹 그룹은 '승인된' 기술적 선택과 더불어 가이드라인, 권장 사항 등을 문서화해서 팀이 리뷰 없이 독립적으로 의사결정할 수 있게 했고 RFC 리뷰 절차도 수립했습니다.

장기: 저는 회사가 결정을 내려야 한다고 생각하는 몇 가지 주제를 꺼내들었습니다. 그리고 임원과 기술직을 위해서 프레젠테이션을 별도로 준비했어요. 비기술자인 임원을 위한 문체와 설명으로 간결한 프레젠테이션을 만들고 실행 가능한 해결책을 제시했습니다. 기술직을 위한 프레젠테이션은

기술 용어를 활용해 훨씬 상세한 내용을 제시했습니다. 저는 네마와시[94](제안하는 변경이나 프로젝트에 대한 기반을 조용히 다지고 우려를 표하는 사람들과 대화하면서 지원과 피드백을 수집하는 등의 절차) 기법을 사용해서 공식적인 결정을 내리기 전에 엔지니어링 부사장 및 다른 임원, 동료 그리고 다른 시니어 리더들의 의견을 수렴했습니다. 더 구체적으로 말하자면 의견이 잘 수렴되도록 미리 사람들에게 생각과 의견을 물었고, 덕분에 회의에서 결정을 내릴 때 참여자들이 이미 그 주제에 익숙했습니다. 그런 후 회의를 진행하면서 트레이드오프를 논의하고 최종 결정을 내릴 수 있었습니다. 모든 결정은 의사결정 로그에 문서화하고 이 결정을 진행할 담당자도 지정했습니다.

개발에 쏟는 시간이 실질적으로 적은데 그 감각은 어떻게 유지하나요?

크게 두 가지로 구분할 수 있을 것 같은데요. 하나는 보편적으로 기술을 따라가는 것이고, 다른 하나는 현재 오스제로와 엔지니어링 팀의 상황을 파악하는 것입니다.

저는 오스제로의 상황을 파악하려고 몇 가지를 시도했습니다. 내부적으로는 슬랙에서 오가는 대화를 잘 지켜보면서 기술 리드 및 엔지니어링 관리자와 일대일 미팅을 합니다. 그러면 그들이 당면한 과제를 이해하고 패턴을 파악하거나 보편적인 해결책을 찾는 데 도움이 됩니다. 외부적으로는 고객 및 잠재 고객과 대화하여 고객이 제품을 어떻게 사용하는지 파악하고 오스제로와 기타 인증 분야에 대해 언급하는 트윗과 뉴스를 읽습니다.

기술 분야에서는 제가 원하는 만큼 따라잡고 있다고 생각하지는 않지만,

---

94 https://en.wikipedia.org/wiki/Nemawashi

그러려고 노력하고 있습니다. 이 업계에는 매달 중요하고 새로운 일들이 계속 벌어지고 있어 따라잡기가 힘듭니다. 실무에서 멀어진다는 것을 받아들이는 것은 제가 원하는 만큼 중요한 기술을 따라잡지 못할 것을 받아들이는 것입니다. 일단 그 사실을 인정하니 어떤 것이 가치가 있는지 우선순위를 생각하기 시작했어요.

전 책도 읽고 POC를 하거나 특정 주제에 대한 블로그, 논문 등을 읽으며 시간을 보내고 코딩하지 않더라도 우리의 개발 방식을 최신 상태로 유지하기 위한 목표를 이끌려고 합니다.

어떻게 다른 엔지니어의 스폰서가 되어주나요? 현재 역할에서 다른 엔지니어의 스폰서가 되는 것이 중요한가요?

굉장히 중요하죠. 전 엔지니어링 리더 그룹에 있습니다. 일주일에 두 번 회의를 하고, 조직과 관련한 주제에 대해 논의하죠. 이 회의는 상황을 파악하고 중기적 계획을 세우는 회의에 참여하는 것과 더불어 앞으로 있을 기회를 파악하는 데(그리고 가끔 제안하기도 하는 데) 큰 도움이 됩니다.

간혹 그 기회를 잘 활용할 수 있는 몇몇 사람을 제안하고 그들이 왜 적합한지 설명하며, 필요하다면 기술적으로 부족한 면이 있을 때 멘토가 되어주는 걸 제안하기도 합니다.

오스제로에서 처음 프린시플 엔지니어가 됐는데요. 프린시플 엔지니어로 채용된 건가요? 아니면 어떤 과정을 거쳐 승진한 건가요?

저는 이 회사에서 약간 특이한 경력을 가지고 있습니다. 오스제로에는 2014년 5월에 다섯 번째 엔지니어로 합류했고, 그때 직원은 수십 명 정도였어요. 직책도, 직급도 없었고 그런 비슷한 것도 없었죠. 2015년경 신규 입사자 몇 명을 멘토링하면서 일대일 미팅을 맡았습니다. 2015년 말에는 저에게 맡겨진 목표를 달성하기 위해 일하면서 다른 사람도 이끌고 채용을 돕기도 했죠. 그 무렵 오스제로의 CTO이자 공동 창업자인 마티아스 워로스키Matias Woloski[95]는 엔지니어링 팀을 이끌 사람이 필요하다고 판단하고 저에게 엔지니어링 디렉터가 되어줄 것을 부탁했어요.

저는 배움과 어려운 문제 해결의 기회를 극대화하는 방식으로 제 경력을 개발할 수 있는 특권을 누렸습니다. 이 방식이 제가 의사결정을 내리는 데 도움을 준 가장 중요한 원칙입니다. 마티아스가 저에게 디렉터직을 제안했을 때 아르헨티나에 사는 25살 엔지니어는 '실리콘밸리'에 있고 빠르게 성장하는 재택 근무 위주의 회사의 엔지니어링 조직을 이끌 수 있는 기회라고 생각하고는 자연스럽게 '네'라고 답했어요. '관리직을 맡고 싶다'고는 한 번도 생각해본 적 없었고, 그저 더 많이 배우고 어려운 문제를 해결하고 싶었습니다.

더 많이 배움으로써 성장한다

---

95   https://twitter.com/woloski

일은 잘 풀렸습니다. 팀과 조직을 구축하고 사람을 이끄는 방법 등을 많이 배웠어요. 처음 합류한 엔지니어 중 한 명이었기 때문에 많은 시스템을 개발했고 기술과 관련해 많이 대화했으며 제품 및 플랫폼/인프라스트럭처 팀의 기술 리더로 활동도 많이 했습니다. 2019년 초에는 플랫폼 디렉터로 제가 예전만큼 빠르게 배우지 못한다는 생각이 들기 시작했고 플랫폼만 다루기보다는 더 넓은 범위의 업무를 하고 싶다고 생각했어요. 당시 오스제로의 엔지니어링 부사장이던 크리스티안 맥캐릭Christian McCarrick[96]과 많이 대화하면서 오스제로의 기술 리더 중 한 명이 되는 것이 제가 원하는 과제라는 것을 깨달았습니다. 그래서 2019년 8월에 프린시플 엔지니어로 전향했어요.

프린시플 엔지니어가 될 때 중요한 요인을 두세 가지 정도 꼽는다면? 기존에 일하던 직장, 거주지 또는 학력이 영향을 미쳤나요?

제가 좋아하는 로마의 철학자인 세네카는, 행운은 준비된 자가 기회를 만났을 때 주어지는 것이라고 말했죠. 프린시플 엔지니어가 되려면 일도 잘해야 하지만, 운도 많이 필요합니다. 제가 프린시플 엔지니어가 되는 데 중요하게 작용했던 몇 가지 요소와 더불어 그 요소에 운이 어떻게 작용했는지 말씀드려 볼게요.

첫 직업: 아르헨티나에서는 대학을 다니면서 일을 시작하는 게 보편적입니다. 고등학교를 졸업 후 사우스웍스Southworks[97]라는 좋은 회사에서 첫 직장 생활을 시작했어요. 이 회사에 두 가지 중요한 점이 있습니다.

---

96 https://twitter.com/cmccarrick
97 https://www.southworks.com

- 이 회사는 최신 기술을 사용하는 프로젝트를 진행 중이었고 덕분에 기술적으로 많을 것을 배울 수 있었습니다.

- 이 회사는 원격으로 미국 마이크로소프트의 벤더처럼 운영됐어요. 그래서 기술적 스킬뿐만 아니라 실용적인 의사소통, 기대 관리를 비롯한 대인관계 기술도 필요했습니다.

고등학교를 졸업하고 곧바로 소프트웨어 분야에서 일할 수 있었던 이유는 11살 때 어머니께 '비디오 게임을 개발하고 싶다'고 말했더니 부모님이 프로그래밍을 가르치는 고등학교를 찾아 보내줬기 때문이에요.

운이 작용한 부분: 제 고등학교 친구 중 한 명이 자기 오빠가 사우스웍스에서 일하는데 주니어 개발자를 찾는다고 말해줬어요. 그때 저는 다른 회사에 거의 입사가 확정된 상태였어요. 친구 오빠는 회사를 잘 설명해줬고 그래서 사우스웍스에 면접 볼 때까지 다른 회사의 입사 결정을 미뤄뒀습니다.

오스제로: 전 오스제로에 처음 채용된 엔지니어 중 한 명이었어요. 몇 년이 지나면서 제품과 인프라스트럭처의 많은 부분을 담당했습니다. 덕분에 다른 사람을 돕고 다양한 주제에 대해 중요한 의견을 제시할 수 있었죠. 엔지니어링 디렉터가 된 덕분에 비즈니스에 대해 많은 것을 이해할 수 있었고 그래서 더 효과적으로 힘을 보탤 수 있었어요.

운이 작용한 부분: 스타트업이 성공하려면 다양한 시점에 많은 운이 필요합니다. 오스제로가 지금처럼 성장하지 못했다면 지금만큼 많이 배우지도 못했고 지금 제 위치에 있지도 못했을 거예요. 이 점이 특히 중요한 이유는 전 소프트웨어 산업이 미국에 비해 훨씬 규모가 작은 아르헨티나에 있었고 아르헨티나 대부분의 회사는 두 가지 성장 경로를 제공하지 않기 때문이죠.

팀 스포츠: 전 어렸을 때부터 10대까지 농구를 했고 득점을 많이 못 해서 지는 것보다 얼마를 득점하든 이기는 편이 더 낫다는 걸 일찌감치 깨달았습니다. 이 깨달음이 제가 일하는 두 가지 방식을 만들어 냈어요. 첫 번째는

팀원으로서 팀의 성공을 만들어내는 것에 집중할 수 있도록 도와주는 방법입니다. 두 번째는 '차이점을 극복'하는 데 필요한 것을 배우고 실행하는 것입니다. 그 덕분에 리더십과 대인관계 스킬을 익히는 데 도움이 됐습니다.

스태프 엔지니어가 되려면 '스태프 프로젝트'를 수행해야 한다는 것이 보편적인 생각인데요. 스태프 프로젝트를 해본 경험이 있나요? 있다면 어떤 프로젝트였나요?

아뇨, 전혀요. 전 오스제로에서 일하면서 '그 부분은 건너뛰었'어요. 스타트업에서 디렉터로 일하면서 여러 중요하고 어려운 계획의 기술 리더를 맡았지만, 정확히 '스태프/프린시플' 프로젝트라고 정의한 적은 없었어요.

그나마 '스태프 프로젝트'에 가까웠던 것은 오스제로의 신뢰성과 확장성을 개선하기 위해 2017년과 2018년에 참여했던 프로젝트인 것 같습니다. 그 프로젝트는 주요 고객 중 일부에게 더 높은 SLA를 제공하기 위한 프로젝트였어요.

이제 막 스태프 엔지니어가 된 사람에게 해주고 싶은 조언이 있다면?

스태프 엔지니어가 된다는 것은 회사마다 다릅니다. 따라서 제가 하고 싶은 첫 번째 조언은 최대한 많은 사람과 이야기해서 기대치를 설정하라는 것입니다.

그 다음으로는 인내심을 가지라는 거예요. 보통은 기술적으로 뛰어나고 성과를 만들어냈기 때문에 현재의 위치에 있겠지만, 계속 성장하다 보면 업무 성과를 내는 데 시간이 상당히 필요하게 됩니다. 한 번에 여러 일을 처리해야 하기도 하고, 그 업무가 영향력을 발휘하기까지 시간이 필요하기 때문이죠. 또한, 더 많은 사람에게 영향을 끼치게 되고 본인에게는 분명히 '보이는' 걸 다른 사람들이 알아채는 데 시간이 걸리기도 합니다. 인내심을 갖고 점진적으로 사람들에게 영향을 미치며 다른 사람을 가르치는 것은 장기적으로 가치 있는 일입니다.

마지막으로 문서를 많이 작성하고 다른 사람에게도 많이 추천하세요. 생각과 계획, 이유, 표준 등을 문서화하는 것은 스스로의 영향력을 확장하는 방법입니다. 문서화하면 나중에 다른 사람이 쉽게 찾아 읽을 수 있고 인용하기도 쉽죠. '그저 말만 하는 것보다는' 훨씬 나은 방법입니다. 확장도 쉽거니와 오해의 소지도 줄여줍니다. 그저 문서를 배포하는 것은 유용하지 않으니 반복해서 사람들과 아이디어를 공유하는 것이 좋아요. AMA[98], 브라운백 미팅[99] 또는 다른 회의를 통해 본인의 생각을 설명하는 것은 정말 중요합니다.

엔지니어링 관리자가 되는 것을 고려한 적이 있나요? 그랬다면 어떤 이유로 스태프 엔지니어가 되기로 결심했나요?

관리자가 될 계획은 없지만 디렉터가 될 수 있는 기회가 생긴다면 수락할 겁니다. 하지만 관리자와 프린시플 엔지니어 사이를 오갈 수 있다고 생각해요. 회사와 스태프/프린시플 엔지니어의 기술이 어느 정도 특화되어 있는가에 따라 다르겠지만 가능할 것입니다.

요즘 저는 제 기술과 리더십 역량을 지속적으로 개발하는 데 관심이 많습니다. 그래야 가장 가치 있는 배움과 도전이 생길 테니까요.

---

98 역주 Ask Me Anything의 줄임말로 '무엇이든 물어보라'는 의미다.

99 역주 점심 시간에 하는 가벼운 회의다.

어떤 리소스(책, 블로그, 사람 등)에서 새로운 것을 배우나요? 업계에서 롤 모델로 삼을 만한 사람은 누구인가요?

트위터를 자주 사용하지만 대부분 기술 업계에 종사하는 사람들을 팔로 우하는 형태로 사용해요. 보통 콘퍼런스에서 강연한 사람이나 함께 일한 사 람을 팔로우해서 나와 관련 있는 콘텐츠를 찾아내죠.

- 아프르의 젭슨(Jepsen)[100] 관련 작업과 분산 시스템에 대한 콘텐츠는 정말 훌륭합니다.
- 탄야 레일리는 스퀘어스페이스의 RFC 절차[101]와 '접착제 역할 하기'[102] 같은 아주 좋은 콘텐츠를 제공합니다.
- 데이빗 파울러는 .NET 프레임워크와 ASP.NET 내부 동작에 대한 많은 콘텐츠를 제공합니다. 그리고 ASP.NET 아키텍트가 된 과정[103]을 소개하는 비디오도 볼 수 있어요.
- 오스제로에서는 뛰어난 엔지니어이면서 인격적으로도 훌륭한 존 알리Jon Allie와 함께했습니다. 존은 간결함을 추구해서 굉장히 명확히 설명하며 아는 것도 많은데 겸손하기까지 합니다.

전 시니어 'IC'에 대한 책이나 유사한 콘텐츠는 많이 못 봤습니다(직접 집필할 생각은 있어요). 최근에 『소프트웨어 아키텍처 101』(한빛미디어, 2021)을 읽었는데 그런 직책에 대해 잘 설명하면서도 뉘앙스나 단점에 대해서도 잘 이해하고 있는 것 같습니다.

관리직에 대한 몇몇 책은 스태프플러스 엔지니어에게 도움이 되는 조직에 대한 이해와 멘토링, 일대일 미팅, 채용 등을 다룹니다. 『하이 아웃풋 매니지먼트』에서 앤드류 그루브는 '노하우 관리자'를 '아무도 직접 감독하지

---

100 https://jepsen.io
101 https://engineering.squarespace.com/blog/2019/the-power-of-yes-if
102 https://www.youtube.com/watch?v=KClAPipnKqw
103 https://channel9.msdn.com/Shows/Careers-Behind-the-Code/Becoming-the-ASPNET-Architect-with-David-Fowler

않지만, 조직이 부여한 권한 없이도 다른 사람의 업무에 영향을 미치는 사람'으로 정의하고 있는데, 스태프플러스 엔지니어에게 딱 맞는 정의인 것 같아요. 『IT 개발자가 쓴 통쾌한 인간관리 이야기』(ITC, 2009)도 강력히 추천합니다. 재미있고 읽기도 쉬우며 스태프플러스 엔지니어에게 중요한 관리자와의 유대감도 형성할 수 있어요. 『성공하는 사람들의 7가지 습관』(김영사, 2017) 또한 스태프플러스 엔지니어에게 좋은 읽을거리입니다.

『Accelerate』도 경영진 수준에서 이해 관계자에게 좋은 영향을 미치는 방식으로 엔지니어링 능력 및 성과를 회사의 성공과 연결하는 데 도움되는 훌륭한 책입니다.

13

드미트리 페트라슈코
– 스트라이프의 인프라스트럭처 본부장의 기술 고문

이 인터뷰는 2020년 5월에 녹음한 것이다. 드미트리에 대해 더 알고 싶으면 트위터[104], 링크드인[105] 및 발표 자료[106]를 참고하기 바란다.

현재 역할에 대해 간략히 말씀해 주세요. 어느 회사에서 어떤 직책으로 일하며 보통 어떤 종류의 업무를 하나요?

스트라이프에서 스태프 엔지니어 겸 인프라스트럭처 본부장(head of infrastructure)의 기술 고문(TA, Techinical Advisor)으로 근무하고 있습니다.

제가 속한 팀은 컴퓨터, 네트워킹, 스토리지, 데이터베이스, 데이터 엔지니어링, 성능 및 효율성, 관측용이성 서비스 및 개발자 도구 등 스트라이프의 근간을 이루는 인프라스트럭처 서비스를 모두 책임지고 있습니다. 스트라이프 엔지니어들이 제품에 주력할 수 있도록 돕고 있어요.

그전까지는 스트라이프에서 제품 개발에 사용하는 빌드 프로세스, 도구

---

104 https://twitter.com/darkdimius
105 https://www.linkedin.com/in/darkdimius
106 https://d-d.me/site/presentations

및 핵심 라이브러리를 구현하는 생산성 팀에 있었습니다. 그 팀은 점진적 롤아웃에 사용하는 테스팅 프레임워크, 린터(litner), 타입 검사기, 빌드 도구, 라이브러리를 비롯해 다양한 업무를 담당했습니다. 전 그 팀에서(아직 단일 팀이었을 때) 엔지니어로 시작했고 나중에는 그 그룹의 명예 기술 리드(PTL, Pillar Tech Lead)가 됐습니다.

회사에서 스태프플러스 엔지니어는 보통 어떤 일을 하나요? 당신도 비슷하게 일하나요 아니면 다른가요?

스트라이프의 스태프 엔지니어는 역할이라기보다는 영향도, 의사소통, 사람 및 프로젝트 리더십 스킬을 갖춘 수준을 의미합니다. 스태프 엔지니어는 다양한 역할을 수행하며 제 경우에는 기술 고문을 맡고 있어요. 본부장인 라울 파틸Rahul Patil과 긴밀하게 협업하면서 중요한 주제에 대한 사전 조사, 중요한 이슈(설계, 코드, 분석)의 해결, 기술 관련 수행 항목에 대한 토론, 중요한 기술의 후속 조치를 위한 지원, 데이터 수집에 대한 코딩 업무 등을 담당합니다. 이 역할은 라울의 영향력과 전략적 사고를 확대할 목적으로 만들어졌지만, 기술적 의사결정에 직접 관여하지는 않습니다.

스태프 엔지니어가 되는 과정에서 명예 기술 리드가 됐었습니다. 명예 기술 리드가 많았던 덕에 그 역할이 훨씬 더 잘 정의되어 있습니다.

- 명예 기술 리드는 스트라이프의 다른 그룹에서 결정한 사항을 토대로 여러 팀이 서로에게 잘 맞는 기술적 의사결정을 내리는 데 도움을 줍니다. 스트라이프에서는 팀이 대부분 기술적 의사결정을 스스로 판단하지만, 경험이 풍부한 명예 기술 리드는 더 나은 성과를 위해 의사결정을 세밀히 조정합니다. 또한, 명예 기술 리드는 여러 팀이 기술적 주제에 대한 합의점을 찾지 못할 때 결정권자의 역할도 합니다.

- 명예 기술 리드는 스트라이프의 기술적 방향을 안내하며 해결해야 할 가장 중요한 문제에

대한 의견을 제시하고 문제 해결을 위한 높은 수준의 기술적 접근 방식을 제안합니다.

- 명예 기술 리드는 다른 명예 기술 리드에게 본인이 속한 조직을 설명하며 다른 조직의 기술적 의사결정을 본인이 속한 조직에 적용해서 결을 맞춥니다.

- 명예 기술 리드는 다른 엔지니어가 영향력 있는 프로젝트를 담당하고 성공적으로 완수하기 위한 기회를 창출합니다.

명예 기술 리드를 맡으면서 개발자 생산성 조직 및 산하 팀 관리자들과 긴밀히 협업했습니다. 상황을 공유하면서 모두가 동의한 목표를 이루기 위해 함께 일했어요.

명예 기술 리드는 엔지니어링 관리자와 협업하고 사용자의 수요와 그 수요를 제공하기 위한 도구의 인사이트를 공유한다는 점에서 기술 고문과 유사하지만, 기술 고문이 스트라이프 전반에 걸쳐 비기술적인 제약(예를 들면 인력 제약) 등을 더 잘 이해하고 있다는 차이가 있습니다.

하루 일과가 어떻게 되나요?

보통 별다른 일이 없다면 월요일, 수요일, 금요일은 회의나 워킹 그룹 업무를 합니다. 워킹 그룹 업무는 일대일 미팅이나 팀 회의, 장단기 계획 및 전략에 대한 협업 업무 등입니다. 그리고 화요일과 목요일에는 코딩에만 전념합니다. 하지만 현실은 팀의 필요에 따라 그때그때 다르기 때문에 회의가 많아질 수도 있고, 더 많이 코딩할 수도 있어요. 새 프로젝트를 시작할 준비를 하면 첫 주에는 회의를 좀 줄이고 프로젝트 소개, 설계에 대한 고민, 전달 가능한 기능과 마일스톤, 보안 및 신뢰성 이슈 등을 중점적으로 다룹니다. 그 다음 주에는 제안 사항을 전사에 알리고 피드백을 처리하는 일을 하고요.

간혹 코딩할 시간을 빼기가 어려울 때가 있어요. 코딩이 중요한 이유는 엔지니어링과 견고한 유대 관계를 형성하고 명예 기술 리드들에게 필요한 비즈니스 수요 및 우선순위와 엔지니어링 제약 사이의 연결고리 역할을 할 수 있기 때문입니다.

스태프플러스 엔지니어로서 가장 영향력이 있다고 느낄 때는 언제인가요?

스태프 엔지니어와 명예 기술 리드는 특히 새 프로젝트의 방향을 결정하는 데 도움을 주는 일이 잦습니다. 팀이 기회를 잡기 위한 적절한 계획을 세우기에는 경험이나 관련 지식이 부족한 상황에서, 좋은 의도가 있는 제안을 개선하거나 실질적으로 필요한 해결책을 마련하는 데 도움을 주면 영향력이 있다고 느낍니다. 이런 경우에는 계획을 잘 정리하면 가치를 확보하면서도 범위를 지속적으로 줄일 수 있어 그 결과를 더 빨리 보여줄 수 있어요. 다른 방법으로는 제안서를 작성했던 팀이 당초 예상보다 더 많은 사례를 다루고 팀이 잘 모르는 사례를 다루는 방향으로 프로젝트를 재조정하면 비즈니스에 미치는 영향력이 더 커질 수 있습니다. 이런 상황에서는 다른 엔지니어에게 힘을 실어줄 수 있다는 면에서 제가 영향력이 있다고 느낍니다.

스태프플러스 엔지니어가 되기 전에 해보지 않았거나 스태프플러스 엔지니어가 아니었다면 할 수 없었을 일이 있었을까요?

아니요. 스트라이프는 스태프라는 직책을 새로운 기회의 의미로 사용하지 않으며 잘 하고 있다고 생각합니다. 명예 기술 리드 역할도 마찬가지예요. 우리는 다른 사람의 의견을 잘 대변하는 엔지니어에게 명예 기술 리드 직책을 부여합니다. 제가 명예 기술 리드가 되기 전부터 당시 명예 기술 리드였던 폴 타잔Paul Targan이 제 생각을 충분히 표현할 수 있게 해줬다고 생각해요.

기술이나 사례, 절차 또는 아키텍처적 변화를 지지하는 데 시간을 할애하기도 하나요? 그랬다면 어떤 것을 지지하고 있나요? 조직에 영향을 줬던 사례가 있나요?

저는 스트라이프에서 루비 언어에 타입 검사를 적용하기 위해 채용됐습니다. 넬슨[107], 폴과 함께 타입 검사기인 솔벳을 설계, 구현하고 그걸 사용하는 문화를 양성하는 것도 목표 중 하나였습니다.

솔벳의 초창기에는 스트라이프에 가장 필요한 사례에 기반해서 어떤 기능을 구현할지 신중하게 골랐어요. 당시에는 스트라이프의 사례를 충분히 커버할 수 있으면서도 간결한 타입시스템(typesystem)을 구현했다고 생각해요. 타입시스템과 문화는 복잡성과 엘리트주의에 빠지기 쉬운데 우리의 노력 덕분에 타입을 사용하지 않던 환경에서 타입을 강력히 활용하는 환경으로 너무 급진적으로 변하지 않았다는 점에서 만족합니다.

현재 기술 고문을 맡은 입장에서는 스트라이프의 안정성, 확장성, 보안 및 생산성 측면에서 가장 보편적으로 큰 영향을 미치는 변경 사항을 지지합니다. 예컨대 데이터를 샤딩하고 저장하는 방법을 바꾸거나 변경 관리를 처리하는 방법을 바꾸는 것 등입니다. 제가 오래 담당했던 것과 달리, 솔벳 프로젝트는 일단 조직이 프로젝트의 진행을 결정한 후 계획의 마일스톤을 잘 정의하고 위험을 통제할 수 있게 되면 최대한 빨리 프로젝트를 인계할 사람을 찾거나 아니면 누군가를 성장시켜 프로젝트를 인계할 방법을 찾습니다. 전 이러한 위험을 완화하고 프로젝트를 더 빨리 진행할 수 있는 기회를 찾기 위해 이렇게 중요한 프로젝트를 운영하는 사람들과 자주 프로젝트 상황을 점검합니다. 그래서 제가 프로젝트에 참여하는 모습은 프로젝트

---

107 https://nelhage.com

의 초기 단계에서나 볼 수 있습니다.

개발에 쏟는 시간이 실질적으로 적은데 그 감각은 어떻게 유지하나요?

제가 명예 기술 리드를 담당하고 있을 때는 일주일에 며칠은 코딩을 했습니다. 팀의 다른 엔지니어와 협업하면서 서로에게서 계속 무언가를 배울 수 있었죠.

기술 고문이 되면서 이제는 명예 기술 리드 때만큼 많이 코딩할 수가 없었습니다. 제가 코딩하는 경우는 대부분 코드에 문제가 생긴 상황[108]이었습니다. 하지만 현재 역할을 성공적으로 수행하려면 좋은 인사이트와 엔지니어링에 대한 깊은 이해가 필요합니다. 그래서 내부 고객과 소통하고 설계를 관리하며 특히 제가 지원하는 팀이 담당하는 시스템의 장애 한계점(failure threshold)과 장애 모드(failure mode)를 관리합니다.

제 역할에서는 고객의 요구를 이해하는 것이 가장 중요합니다. 이를 잘 이해하기 위해 도움이 되는 리소스 중 하나는 스트라이프 전체 엔지니어를 대상으로 개발자 생산성 조직이 진행하는 설문 조사입니다. 이 설문 조사는 우리 엔지니어들이 최고의 생산성을 발휘하기 위해 가장 중요한 것이 무엇인지 찾기 위한 것입니다. 지난 설문 조사 이후로 몇몇 도구가 느려질 수도 있고, 사용자가 증가한 사례 중 일부가 제대로 지원받지 못할 수도 있겠죠. 설문 조사로 미처 몰랐던 점을 찾는 경우는 드물지만, 상대적 우선순위를 정하는 데는 훌륭한 도구입니다. 불만을 가진 사람이 얼마나 많은가에 따라 우선순위를 조정할 수 있죠.

더불어 코로나19 바이러스로 락다운되기 전에는 스트라이프에서 임의로 마련하는 저녁 식사에 참여했어요. 식사 자리에서는 보통 세 가지 질문을

---

108 https://www.usenix.org/conference/lisa18/presentation/kehoe

던집니다.

- 지금 하고 있는 일은?
- 그 일이 어려워지는 이유는?
- 인프라스트럭처 팀이 도울 수 있는 부분은?

이 방법은 크게 두 가지 면에서 훌륭한 도구였습니다. 첫 번째로는 사용자의 수요를 파악하는 데 도움이 됐고요. 두 번째로는 "네, 우리가 X를 하니 도와줄 수 있겠네요. 그러면 이제 X를 할 시간을 벌기 위해 뭘 중단해야 할지 함께 찾아볼까요?"라는 식으로 논의가 진행되면서 팀이 제대로 지원받지 못한다고 느끼는 불만을 완화할 수 있었습니다. 보통 이런 논의가 진행되면 사람들은 우리가 자신의 고충을 해결해주길 원하지만 그렇다고 현재 프로젝트의 우선순위를 낮추면서까지 자기 문제를 해결해주길 바라진 않거든요.

명예 기술 리드 역할에서 벗어나면서 개발자 생산성 조직의 리더를 모아 'DevProd Assembly'라는 그룹을 만들었어요. 이 그룹의 구성원은 2~3개의 제품 팀과 상당한 신뢰 관계를 구축하고 매월 인터뷰를 진행한 후 다른 구성원과 함께 피드백을 정리합니다.

어떻게 다른 엔지니어의 스폰서가 되어주나요? 현재 역할에서 다른 엔지니어의 스폰서가 되는 것이 중요한가요?

스태프 엔지니어라고 해서 다른 엔지니어의 스폰서가 되어줄 필요는 없습니다. 하지만 다른 사람을 위한 기회를 창출하고 그들이 성공하도록 돕는 과정에서 더 많은 영향력을 행사할 수 있습니다.

그동안 여러 프로젝트를 시작하고, 범위를 정하고, 위험을 줄이는 등의 형태로 참여했습니다. 그러면서도 제가 다른 업무를 맡게 되면 프로젝트를 대신 맡아 진행하도록 다른 사람을 성장시키는 데 도움을 주기도 했습니다.

물론 멘토십과 스폰서십에는 차이가 있습니다(저는 둘 다 합니다). 멘토십은 사람들이 성장하고 영향력을 행사하도록 돕는 것이고, 스폰서십은 누군가가 더 많은 영향력을 발휘할 수 있게 직책을 얻는 것을 돕는 것이죠. 우리 팀의 업무 관점에서는 사람들이 익숙하지 않은 분야의 프로젝트를 수행하는 것을 도와주고, 그들의 스폰서가 되어준다는 관점에서는 프로젝트가 성공하도록 도와주고 있습니다.

현재 직장에서 처음으로 스태프 엔지니어가 됐는데요. 스태프 엔지니어로 채용된 건가요? 아니라면 어떤 과정을 거쳐 스태프 엔지니어로 승진하게 됐나요?

전 스태프 엔지니어로 채용된 것은 아닙니다. 스트라이프에서 두 번 승진하면서 스태프 엔지니어가 됐죠. 두 번의 승진 기회는 비슷했어요. 스트라이프는 직원이 이미 상위 직책의 업무를 한동안 수행해야 승진시켜 줍니다. 그래서 직원에게 계속해서 다음 직책의 업무를 수행해야 한다는 점을 각인시켜 주죠.

스태프 엔지니어가 될 때 중요한 요인을 두세 가지 정도 꼽는다면 뭐가 있을까요?

중요한 순서대로 꼽아보자면 다음과 같아요.

1. 비즈니스와 회사에 미치는 영향에 집중하기
2. 더 나은 성과를 낼 수 있는 회의나 워킹 그룹에 협력적으로 참여하기
3. 기술적 지식 갖추기

개인적으로는 두 번째 항목이 스태프 엔지니어가 되기 전 저에게 부족하다고 생각했던 점입니다. 전 이미 상당한 영향력이 있었고, 기술 고문이 될 수 있는 사람으로 평가받고 있었죠. 그래서 우리 팀 외의 다른 사람, 저를 처음 보는 사람, 그리고 프로젝트의 의도는 좋지만 진행 계획을 세우지 못한 사람들을 건설적으로 도울 수 있도록 의사소통과 협업 스킬을 개발해야 했습니다.

저에게 도움이 됐던 방법은 회의 후에 사적 대화로 곧바로 피드백을 요청하는 것이었어요. 특히 회의가 잘 진행되지 않은 경우에 이 방법이 주효했죠. 이 방법으로 제가 회의할 때 어떤 면에서 다른 사람들을 불편하게 했는지 알 수 있었고, 때로는 이미 좋지 않은 결과를 낸 회의가 어떻게 하면 더 나아질 수 있었을지 솔직히 물어보고 수정하기도 했습니다.

이전 경력과 학력이 현재 직책을 얻는 데 영향을 미쳤나요?

이전 경력: 스트라이프에 영향력을 발휘할 기회가 많았던 점이 감사할 뿐이고, 그 기회가 저에게 큰 도움이 됐습니다.

학력: 저는 회사가 엔지니어링 조직을 확장하는 데 도와줄 수 있는, 필요한 거의 모든 지식을 갖춘 정말 실용적인 박사 학위(빠르고 유지보수 가능한 컴파일러의 구현 분야)를 갖고 있습니다. 덕분에 많은 기회를 얻었지만, 운도 상당히 많이 작용했다고 생각해요. 먼저 저는 시의적절하게 연구실에 있었습니다(스칼라 버전 3이 탄생할 수 있는 조건이 갖춰졌을 때 더 이상 신입이 아닐 정도로 연구실에 오래 있긴 했지만 여전히 연구 방향을 완전히 잡지 못하고 있었습니다). 사실 다른 사람에게 박사 학위에 도전하라고 조언할지는 모르겠어요. 제 친구 중 상당수는 박사 학위에 필요한 4년 동안 스트라이프, 구글, 페이스북 등에서 시스템을 구축하면서 그만큼 배울 수

있었거든요. 데이터베이스의 동작 원리를 이해하고 싶다면 데이터베이스를 연구하는 연구실에서 배울 수도 있지만, 데이터베이스의 수요가 높은 회사에서 데이터베이스를 개선하는 팀에 합류해서 배울 수도 있습니다. 박사 학위는 제 거주지를 바꾸는 좋은 동기도 됐어요.

거주지: 먼저 러시아로 옮겼던 이유는 우크라이나에서 예전 소련 시절 최고의 대학에 들어가면서였어요. 그리고 러시아에서 스위스로 옮긴 이유는 최고의 컴퓨터 공학 박사 학위를 받기 위해서였죠. 마지막으로 스트라이프에 합류하면서 스위스에서 미국으로 이동했습니다. 이렇게 이민하면서 지리적인 장점을 잘 활용한 것 같아요. 전 제가 중간쯤 될 수 있는 곳에서 최고가 될 수 있는 곳을 찾아 떠났습니다. 그중에는 제가 최고라고 생각하지 않았던 곳도 있었어요. 옮겨간 곳에서 사람들을 만나 배우면서 많이 성장했습니다. 경력 측면에서 미국과 유럽 중 어디가 더 좋은지 선택하긴 어렵지만, 제 경험상 거주지를 옮기면서 많이 성장했습니다.

스태프 엔지니어가 되려면 '스태프 프로젝트'를 수행해야 한다는 것이 보편적인 생각인데요. 스태프 프로젝트를 해본 경험이 있나요? 있다면 어떤 프로젝트였나요?

이제와 답하기엔 어려운 질문이네요. 적어도 제가 알기로 솔벳은 스태프 엔지니어 프로젝트가 되기에 충분한 프로젝트였습니다. 하지만 넬슨과 폴도 있었고 빠르게 협업했기 때문에 프로젝트의 성공이 팀 전체가 아닌 누구 한 사람의 덕이라고 보긴 어렵거든요.

프로젝트에 대해 처음으로 성과 평가를 받을 때 우리 셋 모두 누가 어떤 역할을 맡을 건지 규정할 방법을 찾으라고 피드백받았어요. 그 다음 성과 평가에서는 우리의 의도대로 비슷한 문제가 발생하지 않았다고 말하고 싶지만 사실이 아닌 것 같아요. 프로젝트가 자연스럽게 커지면서 우리가 '똑같은 파일 10개를 잽싸게 살펴봐야 할' 필요가 없어졌고 자연스럽게 더 크고 명확한 영역을 담당하게 됐다고 봅니다.

저는 '내부 아키텍처/서브타이핑'을 하는 사람이자 '고객과 대화하는' 사람이 된 반면, 폴은 '타입 검사기에 맞춰 코드를 변경하는' 사람이 됐습니다. 넬슨은 스트라이프의 다른 시스템이 어떻게 동작하는지 더 잘 알고 있었던 터라 타입 검사기를 그 시스템과 통합하는 데 도움을 줬습니다. 이 모든 것이 우리의 강점과 맞아떨어졌어요. 전 타입 검사기에 경험이 있었고 (제 박사 학위 덕분이죠), 폴은 프로그래밍 가능한 코드모드(codemod)[109]를 잘 다뤘으며, 넬슨은 시스템에 대한 보편적인 지식을 갖추고 있을 뿐만 아니라 스트라이프에 일찍 합류해서 오래 다녔기 때문에 거의 모든 시스템에 대해 잘 알고 있었어요. 이런 각자의 영역은 당시 프로젝트 진행 시점(안정화 및 롤아웃 준비 시점)에 거대한 영역이 되어 간혹 다른 사람의 도움을 받긴 했지만, 각자가 해당 분야의 직접 책임자(DRI, Directly Responsible Individual)가 됐습니다.

솔벳 이후에도 영향력이 큰 단기(6개월) 프로젝트 몇 개에 더 참여했고 이 프로젝트들 덕분에 스태프 엔지니어가 됐다고 믿습니다. 하지만 한 가지를 고르라면 기술적인 면은 물론 문화적인 면에서 범위가 거대했던 솔벳을 고를 겁니다.

스태프 엔지니어가 되는 데 특별히 도움이 됐던 조언이 있나요?

1. 학교에서 마틴 오더스키Martin Odersky, 온드레이 로탁Ondrej Lhotak과 협

---

109 역주 페이스북이 개발한 대규모 코드 디팩터링 도구다.

업하면서 복잡한 시스템의 동작을 이해하고 명확하게 설명하는 데 큰 도움이 됐습니다.

2. 브라이언 고에츠Brian Goetz는 폭넓게 채택되고 설계를 견딜 수 있는 간단하지만 견고한 시스템 뒤에 얼마나 많은 일이 있는지 이해하는 데 도움을 줬습니다.

3. 폴 타잔은 관계자들과 건설적인 성과를 내기 위해 제 의사소통 방식을 조율하는 것이 중요하다는 점을 보여줬습니다.

이제 막 스태프 엔지니어가 된 사람에게 해주고 싶은 조언이 있다면?

적어도 스트라이프의 스태프 엔지니어는 매우 다른 영역을 담당합니다. 달성해야 할 영향과 그 영향을 미치는 과정에서 타협할 수 있는 사항에 대해 상급자들의 동의를 얻어야 합니다. 어떤 타협을 이룰 때는 왜 그런 타협이 필요한지 명확하게 소통해야 합니다.

엔지니어링 관리자가 되는 것을 고려한 적이 있나요? 그랬다면 어떤 이유로 스태프 엔지니어가 되기로 결심했나요?

예전에 관리자가 되는 걸 고려할 때마다 저 자신과 주변 사람들에게 "관리자가 되면 더 큰 영향력을 발휘할 수 있을까?"라고 물어봤습니다. 지금까지는 항상 "아닌 것 같아."라는 답이 나왔어요.

그렇긴 하지만 훌륭한 관리자(제 경우에는 제임스 아이리James Iry, 스캇 맥비카Scott MacVicar, 윌 라슨, 크리스티안 앤더슨Christian Anderson, 셰인 오설리반Shane O'Sullivan)에게 관리 기술을 배우면 IC 역할에도 큰 도움이 된다는 점을 깨달았습니다.

14

스티븐 완

— 샘사라의 스태프 엔지니어

이 인터뷰는 2020년 9월에 녹음한 것이다. 스티븐에 대해 더 알고 싶으면 깃허브[110], 트위터[111], 링크드인[112]을 참고하기 바란다.

현재 역할에 대해 간략히 말씀해 주세요. 어느 회사에서 어떤 직책으로 일하며 보통 어떤 종류의 업무를 하나요?

샘사라Samsara[113]의 스태프 엔지니어입니다. 회사가 창업한 지 1년쯤 돼서 직원 수가 50여 명 남짓이던, 4년 전에 회사에 합류했어요. 현재는 직원 수가 1천 명이 넘고 베이, 애틀랜타, 런던에 엔지니어링 팀이 있어요.

제가 일을 시작했을 때는 팀이 제대로 만들어진 상태는 아니었고, 10명 남짓의 엔지니어가 모든 일을 도맡아 했어요. 9개월 후 엔지니어 수가 2배가 됐고 몇 가지 주요 기능을 담당하는 제품 팀이 생겼어요. 전 프런트엔드

---

110 https://github.com/stephen

111 https://twitter.com/stpnwn

112 https://www.linkedin.com/in/stephenwan

113 https://www.samsara.com

인프라스트럭처 팀을 만들기 위해 새로운 인프라스트럭처 그룹으로 옮기기 전까지 잠깐 제품 팀을 이끌기도 했습니다. 몇 년이 지나면서 조금씩 기반 시스템 쪽으로 넘어와 백엔드와 관측용이성 시스템을 담당했습니다.

현재는 인프라스트럭처 및 플랫폼(I&P, Infrastructure & Platform) 그룹에 속해 있으며, 풀스택 개발 워크플로의 생산성을 향상시키는 도구를 구현하는 개발자 경험 팀에서 주로 시간을 보내고 있어요.

회사에서 스태프플러스 엔지니어는 보통 어떤 일을 하나요? 당신도 비슷하게 일하나요 아니면 다른가요?

대부분의 스태프플러스 엔지니어는 특정한 역할이 있어서 웹 인프라스트럭처나 장치 펌웨어 쪽을 담당합니다. 대부분은 해당 분야에 몰두한다고 생각하지만 스태프 엔지니어의 업무는 다양해서 '보통'이란 걸 정의하기가 조금 어렵습니다.

IC와 관리자 쪽을 나란히 놓고 생각해보면 스태프 엔지니어는 디렉터와 같은 위치입니다. 보통 스태프 엔지니어는 관리자가 담당하는 많은 절차에 자유롭게 참여할 수 있어요. 엔지니어링 디렉터 회의에도 참석하고, 적어도 I&P에서는 로드맵 계획과 관리자 공유 회의에도 참석합니다. 최근에는 스태프 엔지니어가 승진 평가 회의에도 참여합니다.

이런 점을 보면 스태프 엔지니어는 양쪽에 모두 발을 걸치고 있는 것 같아요. 시니어와는 확연히 달라서 '개별' 소프트웨어 기여자 역할이라고 볼 수도 없지만 사람에 중점을 두는 관리자와도 상당히 다릅니다.

당신(필자를 말한다)이 설명한 스태프 엔지니어 유형을 기준으로는 해결사와 기술 리드의 중간쯤인 역할입니다. 재미있는 점은 6~12개월마다 다른 역할을 맡고, 다른 사람과 다른 시스템 부분을 담당한다는 점입니다.

하루 일과가 어떻게 되나요?

매일매일 다릅니다. 현재 화요일과 목요일은 회의하는 날로 정해놓고, 나머지 요일에는 집중하는 시간을 갖고 있습니다.

회의하는 날에는 보통 함께 일하는 사람들과 일대일 미팅 또는 스태프 회의를 진행합니다. 또한, 개별적으로 코딩과 설계 리뷰를 하거나 더 개방적인 설계 논의를 하기도 하고요.

다른 날에는 연구 모드로 하루를 보냅니다. 현재 이슈를 이해하고 향후 프로젝트를 위한 기반을 다지는 데 집중하죠. 어떤 시스템에 투자해야 하는가? 팀은 어떻게 운영되고 있는가? 우리 그룹이 준비해야 할 다음 변경 사항은 무엇일까? 그렇게 모양새[114]를 잡는 것에 시간을 보내면서 감각을 넓혀갑니다.

되돌아보면 제가 집중하는 부분은 스태프 엔지니어가 되기 전과는 사뭇 다릅니다. 이제는 개인적으로 프로젝트나 팀 업무를 직접 담당하는 것이 아니라 더 넓은 것을, 더 장기적으로 바라보는 데 시간을 할애하거든요.

특히 코딩에 쓸 수 있는 시간을 하루 이상 보장하기가 어렵습니다. 엔지니어링 로드맵에 필요한 인력을 계산할 때 저를 포함하지는 않지만, 적어도 일주일에 하루는 코딩하려고 합니다.

세부적으로는 '스티븐의 현재 업무'라는 문서를 관리합니다. 이 문서에는 시간 단위로 제 업무를 기록하고 있어요. 현재 진행 중인 업무를 위한 주 섹션이 있고, 나머지는 다음 주에 있을 업무를 기억하기 위한 것들입니다. 매주 월요일에는 새 문서를 만들어 지난주에 중요 표시를 없앤 아이템을 지우고 남은 것은 다음 주로 넘깁니다.

---

114 https://basecamp.com/shapeup/1.1-chapter-02

당장 할 필요가 없는 일을 지우는 방식은 제가 흐트러지지 않고 더 집중할 수 있도록 도와줍니다. 오랫동안 해야 할 일의 목록을 정리하려 했지만 대부분은 스트레스만 받고 끝났어요. 한 달 정도 지나보면 그런 업무는 결국 완료되지 않은 상태로 지워지게 되거든요.

기술이나 사례, 절차 또는 아키텍처적 변화를 지지하는 데 시간을 할애하기도 하나요? 그랬다면 어떤 것을 지지하나요? 조직에 영향을 줬던 사례가 있나요?

네. 특정한 기술이나 방법은 분기 단위로 바뀌지만 어쨌든 그런 것을 지지하는 데 시간을 많이 씁니다. 작게는 설계 문서를 작성하는 방법이나 코드 리뷰 또는 코드 소유권 규칙처럼 문화와 관련한 문서를 작성합니다.

더 큰 예로는 몇 분기를 투자해서 제품 팀이 서비스 수준 목표(SLO, Service Level Objective)를 적용하도록 돕는 일도 하고요.

당시에는 괜찮은 기능과 기반 사용자를 갖추고 있었지만, 업타임(uptime)에 대한 측정은 미미했어요. 장애가 발생하면 고객에 대한 영향도를 파악하기가 어려웠죠. 상당수의 지표와 대시보드를 갖추고 있긴 했지만 그것들을 정의하고 구별해서 소통하는 방법(몇 %의 사용자가 영향받았는가? 읽기, 쓰기 모두의 문제인가? 이 이슈가 장애인가 아니면 버그인가? 등)이 제대로 정해지지 않았기 때문입니다.

🍒 what is stephen doing?

quarter commitments

- investigation: lightstep/tracing poc
- design partner: 99.9% availability measurement
- design partner: good error handling in frontend
- design partner: org isolation rollout plan with security
- design partner: deploy state migration plan

10/14

- ☐ +Infra and Platform Roadmap Brainstorming
- ☐ product team rotation plan for adam
- ☐ catch up with federation design with will
- ☑ terraform splitting chat with kelly
- ☐ review dev exp okr draft
- ☑ review: https://github.com█████████

10/20

- ☐ revise + , RFC: Buildkite workload improvements with adam/aashish
  - ○ edit rollout schedule
- ☐ re-evaluate latency monitor false positive/negatives set from 10/9

문서화하기

새로운 엔지니어링 업무에는 당연히 SLO를 고려해야겠지만 프로젝트에 참여하면 문서 작성, 사람들과 대화, 팀에 컨설팅을 제공하는 등의 업무를 주로 합니다. 우리는 사람들이 신뢰성 목표를 완벽하게 끝까지 이해하길 원해요. 즉, 목표를 어떻게 설정할지, 장애가 발생했을 때 신뢰성 목표에 대해서는 어떻게 소통할지, 신뢰성 목표를 시스템에서 어떻게 측정할지, 시간이 흐르는 동안 신뢰성 목표를 어떻게 추적할지, 신뢰성 목표가 떨어지면 어떻게 대응할지 등을요. 이렇게 깊이 생각하면 결국 수많은 메시지를 녹여내야 해요.

우리가 수행했던 거대한 '마이그레이션'처럼 많은 팀이 SLO를 도입하게 하는 것도 반복적인 업무였습니다. 먼저 새로운 도구를 한 팀에만 적용하고 나머지 조직에 전파하기 전에 집중적으로 지원했습니다. 당시 제 중요한 역할은 엔지니어와 소통하면서 새로운 도구를 적정한 수준까지 사용할 수 있도록 알려주는 것과 더불어 디렉터급 직원들에게 SLO를 소통의 기준으로 삼는 것이 중요하다고 설득하는 것이었습니다.

스태프 엔지니어로서 제가 진행하던 대부분의 프로젝트에서도 같은 패턴이었습니다. 조직 전반에 걸친 변경 사항을 여러 그룹이 받아들이도록 중간에서 브로커 역할을 했죠.

개발에 쏟는 시간이 실질적으로 적은데 그 감각은 어떻게 유지하나요?

전 매주 프로그래밍과 코드 리뷰에 어느 정도 시간을 할애합니다. 작은 버그 수정이라도 해요. 코드 리뷰, 문서 읽기, 장애 상황 등 다른 IC와 같은 일상 업무에 참여하려고 합니다.

물론 제 머릿속의 모델을 충실히 유지하기엔 턱없이 부족하죠. 너무 많은 팀이 너무 많은 일을 해내고 있으니까요. 나머지는 계속해서 피드백을 구하러 다니고 실무를 담당하는 사람들의 의견을 듣는 걸로 채우고 있습니다.

그리고 조직에 피드백 절차를 도입하려고도 했어요. 그래서 6개월마다 개발 팀을 대상으로 시스템의 기술적인 내용과 엔지니어링 문화에 대한 설문 조사를 시작했습니다. 이 설문 조사의 답변으로 조직의 상황을 계속해서 파악하는 데 큰 도움이 됐습니다.

어떻게 다른 엔지니어의 스폰서가 되어주나요? 현재 역할에서 다른 엔지니어의 스폰서가 되는 것이 중요한가요?

그럼요. 의도적으로 제 상태를 공유하고 한 발 물러나 다른 사람이 전문성을 키우도록 하고 있습니다.

조직적 관점에서 볼 때 구조적으로 다른 사람의 스폰서가 되어주고 다른 엔지니어가 전문가의 위치로 도달할 수 있도록 밀어줄 수 있는 방법이 있다고 생각해요. 예를 들면, 2019년 말에 분산 추적 시스템 도입을 담당하고 있었어요. 우리 회사의 핵심 웹 애플리케이션은 여러 백엔드 시스템에 의존하고 있었고, 시간이 지나면서 이런 시스템 간 데이터 흐름이 이해하기 어려워진 데다 페이지 로딩 속도도 떨어졌어요. 그래서 문제점을 파악할 수 있는 도구가 필요했습니다.

예전에 성능 도구와 관련한 업무에 참여한 적이 있어서 그런 시스템에 대한 지식은 충분히 갖춘 상태였죠. 새 프로젝트를 시작할 때 목표는 확실했습니다. 더 많은 사람이 그 시스템을 이해하게 하는 것이었어요. 단순히 시스템 설계의 기초를 제시하는 것만으로는 충분치 않았습니다. 프로젝트를 함께하던 팀 동료들은 앞으로 몇 년간 그 시스템의 전문가가 됐어야 했어요.

현실적으로 코드나 설계에 직접 도움을 주는 시간을 줄이고, 조만간 시스템을 담당하게 될 사람들과 토론하거나 협업하는 데 시간을 더 많이 할애해야 했습니다. 제품 팀과 베타 테스트를 할 때는 다른 엔지니어가 시스템에 대한 설명이나 데모, 도입 등을 담당하게 했습니다.

지금 그 추적 시스템은 널리 활용되고 있고 SRE와 관측용이성 그룹이 완전히 관리하고 있어요. 당시 함께 일했던 동료들은 이제 성능에 관한 문제가 생기면 곧바로 찾게 되는 사람들이 됐죠.

다른 사람이 주목받도록 도와줄 수 있는 부분들은 언제나 있습니다. 스폰서십은 작게 시작할 수 있어요. 특히 아직 경력이 짧은 사람과 일할 때는 새 시스템 설계에서 더 모호한 부분을 담당하게 한다거나, 새 문서의 초안을 작성하게 한다거나, 그룹 전체 회의에서 결과물에 대한 데모를 진행하게 할 수 있죠.

이렇게 조금씩만 밀어주는 것이 누군가 성공하는 데 필요한 전부일 수도 있지만, 때로는 멘토와 짝을 이루는 기회가 되기도 해요. 어떤 일(처음으로 슬라이드 덱을 구현하는 것 같은)은 몇 번 시도해보기 전까지는 어려운 일처럼 느껴지기도 합니다. 그런 경우에는 스폰서십과 멘토십이 모두 영향력을 미치게 되죠.

적절한 수준에 도달하려면 약간 긴장할 필요도 있어요. 우리는 사람들이 더 많은 권한이 있고 시스템에 대한 의사결정을 내릴 수 있는 위치로 성장하길 원하지만, 의사결정을 내리는 방법과 방향을 결정하는 데 결을 맞추길 원하기도 합니다. 사실 어려운 일입니다. 그저 규칙을 지키는 것이 아니라 만족할 만한 결과를 얻기 위해서 많은 관심을 기울여야 하거든요.

현재 직장에서 처음으로 스태프 엔지니어가 됐는데요. 스태프 엔지니어로 채용된 건가요? 아니라면 어떤 과정을 거쳐 스태프 엔지니어로 승진한 건가요?

처음 회사에 입사했을 때는 IC 관련 직책이 없었어요. 2019년 초에 그런 직책이 만들어지면서 스태프 엔지니어로 승진했습니다.

팀 초기에 엔지니어로 합류한 것이 유리하게 작용했습니다. 덕분에 과거의 의사결정에 대해 잘 이해하고 있어서 우리가 어떤 위험을 경험했는지 알고, 새로운 프로젝트를 적절하게 시작할 수 있도록 도울 수 있었어요.

우리가 막 성장하던 시점에는 사람과 관리직을 더 세분화하면서 조직의 운영 방식에 대해 '다시 배우는' 시기가 있었어요. 시간이 지나면서 팀의 업무 범위가 조금씩 좁혀지고 퍼즐의 일부만 보게 됐죠. 하지만 제 머릿속에는 과거의 엔지니어링에 대한 상당 부분 들어 있었기 때문에 여러 조직들의 업무를 연결할 수 있었을 뿐 아니라 직접 협업하지 않는 팀과도 개인적인 유대 관계를 지속할 수 있었습니다. 그래서 조직에 가장 필요한 부분이 무언지를 알아보는 데 큰 도움이 됐습니다.

스태프 엔지니어가 될 때 중요한 요인을 두세 가지 정도 꼽는다면? 기존에 일하던 직장, 거주지 또는 학력이 영향을 미쳤나요?

제 배경은 그렇게 전통적이지는 않습니다. 전 컴퓨터 공학 대신 전기 엔지니어링을 공부했고 학위를 따기 전에 대학을 중퇴했어요. 덕분에 독학에 주력했지만, 가면 증후군도 심해졌어요. 제대로 된 자격이 없어서 처음에는 소프트웨어 면접에도 수없이 떨어졌습니다. 경력 초반에는 가면 증후군 때문에 제가 몰라서 두려웠던 것을 다 극복할 수 있을 만큼 배울 수 있기를 진심으로 원했어요.

학교를 그만두기 전 여름에 스트라이프에서 인턴을 했습니다. 제 기억에는 어쩌면 콩깍지가 쓰인 건지도 모르겠지만, 회사의 엔지니어링 문화가 너무나 마음에 들었습니다. 고객의 경험을 가장 중요하게 생각하고 목표를 이루기 위해 기술을 개발하는 점이 마음에 들었어요. 그 경험은 제가 생각하는 좋은 직장상에 큰 영향을 줬습니다.

이후 학교를 그만두면서 작은 스타트업에 정규직으로 입사했는데 제가 뭘 하는지 정말 알 수가 없었어요. 제가 재직하는 동안 사업이 불안했지만, 운 좋게도 멘토십을 중요하게 생각하는 사려 깊은 시니어 엔지니어들과 함께할 수 있었어요. 그곳에서 일하면서 좋은 점도 있었지만, 회사의 나쁜 점도 배울 수 있었습니다.

그리고 고등학교 때 몇 번의 여름 학기 동안 컴퓨터 캠프에서 일하면서 어린 학생들에게 컴퓨터의 기본을 가르쳤어요. 그 경험 덕분에 사람들이 컴퓨터 시스템을 이해하고 활용하는 방법에 대해 더 이해할 수 있었습니다.

그런 경험은 샘사라에 합류하면서 제가 어떤 느낌으로 일하고 싶어 하는지를 명확히 깨닫게 해줬어요. 비교적 일찍 회사에 합류한 덕분에 저만의 방식을 만들어갈 수 있었습니다.

마지막으로는 샘사라에서의 첫 3년을 언급하고 싶네요. 당시 많은 사려 깊은 사람들과 함께 일할 수 있던 건 행운이었습니다. 지금 제가 가진 습관, 멘탈 모델, 매너리즘은 그들에게서 배운 거예요. 그들이 아니었다면 지금 이 자리에 있지 못했을 겁니다.

스태프 엔지니어가 되려면 '스태프 프로젝트'를 수행해야 한다는 것이 보편적인 생각인데요. 스태프 프로젝트를 해본 경험이 있나요? 있다면 어떤 프로젝트였나요?

아뇨. 전 스태프 프로젝트를 해본 적이 없어요. 되돌아보면 스태프 프로젝트라고 볼 수 있을 법한 프로젝트들이 있긴 했지만 명시적으로 스태프 프로젝트라고 정해진 것은 없었습니다.

전 프로젝트에만 너무 전념하는 것에 회의적이며, 조직을 이끄는 엔지니어가 아니라 조직을 구축하는 엔지니어에만 가치를 둔다면 사람들이 영웅 심리[115]에 빠질 것을 우려했어요. 시간이 지나도 반복적으로 개선하고 일관되게 실행하는 것을 보는 편이 훨씬 즐겁습니다. 엔지니어링을 세심히 추적하고 기록한 셈이죠.

그런 면에서 샘사라가 그런 평가에 동의하는 것 같아 좋습니다. 승진 관련 문서를 보면 대규모 프로젝트 수행 여부보다는 일관된 실행에 더 중점을 두고 있거든요.

이제 막 스태프 엔지니어가 된 사람에게 해주고 싶은 조언이 있다면?

몇 가지 생각나는 것들이 있습니다.

---

[115] https://lethain.com/doing-it-harder-and-hero-programming

이야기를 많이 할 것: 스태프 엔지니어와 시니어와 다른 점은 우선순위가 겹칠 때 이를 해소하는 것, 의사소통 오류를 정정하는 것, 사람들의 동의를 얻는 것 등 사람에게 집중하게 된다는 점입니다. 보통 스태프 엔지니어는 직속 상사가 없지만, 기술은 물론 사람에 대한 시스템을 다룹니다. 그리고 양쪽에 모두 영향을 줄 때 그 영향력이 극대화되죠.

지치지 않도록 최선을 다할 것: 처음 스태프 엔지니어가 됐을 때는 모든 것을 책임지고 너무 많은 일에 시간을 쓰려고 마음 먹기가 쉽습니다. 스태프 엔지니어는 모든 일에 관여하기 위해 몇 배나 더 열심히 일해야 하는 위치가 아니라 조직의 다른 사람을 활용해 변화를 이끌어야 하는 위치라는 걸 깨닫기까지 시간이 오래 걸렸습니다. 사람들을 믿고 이슈를 찾아내고 그들이 해결할 수 있도록 하는 거죠.

엔지니어링 관리자가 되는 것을 고려한 적이 있나요? 그랬다면 어떤 이유로 스태프 엔지니어가 되기로 결심했나요?

2016년에 IC가 될 것인지, 관리직으로 갈 것인지에 대해 관리자와 이야기했던 기억이 납니다. 당시에는 아직 경력이 짧다고 여겨서 기술적으로 경험을 더 쌓기를 원했죠.

매년 그 결정을 다시 생각해 보지만 결론은 늘 같았습니다. 아직 기술 분야에 충분히 오래 종사하지 못했다는 생각이었죠. 그러는 동안 제가 하는 일의 대부분은 회사 사람들을 위한 개발 경험을 구축하는 것이었습니다. 덕분에 더 스태프 엔지니어스러운 일을 하게 됐고 자연스럽게 그 자리에 오게 됐어요.

어떤 리소스(책, 블로그, 사람 등)에서 새로운 것을 배우나요? 업계에서 롤 모델로 삼을 만한 사람은 누구인가요?

소설이든 실화든 복잡한 주제에 대해 쉬운 영어로 풀어내는 문학을 선호하는 편입니다.

소설가 무라카미 하루키Haruki Murakami[116]는 자기만의 표현 방식을 위해 소설을 영어로 먼저 쓴 다음 일본어로 번역한다고 들었습니다. 하루키는 "나는 간단하고 짧은 영어 문장만 쓸 수 있었습니다. 그래서 머릿속을 헤집는 복잡하고 수많은 생각이 떠오를 때마다 그걸 기록할 생각조차 못했습니다. 그래서 언어를 간결하게 사용해 내 생각을 이해하기 쉬운 방식으로 표현했습니다."라고 말했죠.

소프트웨어를 작성하는 것은 완전히 다른 일이지만 제가 의사소통을 정말 중요하게 생각한다는 점에서는 잘 맞습니다. 머리로 이해하는 것은 절반에 해당할 뿐이며 이해한 것을 표현하는 것이 그만큼 어렵고도 가치 있다고 생각하거든요.

전 기술 분야를 깊게 다루는 블로그와 논문을 읽는 것을 좋아합니다. 제가 지난 몇 년간 읽었던 블로그나 논문을 몇 가지 짚어볼게요.

- 프로그래밍 언어를 다루는 법을 다루는 밥 니스트롬Bob Nystrom의 블로그[117]
- 컴파일러와 V8(크롬의 자바스크립트 엔진) 내부 구조를 다루는 바체슬라프 에고로프 Vyacheslav Egorov의 블로그[118]
- 다양한 시스템 주제를 다루는 브란두르Brandur의 블로그[119]

---

116 https://en.wikipedia.org/wiki/Haruki_Murakami
117 http://journal.stuffwithstuff.com/category/language
118 https://mrale.ph
119 https://brandur.org/articles

- 넬슨 엘하게의 '우연한 이차(Accidentally Quadratic)'[120]
- 게임보이 에뮬레이터 구현에 대한 비키 파우Vicki Pfau의 블로그[121]
- fail0overflow의 블로그[122]와 콘솔 아키텍처 및 취약점에 대한 발표
- 헤일로Halo 게임의 구현과 프로듀싱에 대한 번지Bungie의 엔지니어링 발표[123]

일례로 제가 초보 시절에 프로그래밍 언어의 내부 구조에 대한 관심이 생겨 컴파일러 책(the Dragon book[124])을 읽었어요. 정독하기가 참 어려운 책이었죠. 어쩌면 대학 교수와 학생들에게는 적당한 책일 수도 있겠지만, 제가 이해하기엔 정말 어려웠어요. 나중에 훨씬 실용적인 사례를 다루는 밥 니스트롬의 블로그 Crafting Interpreters[125]를 보면서 한숨 돌릴 수 있었습니다.

전 코드를 읽는 것도 좋아해요. 초보 시절에 콜백이 제가 생각한 순서로 실행되지 않는 까다로운 리액트 문제를 디버깅할 때가 생각나네요. 문서를 읽는다고 해결되지는 않았어요. print 문을 여기저기 넣어보는 것도 그다지 도움이 되지 않았죠. 그 당시 제 멘토가 내부 동작을 훨씬 더 잘 이해할 수 있도록 소스 코드를 읽어보게 했는데 정말 깜짝 놀랐어요. 버그도 고쳤지만 리액트의 동작 원리를 훨씬 더 잘 이해할 수 있게 됐죠.

그게 저에게는 전환점이 됐습니다. 익숙하지 않은 코드도 곧바로 읽어낼 수 있다는 게 마치 초능력 같았고 소프트웨어 설계와 관련한 다양한 방법을 이해할 수 있도록 해줬어요. 최근에 생긴 취미는 엄청 빠른 자바스크립트

---

120 https://accidentallyquadratic.tumblr.com

121 https://mgba.io/tag/debugging

122 https://fail0verflow.com/blog

123 http://halo.bungie.net/inside/publications.aspx

124 역주 오래전부터 유명한 컴파일러 관련 도서로, 컴퓨터 공학 분야에서는 높은 난이도로 악명 높은 책이다.

125 https://craftinginterpreters.com

번들러인 이에스빌드(esbuild)[126]의 설계와 코드를 읽어보는 것입니다.

　마지막으로 최근 몇 년 사이에 읽었던 논픽션 책은 제록스Xerox PARC[127]에 대한 내용을 다룬 『BART의 역사』[128]와 『현대 일본 문학 개요』[129]입니다. 저는 작고 독립적인 이벤트와 의사결정이 오늘날 세상이 돌아가게 하는 방법으로 이어진다는 점에서 역사와 배경이 매력적이라고 생각합니다.

---

126 https://github.com/evanw/esbuild/blob/master/docs/architecture.md

127 https://press.stripe.com/##the-dream-machine

128 https://www.amazon.com/BART-Dramatic-History-Transit-System/dp/1597143707

129 https://www.amazon.com/Making-Common-Policy-Institutional-Studies/dp/0822955105

Chapter 6

마치며

스태프플러스 엔지니어들과 인터뷰하다 보니 많은 이가 업계의 잘못된 기술 리더십 트랙에 대해 유감을 표하는 것을 볼 수 있었다. 이는 사실, 잘못된 부분이다. 어쩔 수 없었다는 것도 틀린 말이다. 기술 리더십을 바라보는 업계의 시각은 스태프플러스 엔지니어 역할을 수행하거나 원하거나 관리하는 사람이 매일 하는 활동을 모아 놓은 요약에 불과하다. 우리가 습관과 방식을 바꾸면 업계를 바꿀 수 있다.

우리 스스로를 개선해야 업계가 좋아진다. 조직 내 다른 사람의 스폰서가 될 계획을 세우자. 다른 사람에게 본인의 의견을 알릴 수 있도록 시간을 들여 전략적으로 문서를 작성하고 취합하자. 동료와 네트워크를 구축하고 더 많은 사람이 참여하게 하자. 그러면 여러분이 속한 엔지니어링 조직은 여러분을 통해 많은 것을 배울 것이다.

여러분의 관리자와 경영진 역시 여러분을 통해 배울 것이다. 유능한 스태프플러스 엔지니어와 일해본 관리자는 많지 않다. 대신 지금까지의 경험으로 스태프플러스 엔지니어를 바라볼 뿐이다. 여러분은 관리자와 협업하면서 그들의 우선순위와 관심사를 이해하고, 지지를 얻어야 한다. 관리자가 경험하는 것과 같은 수준의 부담을 느껴야 한다. 무언가 잘못될 수 있다는 두려움을 극복하고 얼마나 잘 할 수 있는지에 대한 흥분을 고조시켜야 한다.

스태프플러스 엔지니어가 되는 것이 두렵다고 말하는 게 이상한가? 물론 이상하긴 하지만 피할 수 없는 일이다. 회사 대부분이 영향력 있는 스태프플러스 역할을 채택하지 못하는 이유 중 하나는 고집스러운 아키텍트가 생길 수도 있다는 두려움 때문이다. 이 두려움은 부적절하고 제대로 관리하지 못한 기술 리더의 경험에서 비롯된다. 또한, 이 두려움은 우리가 훌륭한 스태프플러스 엔지니어의 롤 모델을 계속 채워 넣어야 비로소 없어질 것이다.

바라건대 이 책을 읽어서 스태프플러스 엔지니어로 향하는 길을 보게 됐 거나 여러분이 이미 찾은 길을 계속 걸어갈 수 있는 원동력이 됐길 바란다. 소프트웨어 기술 산업은 아직 초기 단계이며 어떤 결과를 내놓게 될지는 전 적으로 우리 손에 달려 있다.

Chapter 7

자료 모음

1

스태프플러스 엔지니어링을 위한 추가 자료

필자가 인터뷰한 스태프 엔지니어 중 혼자만의 힘으로 그 위치에 도달한 사람은 없었다. 대부분은 열심히 책을 읽거나 동료와 강력한 네트워크를 구축했다. 이 절에는 권장하는 자료를 모아봤다.

네트워크

모두가 동의했듯이 스태프플러스 엔지니어가 되는 가장 좋은 학습 자료는 책이나 블로그, 발표 자료, 논문 등이 아니었다. 오히려 동료나 멘토와의 네트워크였다. 엔지니어로 자신을 개발할 수 있는 한 시간이 주어진다면 최선의 선택은 유사한 업종에 종사하는 사람과 네트워크를 구축하는 것이다.

슬랙 커뮤니티를 찾는다면 Rands Leadership 슬랙의 #staff-principal-engineering 채널이 도움이 될 것이다.

스태프 엔지니어의 업무에 대한 자료들

- 닉키 라이트슨Nicky Wrightson: 스카이스캐너에서 프린시플 엔지니어 되기(Being a principal engineer at Skyscanner)[1]

- 제시 프라젤Jessie Frazelle: 디스팅귀시드 엔지니어 정의하기(Defining a Distinguished Engineer)[2]

- 에이미 엉거Amy Unger: 헤로쿠에서 스태프 엔지니어로 일했던 방법(How I operated as a Staff engineer at Heroku)[3]

- 탄야 레일리: 모든 엔지니어링 리더가 엔지니어링 관리자는 아니다(Not all engineering leaders are engineering managers)[4]

- 탄야 레일리: 탄야 레일리의 너트와 볼트(The Nuts and Bolts with Tanya Reilly)[5]

- 실비아 보트로스Silvia Botros: 프린시플 엔지니어가 되는 것에 대하여(On Being A Principal Engineer)[6]

- 존 올스포우: 시니어 엔지니어가 되는 것에 대하여(On Being a Senior Engineer)[7]

- 샘 클라인먼Sam Kleinman: 스태프 엔지니어링(Staff Engineering)[8]

- 키비 맥민: 기술 리더십의 길에서 성공하기(Thriving on the Technical Leadership Path)

- 줄리아 에번스: 시니어 엔지니어가 하는 일이 무엇이죠?(What's a senior engineer's job?)[9]

---

1 https://medium.com/@SkyscannerEng/being-a-principal-engineer-at-skyscanner-1830dfa17d30

2 https://blog.jessfraz.com/post/defining-a-distinguished-engineer

3 https://amyunger.com/blog/2020/09/10/staff-engineer-at-heroku.html

4 https://leaddev.com/hiring-onboarding-retention/not-all-engineering-leaders-are-engineering-managers

5 https://engineering.squarespace.com/blog/2020/the-nuts-and-bolts-with-tanya-reilly

6 https://blog.dbsmasher.com/2019/01/28/on-being-a-principal-engineer.html

7 https://www.kitchensoap.com/2012/10/25/on-being-a-senior-engineer

8 https://tychoish.com/post/staff-engineering

9 https://jvns.ca/blog/senior-engineer

- 조이 에버츠: 시니어 스태프 소프트웨어 엔지니어가 실제로 수행하는 일, 1부. 역할과 내 업무 (What a Senior Staff Software Engineer Actually Does, Part 1: The Role and My Tasks)[10], 2부. 역할의 마음가짐과 주목해야 할 점(Part 2: The Mindset and Focus of the Role)[11]

- 찰리 애블렛Charlie Ablett: 깃랩의 스태프 엔지니어는 어떤 일을 할까?(What does Staff level mean at GitLab?)[12]

스태프플러스 엔지니어가 되는 방법에 대한 자료

- 카야 토마스kaya Thomas: 스태프 엔지니어 되기-인튜이트의 iOS 엔지니어인 크리스티나 폭스 인터뷰(Becoming a Staff Engineer – Interview with Kristina Fox, Staff iOS Engineer at Intuit)[13]

- 제시 폴락Jesse Pollak: 시니어 기술 리드가 되는 것(On becoming a senior technical leader)[14]

- 린 대니얼스: 중급 관리자에 대하여(On Mid-Career and Managers)[15]

- 쿼라Quora 사이트: 나는 어떻게 구글의 스태프 소프트웨어 엔지니어가 됐는가?(How does one become a Staff Software Engineer at Google?)[16]

- 채리티 메이저스: 엔지니어와 관리자 사이의 균형 찾기(The Engineer/Manager Pendulum)

---

10 https://medium.com/box-tech-blog/what-a-senior-staff-software-engineer-actually-does-f3fc140d5f33

11 https://medium.com/box-tech-blog/what-a-senior-staff-software-engineer-actually-does-d55308fcdd41

12 https://about.gitlab.com/blog/2020/02/18/staff-level-engineering-at-gitlab

13 https://elpha.com/posts/4j56np6p/becoming-a-staff-engineer-interview-with-kristina-fox-staff-ios-engineer-at-intuit

14 https://blog.coinbase.com/on-becoming-a-senior-technical-leader-14106f1383b8

15 https://www.ryn.works/blog/on-mid-career-and-managers

16 https://www.quora.com/How-does-one-become-a-Staff-Software-Engineer-at-Google-What-might-a-new-grad-entering-the-company-do-to-grow-their-career-to-reach-that-level

- 채리티 메이저스: 엔지니어링 직책에 대해 알아야 할 사항(Things to Know About Engineering Levels)[17]

스태프플러스 엔지니어의 활동에 대한 자료

- 탄야 레일리: 접착제 역할 하기(Being Glue)
- 넬슨 엘하게: 컴퓨터를 이해할 수 있다(Computers can be understood)[18]
- 신디 스리드하란Cindy Sridharan: 코드와 시스템을 위한 효과적인 멘탈 모델(Effective Mental Models for Code and Systems)[19]
- 탄야 레일리: "나는 여기에서 시작하지 않을 것이다." 큰 기술적 변화를 만드는 방법("I Wouldn't Start From Here." How to Make a Big Technical Change)[20]
- 윌 라슨: 마이그레이션: 유일하게 확장 가능한 기술 부채 해결책(Migrations: the sole scalable fix to tech-debt)[21]
- 린 대니엘스: 중급자와 팀의 역학 관계(On Mid-Career and Team Dynamics)[22]
- 탄야 레일리: 조직에서 살아남기(Surviving the Organisational Side Quest)[23]
- 넬슨 엘하게: 상세한 이해를 거부하는 시스템(Systems that defy detailed understanding)[24]
- 마티 케이건: 팀 목표(Team Objectives)[25]

---

17 https://charity.wtf/2020/09/14/useful-things-to-know-about-engineering-levels

18 https://blog.nelhage.com/post/computers-can-be-understood

19 https://copyconstruct.medium.com/effective-mental-models-for-code-and-systems-7c55918f1b3e

20 https://noidea.dog/blog/getting-there-from-here

21 https://lethain.com/migrations

22 https://www.ryn.works/blog/on-mid-career-and-team-dynamics

23 https://noidea.dog/blog/surviving-the-organisational-side-quest

24 https://blog.nelhage.com/post/systems-that-defy-understanding

25 https://www.svpg.com/team-objectives-overview

- 신디 스리드하란: 기술 의사결정(Technical Decision Making)[26]
- 키비 맥민: 기술 연구와 준비(Technical Research and Preparation)[27]
- 진 슈Jean Hsu: 기술 리더십의 비하인드 작업(The Behind-the-scenes Work of Tech Leadership)[28]
- 대니얼 나Daniel Na: 프로젝트 관리를 이해해야 개발자로 더 성장할 수 있다(Understanding Project Management Will Improve Your Developer Job)[29]
- 라라 호건: 스폰서십이란 무엇인가?(What Does Sponsorship Look Like?)
- 키비 맥민: 어디서 시작하나요(Where to Start)[30]
- 케이티 맥카프리Caitie McCaffrey: 설계 문서, 마크다운, 깃(Design Docs, Markdown and Git)

기술 명세에 대한 자료

- 기술 명세 작성을 위한 실용적인 안내서(A practical guide to writing technical specs)[31]
- 구글의 설계 문서(Design Docs at Google)
- 설계 문서, 마크다운, 깃(Design Docs, Markdown and Git)
- 아키텍처 결정 문서화(Documenting Architecture Decisions)[32]
- 더 나은 기술 설계 문서를 작성하는 방법(How to write a better technical design document)[33]

---

26 https://copyconstruct.medium.com/technical-decision-making-9b2817c18da4
27 https://keavy.com/work/technical-preparation
28 https://blog.coleadership.com/behind-the-scenes-tech-leadership
29 https://blog.danielna.com/understanding-project-management-will-improve-your-developer-job
30 https://keavy.com/work/where-to-start
31 https://stackoverflow.blog/2020/04/06/a-practical-guide-to-writing-technical-specs
32 https://www.cognitect.com/blog/2011/11/15/documenting-architecture-decisions
33 https://www.range.co/blog/better-tech-specs

- 원격 환경에서 기술적 의사결정과 조정하기(How to write a better technical design document)
- 기술 설계 문서 작성하기(Writing Technical Design Docs)[34]

엔지니어링 전략에 대한 자료

- 책임 있는 혁신을 위한 프레임워크(A Framework For Responsible Innovation)
- 슬랙이 대규모 기술적 변화를 만들어가는 방법-많은 사람이 코딩에 참여할 때(How Big Technical Changes Happen at Slack-Several People Are Coding)[35]
- 엔지니어링 전략 초안 작성하기(On Drafting an Engineering Strategy)[36]
- 기술 전략 정의하기(Defining a Tech Strategy)[37]
- 아키텍처 전략 제공하기(Delivering on an architecture strategy)
- 이정표가 아닌 디딤돌(Stepping Stones not Milestones)
- 기술 전략으로 정렬과 효율성 달성하기(Achieving Alignment and Efficiency Through a Technical Strategy)
- 애나 시프먼Anna Shipman: 어려운 10대 시절: 출시 후 기술 전략 세우기(The difficult teenage years: Setting tech strategy after a launch)[38]
- 엔지니어링 비전 배우기(Learning to have an engineering vision)[39]

---

34 https://medium.com/machine-words/writing-technical-design-docs-71f446e42f2e

35 https://slack.engineering/how-big-technical-changes-happen-at-slack

36 https://www.paperplanes.de/2020/1/31/on-drafting-an-engineering-strategy.html

37 https://sarahtaraporewalla.com/agile/design/architecture/Defining-a-Tech-Strategy

38 https://medium.com/ft-product-technology/the-difficult-teenage-years-setting-tech-strategy-after-a-launch-7f42eb94a424

39 https://unwiredcouch.com/2018/01/03/engineering-vision.html

엔지니어링 전략의 예시

- 리치 아치볼드Rich Archibold: 소프트웨어 더 적게 실행하기(Run less software)

이외에도 마티 케이건의 Product Strategy 전략 시리즈[40]처럼 전략의 다른 측면을 다루는 훌륭한 자료도 많다.

도서

이제는 책을 많이 읽는 사람이 적어진 것 같지만 스태프 엔지니어들에게 가장 좋은 자료에 대해 물었을 때 대부분 개인적인 멘토나 책을 언급했다. 더 구체적인 문제에 대해서는 블로그 포스트와 기술 발표를 언급했지만, 가장 큰 변화를 이끌어 낸 것은 역시 종이 형식의 자료라고 한다.

다음은 스태프 엔지니어들이 추천한 도서다.

- 존 아우스터하우트John Ousterhout: 『A Philosophy of Software Design』[41]
- 포스그렌Forsgren, 험블Humble, 킴Kim 공저: 『Accelerate』(IT Revolution Press, 2018)
- 제럴드 웨인버그Gerald Weinberg: 『테크니컬 리더』(인사이트, 2013)
- 포드Ford, 파슨스Parsons, 쿠아Kua 공저: 『Building Evolutionary Architectures』(O'Reilly Media, 2017)[42]
- 멜리사 페리Melissa Perri: 『개발 함정을 탈출하라』(에이콘출판사, 2021)
- 리차드 럼멜트Richard Rumelt: 『전략의 거장으로부터 배우는 좋은 전략 나쁜 전략』(센시오, 2019)
- 앤드루 그루브: 『하이 아웃풋 매니지먼트』(청림출판, 2018)

---

40 https://www.svpg.com/product-strategy-overview
41 https://lethain.com/notes-philosophy-software-design
42 https://lethain.com/building-evolutionary-architectures

- 카미유 푸르니에: 『개발 7년차, 매니저 1일차』(한빛미디어, 2020)
- 프레드 브룩스Fred Brooks: 『The Mythical Man-Month』(Addison-Wesley Professional, 1995)[43]
- 킴, 베어Behr, 스패포드Spafford 공저: 『피닉스 프로젝트』(에이콘출판사, 2021)
- 채드 파울러: 『프로그래머, 열정을 말하다』(인사이트, 2012)
- 헌트, 토머스 공저: 『실용주의 프로그래머』(인사이트, 2022)
- 라라 호건: 『Resilient Management』(A Book Apart, 2019)
- 아담 톤힐Adam Tornhill: 『Software Design X-Rays』(Pragmatic Bookshelf, 2018)[44]
- 도넬라 메도스Donella Meadows: 『Thinking in Systems』(Chelsea Green Publishing, 2008)[45]

이외에도 다른 추천 도서를 원한다면 필자가 추천하는 도서 목록[46]도 참고하기 바란다.

발표 자료

필자가 인터뷰한 스태프플러스 엔지니어들은 대부분 발표를 듣는 것보다는 하는 것에 더 가치를 뒀지만 훌륭한 발표 자료도 많다. 신디 스리드하란[47](트위터[48])은 2019년 최고의 기술 발표[49], 2018년 최고의 기술 발표[50],

---

43 https://www.amazon.com/dp/0201835959
44 https://www.amazon.com/dp/B07BVRLZ87
45 https://www.amazon.com/dp/1603580557
46 https://lethain.com/best-books
47 https://medium.com/@copyconstruct
48 https://twitter.com/copyconstruct
49 https://copyconstruct.medium.com/best-of-2019-in-tech-talks-bac697c3ee13
50 https://copyconstruct.medium.com/best-of-2018-in-tech-talks-2970eb3097af

2017년 최고의 기술 발표[51] 등을 비롯해 훌륭한 발표들을 잘 정리했다.

논문

컴퓨터 공학 논문을 읽는 스태프플러스 엔지니어는 그리 많지 않았다. 하지만 대부분은 몇 가지 기초 논문을 잘 알고 있었으며 논문을 읽는 몇 안 되는 스태프플러스 엔지니어는 논문에서 꽤 많은 것을 얻는 경향이 있었다.

논문을 읽어보고 싶다면 매주 컴퓨터 공학 논문의 요약을 보내주는 에이드리언 콜리어Adrian Colyer의 the morning paper[52]만큼 좋은 자료가 없을 것이다. 이미 잘 알려진 논문에 대해 알아보고 싶다면 피터 클라인Peter Klein의 '학술 기사를 읽는 방법(How to Read an Academic Article)'[53]이나 S. 케샤브 Keshav의 '논문 읽는 방법(How to Read a Paper)'을 먼저 읽어본 후 다음의 권장 논문 목록을 살펴볼 것을 권한다.

- Dynamo: Amazon's Highly Available Key-value Store[54]
- On Designing and Deploying Internet-Scale Services[55]
- No Silver Bullet – Essence and Accident in Software Engineering[56]
- Out of the Tar Pit[57]

51 https://copyconstruct.medium.com/best-of-2017-in-tech-talks-8f78b34ff0b

52 https://blog.acolyer.org

53 https://organizationsandmarkets.com/2010/08/31/how-to-read-an-academic-article

54 https://s3.amazonaws.com/systemsandpapers/papers/amazon-dynamo-sosp2007.pdf

55 https://s3.amazonaws.com/systemsandpapers/papers/hamilton.pdf

56 https://s3.amazonaws.com/systemsandpapers/papers/Frederick_Brooks_87-No_Silver_Bullet_Essence_and_Accidents_of_Software_Engineering.pdf

57 https://s3.amazonaws.com/systemsandpapers/papers/outofthetarpit.pdf

- The Chubby lock service for loosely-coupled distributed systems[58]

- Bigtable: A Distributed Storage System for Structured Data[59]

- Raft: In Search of an Understandable Consensus Algorithm[60]

- Paxos Made Simple[61]

- SWIM: Scalable Weakly-consistent Infection-style Process Group Membership Protocol[62]

- Hints for Computer System Design[63]

- Big Ball of Mud[64]

- The Google File System[65]

- CAP Twelve Years Later: How the Rules Have Changed[66]

- Harvest, Yield, and Scalable Tolerant Systems[67]

- MapReduce: Simplified Data Processing on Large Clusters[68]

- Dapper, a Large-Scale Distributed Systems Tracing Infrastructure[69]

- Kafka: a Distributed Messaging System for Log Processing[70]

---

58 https://s3.amazonaws.com/systemsandpapers/papers/chubby-osdi06.pdf

59 https://static.googleusercontent.com/media/research.google.com/en//archive/bigtable-osdi06.pdf

60 https://s3.amazonaws.com/systemsandpapers/papers/raft.pdf

61 https://s3.amazonaws.com/systemsandpapers/papers/paxos-made-simple.pdf

62 https://s3.amazonaws.com/systemsandpapers/papers/swim.pdf

63 https://s3.amazonaws.com/systemsandpapers/papers/acrobat-17.pdf

64 https://s3.amazonaws.com/systemsandpapers/papers/bigballofmud.pdf

65 https://s3.amazonaws.com/systemsandpapers/papers/gfs.pdf

66 https://www.infoq.com/articles/cap-twelve-years-later-how-the-rules-have-changed

67 https://s3.amazonaws.com/systemsandpapers/papers/FOX_Brewer_99-Harvest_Yield_and_Scalable_Tolerant_Systems.pdf

68 https://s3.amazonaws.com/systemsandpapers/papers/mapreduce.pdf

69 https://s3.amazonaws.com/systemsandpapers/papers/dapper.pdf

70 https://s3.amazonaws.com/systemsandpapers/papers/Kafka.pdf

- Large-scale cluster management at Google with Borg[71]
- Mesos: A Platform for Fine-Grained Resource Sharing in the Data Center[72]

읽어볼 만한 수준의 논문을 찾을 수 있는 가장 좋은 곳은 논문에 대한 토론 밋업인 Papers We Love[73]일 것이다. 그 외에도 ACM SIGOPS Hall of Fame Award list[74]와 Irrational Exuberance's paper collection[75]에서도 괜찮은 자료를 찾을 수 있다.

기타 자료

필자는 이 자료에 대해 조사하면서 지금까지 소개한 부문에 잘 들어맞지는 않지만 그래도 읽어볼 만한 자료들을 몇 가지 발견했다.

- 신디 스리드하란: 안전한 방법으로 프로덕션 환경에서 테스트하기(Testing in Production, the safe way)[76], 프로덕션 환경에서 테스트하기: 하드 파트(Testing in Production: the hard parts)[77]
- 신디 스리드하란: 기술 분야의 10년 검토(A decade in review in tech)[78]
- 댄 나: 부기맨 문제(Boogeyman Problems)[79]

혹시 다른 자료를 찾게 된다면 필자에게도 알려주길 바란다!

---

71 https://s3.amazonaws.com/systemsandpapers/papers/borg.pdf

72 https://s3.amazonaws.com/systemsandpapers/papers/mesos.pdf

73 https://paperswelove.org

74 https://www.sigops.org/awards/hof

75 https://lethain.com/some-of-my-favorite-technical-papers

76 https://copyconstruct.medium.com/testing-in-production-the-safe-way-18ca102d0ef1

77 https://copyconstruct.medium.com/testing-in-production-the-hard-parts-3f06cefaf592

78 https://copyconstruct.medium.com/a-decade-in-review-in-tech-1cde76c9b43c

79 https://blog.danielna.com/boogeyman-problems

2

스태프 엔지니어는 조직의 어느 부분에 어울릴까?

필자가 엔지니어링 조직에서 조직 설계를 담당할 때 각 팀에 관리자 한 명과 엔지니어 6~8명을 두며, 각 관리자의 관리자는 관리자 4~6명을 지원해야 한다는 가이드라인인 '조직의 수학 법칙'에 대해 고민을 많이 했다. 이 숫자를 보면 여러분의 조직을 위한 적절한 구조를 빠르게 결정할 수 있다. 이 방법을 따르면 완벽하지는 않지만 제대로 돌아가기는 한다.

이 방법으로 여러 조직을 설계하다 보니 '가장 시니어급인 엔지니어는 대체 누구에게 보고해야 하는가?'라는 예외 상황이 자주 드러났다. 조직의 수학 법칙에 따라 이들은 관리자 중 한 명에게 보고해야 할까? 아니면 조직의 핵심 리더로 본인의 역량을 더 잘 발휘하기 위해 더 많은 정보와 권한에 접근할 수 있는 더 시니어급의 리더에게 보고해야 할까?

이 질문에 답하기 전에 요즘 기업에서 가장 흔히 찾아볼 수 있는 구성을 먼저 설명하는 편이 좋겠다. 특히 스태프플러스 유형에 따라 이 구성이 어떻게 달라지는지 살펴보자.

- **기술 리드**는 주로 어떤 팀을 담당하는 관리자에게 보고한다. 2~4팀을 담당하는 관리자에게 보고하는 경우도 있지만, 그렇게 흔하지는 않다. 둘 중 어떤 경우든 관리자와 같은 범위에서 활동한다.

  예시 댄 나는 국제화 플랫폼을 담당하는 관리자에게 보고했다.

- **아키텍트**는 주로 더 시니어급인 관리자나, 관리자의 관리자에게 보고했다. 아키텍트는 종종 데이터 모델링처럼 관리자가 담당하는 분야 중 하나를 담당하기도 한다.

  예시 키비 맥민은 CTO에게 직접 보고했다.

- **해결사**는 주로 팀 개념이 제대로 정립되지 않은 회사에서 나타나며 그런 회사에서는 보고 체계가 잘 정의되어 있지 않거나 조심스럽다. 가장 흔한 경우는 팀 관리자에게 보고하는 경우이지만, 지금까지 언급한 모든 보고 체계가 적용될 수도 있다. 또 다른 보편적인 패턴은 해결사를 'CTO 직속 부서'나 'CEO 직속 부서'에 모아두고 임원에게 직접 보고하게끔 하는 경우도 있다.

  예시 리투 빈센트는 CEO에게 인큐베이터 관련 업무를 직접 보고했다.

- **오른팔**은 보통 백 명 또는 그 이상의 인력을 관리하는 시니어 리더에게 보고하며 그 리더의 권한을 위임받는다.

  예시 릭 부니는 인프라스트럭처 부사장에게 보고했으며, 미쉘 부는 최고 제품 관리자에게 보고했다.

이처럼 각 유형의 일반적인 보고 체계를 이해하면 상당히 임의적인 것으로 보이는 보고 구조를 일부나마 이해할 수 있다.

CTO 직속 부서

CTO 직속 부서의 개념은 일단 접어두고 이 부서를 경험해본 사람은 많지 않다. CEO가 대신하는 경우도 있지만, 보통 CTO의 업무를 스태프플러스 엔지니어 2~8명이 담당하며 직접 보고를 받는다. 이런 엔지니어들은 문제나 기회를 얻을 수 있고, 경영진의 지원은 매우 적지만 필요에 따라 지원받을 수 있다는 측면에서 시니어 리더로 대우받는다.

이런 부서에는 아키텍트, 해결사, 오른팔 유형이 주로 혼합되어 있다.

보통 CTO 직속 부서는 조직이 혁신하면서 상대적으로 늦게 도입되며, 스태프플러스 엔지니어와 관리 부서 사이의 신뢰가 부족하거나 CTO가 위임할 수 없는 경우 등 조직에 존재하는 해결하기 어려운 문제에 대해 임시방편으로 도입되기도 한다. 만일 회사의 초기에 입사했다면 조직에 CTO 직속 부서를 도입하는 것보다는 문제를 해결할 방법이 있는지 스스로 찾아보기 바란다.

하지만 현실에서는...

유형을 고려하면 보통은 조직 내 모든 엔지니어에게 각자 적합한 자리가 있다. 하지만 현실적으로 이론상 구조와 실질적인 보고 구조가 완전히 맞아떨어지는 조직은 거의 없다는 것을 알 것이다.

보통 관리 팀이 조직 구조에 크게 신경 쓰지 않기 때문이다. 또는, 관리 팀이 직원들을 올바른 위치에 배치할 여력이 없는 것일 수도 있다. 예를 들어, '올바른' 관리자라면 이미 팀원 12명을 관리하면서 다른 엔지니어를 효율적으로 지원할 수 없다. 또 다른 경우는 구조가 너무 빈번하게 바뀌서 관리자들이 엔지니어의 관리자를 또 바꾸기를 주저하는 경우다. 특히 관리자가 자주 바뀌면 중간에 성과 평가를 검토하기 때문이다.

지금 여러분의 보고 체계가 옳지 않은 관리자로 이어져 있다면 관리자와 대화해보는 것도 좋다. 하지만 대부분 이런 상황에서는 관리자들이 방어적일 것이라는 점을 알아둬야 한다. 만일 여러분의 관리자가 성숙하고 유대관계도 좋다면 대화를 시도해보자. 그렇지 않다면 조직 내에서 스태프플러스 엔지니어가 누구에게 보고하면 좋을지 더 추상적으로 논의해보는 편이 좋다.

변화를 성급하게 이루려고 하지 말고, 보고 체계가 바뀌면 여러분의 상황이 어떻게 바뀌게 될지 먼저 생각해보자. 보고 체계는 권한의 한 형태이며, 보통 사람들은 권한을 너무 과대평가하는 경향이 있다. 물론 전형적인 함정은 추가 권한의 혜택을 가장 많이 보는 사람들(소수자와 여성) 입장에서는 그들의 관리자가 변화의 제안에 방어적으로 반응할 가능성이 높다는 것이다.

그러면 어떻게 해야 할까?

관리 팀에 이렇게 조직을 조정할 수 있는 방법을 제안할 때는 몇 가지 고려해야 할 사항이 있다. 가능하다면 **보고 체계는 신속하게 바꿔야 한다.** 그렇지 않으면 기존 역할에서 새로운 역할로 바꾸는 과정에서 사람들은 어려움을 겪으며 입장 변화가 두 번이나 일어나게 된다. 설령 관리자가 많은 업무량에 허덕이느라 제대로 지원하지 못하더라도 입장 변화는 한 번만 겪는 편이 덜 위험하다.

변화를 신속하게 만들지 못한다면 역할이 변경된 후 올바른 보고 체계를 **시작할 일정을 정하자.** 보고 체계를 명확히 할 시간을 확보하지 못한다면 새로운 구조로 바뀔 가능성이 거의 없다.

많은 기업이 스태프플러스 엔지니어를 진정한 리더로 완전히 지원할 수 있도록 조직적 구조를 갖추는 데 어려움을 겪는다. 그러므로 금방 해결될 문제가 아니라 수년에 걸쳐 바꿔야 할 문제로 인식해야 한다. 이 문제에 대한 즉각적이고 영구적인 해결책을 기대한다면 오히려 어려움에 빠질 것이다.

3

스태프플러스 엔지니어 관리하기

StaffEng[80]에서 피드백을 모으던 중 스태프플러스 엔지니어를 관리하는 것에 대한 콘텐츠를 더 만들어 달라는 요구 사항이 있었다. 주제에 맞진 않지만 (우리의 주제는 스태프 엔지니어에 초점을 맞춘 것이지 그 회사나 관리자를 위한 것은 아니다) 흥미로운 주제여서 부록으로 다룰 만했다.

물론 스태프플러스 엔지니어를 관리하는 특별한 방법이 있는 것은 아니다. 기본적으로 역할과 관계없이 사람을 관리할 때는 효율적인 일대일 미팅[81]이나 피드백을 제공하는 방법[82] 등을 활용한다. 이 부분에 대해서는 라라 호건의 『Resilient Management』나 카미유 푸르니에의 『개발 7년차, 매니저 1일차』 등을 읽어보기 바란다.

이런 역할은 회사마다 다르기 때문에 스태프플러스 엔지니어를 관리하는 것은 회사에서 강조하는 스태프 엔지니어의 유형과 스태프플러스 엔지니어가 엔지니어링 조직의 어느 부분에 적합한지에 따라 다르지만 대부분의

---

80 http://staffeng.com
81 https://marcorogers.com/blog/my-approach-to-1-on-1s
82 https://smallbigideas.substack.com/p/own-your-feedback-part-1?s=r

상황에 도움이 되는 몇 가지 방법이 있다.

- **스폰서가 되어주고 지시보다는 지원한다.** 스태프 엔지니어에게 매일 지시를 하는 것은 그들을 잘못 활용하는 것이다. 매주 피드백을 제공하지 않으면 오히려 그들의 성장을 방해한다. 스태프 엔지니어가 주도권을 갖도록 스폰서가 되어주지 않으면 오히려 그들에게 주도권에 대해 가르치게 될 것이다.

- **스스로 성공을 정의하도록 도와준다.** 성과가 좋은 제품 엔지니어링 팀에서 일하면 긍정적인 피드백이 바로바로 돌아가는 것을 볼 수 있다. 제품 관리자는 여러분의 작업에 고마움을 표하고, 엔지니어링 관리자는 팀을 잘 관리한다. 동료는 함께 일하는 것을 즐거워하며, 사용자는 제품을 애용한다. 비즈니스는 사용자의 유입으로 잘 운영된다. 반면, 스태프 엔지니어의 피드백 절차는 훨씬 느리다. 스태프 엔지니어는 충돌을 해결하기 위해 시간을 많이 할애한다. 그리고 현재 업무에 더 긴 시간이 필요하다. 정말 중요한 우선순위를 확보하려면 비즈니스나 제품 목표 중 우선순위 몇 가지를 낮추려고 타협해야 한다. 하지만 많은 사람이 이런 변화에 적응하지 못해 1년 정도 지나면 본인의 역할에 만족하지 못한다. 따라서 그런 사람들의 관리자로, 여러분은 스태프 엔지니어가 이런 변화를 인지하도록 도와주고, 계속해서 활발히 활동하도록 보상 전략을 마련해야 한다.

- **피드백을 준다.** 스태프 엔지니어가 성공을 스스로 정의하도록 한다. 그리고 계속 성장할 수 있도록 자주 피드백을 제공한다. 만일 부적절한 업무를 맡겨야 한다면 그 사실을 말해주고 왜 그 업무를 해야 하는지도 설명하자. 스태프 엔지니어가 우선순위를 두는 일이 그렇게 중요해 보이지 않는다면 왜 그렇게 생각하는지 말해주자. 성과가 좋은 사람에게 자신이 잘 하고 있는지 모르는 것만큼 스트레스를 받는 일도 없다. 특히 스태프 엔지니어가 최고의 역량을 보였는데 피드백을 주지 않는다면 여러분이 피드백해줄 때까지 업무 방법을 계속해서 바꿀 것이다(그리고 결국은 여러분이 후회하게 된다).

- **정보를 공유한다.** 관리자라면 함께 일하는 엔지니어보다 본인이 더 많은 정보에 접근할 수 있다는 사실을 잊어버리기 쉽다. 실제로 많은 조직에서는 관리자가 다른 관리자와 주요 정보를 공유하는 형태로 정보가 흐른다. 그러므로 여러분이 신중하며 재생산 가능한 방법으로 스태프 엔지니어와 상황을 공유하지 않는다면 오히려 그들에게 방해가 될 것이다. 어떤 사람들은 일대일 미팅 초반에 정보를 공유하는 시간을 갖기도 한다. 이 방법도 나쁘진 않지만

필자는 공유할 정보가 생길 때마다 팀의 채팅 채널에 배포하고 주간 이메일 업데이트에 요약하는 것을 선호한다.

- **계획이나 우선순위 회의에 참여하게 한다.** 많은 엔지니어가 불만을 갖는 부분은 '적절한 업무에 우선순위를 부여하지 않는 것'이며 이 문제를 해결할 가장 좋은 방법은 계획 절차에 더 많은 엔지니어가 능동적으로 참여하도록 하는 것이다. 이 방법은 두 측면에서 효과가 있다. 첫 번째로는 엔지니어들이 왜 다른 업무가 더 중요한지 이해하게 되며, 두 번째로는 자신들이 놓친 기술 업무를 더 효율적으로 지원하기 위해 회의에 참석하게 된다.

- **주도적으로 활동하면서도 방향을 맞추는 방법을 마련한다.** 여러분이 지원하는 스태프 엔지니어가 리더십을 갖는 방향으로 밀어주면 가끔은 여러분이 깜짝 놀랄 정도로 더 많은 부분을 이끌게 될 것이다. 여러분과 함께 일하는 리더가 여러분을 놀라게 하는 일이 전혀 없다면 여러분이 제대로 위임하지 않은 것이다. 하지만 리더가 여러분을 너무 자주 놀라게 한다면 여러분이 어느 정도까지 통제할 것인지를 명확히 정의하는 것이 좋다.

- **조직의 현실과 동떨어지지 않으면서도 생각할 수 있는 공간을 만들어준다.** 많은 스태프플러스 엔지니어는 영향력과 '비즈니스를 위해 올바른 업무를 수행하는 것'에 너무 매달린 나머지 외부에서 개입하지 않아도 스스로 힘들게 일한다. 만일 여러분이 이런 사람들의 관리자라면 '외부 개입'이란 바로 여러분을 의미하는 것이다. 스태프플러스 엔지니어가 급한 일을 처리하는 데 시간을 너무 많이 보내고 있다면 더 깊이 생각해야 할 업무를 할 수 있는 시간도 마련해주자. 반대로 깊이 생각해야 할 업무만 하고 있는데 적절히 업무를 섞어주지 않는다면 맥락을 놓치고 동료와 비즈니스를 고려하지 않게 될 가능성이 크다.

- **자신들이 롤 모델임을 상기시켜준다.** 엔지니어는 관리자를 보면서 어떻게 행동해야 보상받을 수 있는지 배워 나가지만, 스태프플러스 엔지니어를 통해서도 배워 나간다. 그래서 책임감도 크지만 영향력 측면에서도 큰 기회다. 긍정적인 가치에 따라 생활하여 주변에 긍정적인 조직을 만들 수 있는 기회를 갖게 되는 것이다.

- **관리 업무의 부하를 최소화한다.** 많은 기업이 효과보다는 효율(efficiency over effectiveness)[83]을 따지면서 관리자들을 엄청난 양의 조정과 관료주의 속에 가둔다. 스스로가 너무 힘들면 어디든 도움이 될 만한 것을 찾게 되고, 결국 자신의 관리 업무를 스태프

---

83 https://www.amazon.com/dp/B004SOVC2Y/ref=dp-kindle-redirect?_encoding=UTF8&btkr=1

엔지니어에게 미루게 된다. 이런 상황은 언젠가는 분명히 발생하겠지만, 여러분과 여러분이 관리하는 스태프플러스 엔지니어와의 관계는 파트너 관계이므로 스태프플러스 엔지니어에게 맡길 관리 업무의 양을 최소화하고, 영구적으로 맡기는 것이 아니라 일시적으로만 맡도록 최대한 노력해야 한다.

- **가공되지 않은 문제를 해결하게 한다.** 스태프플러스 엔지니어는 문제 상황을 스스로 더 구체적으로 좁히고 해결책을 찾아야 하는 시니어 역할이다. 여러분보다 더 나은 기술적 배경을 가지고 있으며 여러분이 문제라고 생각하는 부분을 너무 정확하게 지적하면 그들의 판단은 알 수 없게 된다. 올바른 문제를 정확하게 판단하는 것은 적어도 올바른 해결책을 정확히 찾는 것만큼이나 중요한 일이며, 여러분이 그런 공간을 만들어줄 때만 가능한 일이다.

- **스태프플러스 엔지니어가 리더십을 발휘할 수 있도록 환경을 만들어준다.** 스태프플러스 엔지니어를 관리하고 있다면 여러분의 권한 일부를 그들에게 위임할 방법을 찾자. 예를 들어, 여러분 대신 스태프플러스 엔지니어에게 팀의 기술적 품질에 대한 권한을 부여하려면 어떻게 해야 할까? 그렇게 하면 여러분과 스태프플러스 엔지니어의 책임감 모두에 영향을 미치게 된다.

- **고마움을 표현한다.** 훌륭한 스태프플러스 엔지니어는 상당히 독립적으로 움직이므로 조직에 급한 일이 생겼을 때 그들을 뒷전에 두기 쉽다. 가장 중요한 사람을 무시하는 것은 관리자로서 '스내킹(snacking, 중요한 것 같지만 실제로는 그렇지 않은 일)'을 하는 것이다. 따라서 일대일 미팅을 계속하고 특히 엔지니어가 과묵한 사람이라면 여러분이 주변에 있음을 항상 기억하게 해줘야 한다.

- **비즈니스와 연계를 구축하고 지속한다.** 어떤 엔지니어는 기술적인 작업이 그 업무가 필요한 비즈니스보다 더 중요하다고 생각하는데도 성공하기도 한다. 그러나 이런 사고방식은 일반적으로도 좋지 않으며, 스태프플러스 엔지니어가 이런 사고방식을 갖고 있는 것은 특히 더 좋지 않다. 스태프플러스 엔지니어는 조직 전반의 롤 모델이며, 리더십을 계속 유지하려면 롤 모델 이상의 역할로 확대해야 한다. 기업은 비즈니스와 맞지 않는 리더는 인정하지 않으며 결국에는 퇴출시킨다.

- **역할 전체에 대한 책임감을 갖게 한다.** 기술적인 약점이 있는데도 스태프플러스 엔지니어가 되는 경우는 드물지만 제 경험으로는 리더십이나 행동에 어려움을 느껴 관리자가 아닌 스태프플러스 엔지니어가 되는 경우가 많다. 이런 사람들은 직책은 얻었지만, 리더가 되어야 하

는데도 리더 그룹에 합류할 대부분의 기회를 얻지 못하고 스태프 엔지니어 영역에 머무르는 경향이 있다. 이런 사람들은 믿을 수 없거나 '협업하기 어려운 사람'으로 취급받는다. 이런 사람들을 관리하는 입장에서 여러분은 그들의 부족한 점을 피드백해 주고 그 역할에 대한 기대치에 책임감을 갖도록 유도해야 한다. 그들이 영원히 리더의 유사품으로 남지 않도록 하자. 어쩌면 직책 인플레이션[84] 덕분에 스태프 엔지니어 직책을 얻었을 때 문제를 고치려 하기보다는 그저 사람들의 부족한 부분을 여러분이 채워주기로 결정할 수도 있다. 절대 그러지 말자. 대신 책임감을 갖도록 하면서[85] 그들을 지원해줄 계획을 세우자.

- **회의에 참석하되 그것을 지위의 상징으로 여기지 않도록 한다.** 자기 지위에 집착하는 사람들이 더러 있으며 특히 엔지니어 사이에서 보편적인 상징은 '회의에 참석하는 것'이다. 보통은 업무에 대한 결정은 회의에서 결정되지만, 대부분 정기적으로 발생하는 보고 회의에는 너무 많은 사람이 참석하므로 회의에 모두가 참석하기보다는 여러분과 여러분이 지원하는 스태프플러스 엔지니어가 나눠서 회의에 참석하는 편이 좋다.

시니어 전 단계에서 시니어가 되는 것은 업무의 범위만 바뀌는 경우가 많지만, 시니어에서 스태프플러스 엔지니어가 되는 것은 업무 자체가 바뀌는 일이다. 많은 사람이 이 부분에 어려움을 느끼며, 많은 관리자가 스태프플러스 엔지니어를 어떻게 도와줘야 할지 잘 모른다. 지금까지 언급한 내용이 그들을 도울 수 있는 일을 완벽하게 정리한 것은 아니지만 바라건대 유용한 시발점이 됐으면 한다.

---

84 https://charity.wtf/2020/11/01/questionable-advice-the-trap-of-the-premature-senior
85 https://hbr.org/1999/11/management-time-whos-got-the-monkey

4

스태프플러스 면접 절차 설계하기

스태프플러스 엔지니어의 면접 절차(interview loop)을 설계하는 것과 관련해 가장 먼저 언급하고 싶은 것은 누구도 스태프플러스 면접 절차를 제대로 진행할 거라고 자신하지 못한다는 점이다. 많은 경우 문제를 정말 빠르게 해결하는 시니어 엔지니어를 찾는데, 이는 실질적인 역할을 보여주지는 않는다. 어떤 사람은 의사소통 능력에 중점을 둔다. 이는 스태프플러스 역할의 핵심이지만 그게 전부는 아니다. 어떤 회사는 탁월함과 익숙함을 혼동해 면접자가 현재 재직 중인 회사의 시니어 엔지니어링 팀의 일원인지 평가하는 절차를 갖추기도 한다.

누구도 각자의 면접 절차가 훌륭하다고 느끼진 않지만, 이 절에서는 면접 절차를 설계할 때 적용해야 할 여러 내용을 다룬다. 먼저 스태프플러스 면접 절차에서 자주 드러나는 잘못된 점을 살펴보고 면접 절차에서 여러분이 테스트하려는 신호에 대해 알아본 후 마지막으로 그런 신호를 평가하는 데 유용한 면접 유형에 대해 설명한다.

문제

보편적으로 기술 면접은 다소 어수선하지만 시니어급 면접자를 면접 볼 때 현재 회사가 어려움을 겪고 있는 문제점으로 충분히 활용할 수 있다. 어떤 문제점을 면접에 활용할 것인지 알아보기에 앞서 보편적으로 실수하는 부분에 대해 먼저 알아보자.

- **시니어 엔지니어인데 더 나은 사람.** 많은 경우 스태프플러스 엔지니어를 시니어 엔지니어지만 모든 면에서 더 나은 사람으로 바라보고 면접을 진행한다. 물론 스태프플러스 엔지니어의 업무 속도가 더 빠를 수 있다. 의사소통이 더 명확하기도 하다. 아키텍처적 의사결정에서도 더 나을 수 있다. 이렇게 보는 이유는 대부분의 사람들이 스태프 엔지니어의 역할에 익숙하지 않기 때문이며, 그래서 스태프플러스 엔지니어가 면접을 제대로 보지 못하게 만든다. 특히 스태프플러스 엔지니어 대부분은 시니어 엔지니어보다 프로그래밍을 적게 하므로 프로그래밍 과제를 주면 해결 속도가 오히려 느리다. 몇몇 스태프플러스 엔지니어는 상당히 빠른 프로그래밍 능력을 보여주겠지만, 그렇다고 영향력을 발휘하지 못하는 것은 아니다.

- **시니어 엔지니어인데 더 낫지 않은 사람.** 반대로 스태프플러스 엔지니어를 프로그래밍에 더 적은 시간을 할애하며 더 일상적인 프로그래밍에서 더 느린 성과를 보여주는 사람이라고 간주하는 면접 절차도 있다. 그런 경우에는 스태프플러스 엔지니어가 더 성공적으로 면접을 치를 수 있지만, 이런 유형의 엔지니어가 어떤 특출난 영향력을 미칠 수 있는지 가늠할 수는 없다. 그 사람의 강점을 알아볼 수 있는 추가 면접을 치르지 않는다면 업무 속도가 느린 것이 어떤 면에서는 상급자처럼 보일 수도 있지만, 사실은 부정적인 면일 확률이 더 높다.

- **시니어 엔지니어이지만 입사 조건을 받아들일 것 같은 사람.** 또 다른 실수는 시니어 엔지니어를 찾는 데 어려움을 겪는 회사가 역할에 대한 기대치 없이 직책만 올려주기로 결정하는 것이다. 이런 경우에는 면접은 잘 진행됐지만, 직책이 맞지 않는다. 회사는 물론 면접자도 이런 직책 인플레이션을 이해하지 못하며 이후 채용하는 모든 스태프플러스 엔지니어도 이런 불확실성에 피해를 보게 된다.

- **우리와 유사한 사람.** 대부분 면접 절차는 스태프플러스 엔지니어 면접자가 현재 우리 회사의 재직 중인 스태프플러스 엔지니어와 같은 수준의 현명함과 자신감을 보여줄 것을 기대한다. 그래서 '이 팀에 자연스럽게 어울릴 것 같은 사람'이라는 면접 결과가 나올 수도 있다. 이

런 방식은 면접자가 역량보다 자신감을 보여줄 때 오히려 원치 않는 상황으로 흘러갈 가능성이 높다.

- **나보다 뒤떨어지는 사람.** 특히 스태프플러스 엔지니어를 처음 채용하는 경우 면접자의 장점을 과소평가하고 면접자가 현재 역할을 수행할 역량이 되는지 판단하려는 면접관을 보게 되는 경우가 많다. 이런 경우 스태프플러스 엔지니어 후보자의 역량은 매우 인상적이지만 중급 엔지니어를 잘 성장시켜줄 수 있는 후보자의 능력에 대해서는 면접관이 회의적일 것이다. 이런 상황은 후보자가 여성이거나 소수 민족일 경우 더 빈번하게 나타난다.

- **반대로 면접자가 회사를 마음에 들어 하지 않는 경우.** 경우에 따라 면접 과정에서 조직을 대표하는 여러분이 스태프플러스 엔지니어를 어떻게 활용할지 모른다는 점이 드러나기도 한다. 이런 면접은 알고리즘을 화이트보드에 그려보는 형식, 면접관이 대부분 경력이 짧은 경우 등이다. 이런 경우에는 오히려 면접 초반에 적절한 후보자 상당수를 놓치게 되며, 그런 부분이 채용 관련 지표에 드러나지 않을 때도 있다.

- **너무 직책에만 집착한다?** 사람은 어느 정도 수준을 이루면 이미 재정적으로 안정되므로 내부 평준화에 대해서는 크게 신경 쓰지 않는다. 이런 사실은 새로 스태프플러스 직책에 도전하는 사람에게 경력이 너무 과하게 보이거나 직책에 집착하는 것처럼 보이지 않아야 한다는 이상한 강박을 심어주어 처음 스태프플러스 직책을 얻는 것이 오히려 더 어려워진다.

지금까지 나열한 부분 중 일부는 다루기가 힘든 반면, 어떤 것은 잘 염두에 두면 쉽게 해결할 수도 있다. 하지만 스태프플러스 엔지니어 면접 절차를 설계하거나 개선할 때는 모든 점을 고려하는 편이 좋다.

신호

좋은 면접 절차[86]는 여러분이 확인하려는 신호를 잡아내고 이를 다시 면접 절차와 형식에 적용하는 것이다. 즉, 가장 먼저 생각해야 할 중요한 질문은

---

86 https://lethain.com/designing-interview-loops

'스태프플러스 엔지니어를 성공적으로 채용하기 위해 가장 중요한 신호는 무엇인가?'다.

필자가 집중해야 할 신호로 권장하고 싶은 것은 다음과 같다.

- **자기 인식**: 면접자는 실수에 대해 책임지는가? 예전에 취약했던 분야에서 성장했음을 보여주고 있는가?
- **판단력**: 면접자는 문제를 확인하고 주변 상황을 모두 파악할 역량이 있는가? 범위가 넓고 모호한 문제를 꼼꼼히 확인하는가? 트레이드오프나 설계에 대해 논쟁을 벌이는 사람들 사이에서 효율적으로 중재할 수 있는가? 어려운 문제를 실행할 때 위험을 제거할 역량이 있는가?
- **협업**: 다른 사람과 잘 협업하는가? 면접자보다 경력이 짧은 사람과의 협업은 어떠한가? 또는, 경력이 더 많은 사람과의 협업은 어떠한가? 관리자와의 협업, 교차 기능 협업, 임원과의 협업은 어떠한가?
- **의사소통**: 다른 사람의 의견을 경청하고 요점을 잘 파악하는가? 자신의 생각을 명확히 전달하는가? 회사가 원하는 방식(문서, 대화 등)으로 의사소통이 가능한가?
- **개선**: 주변 사람을 성장시키는가? 면접자가 이끌었던 조직에 합류한 일원이 성장했는가 오히려 위축됐는가? 잘못된 시스템과 절차가 정리됐는가?

많은 사람이 이런 면을 기술적 스킬이라고 생각하지 않는다. 성공하기 위해서는 이 모든 것보다 도메인에 대한 전문성이 더 중요하지만, 이런 전문성이 다른 중요한 스킬, 행동과 결합될 때 시니어 엔지니어에 머물렀던 사람이 스태프플러스 엔지니어가 될 수 있다.

형식과 구조

면접 절차를 설계할 때 스스로에게 반드시 던져야 하는 두 질문은 다음과 같다.

1. 이 사람이 성공하기 위해서는 이 사람이 매일 어떤 업무와 행동을 해야 할까?
2. 어떻게 하면 그 사람이 필요한 업무와 행동을 하고 있다는 것을 보여줄 수 있을까?

대부분의 시니어 엔지니어 후보자는 점점 수완이 늘어서 그들이 하는 업무가 무엇인지 물어보는 일은 업무하는 것을 지켜보는 일만큼 도움이 되지 않는다. 만일 멘토십이 가장 중요한 활동이라면 그들이 멘토십에 대해 말하는 것에만 의존하지 말고 그 사람이 다른 사람을 멘토링하는 것을 볼 방법을 찾아야 한다. 가장 중요한 활동이 아키텍처링이라면 현재 시스템을 보여주고 그들이 동의하지 않는 결정에 대해 어떻게 반응하는지 볼 수 있도록 질문을 준비해 달라고 요청해야 한다. 모호한 부분은 제거해야 한다.

보편적인 일대일 미팅과 프로그래밍 면접 외에 스태프플러스 엔지니어의 신호를 평가하는 데 특히 효과적인 몇 가지 면접 형식과 구조는 다음과 같다.

- **잘 구성한 발표.** 면접자가 20~30분 정도 특정 주제를 동료 그룹에게 발표하도록 준비시킨다. 이 형식은 생각 구조, 의사소통, 경청 능력, 질문에 답변하는 태도 등을 잘 파악할 수 있다. 선택한 주제에 따라 한두 가지 강력한 장점을 파악할 수도 있다. 이 형식은 특히 사람들이 동료들과 어떻게 대화하는지 듣는 데 특히 효과적이다.
- **코드 리뷰.** 풀 리퀘스트를 준비하고 면접자에게 피드백을 부탁한 뒤 공감 능력, 명확성, 유용성 등을 확인한다.
- **데이터 모델링, 인터페이스, 아키텍처.** 면접자가 시스템 설계를 설명하게 한다. 특히 어려운 요구 사항을 만족할 수 있도록 현재 시스템을 개선하는 데 중점을 둔다. 이런 면접은 종종 너무 많은 것을 한꺼번에 보려는 경향이 있다. 중점적으로 볼 부분을 정하고 상당한 진척을 이룬 면접자와 더 깊은 대화를 나눌 수 있도록 질문을 준비하자.

- **특정 분야 전문가.** 이 면접은 면접자의 도메인 전문성을 테스트한다. 예를 들어, 프런트엔드 엔지니어라면 기술 제약이 설계와 출시 시기에 주는 영향에 대해 디자이너 및 제품 관리자와 협업하는 과정을 살펴본다. 백엔드 엔지니어라면 소프트웨어나 환경에서 오동작하는 부분을 제시하고 문제 해결을 위해 디버깅해보게 한다.

- **멘토십 패널.** 여러분의 패널 전체가 경력이 짧은 사람으로만 구성되어 있다면 스태프플러스 엔지니어를 채용하기 어렵지만, 사람들을 성공적으로 멘토링한 사례를 보여주지 못하는 사람을 스태프플러스 엔지니어로 채용하는 것 역시 마찬가지로 위험하다. 멘토가 될 수 있는 사람을 3~4명 정도 패널로 초대하고 질문을 준비하게 하자. 사람들이 대략적인 질문을 유용한 토론으로 바꾸는 것을 보는 것은 새로 채용할 스태프플러스 엔지니어가 멘토가 될 역량이 있다는 것을 확인할 수 있는 특히 좋은 방법이다.

만일 이런 형식으로도 충분치 않다면 주변에 물어보자! 많은 기업이 각자에게 맞는 스태프플러스 면접 절차를 갖추고 있으므로 주변 사람과 논의하면 많은 것을 배울 수 있다.

마무리하며

지금까지 설명한 내용을 여러분 회사에서 스태프 엔지니어를 채용하기 위한 면접 절차로 바로 채택해도 되겠다고 기대할 수도 있다. 여러분을 실망시키고 싶지 않지만, 가장 중요한 가치는 여러분에게 중요한 신호가 무엇인지 생각해보고 여러분과 여러분의 회사에 반향을 불러일으킬 수 있는 방식으로 그런 신호를 파악할 수 있는 형식을 설계하는 과정에서 나온다.

결과적으로 어떤 면접 절차를 채택하든 면접자를 테스트하고 피드백을 모아 면접 절차를 계속 발전시켜 나가길 바란다!

5

스태프플러스 엔지니어의 진로 단계

요즘 공개적으로 공유되는 진로 단계가 너무 많아서 여러분이 직접 진로를 설계하기 전에 공개된 진로 단계를 읽어보는 것도 도움될 것이다. 특히 꼭 읽어볼 만한 것은 다음과 같다.

- Rent the Runway[87]
- Kickstarter[88]
- Patreon[89]

progression.fyi[90]에도 자료가 많이 있다. 채리티 메이저스 또한 엔지니어링 레벨에 대해 알아야 할 것에 대한 유용한 가이드를 작성했다.

진로 단계는 개인들의 집단에만 효과적으로 적용된다는 것을 인식하는 것이 중요하다. 개인에게는 거의 적용되지 않으며 설령 그렇다 하더라도 깔

---

87 https://docs.google.com/spreadsheets/d/1k4sO6pyCI_YYnf0PAXSBcX776rNcTjSOqDxZ5SD
ty-4/htmlview#gid=0

88 https://gist.github.com/jamtur01/aef437a79fee5a9cefdc##junioreng

89 https://levels.patreon.com

90 https://www.progression.fyi

끔하게 적용되지 않는다. 이런 점은 특히 소수만 얻을 수 있는 스태프플러스 역할에서는 더욱 두드러진다. 진로 단계를 마련하는 것은 필요한 일이지만, 일이 어떤 방향으로 진행되어야 하는지에 대한 가치관이 아니라 실제로 일이 어떻게 진행되고 있는지를 보여준다고 잘못 믿는 일은 없길 바란다.

영문

IC 198, 313, 325
SCQA 형식 133

ㄱ

개별 기여자 198
기술 리드 029

ㄴ

네트워크 124, 228, 238, 296

ㄷ

디스팅귀시드 025

ㄹ

리더십 108

ㅁ

멘토십 039, 040, 278, 351
면접 068, 176, 182, 187, 396

ㅂ

비공식적 실력 검증 048

ㅅ

스태프 025, 047, 056
스태프플러스 025, 391
스페셜리스트 263, 298
스폰서십 039, 040, 120, 151, 312, 351

승진 자료집 139, 145, 212, 324
시니어 025, 052

ㅇ

아키텍트 031
오른팔 034
온보딩 049, 220
의사소통 130, 132, 227, 399
인큐베이터 262

ㅈ

접착제 역할 하기 044, 058, 342
제너럴리스트 299

ㅋ

커리어 패스 024, 028

ㅍ

프린시플 025, 225, 330
피드백 088, 135, 392

ㅎ

해결사 033